U0948276

本书得到第九批河南省重点学科建设项目
“区域经济学”（教高［2018］119号）的资助

深度贫困地区
金融扶贫创新研究

RESEARCH ON FINANCIAL INNOVATION
FOR POVERTY ALLEVIATION
IN THE MOST DEPRIVED AREAS

主　编　喻新安　杨保成

副主编　刘晓慧　豆晓利

SSAP 社会科学文献出版社
SOCIAL SCIENCES ACADEMIC PRESS (CHINA)

目　录

contents

第一章　绪论

深化金融扶贫创新，是深度贫困地区打赢打好脱贫攻坚战、推进乡村振兴的战略抓手。本书以破解深度贫困地区金融扶贫创新过程中的难点、痛点问题为核心，以跟踪评估金融扶贫的绩效和提升扶贫对象的能力为重点，对金融扶贫在深度贫困地区脱贫中的重要作用和意义进行深入分析和研究，总结目前深度贫困地区金融扶贫创新的经验教训和已经形成的成功模式，结合深度贫困地区的典型案例进行金融扶贫创新绩效评价，探讨深度贫困地区金融扶贫存在的现实难点和痛点所在，并从主体视角、载体视角、区域视角等方面分析这些难点和痛点的深层原因，在借鉴国外实践经验的基础上，提出促进深度贫困地区金融扶贫创新的可行路径和制度安排。

一 研究背景和研究意义

（一）研究背景

如何消除贫困是世界级的难题，也是一直困扰我国发展的瓶颈。中华人民共和国成立后，我国政府主要依靠财政资金进行救济式扶贫。改革开放后，我国农村地区开始实行经济体制改革，农民收入水平不断提高，农村贫困人口规模不断减少。1986 年以来，我国开始实施大规模的开发式扶贫，在此阶段开始采用信贷扶贫政策，变传统的输血式扶贫为造血式扶贫。1994 年，国家开始实施“八七扶贫攻坚计划”，扶贫贷款政策放开，我国开始初步探索金融扶贫这一扶贫方式。同时，我国引入了孟加拉国“格莱珉银行模式”，小额信贷开始试点并获得推广。

2004年，我国开始进行农村金融体制改革，农村金融扶贫体系得到初步发展。2011年，国务院扶贫办发布《中国农村扶贫开发纲要（2011～2020年）》，提出要实现到2020年全面建成小康社会的奋斗目标，并且重点强调了金融扶贫的重要性。2013年，十八届三中全会提出发展普惠金融，出台了《关于创新机制扎实推进农村扶贫开发工作的意见》。2014年3月，中国人民银行联合财政部、银监会等七部委下发《关于全面做好扶贫开发金融服务工作的指导意见》。金融扶贫以“造血”的形式，改变了以往财政支农的“输血”形式，体现了“授之以渔”的观念，在指导思想上与当前国家发展普惠金融的主流理念相吻合。党的十九大对社会主要矛盾做出了新的判断，认为当前社会的主要矛盾是人民对美好生活的追求与发展不充分不平衡之间的矛盾，而目前尚存的贫困人口与深度贫困地区就是这一矛盾的突出体现。

因此，作为贫中之贫、困中之困、难中之难、坚中之坚的深度贫困地区，如何通过金融扶贫创新保障脱贫攻坚蹄疾步稳深入开展，切实提升脱贫攻坚质量，成为当前打赢打好脱贫攻坚战、决胜全面小康的重要问题。

（二）研究意义

在打赢打好脱贫攻坚战、决胜全面小康的背景下，研究金融扶贫这一打赢打好脱贫攻坚战的主要抓手，对于寻求应对当前社会主要矛盾及兑现政治承诺的有效路径，具有非常重要的理论价值与实践应用价值。

一是充实金融扶贫与新时代社会主要矛盾演化及决胜全面小康政治承诺的关联性研究，阐释“坚决打赢扶贫攻坚战”过程中金融扶贫创新的支撑作用和战略意义。只有厘清金融扶贫与新时代社会主要矛盾演化及决胜全面小康政治承诺的内在关联性，充分阐释“坚决打赢扶贫攻坚战”过程中金融扶贫创新的支撑作用和战略意义，才能动员足够的资源为解决好扶贫脱贫问题创造条件。

二是系统剖析深度贫困地区金融扶贫的实践困境及金融扶贫创新的模式与机制，为提升政策质量夯实学理基础。只有研究透金融扶贫创新的模式与机制，才能针对具体现象提出相应的对策，所提对策才能达到直接“靶向治疗”的效果。

三是建立面向决策的金融扶贫绩效评估体系，打造提升金融扶贫工作质量的关键抓手。金融扶贫绩效评估体系的质量如何，直接关系到金融扶贫工程的控制效率与成本，也决定着改进措施的有效性，是推动金融扶贫绩效提升、实现精准施策的重要手段。

四是全面比较研究国内外金融扶贫创新的模式、机制、绩效和趋势，丰富打赢脱贫攻坚战的“工具箱”。他山之石，可以攻玉。虽然国外金融扶贫的具体目标、手段及条件与我国不尽相同，但其深层机理具有很多同理性，对国内外金融扶贫创新的模式、机制及其绩效和趋势进行对比研究，借鉴国外的成功做法，有利于少走弯路，丰富打赢脱贫攻坚战的“工具箱”。

五是研判“后脱贫时代”金融扶贫创新的新趋势，铺牢提升未雨绸缪能力的奠基石。鉴于脱贫攻坚任务的紧迫性，目前关于金融扶贫的研究大多着眼于手段、方法类的应用对策研究，而对金融脱贫的可持续性研究相对不足，尤其是针对“后脱贫时代”的金融扶贫创新演化趋势研究薄弱。本研究将针对这一问题进行基础性和前瞻性研究，为提升未雨绸缪能力奠定基础。

二 研究内容和研究目标

（一）研究内容

本研究采取“文献梳理→理论基础→现状模式→绩效评估→评估分析→国际借鉴→对策建议”的研究路径，首先，分析整理国内外关于深度贫困地区金融扶贫的文献，从不同视角对文献进行归类和整理，评述现有文献的研究不足，找出需要深入研究的问题，从“打赢脱贫攻坚战”的国家战略角度研究深度贫困地区金融扶贫的意义和时代背景。其次，对深度贫困地区金融扶贫的理论基础进行研究，比如深度贫困形成的原因、条件，金融扶贫的作用机理、金融扶贫与产业扶贫的相互关系等。再次，分析深度贫困地区金融扶贫的现实发展历程和现实状况，总结金融扶贫的现有模式；然后，运用计量经济模型，建立评估指标体系，对深度贫困地区的金融扶贫进行绩效评估；基于分析评估结果，探讨金融扶贫创新的难点痛点，分析金融扶贫绩效与投入产生差距的原因；并在借鉴国外金融扶贫经验的基础上，总结国外金融扶贫对我国深度贫困地区金融扶贫的启示。最后，运用制度分析，提出提升我国深度贫困地区金融扶贫能力的对策建议。具体内容主要包括：

一是深入阐释“坚决打赢扶贫攻坚战”过程中金融扶贫创新的支撑作用和战略意义。精准扶贫、精准脱贫，是以习近平同志为核心的党中央为打赢脱贫攻坚战明确的基本方略。金融是现代经济的核心，金融扶贫是打赢脱贫攻坚战的重大举措和关键支撑。本研究将从城乡资源要素双向重构、产业链纵向重组与横向重构、商业信用与乡风文化重构等角度，深入分析金融扶贫创新如何打破资本要素单纯从农村流向城市的单向循环，实现金融资源从城市向农村流动，并激活其他资源要素和公共服务向农村配置，激发农村发展内生动力活力和乡村治理能力，从而为农村第一、第二、第三产业融合发展，为城乡融合发展提供资源要素支撑，为决战脱贫攻坚、决胜全面小康、实现乡村振兴提供全方位多领域的有力效应。

二是深层剖析深度贫困地区金融扶贫创新的实践困境及金融扶贫创新的模式与机制。借鉴秦巴连片特困地区、广西百色、兰考普惠金融改革试验区、河南卢氏、湖南麻阳、宁夏盐池、湖北郧阳全国扶贫小额信贷典型县的成功经验，针对深度贫困地区金融扶贫的实践过程中存在的“风险难控、信用难评、服务难保、项目难选、成本难降”等问题，系统梳理并综合分析金融扶贫创新的模式与机制，如政府主导的金融扶贫模式、金融机构主导的金融扶贫模式、产业金融扶贫模式、互联网金融扶贫模式、“电商平台 + 金融”扶贫模式、国际金融组织参与扶贫开发模式、社会扶贫组织金融扶贫模式等。

三是科学评估深度贫困地区金融扶贫创新的绩效、风险、可持续性及创新能力。针对深度贫困地区金融扶贫创新中存在的难点和突出问题，通过建立数据包络模型（DEA）、数据回归模型（OLS）、高斯混合模型（GMM）进行实证研究，构建完善的金融扶贫创新跟踪评估体系、金融扶贫创新能力模型和金融扶贫小额信贷“卢氏”模式复制推广绩效评价体系，科学评估金融扶贫创新的绩效、风险、可持续性、创新能力以及金融扶贫小额信贷“卢氏”模式复制推广绩效。

四是全面考察国内外金融扶贫创新的模式、机制及其绩效和趋势。全面分析、对比被视为金融服务农村农民扶助贫困典型的国外金融扶贫的典型模式，如日本农协、孟加拉乡村银行小额信贷以及美国的福利政策等，从模式运行、机制运行、运行绩效及演进趋势等方面，为我国的金融扶贫创新提供方案参考和借鉴。

五是分析研判金融扶贫创新中的各类深层次问题以及“后脱贫时代”金融扶贫创新的趋势。针对深度贫困地区金融扶贫创新中出现的新老问题交织、苗头性和倾向性问题并存等状况，从深化金融扶贫供给侧改革、提升金融扶贫创新能力等角度，对金融扶贫效率、风险防控及可持续性等方面开展理论研究与实证分析，为“后脱贫时代”金融扶贫创新提供前瞻性思考。

六是系统提出深度贫困地区金融扶贫创新能力提升的对策建议。通过构建精准扶贫政银保协同发力的工作机制、金融扶贫供给侧与需求侧联动协调机制、农村产权制度改革促进贫困人口融资贷款能力提升机制、金融扶贫创新风险预警及防控机制、深度贫困地区普惠金融培育机制，完善深度贫困地区金融扶贫可持续发展的政策框架，实现金融扶贫创新与“三位一体”（专项扶贫、行业扶贫、社会扶贫）大扶贫格局的有效对接，提升金融扶贫创新的能力和效率。

（二）研究框架

本研究沿着“理论探讨、发展现状、跟踪评估、国际考察、对策建议”的主线展开，首先，探讨研究对象“范围和边界为何”、研究背景“意义和诉求为何”、理论资源“有哪些”、历史镜鉴“发展脉络如何”；其次，明确研究对象的现状，重点研究金融扶贫创新的若干实践模式，并针对相关典型案例进行深入剖析，旨在精准把握深度贫困地区金融扶贫创新的进展以及已经探索的典型模式；再次，明确研究的主要问题，通过构建跟踪评估体系，对深度贫困地区金融扶贫创新进行全方位的跟踪评估，分析深度贫困地区金融扶贫创新的重点难点；最后，在借鉴金融扶贫创新国际经验的基础上，探讨提升深度贫困地区金融扶贫创新能力与绩效的路径和政策等。具体包括以下几个方面。

第一，深度贫困地区金融扶贫创新政策实施中遇到的难点、痛点及挑战。围绕深度贫困地区金融扶贫政策实施过程中存在的制约我国金融扶贫政策落地生根的重要瓶颈问题，如服务机构单一、供需结构失衡、信用环境不良、抵押资产缺失等，进行分析、归纳，并找出症结所在。

第二，深度贫困地区金融扶贫创新的可行模式及其绩效评估。围绕我国各地区探索实施的主要金融扶贫模式，如政府主导的金融扶贫模式、金融机构主导的金融扶贫模式、产业金融扶贫模式、互联网金融扶贫模式、“电商平台＋金融”扶贫模式、国际金融组织参与扶贫开发模式、社会扶贫组织金融扶贫模式等，从覆盖范围、主导方、可持续性、可推广性、可调动的金融资源量以及有无优惠政策支持等方面进行绩效评估和对比。

第三，深度贫困地区金融扶贫创新的风险防控、创新能力及可持续性。通过对金融扶贫风险产生原因和测度的分析，为政府和金融机构从担保体系创新、内部管理、精准对接产业等方面着手，有效控制信用贷款的风险，提升深度贫困地区金融扶贫创新的风险防控、创新能力及可持续性，提供有针对性和可操作性的措施和建议。

第四，深化金融扶贫供给侧改革，实现金融的市场属性与扶贫的社会属性有机统一。就金融的市场逻辑与扶贫的社会属性如何有机统一的问题，从构建政府、市场、社会协同推进的大金融扶贫格局入手，提出深化金融扶贫供给侧改革、强化金融扶贫创新绩效评估等具体可行的方法和路径，提高金融扶贫供给能力和效率。

第五，深度贫困地区金融扶贫创新能力提升的路径、机制和政策。针对深度贫困地区金融扶贫创新政策实施过程中出现的地区特殊问题以及难点、痛点问题，推进政府、金融机构、社会组织、贫困主体等协同配合，为提升金融扶贫创新能力提供具体的政策建议和实施、修正方案。

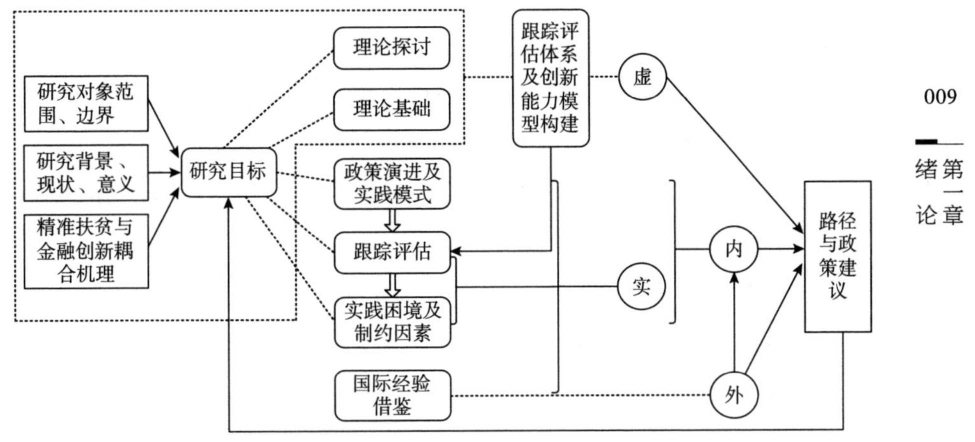

图 1-1 本研究的主要框架

（三） 研究目标

第一，理论创新方面：一是探寻精准扶贫与金融创新的耦合机理。通过对金融扶贫创新研究现状及相关理论的分析，从城乡资源要素双向重构、产业链纵向重组与横向重构、商业信用与乡风文化重构等方面深入剖析精准扶贫与金融创新的耦合机理，为金融扶贫创新提供理论支撑和路径导向。二是构建深度贫困地区金融扶贫创新绩效跟踪评估体系。以扶贫瞄准为核心，针对贫困特征和发展需求的分类瞄准评估、扶贫项目的瞄准，重视对扶贫项目贫困户参与程度的评估，强调扶贫项目创新机制的评估，加强扶贫资金投入与使用、扶贫项目管理、扶贫项目成效等实现扶贫项目绩效的动态跟踪监测，综合考察扶贫项目的投入及其发挥作用的过程，以及金融扶贫目标的实现程度等，全方位反映金融扶贫创新绩效、风险、可持续性及创新能力，丰富金融扶贫创新理论研究。三是深化金融扶贫供给侧改革理论研究。通过采用金融扶贫创新绩效指标体系，改善“大水漫灌”式扶贫，在金融扶贫目标明确、扶贫需求评估及扶贫工作监管等工作阶段，全面提升贫困人口的参与度，推动金融扶贫供给侧有效整合资源、建立协同机制，促进金融扶贫供给侧与需求侧高效对接，提升金融扶贫效率，从而深化金融扶贫供给侧改革理论研究。

第二，实践应用方面：一是优化金融扶贫主体结构。通过构建市场需求多样化的金融扶贫创新实践模式，改变贫困主体过于依靠政府的情况，支撑和引导各项市场主体、金融机构参与到扶贫工作中，创新金融精准扶贫要以“政府（包括各级政府和政府部门、村民自治组织）主导、群众主体、市场（新型农业经营主体）带动、金融机构（包括人民银行、银监、证监、保监等管理机构，银行、证券、保险等金融机构以及互联网金融等新兴业态）支持”为主体和主线，明确各主体在精准扶贫体系中的角色，理顺责、权、利清单和边界，提升各类主体同相关主体的互动质量和合作水平。二是破解金融扶贫政策落地障碍。在全面分析和借鉴国内外金融扶贫创新成功模式和机制的基础上，针对当前国内金融扶贫实践中的现实困境及落地障碍，提出符合深度贫困地区发展实际、适应新时代金融扶贫新任务和新要求的金融扶贫创新模式和运行机制，探索深度贫困地区金融扶贫创新的可行路径和政策体系，促进金融扶贫政策落地生根、高效惠民及减贫脱贫。三是推动金融扶贫供给侧与需求侧高效对接。通过对秦巴山区等深度贫困地区的实地调查，总结分析精准扶贫存在的现实问题，同时从金融扶贫供给侧改革的视角分析供给不足及其成因，指出金融扶贫的关键是要提高贫困地区、贫困人口金融资源的可获得性、可负担性和可持续性，从而在加快农村金融综合服务体系、信用体系、产业体系、风险防控体系建设以及培育金融扶贫人才、加强金融扶贫产品创新、业态创新、平台创新等方面，为实现金融扶贫供给侧和需求侧的高效对接提供思路和建议。四是把握金融扶贫创新与风险防控的平衡点。通过构建包含风险防控能力、技术创新能力等六个维度的金融扶贫创新能力模型，以及创新“尽职免责”等机制，寻求加强监管与政策落地的平衡、金融创新与风险防控的平衡，达到既促进金融扶贫创新推动脱贫攻坚的目标，又坚决守住不发生系统性、区域性风险的底线。五是加快深度贫困地区脱贫攻坚进程。通过金融扶贫创新，充分发挥金融资源的杠杆作用，激活其他资源要素和公共服务向农村配置，推动产业扶贫和农村第一、第二、第三产业融合发展，并激发农村发展内生动力活力和乡村治理能力，为决战脱贫攻坚、决胜全面小康、实现乡村振兴、加快农业农村现代化，提供全方位多领域的有力支撑。

第三，服务决策方面：一是从政府的角度出发，通过对六盘山区、秦巴山区、卢氏县等典型深度贫困地区的实地跟踪评估，分析深度贫困地区金融扶贫创新的主要问题及成因，梳理深度贫困地区金融扶贫创新的实践模式及国外扶贫模式，构建金融扶贫创新绩效评估指标体系和创新能力模型，提出提升深度贫困地区金融扶贫创新能力的路径与对策，为走出中国特色的“政府主导，市场协同，因人因地施策，因贫困原因施策，因贫困类型施策，区别不同情况，集中资源，做到对症下药、精准滴灌、靶向治疗”精准扶贫攻坚之路，进而促进乡村振兴和农业农村现代化等建言献策。二是从金融机构的角度出发，为完善农村信用环境评估体系建设，加快建立贫困地区市场经营主体电子信用档案，加强金融机构的互补合作，丰富贷款品种，完善金融扶贫贷款的担保、风险分散和补偿政策，防控金融扶贫创新风险机制提供服务和建议。三是从贫困户的角度出发，为贫困户如何变“输血”为“造血”，进一步焕发贫困地区群众的自强自立精神，提高扶贫对象自我管理水平和发展能力，立足自身实现脱贫致富提出建议。

三　研究思路和研究方法

（一）研究思路

本研究以破解深度贫困地区金融扶贫创新过程中的难点、痛点问题为核心，以跟踪评估金融扶贫的绩效和提升扶贫对象的能力为重点，深度研判党中央、国务院关于深度贫困地区扶贫工作的一系列文件和精神，明确国家关于“坚决打赢扶贫攻坚战”的一系列战略部署；对金融扶贫在深度贫困地区脱贫中的重要作用和意义进行认真的分析和研究，总结目前深度贫困地区金融扶贫创新的经验教训和已经形成的若干模式，然后结合深度扶贫地区的典型案例进行金融扶贫的绩效评价；根据绩效评价的结果研究深度贫困地区金融扶贫存在的现实难点和痛点所在，并从主体视角、载体视角、区域视角等分析这些难点和痛点的深层原因，然后借鉴国外在金融扶贫过程中的一系列成功经验，提出促进深度贫困地区金融扶贫创新的可行路径和制度安排。

一是确定核心问题。金融扶贫中主体的多样性、利益的多元性、区域的差异性、民族的广泛性等多种因素，造成了金融扶贫在许多深度贫困地区难以落实。这些金融扶贫过程中的难点和痛点问题，构成了本研究的核心问题。

二是研判战略意义和背景。破解深度贫困地区金融扶贫的难点痛点，是落实党中央“坚决打赢扶贫攻坚战”的战略需要，是实现全面建成小康社会的必然要求。共同富裕是社会主义的本质特征和根本原则，全面建成小康社会，必须确保每一位城乡居民走向小康之路。对深度贫困地区金融扶贫创新的探索，有利于国家扶贫战略尽快落地实施，促进真扶贫、扶真贫，实现真脱贫、脱真贫，有效解决贫困人口的脱贫问题。这既是当前脱贫攻坚的现实紧迫要求，长远来看，又是社会主义本质的重要体现。

三是梳理发展历程，总结创新模式。破解深度贫困地区金融扶贫创新的难点痛点问题，首先必须明确深度贫困地区金融扶贫的发展历程和现状，对深度贫困地区的金融扶贫现实情况有一个准确的、清醒的认识和判断；结合我国不同贫困区域、不同贫困对象的特点，总结出深度贫困地区金融扶贫现有的几种模式，剖析这些模式的优缺点，分析它们不同的适用对象和范围。

四是建立评价体系，进行跟踪评估。要进一步厘清金融扶贫对于深度贫困地区实现最终脱贫的作用，合理评价金融扶贫的现实效果，必须精选评价指标，建立一套符合逻辑、科学合理的评价体系。运用计量经济学的向量回归模型、协整与误差修正模型、神经网络模型等经济分析工具，借助金融扶贫的横截面数据，对具有典型意义的深度贫困地区金融扶贫创新绩效进行跟踪评估。

五是根据评估结果和实践情况，找准问题症结。一方面根据金融扶贫跟踪评估的实证数据研究结果，可以精准剖析金融扶贫存在的主要问题；另一方面结合实践中存在的金融扶贫服务机构单一、供需结构失衡、信用环境不良、抵押资产缺失、资金用途难以保证、资金使用过程中缺乏专业指导以及贫困户内生动力缺乏等问题，对金融扶贫创新存在的重点和难点问题进行定性和定量分析。深度贫困地区金融扶贫究竟存在什么样的不利因素影响了其作用和效果的发挥？是多元扶贫主体的利益诉求不一致造成的，还是金融扶贫的体制机制没有理顺，抑或是扶贫对象的主观能动性不足？这些问题使得扶贫绩效难以保障。

六是借鉴国际实践，提炼有益经验。搜集整理美国、日本、孟加拉国等国外金融扶贫的典型案例，总结国外金融扶贫的典型做法和模式，分析国外金融扶贫的主要路径和方式，提炼出对我国深度贫困地区推进金融扶贫创新的有益启示和借鉴。

七是根据时代要求，提出对策建议。在借鉴国际经验的基础上，结合我国全面建成小康社会，贯彻绿色发展理念和乡村振兴战略的要求，对深度贫困地区金融扶贫创新的可行模式、主要路径、多元主体利益的协同、制度法规的完善等，提出切实可行的对策建议，解决金融扶贫创新的难点痛点问题。

（二）研究重点

第一，对我国扶贫政策演变历程的梳理，对当前中央关于深度贫困地区扶贫精神的阐释，对我国金融扶贫供给侧改革的总体情况的分析。该问题主要是对文献、历史和数据资料方面的研究和梳理，以及从宏观角度对深度贫困地区金融扶贫创新进行定位和分析。一是梳理国务院、扶贫办、中国人民银行等相关部门出台的扶贫规划、指导意见等政策文件，阐明我国开展金融扶贫的总体要求和制度安排。从现阶段我国扶贫工作面临的主要问题出发，站在新时代中国特色社会主义理论的高度，准确界定金融扶贫创新的内涵、要义和本质。二是梳理新中国成立以来我国扶贫政策的演变历程，重点阐明各个阶段我国扶贫政策的演变特征，以便更好地理解我国开展扶贫开发工作的历史基础，总结经验教训。三是结合我国供给侧改革和脱贫攻坚的明确安排，说明金融扶贫供给侧改革的重要意义、总体部署和进展成效。从金融扶贫创新的特点和脱贫攻坚的要求方面，探讨深度贫困地区脱贫攻坚与金融扶贫创新的耦合机理。

第二，深度贫困地区金融扶贫创新的发展情况，对金融扶贫创新的模式与机制的梳理和评价，金融扶贫供给侧结构性改革理论框架的建立。该问题主要从发展现实、已有模式梳理和评价以及理论框架方面展开研究。研究中将遵循从理论到实践再到理论的分析思路，采用系统思维与案例分析相结合的研究方法，进行多学科、多视角的理论研究。一是从金融扶贫的演进历程回顾开始，对我国金融扶贫的演进历程进行回顾总结，探寻其演进规律和发展态势，然后重点分析当前我国金融扶贫实践的主要成就、突出问题和发展趋势。二是归纳和总结我国深度贫困地区金融扶贫创新的主要模式，分别基于供给主体视角和供给方式视角进行不同的分类，并从背景、方式、途径、效应、绩效适应性等方面进行比较分析。三是以秦巴连片特困地区、广西百色、河南兰考、湖南麻阳、河南卢氏、宁夏盐池、湖南邵阳等地区为典型进行案例分析，总结不同案例中金融扶贫创新的背景、主要做法、基本经验和突出问题，并对案例进行客观评价和差异性分析。四是从金融机构、贫困户、政府和社会组织的视角分别切入，结合经济学、管理学、社会学的理论和方法，构建金融扶贫供给侧改革的理论框架。

第三，金融扶贫小额信贷“卢氏”模式复制推广跟踪评估研究和政策建议。该问题主要是对金融扶贫创新中典型的小额信贷“卢氏”模式进行评估，并提出政策建议。2017 年 11 月召开的全国金融扶贫现场观摩会上，国务院扶贫办提出在全国复制推广金融扶贫小额信贷“卢氏”模式。本研究以金融扶贫小额信贷“卢氏”模式的复制推广为研究对象，从金融扶贫小额信贷“卢氏”模式的精准度、投入产出效率、可持续性和风险防范四个方面展开评估。通过问卷调查和深度访谈了解扶贫对象的金融需求、各部门对“卢氏”模式的态度等信息；通过座谈研讨和因子分析等方法，甄别影响金融扶贫小额信贷绩效的关键因素；构建由 6 个一级目标、12 个二级准则和 21 个三级指标组成的金融扶贫小额信贷“卢氏”模式复制推广跟踪评估指标体系，并通过综合运用德尔菲专家评价法和层次分析法对指标层进行评估和计算；运用数据包络分析方法，构建金融扶贫小额信贷的资金投入、人员投入等投入指标与人均收入、减贫人口等产出指标，计算深度贫困地区的金融扶贫效率；运用区域差异分析方法（基尼系数、泰尔指数、变异系数、赫芬达尔指数）比较“卢氏”模式复制推广的各个样本地区金融扶贫效率的地区差异；运用回归模型分析金融扶贫小额信贷的经济效应和减贫效应。最后根据“卢氏”模式的复制推广调研与跟踪评估分析，对完善提升金融扶贫小额信贷“卢氏”模式以及更好地在全国复制推广提出对策建议。

第四，国外金融扶贫的典型模式的比较分析和借鉴。该问题主要是对国外金融扶贫经验进行梳理和评价，总结出值得借鉴的经验和需要注意的问题。研究中将国外金融扶贫典型模式主要分为小额信贷的发展模式、普惠金融模式和农业经济金融模式三类，并通过来自十几个国家的典型案例进行介绍。分析了不同金融扶贫模式和案例中的主要做法、成效、运营情况，以及在实践操作中存在的问题。进一步分析政府扶贫金融机构的监管与服务效果，农村金融扶贫产品服务开发问题，普及金融教育的效果以及减少信息不对称问题的效果。在此基础上，从政府监管与服务视角、银行视角、农村金融扶贫产品开发视角、对金融扶贫效果定期评估的视角、农村地区金融知识普及的视角以及理论视角五个方面分析国外金融扶贫典型模式对我国金融扶贫创新的借鉴意义。

第五，深度贫困地区金融扶贫创新能力和绩效提升的政策建议。该问题聚焦于如何提升深度贫困地区金融扶贫创新能力与绩效。以理论研究为起点，以对策建议为落点，沿着深度贫困地区金融扶贫创新能力与绩效提升的“能力维度分析→提升机制分析→提升路径研究→风险防控研究→政策框架研究”的技术路线，将核心问题聚焦于深度贫困地区在金融扶贫创新能力与绩效提升过程中，政府与市场如何协同发力、金融供给与需求如何有效匹配、产业如何有效支撑金融资源落地、金融创新与风险控制如何均衡、如何建立金融扶贫长效机制提升“后脱贫时代”返贫阻断能力等一系列关键问题，采用规范与实证结合、定性与定量结合、理论与模拟结合的方法体系展开研究。政策建议方面，从供给侧、需求侧、供给需求联动机制方面提出针对政府、金融机构和贫困户的对策建议；同时，从强化产业支撑、加强风险防控、构建普惠金融培育机制、开展政策评估四个方面提出金融支持深度贫困地区发展的长效机制，从打赢脱贫攻坚战、实施乡村振兴战略、金融脱贫与绿色发展等方面拓展政策框架。

（三）研究难点

第一，研究对象本身难点。我国深度贫困地区分布的差异性、贫困户致贫原因的复杂性、金融扶贫参与主体的多样性决定了研究问题之难。中央《关于支持深度贫困地区脱贫的实施意见》中指出西藏、四省藏区、新疆南疆四地州和四川凉山州、云南怒江州、甘肃临夏州（简称“三区三州”），以及贫困发生率超过18%的贫困县和贫困发生率超过20%的贫困村为深度贫困地区。这些地区包括连片特困区、革命老区、民族地区、边疆地区，经济发展程度不同，民族、语言、风俗习惯、生活方式等方面都有着很大的差异，而且深度贫困地区分布广、数量多，实施跟踪评估的难度极大。从贫困户的致贫原因来看，除了地区经济基础弱、自然条件差之外，还有因病、因学、因残、因灾产生的贫困。除此之外，金融扶贫的参与主体包括了政府、金融机构、贫困户、各类社会组织，不同主体有着不同的行事规范和利益诉求。如何深入分析深度贫困地区和贫困户的致贫原因，如何针对不同的地区和贫困户提升金融扶贫的精准度，如何将不同利益主体统一在金融扶贫的总体目标之中，这些问题就是一系列难点。为此，需要采用“理论到实践再到理论”的研究思路，把握扶贫中的关键问题，以典型案例、典型地区、典型模式为抓手，从深度贫困地区金融扶贫的参与者的不同视角切入，剖析金融扶贫创新不同模式的优劣势，对金融扶贫创新的典型模式进行跟踪评估，展开理论分析，提出对策建议。

第二，具体研究内容难点。主要包括：一是深度贫困地区金融扶贫创新绩效评估体系的构建。要对深度贫困地区金融扶贫创新进行科学、全面、系统的评估，必须做好指标体系的构建，以及数据采集的完善。为此，需要通过深入一线调研、问卷调查、邀请权威专家座谈，并结合相关研究成果，确定一个科学、全面的多层次指标体系，并采用因子分析法、德尔菲法等对指标权重进行赋值，作为深度贫困地区金融扶贫绩效评估的依据。二是金融扶贫供给侧改革理论框架的构建。目前，深度贫困地区金融服务供给不足是金融扶贫中最大的问题。尽管金融扶贫模式创新和区域性的探索比较多，也有一些学者进行归纳和梳理，但是理论分析较少，主要难点在于参与主体的多样性和问题本身的复杂性。为此，需要从金融机构、贫困户、政府和社会组织的视角分别切入，结合经济学、管理学和社会学领域的经典理论，以实现金融扶贫的供给方和需求方协同联动为核心问题展开研究，建立金融扶贫供给侧改革的理论框架。三是关于深度贫困地区金融扶贫创新能力和绩效提升的对策建议。对策建议的提出不但需要理论功底，更需要对深度贫困地区现实问题的全面认识，以及对国家政策和金融市场运作机制的深刻把握。为此，需要采取实地调研、理论分析、案例总结、统计分析、政策研究等多方面相结合的方式，为破解研究难点提供有力保障。

第三，研究深度拓展难点。金融扶贫不仅局限于对深度贫困地区贫困户的金融支持，还要融入打赢脱贫攻坚战、全面建成小康社会的总体布局，这使得研究还涉及贫困地区经济社会发展、乡村振兴战略、绿色发展、农村社会组织建设等领域的问题。既需要对深度贫困地区金融扶贫政策进行宏观把握，又能够对不同领域提出科学和深入的见解，要对国家宏观政策有深刻的领会和把握，同时对农村经济、扶贫问题、产业发展、绿色发展、社会组织等不同领域和方向都要有深度拓展。

第四，研究资料收集难点。一是面临深度贫困地区的区域分布和语言的问题。以“三区三州”为代表的深度贫困地区多为西部少数民族居住区，地域面积大、自然条件差，同时一些地区需要使用少数民族语言，实地调研难度比较大。二是数据和资料获取渠道的问题。需要加强与政府、金融机构的沟通，深入实地开展调研和问卷调查，通过多种渠道获取资料和数据，为研究提供支撑。三是资料整理分析难度大的问题。深度贫困地区分布广、金融扶贫参与主体多、模式丰富多样、信息多样庞杂，信息的整理分析是个难题，需要结合因子分析法、统计分析法、计量经济模型和层次分析法，从不同角度对问题进行切入，得到多维度的分析结果，为最终的研究成果提供支撑。

（四）研究方法

第一，基于文献分析法、科学归纳法的基础理论研究。一是文献分析法。文献分析法是指收集、鉴别、整理某一研究主题的相关文献，并对其进行系统的分析来获取信息，进而形成对事实科学认识的一种研究方法。研究从扶贫、金融扶贫、金融创新等角度分类收集、整理相关文献，对各个阶段我国扶贫政策、金融扶贫模式、扶贫开发战略思想进行抽象概括，形成有关我国扶贫政策演变、金融扶贫模式、扶贫开发战略思想的文献综述，形成金融扶贫创新的理论基础，为分析深度贫困地区脱贫攻坚与金融扶贫创新的耦合机理提供理论指导。以区域发展理论、资源配置理论、公共产品理论、委托代理理论、新公共管理理论、管理生态学理论的相关理论为基础，形成金融扶贫创新绩效评估的理论基础。二是科学归纳法。科学归纳法是根据对某一门类的一部分对象的本质属性和因果关系的研究，也就是从事物的因果关系中揭示事物的必然联系，得出关于这一门类的全部对象与一般结论的推理方法。按照我国新时代“打赢打好脱贫攻坚战”的总体要求，立足于扶贫工作实践困境，以小微金融、普惠金融、绿色金融和扶贫开发为理论基础，综合现有学者金融扶贫创新的研究成果，提炼概括出金融扶贫创新的基本概念、金融扶贫创新及其绩效的内涵。

第二，基于参与观察法、实地调研法、定性分析法与横向对比法的现状模式研究。一是参与观察法。即观察者亲身投入到所观察的农村扶贫社会现象和社会生活中去，在自身成为社会生活中各种活动的一员的同时进行观察的方法。二是实地调研法。在研究过程中，坚持理论联系实际，通过实地考察、深度访谈、入户问卷调查等方式，收集秦巴连片特困地区、广西百色、河南兰考、河南卢氏等地金融扶贫创新的一手材料，总结金融扶贫创新的模式及特点。三是定性分析法与横向对比法。从定性分析的视角对新时期我国金融扶贫总体发展状况进行梳理概括，挖掘经验、总结成绩、寻找问题、明确方向；对我国金融扶贫模式进行梳理，定性分析每种模式的特征和优劣势。由于各地区贫困发生原因和表现形态互有差异，金融扶贫的模式和路径及其效能发挥也互不相同，主要采用横向对比的方法，比较、甄别不同区域、不同模式金融扶贫创新的适用性。

第三，基于问卷调查法、深度访谈法、文献分析法、定性分析法的典型案例研究。一是问卷调查法、深度访谈法。重点以秦巴连片特困地区金融扶贫创新实践、广西百色政策性金融扶贫、河南兰考普惠金融试验区、湖南麻阳等小额贷款县金融扶贫作为研究的案例，通过对深度贫困地区贫困户，对银行、保险等金融机构，对扶贫办等政府部门，对互助合作社等社会组织进行问卷调查、实地调研、深度访谈等，获取深度贫困地区金融扶贫需求、金融扶贫供给、金融扶贫的难题等一手数据与信息。二是文献分析法、定性分析法。通过收集和整理重点案例区域金融扶贫创新的相关文献资料，选择秦巴连片特困地区、小额贷款县示范县、普惠金融试验区、政策性金融试验区等为研究样本，定性分析不同区域贫困的根源，金融扶贫创新的主要做法、成效经验、缺陷等。结合当前精准扶贫的战略要求，对上述不同类型的金融扶贫模式创新水平进行评价，比较不同模式的优劣以及制约其效能发挥的关键因素和主要环节。

第四，基于德尔菲专家评价法、层次分析法的金融扶贫绩效评估指标体系的构建。构建由一级目标层、二级准则层和三级指标层组成的金融扶贫绩效评估指标体系，从政策相关性、扶贫效率、扶贫效果和可持续发展能力四个方面入手，共设置 4 个准则层、11 个关键问题层和 35 项具体指标，并通过综合运用德尔菲专家评价法和层次分析法对指标层进行权重赋值，作为评估深度贫困地区金融扶贫绩效的依据。

第五，基于因子分析法、数据包络分析法（DEA）、区域差异分析法、数据回归分析法（OLS）的金融扶贫效率评估方法的运用。运用因子分析方法甄别影响金融扶贫绩效的关键因素；通过数据包络分析法（DEA）构建金融扶贫的信贷投入、人员投入等投入指标与人均收入、减贫人口等产出指标，测算深度贫困地区的金融扶贫效率；并运用区域差异分析方法（基尼系数、泰尔指数、变异系数、赫芬达尔指数），比较不同深度贫困地区金融扶贫效率的地区差异；运用数据回归模型（OLS），分析深度贫困地区金融扶贫各项投入带来的减贫效果。

第六，基于文献分析法和案例比较法的比较借鉴研究。一是文献分析法。通过收集、整理大量零次文献、一次文献、二次文献、三次文献，对 12 个国家金融扶贫机制与模式进行详细分析。二是案例比较法。

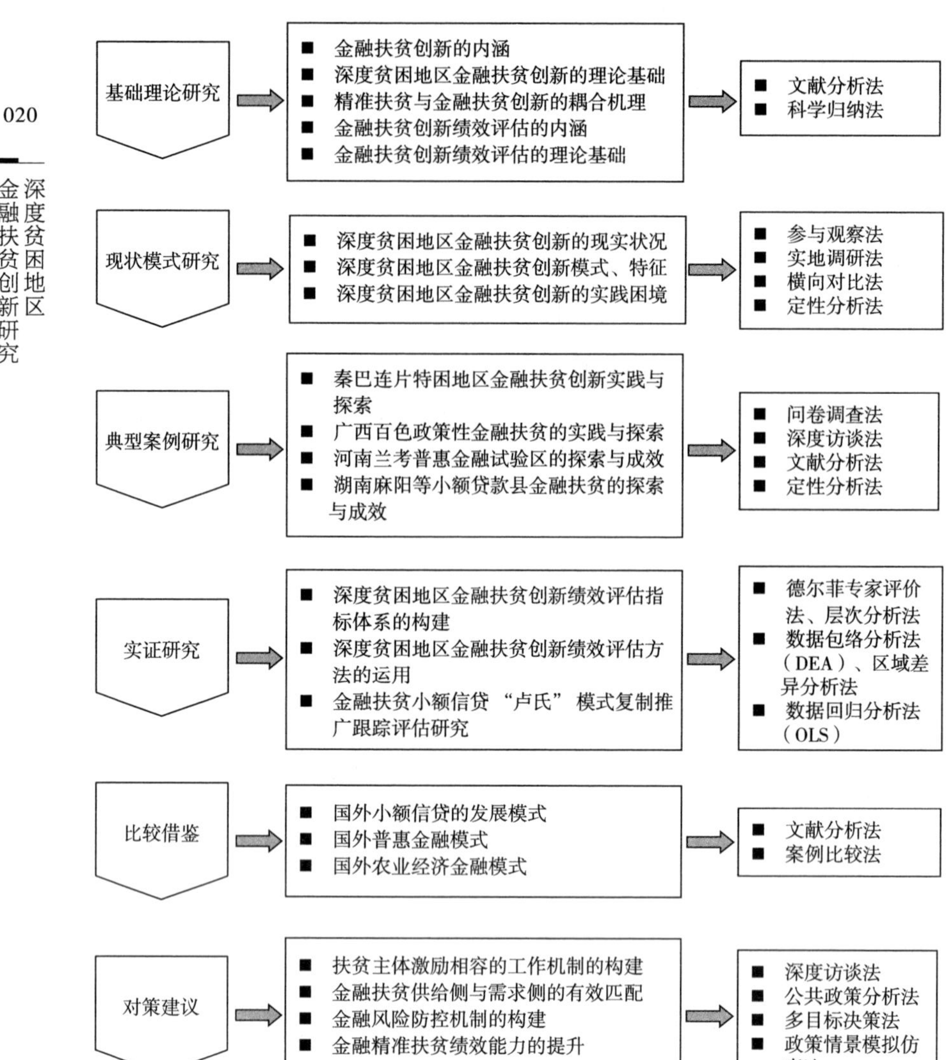

图 1－2　研究的技术路线及研究方法

即以国外小额信贷、普惠金融、农业经济金融典型案例为素材，对比、分析不同国家扶贫机制和模式目前取得的成果及在实践操作中存在的问题，从机制运作视角、政府监管与服务视角、银行视角、农村金融扶贫产品开发视角、农村地区金融知识普及的视角以及理论视角为我国金融扶贫提供借鉴。

第七，基于深度访谈法、公共政策分析法、多目标决策法、政策情景模拟仿真法的对策建议研究。一是实地访谈法、公共政策分析法。通过实地访谈法、公共政策分析法对提升深度贫困地区金融扶贫创新能力与绩效过程中政府与市场如何协同发力、金融供给与需求如何有效匹配、产业如何有效支撑金融资源落地等关键问题进行研究。二是多目标决策法。运用多目标决策分析框架，在金融扶贫创新能力最大化与金融风险最小化的双重目标框架下，探讨金融扶贫创新与金融风险防控双重目标间的均衡机制，结合系统控制论、综合集成理论等对金融精准扶贫创新中的风险防控机制构建问题进行研究。三是政策情景模拟仿真法。运用政策情景模拟仿真法，按照公共政策分析框架，采用情景仿真策略，对提升深度贫困地区金融扶贫创新能力与绩效的政策框架的有效性进行仿真，以提升政策的科学性和可操作性。

四　主要创新点及进一步研究的方向

（一）本研究着力破解的关键问题

第一，当前深度贫困地区金融扶贫创新中存在的痛点、难点和障碍是什么？其产生的原因是什么？通过怎样的政策组合来破解这些问题？这一问题着眼于当前深度贫困地区金融创新的需要。金融扶贫在实践当中存在政策落地难、信贷风险高、金融服务供给不足、政策实施监督难、信用体系不完善等问题。破解这些问题，需要逐个分析深度贫困地区金融扶贫创新中的痛点、难点和障碍，并从政府、金融机构、贫困户和村民组织的角度分别进行研究，才能提出建设性的政策建议。

为了解决这个关键性问题，本研究在前期对金融扶贫领域文献和研究进行梳理和归纳的基础上，深度研判党中央、国务院关于深度贫困地区扶贫工作的一系列文件和精神，准备通过到深度贫困地区一线进行实地调研、召开座谈会、问卷调查等方式，发现和认识深度贫困地区金融扶贫创新中的痛点、难点和障碍，并利用经济学、社会学中的理论从各类参与主体的角度进行理论分析，通过统计分析和计量经济模型对大样本的情况进行分析，找到深度贫困地区金融扶贫创新中存在问题的原因。在此基础上，借鉴国内外金融扶贫成功模式中的经验，探索适合中国深度贫困地区金融扶贫的道路，提出有针对性和有效的政策建议，破解中国金融扶贫创新的实践困境及落地障碍，提升金融扶贫创新的能力、水平和绩效，使金融扶贫创新更加高效地服务于“打赢脱贫攻坚战”的总目标。

第二，如何对深度贫困地区金融扶贫创新中的绩效、风险和可持续能力创新能力进行评估？通过评估，如何提出政策建议来帮助深度贫困地区实现“真脱贫、脱真贫”？这一问题着眼于深度贫困地区如期实现“真脱贫、脱真贫”的需要。从党的十九大召开到2020年全面建成小康社会、夺取脱贫攻坚战的胜利有3年左右的时间，要确保深度贫困地区在这段时间内实现“真脱贫、脱真贫”，就需要持续对这些地区的金融扶贫创新的精准度、成效、风险和可持续性进行跟踪评估。一方面是对深度贫困地区金融创新的政策评估和绩效考核，另一方面要及时发现深度贫困地区金融创新中的缺陷和短板，并及时提出有针对性的对策建议，帮助深度贫困地区金融创新能够更好地服务于“打赢脱贫攻坚战”的总体布局。

为了解决这个关键性问题，本研究针对2017年国务院扶贫办关注的河南卢氏县金融扶贫小额信贷的“卢氏”模式的复制推广情况进行跟踪评估。从金融扶贫小额信贷“卢氏”模式的精准度、投入产出效率、风险和可持续性四个方面展开评估，选择10个县作为跟踪评估的重点对象，通过实地调研分析小额信贷扶贫的精准度，利用数据包络分析方法（DEA）评估金融扶贫小额信贷创新的投入产出效率，利用因子分析法分析金融扶贫小额信贷创新的主要影响因素，利用计量经济学的回归模型评估金融扶贫小额信贷创新的经济效应和减贫效果，利用问卷调查和调研访谈的方式分析金融扶贫小额信贷创新的满意度。最后，从政府决策视角、金融扶贫供给视角、“政府—金融机构—企业—贫困户”之间协同视角、扶贫对象视角和区域经济发展视角五个方面提出有针对性的对策建议。

第三，如何构建金融扶贫的长效机制，以激发贫困落后地区经济发展的内生性，进而实现全面建成小康社会以后发展的可持续性？这一问题着眼于当前金融扶贫创新在“后脱贫时代”的可持续性。金融扶贫创新不仅要服务于“如期实现全面建成小康社会、打赢脱贫攻坚战”的宏伟目标，还要致力于在深度贫困地区提升金融服务供给，激发深度贫困地区经济发展的内生性，增强深度贫困地区自身“造血”功能，提高贫困人口获得持续稳定收入的能力。

为了解决这个关键性问题，本研究从金融扶贫供给侧改革、金融扶贫产业支撑、风险防控体系建设、普惠金融培育机制、金融扶贫和“扶智、扶志、扶技”相结合等角度提出政策建议。金融扶贫供给侧改革着眼于改善深度贫困地区的金融服务供给，提升贫困人口对金融服务的认知和需求，完善深度贫困地区的信用体系，健全金融扶贫主体多边合作机制。金融扶贫产业支撑着眼于将扶贫和贫困地区经济发展、乡村振兴战略相结合，通过金融资源供给发展产业，为贫困人口增加就业和收入渠道。从“评估、预警、补偿、分担、退出”五方面加强金融扶贫的风险防控机制，从“机构多元化、产品丰富化、服务便捷化、知识普及化、金融数字化”五个方面构建普惠金融培育机制。此外，建立金融扶贫和“扶智、扶志、扶技”相结合的机制，提升贫困人口脱贫致富的内生动力。

第四，怎样推动金融扶贫供给侧改革？如何构建金融扶贫供给侧改革的理论框架？如何使金融机构的市场逻辑与扶贫的政策目标实现有机统一？这一问题着眼于金融扶贫供给侧改革理论框架的构建。深度贫困地区金融扶贫中存在着政策不落实、金融机构积极性不高、金融服务供给不足、贫困户贷款难贷款贵等突出的实践困境，这些问题反映的是金融供给成本高、风险大的问题，贫困户作为金融服务需求侧的认知短板，以及信用体系和风险防控体系的机制短板。本研究在应用对策研究之外，还致力于构建金融扶贫供给侧改革理论框架来分析问题产生的原因和机理，并反过来提升对策研究的深度和有效性。

为了解决这个关键问题，本研究要界定金融扶贫创新的内涵、要义和本质等基本概念。然后，分别从作为金融扶贫供给方的金融机构和作为金融扶贫需求方的贫困户的视角入手，利用经济学中的成本收益分析、激励机制理论、风险理论等方法，分析金融扶贫中供给方和需求方面临的困境和短板。在此基础上，分析政府、产业企业、村民自治组织在金融扶贫中的定位，以及这些组织如何在降成本、控风险、补短板等方面起到自身的作用。进一步分析如何改善深度贫困地区的金融环境，如何完善深度贫困地区金融市场机制、优化金融资源配置效率。在理论分析基础上，剖析如何在深度贫困地区通过金融扶贫创新进行降成本、控风险、补短板，实现金融服务供给侧和需求侧的衔接，使金融机构的市场逻辑与扶贫的政策目标实现有机统一。通过多视角、多维度的理论研究，确定金融扶贫供给侧改革面对的基本矛盾、战略目标、实施路径，构建起金融扶贫供给侧改革的理论框架。

（二）主要创新点

第一，问题选择的创新。一是时效性强。2017 年 6 月，习近平总书记在深度贫困地区脱贫攻坚座谈会上提出深度贫困地区是脱贫攻坚的坚中之坚；9 月，党中央和国务院印发了《关于支持深度贫困地区脱贫的实施意见》，对深度贫困地区扶贫工作提出了指引；10 月，党的十九大强调在全面建成小康社会的决胜期坚决打赢脱贫攻坚战。立足于当前的历史时期，研究深度贫困地区金融扶贫创新问题是具有很强的时效性的。二是金融扶贫供给侧改革理论框架的构建。学术界对金融扶贫的研究多偏重于典型案例的分析和归纳，以及对金融扶贫效果和影响因素的实证分析，深度的理论分析相对缺乏，对金融创新与精准扶贫的耦合机理、金融扶贫供给侧改革的理论框架的研究十分薄弱。因此，本研究选择从理论方面展开研究和创新。三是破解深度贫困地区金融扶贫创新实践困境的对策。深度贫困地区金融扶贫实践中存在政策落地难、信贷风险高、金融服务供给不足、政策实施监督难等问题，然而已有研究对于指导金融扶贫实践作用甚微。本研究提出关于深度贫困地区金融扶贫创新中降成本、控风险、补短板的措施，促进金融扶贫的供给侧和需求侧联动发展，通过完善绩效评估体系改进深度贫困地区金融扶贫创新的政策监督水平。四是着眼“后脱贫时代”的政策超前储备。本书不仅着眼于当前政策研究的需要，还着眼于全面建成小康社会以后政策储备的需要，致力于构建金融支持深度贫困地区经济社会发展的长效机制。

第二，学术观点的创新。一是构建深度贫困地区金融扶贫创新绩效评估体系。通过深入一线调研、问卷调查、邀请权威专家座谈，并结合相关研究成果，确定一个全面、科学的多层次指标体系，并采用因子分析法、德尔菲法等对指标权重进行赋值，作为评估深度贫困地区金融扶贫绩效评估的依据。二是构建金融扶贫供给侧改革理论框架。从金融机构、贫困户、政府和社会组织的视角分别切入，结合经济学、管理学和社会学领域的经典理论，以实现金融扶贫的供给方和需求方协同联动为核心问题展开研究，建立金融扶贫供给侧改革的理论框架。三是对金融扶贫小额信贷“卢氏”模式复制推广进行跟踪评估。从金融扶贫小额信贷“卢氏”模式的精准度、投入产出效率、可持续性和风险防范四个方面展开评估，评价该模式复制推广的效果，分析其中的问题，提出有针对性建议。四是深度贫困地区金融扶贫创新能力和绩效提升的对策建议。对政府与市场如何协同发力、金融供给与需求如何有效匹配、产业如何有效支撑金融资源落地、金融创新与风险控制如何均衡、如何建立金融扶贫长效机制提升“后脱贫时代”返贫阻断能力等一系列关键问题提出对策建议。

第三，研究方法和分析工具的创新。一是多方参与主体视角的结合。从金融扶贫的供给方金融机构（银行、保险公司、基金等）和金融扶贫的需求方（贫困户）的视角入手，结合政府、企业、村民自治组织、金融监管机构的视角进行分析，以保证理论框架和应用对策的系统性、科学性。二是实地调研、理论分析、案例总结、统计分析、政策研究相结合。通过实地调研发现问题和收集资料；通过案例总结和统计分析发现规律，以及深度贫困地区金融扶贫创新中的不足；通过理论分析研究金融扶贫中困境产生的原因，以及参与主体的联动机理；通过政策研究提出有针对性的建议。三是多种理论模型的结合。利用成本效益分析、供给需求分析和激励机制理论研究金融扶贫参与主体在金融扶贫中的行为；利用金融风险理论和金融工程方法研究金融扶贫中的风险防控和分担机制；利用因子分析法、数据包络分析法（DEA）和计量经济学模型分析深度贫困地区金融扶贫中的成效和影响因素；利用层次分析法、德尔菲法构建深度贫困地区金融扶贫创新的评价体系；运用社会组织理论研究村民自治组织在金融扶贫创新中的作用。本研究力争通过多重研究视角相结合、多种研究方法和分析工具相结合，提高研究的全面性、针对性和效率，为提出系统、科学、有效的政策建议提供支撑。

第四，文献资料创新。一是实地调研获取一手资料。通过深入访谈、调查问卷等方式，研究深度贫困地区金融创新的成效、政策落实情况，以及贫困户的满意度。结合金融扶贫小额信贷“卢氏”模式复制推广跟踪评估研究的需要，针对评估的10个县展开调研和问卷调查，获取所需要的定量和定性数据。二是加强和政府、金融机构、智库之间的沟通交流。及时获取中央和各级政府相关的政策措施和指导意见，通过政府统计局、扶贫办、金融办和金融监管部门等渠道获取研究所需要的数据。三是充分利用学术研究数据库。全面利用中国知网、中国社科院、万方、国研网、Springer、Jstor、世界银行等机构的数据库，结合政府网站等互联网资源，为研究提供文献和数据支持。

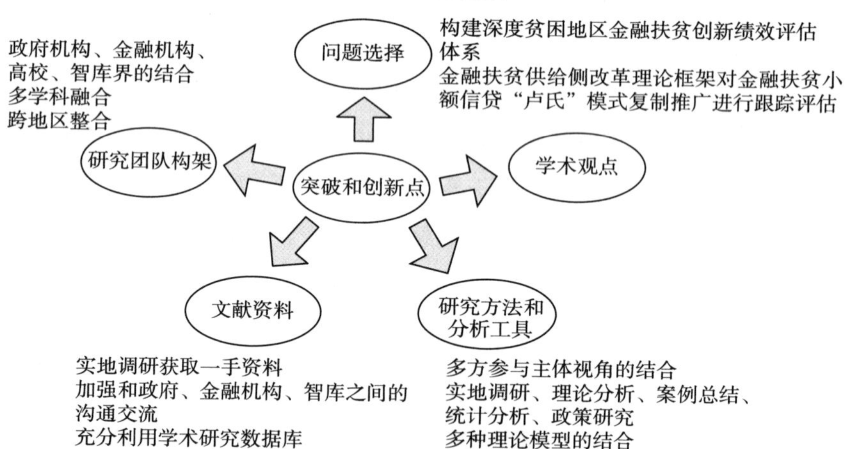

图1-3　本研究的创新点和突破点

（三）进一步研究的方向

实践永无止境，创新永无止境。金融扶贫创新更是如此。本研究针对深度贫困地区的金融扶贫创新仍是初步的，对一些理论和实践问题的研究还有待进一步深入。比如，深度贫困地区金融扶贫创新的模式还需要进一步拓展。精准扶贫、精准脱贫既是一场攻坚战，也是一项火热的基层实践，实践中的创新层出不穷，对一些新探索、新模式还有待进一步跟踪、总结与提升。绩效评价的内容还需要进一步丰富。绩效评价本身不是目的，真正目的在于以此树立起强有力的问题导向和目标导向，进一步推动工作、促进发展。因此，伴随着金融扶贫的深入开展和探索实践的不断深化，绩效评价体系需要相应地进一步丰富和完善。着眼“后脱贫时代”金融扶贫创新的政策设计还需要进一步深入。脱贫攻坚仅仅是乡村振兴的第一步，如何立足“后脱贫时代”，通过金融机制的不断完善，建立健全贫困阻断机制，推动农民持续增收致富，是在进一步推进乡村振兴战略中必须直面和解决的问题。

第二章　深度贫困地区金融扶贫创新的理论探讨

精准扶贫是新时期的一项重要任务。金融是经济发展的核心，研究深度贫困地区的金融扶贫，对造血式扶贫开发具有重大意义。新一轮扶贫攻坚战中，我国扶贫的主要任务和扶贫模式都发生了转变，扶贫任务已从解决温饱转向促进发展，扶贫模式也从政府主导型向复合型转变。新时期的扶贫战略要求必须以超常规的理念、方法和举措持续推进精准扶贫，抓紧完善反贫困体系，实现经济发展、脱贫能力和开发效果协同推进。在研究探索金融扶贫理论的基础上，持续改进和创新金融精准扶贫的方式和方法，对打赢脱贫攻坚战有重要的现实意义。

一　基本概念界定

（一）贫困的内涵

贫困是一个动态的、历史的、地域的概念，随着社会、思想观念的变迁和经济的发展，贫困的内涵也在发展中不断丰富。早期不少学者从物质生活不足来理解贫困。国外对贫困的研究最早是英国学者朗特里对贫苦的定义：家庭收入不足以支付维持家庭成员的最低生活必需开支的状态。马尔萨斯及中国国家统计局等也曾从物质贫乏的角度来理解贫困。

贫困问题的持久性使一些学者质疑将收入作为评估贫困的唯一指标是否过于片面。近年来，随着学者的深入研究，贫困的内涵和外延被不断扩展，从最开始的经济视角到后来扩展到社会、政治、文化等领域，至此，“贫困”成为一个多维的概念，学者对贫困的评价标准也不仅仅限于收入、经济发展等客观层面，也关注到了贫困地区与群众的主观感受（Ansel M. Sharp，2009）。学者们认为教育、健康、资源的可获得性都会影响到个体的收入及贫困程度（Townsend，1993；UNDP，1990；等）。1998 年诺贝尔经济学奖获得者 Amartya Sen 较早提出“能力贫困”的概念，并在随后的三部著作中创立了能力贫困理论，他认为基本可行能力被剥夺是致贫的重要原因。Amartya Sen 的观点跟现代社会大家对贫困问题的认识标准比较一致。Meier，G. M. & Stiglitz，J. E. （2003）也适当延伸了贫困的内涵，他们提出，在当代社会，对贫困的定义不再局限于物质能力，而应该包括健康、教育资源等生活各方面，更应该考虑到对风险承受能力及获得相应权利的担忧与考量。这些学者的研究促进了多维贫困理论的产生与发展，使得包括教育、健康、能源、环境等的多维贫困标准越来越多被使用。之后更多的学者也将社交条件等人文关怀的内容加入进去，认为贫困不仅包括物质资料的缺乏，还包括无法享受包含各种社会活动在内的精神文化生活、受到社会不公平待遇的生存状态。联合国开发计划署和世界银行都曾提出，贫困不仅指收入不足、人力发展不足，还包括缺乏长寿、健康、社会地位、尊重等人类发展的机会以及缺少发言权、权力和被社会排斥在外等。总而言之，随着贫困问题的深入研究，学者们从收入、能力、权利、人文关怀几个角度都曾界定过贫困的内涵。

综合以上观点，由于我国目前处于社会主义初级阶段，再结合我国扶贫实践和理论研究，本研究对贫困的界定主要着眼于物质资料的匮乏，使其能够体现贫困的本质和社会经济发展水平，同时要考虑历史发展和时代特征，因此贫困的范围又涵盖权利贫困、精神贫困、能力贫困、文化贫困等诸多方面。

扶贫是探讨致贫原因以及如何消除贫困的理论。国外已存在一些关于扶贫的理论研究成果，但由于社会经济背景的不同，国外的扶贫理论只能为我国提供一定参考。中国扶贫是指政府或非政府组织通过生活生产资料供给、资金补贴、技术指导与培训等形式，对贫困地区和人群进行有效帮扶，使其摆脱贫困现状的一系列政府、社会活动。

（二） 深度贫困地区的范围界定

深度贫困地区指一个地区居民在物质、个人安全和环境等各方面的基本需要普遍得不到满足的状况。现实生活中，深度贫困地区的贫困往往是多维贫困长期累积、沉淀的结果，往往由自然条件差、地理位置偏远、基础设施建设难度大等客观因素和社会发展缓慢、自我发展意识弱等主观因素共同作用。深度贫困地区具有区域性整体贫困特点，这种贫困现状表现为大范围（贫困村、贫困乡、贫困县等）的大部分群体处于长期、绝对贫困的复杂状态，其致贫原因远比一般贫困地区分散存在的个体贫困更为复杂，脱贫难度也更艰巨。

《中国农村扶贫开发纲要（2011—2020 年）》将六盘山区等 11 个连片特困地区及中央已实施特殊扶持政策的西藏、四省藏区和新疆南疆四地州（简称“三区”）和四川凉山州、云南怒江州、甘肃临夏州（简称“三州”）共 14 个片区确定为深度贫困地区。这些深度贫困问题涉及的区域和人群简称“三区三州三类人”。这些区域自然条件差、经济基础弱、贫困程度深，是贫困的贫中之贫、困中之困，也是减贫的难中之难、坚中之坚，补齐这些短板是打赢脱贫攻坚战的关键之策。

（三） 精准扶贫的内涵

我国在扶贫实践基础上提出精准扶贫这一扶贫新思路。精准扶贫最早是习近平总书记在湖南湘西考察时提出的。随着精准扶贫概念的明确，精准扶贫实践开始展开，整个学界也开始对精准扶贫展开研究，2013 年学界对精准扶贫问题开始进行系统研究。随后几年，理论界对精准扶贫问题的研究在广度和深度上都取得了阶段性的成果。

相对于之前“广撒网”扶贫，精准扶贫是一次思路创新。精准扶贫是指针对贫困地区不同的农村环境、贫困户现况以及区域资源，对扶贫对象加以精准识别，进而实施联动精准帮扶和精准管理的一种脱贫致富方式。简单来说，就是通过政府发挥主导作用，形成政府、社会以及市场联动的扶贫大格局。其本质要求是要做到“真扶贫、扶真贫”。

新常态下的精准扶贫不同于之前的扶贫方式，主要体现在三个方面：第一，要以“精准”为基本工作准则。要精准规划、精准识别、精准定策、精准落实，同时要确保精准到位与整体推进相结合。第二，要充分调动并全面配置社会资源。鼓励社会参与扶贫，坚持政府主导与市场运行机制相结合，整合各方面资源参与扶贫开发。精准扶贫要从输血式扶贫向造血式扶贫转变，也要充分调动各方面积极性，做到自身发展与外部帮扶相结合，建立长效脱贫机制。第三，把生态保护作为重要理念。新常态背景下，脱贫致富不应仅重视增长速度和经济效益，还要把经济效益、社会效益和环境效益相统一，采用可持续化发展方式发展产业经济。

（四）金融扶贫的内涵及特征

“金融扶贫”是将金融理论引入扶贫概念提出的。在整个扶贫工作中，金融扶贫是一项重要手段，通过实现资金的优化配置，从而促进贫困地区经济增长、贫困户增收。金融扶贫可以从广义和狭义角度来理解，总的来说，金融扶贫是指金融机构以扶助贫困对象脱贫为目的，通过提供信贷、保险支持等，为贫困对象的生产生活提供金融服务产品的过程。

与国家财政救济资金不同，金融扶贫能够将生活式扶贫有效转变为生产式扶贫，或者说是将救济式扶贫转变为资本式扶贫。金融机构主要以创造适合贫困对象的金融服务产品为手段，充分发挥其杠杆作用，满足贫困对象的生产性金融需求，以提高其自身发展能力助其脱贫致富。

金融扶贫是扶贫工作中非常有效的方式，概括来讲，金融扶贫有三方面的特征：①以市场化运作机制为首要条件。金融扶贫以金融机构提供金融服务产品为主要手段。这些金融机构运作首先要响应政府精准扶贫的号召，承担相应的社会责任。但不同于之前的财政扶贫，这些金融机构又必须遵循市场化原则进行经营管理，因此需要在经济目标和社会目标之间进行权衡。金融扶贫是由市场进行干预的，政府在金融扶贫的过程中，不能通过简单的行政命令强制要求商业金融机构执行有关规定。一方面，要让金融机构有一定的自由度，允许其在扶贫开发进程中自行确定合理的贷款利率、期限、额度等内容，以此使金融机构达到成本最小，收益最大；另一方面，还要打破传统金融机构的垄断格局，使农村金融市场更加灵活，资本可进入性更好，吸引更多的社会力量加入农村金融服务体系当中。②以金融系统为主要依托。财政扶贫模式主要是通过各级政府之间层层传递的纵向体系开展，而金融扶贫的服务载体则是规模不一、类型多样的金融网点，这些机构和网点遍布农村各乡镇，扎根广大基层，扎根农村生活，贴近农户需求，能够提供适合贫困对象的金融产品，在农村发展、农民增收中起关键性作用。其中，农业银行、农村信用社、村镇银行及各类小贷公司在资金配置中扮演重要角色，是整个金融扶贫体系的依托。③以资本循环运作为实现手段。与财政扶贫资金的无偿性、单向注入方式不同，金融扶贫模式下的贷款资金是一种循环性的、有偿使用的资金。在金融扶贫服务体系下，金融机构扶贫的对象是那些有产业发展项目、有资金需求的劳动力，并在资金的回收和盈利方面以市场化标准进行要求。这一模式可通过市场化手段，发挥市场主体的积极性，有利于提高扶贫的精准性，实现贫困群体脱贫和市场主体持续盈利的双赢，以及实现整个金融扶贫体系的良性发展。

（五）金融扶贫创新的内涵

新一轮扶贫开发攻坚战，使我国扶贫开发的主要任务和扶贫模式均发生了重要变化，必须加大农村金融创新步伐，找准扶贫工作中的“穷根痛点”，全方位、多渠道对接贫困地区金融服务需求，改革金融体制机制，创新金融产品和服务。关于金融扶贫创新的实践已在我国展开，如宁夏实施“千村信贷·互助资金”工程；陕西产业链贷款助力农业发展；山西发行企业私募债支持产业扶贫等。

具体来说，金融扶贫创新包括以下三大方面的内容：①金融制度和管理创新：创新金融扶贫主体制度、融资制度、资金管理、资金使用、分配与评估机制、扶贫监管机制；②金融产品与服务方式创新：创新金融扶贫信贷产品和保险种类、金融机构授信方式、金融担保方式；③金融扶贫模式创新：创新基础设施融资模式、特色产业融资模式、互联网金融扶贫模式（周双、刘鹏，2017）。

在金融扶贫的过程中，只有积极推动贫困地区金融扶贫制度、产品、模式等方面的创新，扩大贫困地区的金融供给能力，才能鼓励和帮助扶贫对象提升自我发展能力、摆脱贫困，最终实现精准扶贫的目标。

二 国内外研究现状

（一）国内外相关研究文献总体检索情况

在中文文献检索中，主要在中国知识基础设施工程（CNKI 中国知网）中选择期刊全文数据库、博硕士学位论文全文数据库、重要会议论文全文数据库和重要报纸全文数据库进行论文检索，在读秀中进行图书检索，在国家社科基金“项目数据库”中进行课题检索，在百度学术进行研究走势和关联研究检索。以“金融扶贫”为主题词进行搜索，截至 2018 年 7 月 17 日，在中国知网数据库中共搜索到各类文献记录 6034 条，“金融扶贫”从 1983 年开始出现相关研究，2016 年 1780 篇，2017 年 2076 篇，达到最热，这与我国自 1986 年开始实施大规模的开发式扶贫的扶贫实践基本一致。读秀图书搜索以“金融扶贫”为书名共搜索到相关图书 8 本，国家社科基金项目数据库搜集到相关课题 3 项。随着研究的不断深入，越来越多与“金融扶贫”相关的研究点出现，形成了庞大的研究网络，在百度学术搜索“金融扶贫”关联研究，形成了扶贫工作、贫困地区、扶贫贷款、扶贫资金、扶贫模式、扶贫开发、农村金融、信贷政策、金融机构、人民银行十大关键词。

在国外相关数据库进行文献检索，总体上来看，国外文献对金融扶贫的研究主要关注点在于金融缓解贫困理论及运作机制研究，部分文献探讨了金融发展与经济增长的关系，提出了“金融抑制和金融深化”的概念，就金融扶贫本身的绩效评估涉及的较少。在国外文献数据库以“financial poverty alleviation”为主题词进行检索，截至目前，不完全统计的文献有 38482 条，其中 Springer Link 全文期刊和图书数据库 8060 条、Elsevier 综合学科期刊全文库 2961 条、EBSCO 系列全文数据库 57 条、JSTOR 电子书数据库 9967 条、SAGE PREMIER 现刊库 9874 条、Taylor&Francis 电子期刊和图书库 76 条、Wiley Online Library 电子图书库6276条、World Scientific全文电子期刊1211条。以“Poverty alleviation model”为主题词在以上数据库搜索到的文献共有48106条，其中涉及金融扶贫模式的较少。从国外现有文献看，国外对贫困的研究远远早于国内，以SAGE Premier现刊库为例，其最早关于“(financial) poverty alleviation”的记录始于1986年，在2017年达到最热，2011～2017年搜索到3786条（1986～2017年共9874条）。以“financial poverty alleviation”＋“performance evaluation”为主题词组合搜索发现现有文献很少有对金融扶贫的绩效进行跟踪式评估的，有对扶贫的效果进行评估的，多是从机理角度分析扶贫的整体功能效应，如Geranda Notten（2016）尝试从收入贫困和物质匮乏两个流行的贫困指标出发研究其对收入转移的减贫效果。

（二）国外研究现状

1. 扶贫与脱贫相关理论研究

国外学者对贫困问题的研究有着丰富的理论成果和实践经验，尤其是关于致贫原因和减贫理念的研究，对我国扶贫理论构建和扶贫实践具有重要的现实意义。

目前有关扶贫的研究主要围绕导致贫困的根源及经济增长模式。对于国家范围而言，关于致贫根源的研究，将视野范围扩展到整个世界体系的“依附理论”占有很重要的地位，该理论探讨了不同的国家（主要是中心与外围国家）在依附中的不同结果，处于中心的发达国家日益富裕，而外围的发展中国家因得不到发展而日益贫穷。虽然该结论不一定正确，但是其研究视野超脱了大部分研究者，扩展到世界体系，因而为致贫理论的后续发展开拓了新的路径。大部分的学者还是从一个国家的内部经济增长来分析致贫原因，比较典型的是贫困循环理论。简单来说，就是“穷国之所以穷，就是因为它们穷”（Ragnar Nurkse，1953）。事实上，制约贫困地区发展最根本的要素还是物质资本和人力资本的缺乏，资本缺乏导致经济增长乏力，以至于难以改变落后的状况（Albert Otto Hirschman，1991；Schultz T W，1992；等）。

对于减贫理论的研究，Amartya Sen有其独特的贡献，他提出了权利贫困理论，认为贫困的现实根源在于权利与义务之间的矛盾，解决贫困和饥荒首先要解决不平等问题，穷人要想获得平等的机会，就必须要获得包括生产、交换和流通等多个领域的基本权利。在该理论的指导下，亚洲开发银行倡导以“机会均等”和“公平共享”为要旨的共享型增长减贫理念，主张借助经济的增长收益以及其公平分配来促进减贫效果。

虽然国外的理论和实践对我国的扶贫工作有一定的借鉴意义，但是要看到国外的理论诞生于当地的发展和传统之上，并不能达到与我国国情的完美耦合。所以，其理论的借鉴意义要远大于其对我国扶贫减贫的指导意义。

2. 金融缓解贫困理论研究

对于金融发展与贫困减缓的作用研究，国外学者们的研究主要集中在三个方面：第一类，金融发展有助于减缓贫困，即金融支持精准扶贫（Dollar & Kraay，2000；Jalilian & Kirkpatrick，2002；等）。第二类，金融发展会阻碍贫困减缓，即发展金融会抑制贫困缓解（Canavire，2008）。第三类，金融发展与贫困减缓存在“倒U形”关系（Greenwood & Jovanovic，1990；Aghion & Bolton，1997）。有不少学者认同“倒U形”关系，金融发展初期存在“二元性”，金融资源配置不合理、不均衡，加之金融门槛效应的存在，导致穷人无力支付服务费用，发达地区收入分配更加不均等，收入差距逐渐拉大，抑制金融发展对贫困减缓的作用，甚至会导致该地区贫困发生率更高（Boatright，1999；Honohan，2004；Ben Naceur S& Zhang R X，2016；Hossein & Colin，2005）。但是随着金融深化程度加深，金融资源较多地流入农村贫困地区，其覆盖的范围加大，可以覆盖到穷人，金融服务的获得门槛随之下降。也就是说，金融发展到一定程度，越过某个拐点后，此时金融发展有利于减缓贫困。因此实施金融扶贫应该把握金融深化程度和金融自由化程度，防止金融发展抑制贫困缓解的情况。

目前，对于金融发展与贫困减缓的作用的研究主要集中在第一类，即金融发展有助于减缓贫困方面。不少扶贫实践和学者的研究证明，金融支持和缓解贫困之间存在正相关关系。而且农村金融机构越发达，金融市场机制越完善的国家，其贫困率下降得越明显（Greenwood & Jovanovic，1990；Banerjee & Newman，1993；Galor & Zeira，1993；Piketty，1997；Townsend & Ueda，2006；Beck，Demirguc - Kunt & Levine，2008；等等）。具体而言，发展农村金融机构（Burgess & Pande，2005），包括数量和规模（Mark Drabenstott & Larry Meeker，1997），能够提高低收入人群的金融可得性（Bruhn & Love，2014），进而刺激劳动生产率的提高（Feder G，Lau L J & Lin J Y，et al，1990），对于农村农业技术进步和农业产量增加具有重要作用（Abate G T，Rashid S & Borzaga C，et al，2016），最终使得农民的收入以及福利得到相应改善，可以在一定程度上缓解贫困。也有许多文献普遍认为金融扶贫可以通过改善低收入阶层的收入结构和来源，增加收入总量，从而在整个社会层面上减缓贫困。

3. 金融扶贫路径及机制创新研究

在金融扶贫路径及机制研究中，关于小额信贷、农村金融组织的微观运行机制和金融扶贫制度的研究也是众多学者关注的重点。其中，在金融扶贫路径研究中，学者普遍认同金融发展可以通过促进经济增长、改善收入分配和拓宽金融服务渠道等方面直接或间接地缓解贫困。

（1）金融扶贫的直接及间接运作机制

在国外的直接运作机制研究中，学者们认为金融可以通过金融发展促进经济增长，直接对贫困产生缓解作用。（King & Levine，1993；Rajan & Zingales，1998；Sinha & Macri，1999；Levine，2000；Ito，2006；Binswanger & Khandker，1995）。金融机构向贫困家庭给予信贷帮扶和各种项目资助（Jalilian & Kirkpatrick，2001、2005），降低穷人对资金获得门槛，提高其资金获得能力，从而提高收入（DFID，2004；Claessens & Feijen，2006；Bittencourt，2010；Gonzalea - Vega，1984；Burgess & Pande，2003；Geada，2006）。

在间接运作机制研究中发现，金融发展能够改善最低收入阶层的收入，减少收入分配不平等，通过经济增长和收入分配两条路径间接减贫（King，1993；Honohan，2004；Kpodar & Singh，2011）。一方面，金融机构向贫困家庭提供金融产品和储蓄服务，金融发展会提高资本增加的数量和速度，通过对资产进行优化配置，提高资本利用效率，助推经济增长。经济增长会刺激消费，为穷人带来更多就业和增加收入的机会，进而缓解贫困，即金融发展助推经济增长降低贫困率（Pagano，1993；Dollar & Kraay，2000；Jalilian & Kirkpatrick，2001；Honohan，2004）。收入分配是金融减贫的另一条路径，金融发展通过分配效应实现经济资源和经济红利在社会群体间的分配，金融发展带来的收入分配均衡，使金融的减贫效果很明显，即收入分配间接带来贫困减缓（Galbis，1977；Greenwood & Jovanovic，1990；Townsend & Ueda，2003）。对于一个国家来说，放松对本国金融的管制，就会营造一个适合企业良性发展的大环境，使一个国家金融向好的方向发展，有利于国内收入分配差距的不断缩小，经济发展可以产生带动贫困人口脱贫的正效应（Dollar & Kraay，2002；Black & Strahan，2012）。

（2）小额信贷相关研究

国外提高贫困群体收入、改善其生活环境的金融手段主要是小额信贷，不少国外学者通过实证表明，微型金融尤其是小额贷款与以工代赈等项目能够在很大程度上抑制贫困，同时能够有效控制贫困的纵深发展（J. Ledgerwood，2000；J. D. Von Pischke，2002；Imai，2010；Banerjee，2013；等等）。20世纪70年代，孟加拉国穆罕默德·尤努斯教授成功实施了小额信贷，开拓了农村金融服务的新模型，即被誉为世界上规模最大、效益最好的扶贫项目和扶贫方法之一的孟加拉乡村银行（Grameen Bank）模式（简称GB模式），在国际上受到广泛推崇。随着尤努斯由此获得诺贝尔经济学奖，农村小额信贷作为新型扶贫方式成为实践和理论研究的热点。小额信贷理论是伴随着小额信贷实践形成的，在国外形成了一定的理论体系。众多学者以格莱珉银行为例从不同维度考察小额信贷机构在减贫方面的影响（Pitt & Khandker，1998；Shahidur R. Khandker，2005；等等）。

（3）农村金融组织的微观运行机制

国外一些学者还对农村金融组织的微观运行机制进行了研究。这些农村金融组织在促进农村经济发展中起到了非常重要的作用。目前，国际学界还没有对农村金融微观组织的运营机制形成统一认识。但是也形成了一些有价值的成果。

D Palit，A Chaurey（2013）分析了亚洲四个金融机构的操作模式、金融政策、激励机制和金融表现等方面后发现，引入社会机制在一定程度上能够降低农村金融服务的交易成本，提高农村金融机构的扶贫效率。并强调国家应该在这一过程当中注重加强机制建设，让农村金融机构形成自我发展经营的良性循环，提高其发展的可持续性。AK Bhandari，A Kundu（2014）指出在农村发挥金融支配作用时应建立一个公正、可靠、可实施并且易于监督的规章制度，提高机构内部的运行效率，在组织水平上改革农村金融服务机构，并且从农户的角度提出四个方面的服务创新。

4. 金融精准扶贫绩效研究

对金融扶贫绩效的研究，国外学者的研究主要集中于农村小额贷款公司运营的绩效评价。由于农村小额信贷主要受众为农户，缺乏生产资金的贫困户通过向小额信贷公司提供一定的担保物获取贷款，解决短期内资金短缺问题。因此农村小额贷款发展的目的是推动农村经济发展和缓解贫困，体现了金融扶贫的中心思想。成立较早的小额信贷机构有孟加拉乡村银行、玻利维亚阳光银行等，它们成立的初衷是为了使收入低下的贫困群体能够有获得小额贷款的渠道，实践也证明小额信贷对于农村经济发展起到了一定推动作用。

首先，从小额信贷绩效的评价指标体系构建上看，出于对小额信贷绩效评价目的的分歧，不同学者站在不同角度上构建小额信贷绩效的评价体系，但主要划分为两个派别：一是制度派，该派主张对小额贷款绩效的评估应以小额贷款机构的相关财务指标为依据；另一派为福利派，该派更加重视小额贷款对社会福利的改善。在制度派方面，Joanna（2000）构建了较为全面的金融机构绩效评价指标体系，提出小额信贷绩效评价应包含以下六个要素：生产率与效率、贷款资产质量、财务生存性、预期收益、资本充足率与杠杆率、机构的规模范围；Cull（2007）也利用财务指标对127家微型金融机构进行绩效评价。在福利派方面，M. Zeller和RL. Meyer（2002）提出微型金融理论，从微型金融的角度构建了小额信贷绩效评价体系，包括社会福利、农村微型金融机构覆盖率及其可持续发展能力等方面的指标，该评价体系突出了小额信贷绩效评估应以注重社会福利为主；CAGP（2002）主要研究小额信贷机构对于扶贫及服务穷人的能力程度，运用了包括贫困水平的下降、收入提高和儿童受教育程度等指标。此后评价指标体系的发展，越来越趋向于“制度派”和“福利派”两者相结合，即小额信贷绩效评价不仅局限于单纯的经济效益或社会效益，而是从经济和社会两方面综合分析其绩效。例如小额信贷信息交流中心（MIX），在评估小额信贷机构的效益时选取的评价指标同时囊括了经济效益和社会效益，即不仅包含了贷款笔数、平均贷款额等财务指标，还选择了就业、对社区的责任等社会效益指标。将社会绩效管理纳入小额信贷公司的考核因素，进一步提升了小额信贷公司的透明度和社会责任感，这一评估指标体系也在世界范围内通用。

其次，在小额信贷绩效的评估方法方面，CAGP（2002）开发了拓展贫困指数，运用修正的 PO 指数对小额信贷是否可持续发展进行了研究，实证结果表明由于规模经济的存在，即使不依赖于财政补贴，小额信贷机构也可以最大限度地为贫困人口提供有保证的金融支持，即小额信贷的经济绩效和社会绩效是统一的；J Copestake（2007）也证实了这一观点。其他学者采用的评估方法主要分为随机前沿分析法和数据包络分析法（DEA）。Esubalew，Aljar 和 Niels（2006）运用随机前沿分析方法发现小额信贷机构在追求自身效率的同时无法兼顾贫困客户的扩展；N Hermes，R Lensick（2011）采用随机前沿分析法分析了小额信贷机构的效率，认为小额信贷机构的宣传、平均贷款余额和女性客户的占比均会对效率产生影响。运用数据包络分析法（DEA）的主要有 Qayyum 和 Ahmad（2006），他们研究了孟加拉国、印度及巴基斯坦 80 家小额信贷公司的绩效，发现纯技术效率低下成为限制三个国家小额信贷效率低下的主要原因。Nghiem（2006）采用同样的方法分析了越南小额信贷项目的效率，结果表明小额信贷运行的效率受到项目所处的区域和项目成立时间两方面的影响。T. Nair（2017）在分析印度尼西亚小额机构贷款公司时发现，由于小额信贷机构总是以追求利润最大化为出发点，导致该类机构的社会价值取向出现偏离，社会绩效尚未凸显。此外，小额扶贫贷款在实际操作中还存在贴息及其他优惠福利被当地精英而非最缺资金帮扶的贫困户所获取、单笔贷款变动数额大、还贷率低等问题，因此要想稳固金融扶贫成效必须解决好金融机构在放贷过程中产生的一系列问题（K. Hoff & JE Stiglitz，1990；NC. Martins & E. Villanueva，2006；等等）。

5. 金融扶贫对策方略研究

学者对金融扶贫对策方略的研究主要从金融精准扶贫存在的问题与难点、关于金融扶贫的政策及实施方案以及金融扶贫机制完善三方面进行梳理分析。

在金融扶贫存在的问题与难点研究方面，对金融机构来说，其面临的主要问题就是在为农户服务时，解决信息不充分问题。另外，政府的宏观调控在金融扶贫过程中发挥着重要作用。农村金融市场存在信息不足缺陷，本身市场发展也不成熟，所以需要政府引导，并出台相关保障措施，为金融经济发展创造一个稳定、良性循环的大环境（Stiglitz，2000；Efrem Garedew & Mats Sandewall，2012）。

在金融扶贫的政策研究方面，学者的研究主要集中在通过政府力量和制度保障来缓解贫困。政府在金融扶贫过程中扮演着重要的角色。由于农村金融市场竞争力比较弱，信息传播相对闭塞，要想实现金融扶贫的目标，实现金融资源合理配置，就需要政府体制的构建，Esho & Neil（2001）通过9年的数据验证发现，大部分金融扶贫合作机构都离不开政府财政补贴，因此需要政府通过对金融政策进行创新与改革，给农村金融市场提供一个健康发展的大环境，从而创新性地解决扶贫难题（Stiglitz，1981）。政府体制构建能够提供农村金融发展的大环境，具体的扶贫政策实施需要有完善的制度保障。在实际的扶贫工作中，贫困人口在经济增长中获得的利益有限，因此需要提升贫困人口参与市场、参与社会的机会，消除贫困人口在发展过程中受到的制约，更重要的是以制度上的安排来保障贫困人口的权益，包括引入信贷、项目建设等（联合国发展研究报告，2002；世界银行研究报告，2009）。Amartya Sen 认为提供社会救助、给予发展机会、赋予平等权利是解决贫困问题的重要途径。Deepa Narayan 认为应该通过提高贫困群体的组织能力、变革社会规范来摆脱贫困。Kanbur & Thorbeck 认为应该合理分配和使用社会扶贫资源来减少贫困，此外，以工代赈也是减少贫困的重要举措。

在完善金融扶贫机制对策研究方面，国外学者主要从改善金融服务、创立微型金融、发展小额信贷等方面来研究金融扶贫措施，同时注重保障贫困者的权利、提高贫困者的能力、保证扶贫资源的最优分配等。在改善金融服务减缓贫困的研究方面，学者建议信用和社会资本可以解决农村市场面临的问题，可以适当放宽对贫困人口的信用限制，使这部分群体有机会享受更多的金融产品和服务，以提高收入，降低贫困程度（Shimeles & Zerfu，2006）。在创立微型金融减缓贫困的研究方面，有学者指出微型金融的创立有助于贫困减缓，认为微型金融机构通过为贫困人口提供多样化、个性化的金融产品帮助提升贫困人口收入，并实证分析、验证获得微型金融信贷服务的群体在家庭净资产、人均收入以及人均支出这三个方面都高于未参与微型金融的群体（Remenyi&Quinones，2000；Khandker，2001；Cohen & Dunn，2002）。有学者进一步研究发现，虽然发展微型金融对贫困人口脱贫有重要意义，但微型金融对不同贫困人群的减贫效果存在较大差异，微型金融机构更适合我国少数极度贫困的地区。在小额信贷减贫的研究方面，多数学者认为小额信贷有助于提高贫困人口的收入。另外，一些学者强调权利、能力、资源公平分配和良好的外部环境等对金融减贫的重要性（AK Bhandari & Ashok Kundu，2014）。

（三）国内研究现状

从我国开始关注贫困问题以来，理论上的研究到 20 世纪 90 年代之后被提出，系统的研究资料比较欠缺。早期的研究主要建立在对地方性案例研究的基础之上，以此对我国的金融扶贫效果进行分析，也有部分涉及扶贫资金、扶贫目标、扶贫对象培训等方面（周彬彬，1992）。这些研究多是对一些具体扶贫案例的描述性论述，还没有形成真正的理论体系。进入 21 世纪，我国经济高速发展，贫困问题才逐渐凸显，关于贫困问题的理论研究也逐渐多起来。针对中国的贫困问题，国内一些学者进行了广泛深入的研究，并相继发表、出版了一批颇有建树的论文和专著，形成了系统的理论。

1. 贫困成因及分类研究

关于贫困成因的理论方面，主要有资源要素贫困观（银锐，2007）、素质贫困观（王小强，1986）、权利贫困论（洪朝辉，2003）、制度—政策致贫论（王晓敏，2009）、不平衡发展和社会结构变化成因论。针对不同的贫困成因，学者们认为应该采取综合性的手段多方位地帮助贫困人口（杜晓山，1988），包括政府制定、完善地区差异化策略，促进经济区域化发展（欧海燕等，2014）；加快推进城乡一体化进程，增强农村防御风险能力（王成新、王格芳，2003）；提升贫困人口发展能力（郑世艳、吴国清，2008；王科，2008；余明江，2010）等相关扶贫手段。

对于不同的致贫成因和应该采取的手段，学者们有自己的看法。一部分学者提出政府主导的财政转移支持扶贫开发效率较低，甚至加剧了贫困人口的“政府强依赖性”，造成的结果就是难以达到预期目标，甚至制约了扶贫开发进程的推进。对于贫困户来说，这种方式会导致贫困人口自我发展能力不足，扶贫开发边际效益递减，因此扶贫开发的工作重心应向培育贫困人口的自我发展能力转变（王科，2008；王晓敏，2009），扶贫开发工作必须坚持培育内生发展动力，这样才有利于形成连片贫困地区产业化突破贫困。其中，调整产业结构是根本，发挥资源优势是基础，培育新型农民是关键，革新政策机制是保障（张立群，2012；欧海燕，2015）。

我国学者对贫困类型的划分依据主要包括贫困的内涵、成因和地域等方面。不少国内学者在探究贫困成因的基础上，按照不同的标准，将贫困分为不同的类型。康晓光（1995）按照影响生活质量的因素不同，将贫困分为制度贫困、区域贫困、阶层贫困三种类型。黄承伟（2002）认为，农村贫困问题主要由发展基础差、能力低、权利（机会）不足三类因素所致，由此将贫困分为环境约束型、能力约束型和权利约束型。

2. 金融支持精准扶贫研究

国内方面关于金融对精准扶贫的作用，多为正相关研究，曾康霖

(2004) 首次提出了“扶贫性金融”的概念，认为我国应在商业性金融和政策性金融的基础上发展扶贫性金融，扶贫性金融作用于弱势群体融资。学者们普遍认为，发展金融能够支持精准扶贫，金融具有资源聚合效应、资源配置效应、乘数杠杆效应和风险转化效应，是农村脱贫不可或缺的重要力量（胡德，2013；赵忠世，2016）。实证研究证明，农村金融发展与农民收入分配之间存在一种长期均衡的关系，农村金融发展水平每升高一定比例，包括贷款效率和贷款规模（黄英君，2017）、存贷比（陈松，2017）、人民币贷款（冯振中，2014）、农户小额信贷（朱乾宇，2007）等，贫困发生率就会随之降低相应比例，即农村金融发展与贫困率呈负相关（伍艳，2012）。总的来说，农村收入分配差距与农村金融规模成反比（刘纯彬、桑铁柱，2010）。扶贫政策对特定贫困县的减贫效应更明显，金融机构扶贫效率在不同县之间的地理分布特征不同（陈松，2017）。

有些文献间接涉及了金融扶贫失效的原因分析。有学者认为，由于各种原因，正规金融机构的小额贷款业务将真正有资金需求的贫困人口排除在外，“贫困循环陷阱”在没有外力干预的情况下会持续存在，而农村金融供给主体因金融扶贫市场风险大、周期长、盈利率低等原因，导致商业化目标完全覆盖政策性目标。

3. 全国金融扶贫进展情况研究

(1) 金融扶贫实效研究

国内学者基本上从金融扶贫带来的实效阐述现状。在早期，我国很多贫困地区的金融扶贫存在信息缺失的问题，也就是说很多贫困农民并不知道国家及时公布的相应政策，金融扶贫的数字信息化建设亟须加强（刘若兰，2004），而且由于我国金融扶贫工作刚刚转型，虽然确定了开发式的扶贫政策，但扶贫目标、扶贫对象、扶贫模式等都不明确（吕书奇，2008）。后来随着金融扶贫政策的实施和实践探索，我国部分区域的金融扶贫取得了显著实效，如湖北省孝感市已形成金融扶贫与政策引领、农业产业化发展、创业带就业相结合的孝感模式（胡赵华等，2014；王鸾凤等，2012）；重庆市通过金融资源倾斜、资金互助组织、新型金融机构等的发展，金融扶贫取得了显著成效（朱兆文，2015）。

随着金融扶贫的实践发展，金融机构在扶贫方面取得了更大范围的实效，包括金融扶贫工作供给体系初步形成、工作覆盖面显著扩大、产品和服务创新更加活跃、服务环境不断改善等（李瑞红，2016）。

（2）金融扶贫模式

我国在进行金融扶贫实践的过程中，取得了显著实效。在此过程中，学者们从不同的视角出发总结了多种金融扶贫模式，为我国金融扶贫实践提供思路。总的来说，有以下几种模式：财政扶贫模式、以工代赈扶贫模式、“温饱工程”模式、小额信贷扶贫模式、对口帮扶模式、生态建设模式、产业开发模式、旅游扶贫模式和移民搬迁模式等，这些扶贫模式都是我国采取比较多并且比较传统的扶贫方式，我国应该大力发展政府支持下的农户参与式金融扶贫开发模式，这样才能充分调动农户的参与积极性，提高金融扶贫的效果（李甫春，2000；国家统计局农调队，2000；赵昌文、郭晓鸣，2000；陈凌建，2009；龚娜、龚晓宽，2010）。

总之，已有的关于金融扶贫模式的研究成果为我国扶贫开发实践提供了理论基础，同时为本研究提供了思路借鉴。但在实际扶贫工作中，各国各地区的经济水平、自然环境、社会文化等方面存在差异，这就决定了金融扶贫工作是一个错综复杂的系统工程，因此将金融扶贫模式的差异性和普适性统一起来，进行创新性研究是一个重要课题。

（3）金融扶贫发展趋势

随着我国金融扶贫工作的不断开展，理论领域又有了新的成果，一些学者还对金融扶贫的发展趋势进行了充分分析。随着生态发展理念逐渐深入人心，绿色金融、普惠金融、可持续发展等概念也被一些学者提出。“普惠金融”的观念认为人人都应该有平等的信贷融资权利，面对我国现阶段农村金融扶贫困境，构建普惠型农村金融体系可以使不同阶层的人群尤其是真正贫困人群享受到公平的金融服务，可以拓宽贫困者的金融服务渠道。构建普惠金融为我国金融扶贫提供了新思路，同时，在发展普惠金融过程中，政府的作用不可或缺，要在其中扮演引导、协调、监管、激励的角色（邵传林，2014；周孟亮、彭雅婷，2015）。随着金融扶贫的深入推进，可持续发展的思想被提出。推动贫困地区经济的长远发展，应该具备可持续发展的思维，金融扶贫应该首先重视保护环境，生态保护对于扶贫具有重要意义，要以发展生态经济来促进并巩固扶贫成果。可持续发展体现在金融经济上，就是要实现贫困农民脱贫致富，同时还要实现金融资产的保值增值，让金融扶贫走可持续发展的道路（徐秀军，2005；胡德，2013）。

4. 金融扶贫路径及机制创新研究

（1）金融扶贫制度设计

不少学者主张为了更好地发挥金融在扶贫开发中的重要作用必须有相应的制度安排，并认为我国农村反贫困必须及时调整社会制度，只有对制度进行变革，贫困问题才能得到根本解决（朱海俊，2007；胡平，2006）。当前金融扶贫存在诸多制度缺陷，官方背景的金融扶贫制度下，首先获得扶贫资金的往往是贫困地区政府或一般贫困人群，而把最贫困农民排除在外，因此需要对现有制度进行完善，需要一种能够把区域和个人都考虑在内的体制机制，保证扶贫目标的顺利实现（朱琳，1995）。具体来讲，一方面要建立更为公平、合理的资源环境，推进体制改革创新，完善扶贫开发机制以及统计监测机制（段应碧，2009）；另一方面要充分发挥非政府组织在反贫困中的作用，构建竞争性的金融机构体系，推进并处理好以农户扶贫为导向的微型金融和以扶贫项目为导向的政策金融的关系（杨占法，2008；金运、韩喜平，2014）。

（2）金融扶贫运作机制

金融扶贫通过增加收入直接减少贫困，也可以通过信贷等金融产品类的服务促进经济发展、调节收入分配，间接减少贫困。巫志斌、司春风、黄泽夏（2013）等学者指出可以从以下几个方面来阐释：经济增长取决于储蓄率、储蓄—投资转化比率和资本边际生产率；金融资源的投入将有效促进储蓄率、储蓄—投资转化比率和资本边际生产率的提高；持续的经济增长能有效减少贫困。他们主要从经济运行机制方面进行了总结分析。

在直接运作机制中，学者主要从金融缓解贫困入手，发现正规金融机构在贫困地区发展金融服务能够在很大程度上缓解当地贫困状况（陈银娥、师文明，2010）。其发挥作用的主要路径是金融机构在政府引导下减少金融排斥，扩大其金融服务的辐射范围，从而为贫困人口提供全方位服务，进而减缓贫困（汪海东、管严友、何珊，2013；熊学萍、黄莹，2013；吕勇斌、赵培培，2014）。杨阿麟（2015）指出要充分发挥金融在扶贫开发工作中的杠杆作用，就必须完善贫困地区金融扶贫机制，及时创新金融产品和金融服务方式。

在间接运作机制的研究中，绝大部分学者认为金融发展带来的经济增长及收入分配效益可以有效缓解贫困。苏基溶、廖进中（2009）就我国金融发展如何带动收入分配的改变，进而影响贫困状况进行研究，并指出我国金融发展有助于调整收入分配结构，在一定意义上可以带动贫困人口收入的增加。伍艳（2012）研究发现我国贫困地区金融发展与贫困发生率呈负相关关系，说明金融发展有利于缓解贫困状况。但是其缓解作用并不是均衡的，我国东部地区反应比中部地区反应大。

此外，针对经济增长减少贫困的路径，目前学术界形成了两种主要的理论：涓滴理论和亲贫困增长理论。杨俊、王燕、张宗益（2013）等学者认为涓滴理论是指先富裕起来的群体通过消费就业等方面对贫困地区形成一种帮扶作用，带动落后地区的经济有效发展；政府可以通过转经大企业再贷款给小企业或者农户的方式有效促进当地的产业发展，更符合经济增长的理论。他们进一步指出亲贫困增长理论中政府应制定有效的政策让农民或者中小企业更多地参与到经济活动中，从而更好地使贫困人口获益，这样金融扶贫的效果才会更加显著。

（3）金融扶贫创新路径分析

不少学者从供给侧结构性改革提升金融扶贫路径进行分析，指出为了帮助农户走出贫困陷阱，需要把供给侧结构性改革作为金融扶贫的着力点（彭克强，2007）。目前我国农村金融扶贫供给存在诸如农村金融供给与需求错位、供给资源稀缺、福利性的小额信贷扶贫政策供给偏离目标群体、公益性小额信贷供给面临发展困难等问题（牟秋菊，2017），针对问题现状，需要重新界定政府角色，从调整信贷扶贫资金结构入手，多举措完善金融扶贫体系（杜黎霞，2012；姜霞，2009），积极推动精准扶贫小额贷款投放（陈敏，2017），加强产业扶贫贷款工程建设，借力资本市场助推脱贫攻坚，以提高信贷扶贫资金有效供给

（张亚明，2017），更好地满足农户对金融服务的需求（田莹莹、吴彤琳、张晓萍，2017）。周才云、李伟、张毓卿（2017）以问题为导向，提出应从农业保险宣传工作机制、资金来源渠道、保险的品种、法律体系建设机制、发展模式五个方面构建创新路径。

5. 深度贫困地区金融扶贫研究

（1）金融扶贫的典型区域模式研究

在全国各地积极探索金融精准扶贫的工作过程中，许多典型模型纷纷呈现。付先军（2012）对巨鹿县“三级担保”信贷扶贫模式、临城县“公司＋农户＋基地＋扶贫贴息”信贷扶贫模式、广宗县“以扶贫资金作抵押”信贷扶贫模式三种金融扶贫模式进行了探讨。邹定斌（2013）通过对贵州省喀斯特石漠化特困山区的研究，提出对特困山区应以整个村为单位进行共同发展，其核心在于增加贫困农户收入，重点在于完善基础设施建设、发展农村社会公益事业、改善农户生产生活条件等方面，关键是采取整村推进的扶贫开发工作模式。张化珍（2014）通过研究内蒙古扶贫机制，认为可以通过发放贴息贷款、农村经营组织和项目建设等推动农村金融的进一步发展。杜黎霞（2014）通过对我国西部地区农村扶贫模式的研究，认为我国西部金融扶贫应当注重不断创新金融产品和服务方式，因地制宜，发展壮大农村产业化龙头企业，从而带动农村金融的发展。钭利珍等（2015）对浙江省丽水市开展金融扶贫形成的丽水模式进行了梳理总结，提出丽水模式是对贫困地区进行支农惠农走出的一条金融精准扶贫之路。在实践工作中，宁夏的金融精准扶贫工作也取得了实效。宁夏大力构建农村金融新型组织服务体系，以创建小额贷款公司作为金融精准扶贫工作的切入点，引导金融机构创新适合贫困地区的金融产品，从而促使金融服务深入偏远贫困地区，为农村金融创造资金助力，帮扶贫困地区奔小康。

（2）深度贫困地区金融扶贫模式、效率、可持续路径研究

目前对深度贫困地区的研究较少，尤其是没有形成系统的扶贫模式和绩效评价等理论基础。现有的研究根据部分地区，如部分的连片特困区、部分深度贫困地区等，进行区域性的研究，并没有整体层面上的深入研究。周孟亮和彭雅婷（2015）比较分析了连片特困地区大型商业

性金融机构扶贫、微型金融机构扶贫、合作性金融扶贫、政策性金融扶贫等不同扶贫模式的优势，最后对构建连片特困地区金融扶贫体系提出了相应建议。唐有斌（2016）根据秦巴山区贫困状况的分析，认为开发性金融作为一种介于政府与市场之间、政策性金融与商业性金融之间的金融形态和金融方法，是支持秦巴山区扶贫的有效方式。胡赵华和郭江（2014）以孝感市为例探讨了大别山连片特困地区金融扶贫的可持续路径。王顺等（2016）对宁夏固原市金融精准扶贫管理方面的主要做法及取得成效进行了概括性总结，认为精准考核是提升金融扶贫效率的关键。陆铭宁等（2016）以四川省凉山彝族自治州为例，分析了如何提升民族地区农村金融扶贫发展空间。黄琦和陶建平（2016）认为，解决区域性整体贫困是“十三五”规划的重要目标，产业扶贫、财政扶贫、金融扶贫等都是扶贫的主要方式，其中金融扶贫具有“造血”功能和杠杆效应，是扶贫的核心力量。他们以秦巴山片区 72 个县（市、区）为研究对象（其他 8 个县的数据缺失），通过 DEA 方法考察了秦巴山区的金融扶贫效率。中国人民银行达州市中心支行课题组考察了四川省达州市现有扶贫措施，发现连片扶贫开发具有金融组织体系发展的需求、融资需求、金融创新需求、金融服务需求、通过农村信用体系建设扩大农户贷款权利的需求等，因此要充分发挥金融在反贫困中的项目支持、资金聚集和撬动作用，切实为贫困地区提供好金融服务。

6. 金融精准扶贫绩效研究

国内关于金融扶贫的绩效研究，最早可追溯到林毅夫（1989）对中国农村金融市场信贷问题的研究。林毅夫通过走访典型农户，考察其在农村金融市场的表现，得出农业生产的增长会随着农业信贷的增加而提高，即农业信贷对农业经济有着明显的促进作用。早期的金融扶贫主要体现在财政支农资金方面，对于金融扶贫绩效的研究可通过研究财政支农资金的效率实现。田丹（2005）、辛兵海（2007）等人也对财政支农资金的使用效率进行过测算，结果表明我国财政支农资金使用效率较低，存在资金管理混乱等问题。随着金融扶贫模式的成熟，学者对金融扶贫绩效的研究转向全面的金融扶贫绩效评估体系的构建及其惠农效率的测算。具体来讲，当代中国对特困区的金融扶贫绩效评估研究多以某一区域为例采用定性与定量相结合的方法进行实证研究，具体涉及评价指标体系建立、研究方法的选择、扶贫效率影响因子等方面的研究。

总体上看，近几年扶贫评价指标体系的建立与应用的相关研究习惯采用传统的经济、社会、生态三个维度构建评估指标体系（付英，2011；毕祯，2012；高波等，2014；陈晓丽，2015；等等），其他学者又补充了贫困基础、人文发展（焦克源等，2015）、金融扶贫开发基本情况、执行情况和外部条件影响（黎智俊，2017）等指标，总的来说，这些指标囊括了资金投入、政策支持力度、扶贫投入、扶贫效果等多方面。另有一些学者对政府扶贫资金的扶贫绩效进行评估，包括政府部门绩效评估的定义、内容、范围及对策建议等（蔡昉，2001；朱乾宇，2004；吴国起，2011；范永忠，2013；寇永红和吕博，2014；李苗，2017）。除此之外，还有一些学者尝试构建指标体系对产业扶贫、异地搬迁扶贫等扶贫效率进行绩效评估（孙璐，2015）。

从扶贫绩效评估的方法来看，从早期的定性评估为主到现在逐渐向定性评估与定量评估相结合的方向发展，标杆管理法（罗良清，刘逸轩，2006）、模糊评价法（黄承伟，2004；周瑞超等，2005；庄天慧，2012）、数据包络分析法（DEA）（张曦，2013；中国人民银行衡水市中心支行课题组，2016；陈长民，2017；龚霖丹，2017；王志凌、邹林杰，2016；龙祖坤等，2014）、偏离额度分析法（吕国范，2013）、灰色关联分析法（陈伟伟，2014）、倾向匹配得分法（帅传敏，2016）、时序主成分分析法（焦克源等，2015）、区域差异分析法（黄琦，2016）、回归分析法（朱乾宇，2007；陈松，2017）、因子分析法（宋卫信，2004）等方法都被用于探讨金融扶贫绩效，评估方法越来越科学。此外，为了观测金融对贫困地区的长期和短期扶贫绩效，不少学者运用跟踪评价法来进行金融扶贫绩效评估（邓坤，2015；陈绪敖、何家理，2015；钟少颖、何则，2016；陶诚等，2017；郝凌鹤、贾国斌、许婳婳，2017）。

在扶贫绩效的影响因素研究上，学者们以不同的地区进行实证研究，得出以下结论：小额信贷、金融扶贫政策、农户贷款、农村企业组织贷款、人均收入、人均财政状况、GDP 值、金融创新环境、财政支持力度、信息交流机制与信用风险状况、地区生产总值、第一产业从业人数和农村总播种面积、政府公共财政收入等多种因素均会对扶贫绩效产生显著影响。其中，学者普遍认同的是，金融扶贫政策、小额信贷对农民收入有肯定的积极作用（朱乾宇，2007），技术进步、地区生产总值、第一产业从业人数等变量是明显促进金融扶贫效率提高的有利因素（中国人民银行衡水市中心支行课题组，2016），而财政支持力度、金融创新环境、信用风险状况等是影响精准扶贫效率的重要因素（龚霖丹等，2017）。

由此可见，随着研究的深入，学者们开始关注扶贫工作的绩效问题，且研究方法越来越科学。从典型案例调查及经验总结、调查数据收集处理、模型及指标体系构建等出发，对扶贫绩效评价问题进行了较为深入细致的研究，形成了一些有独到观点的学术研究成果。尽管如此，学者们对扶贫绩效评价问题还处于探索阶段，对贫困对象的精准识别、精准帮扶的具体措施缺乏全面系统的研究，在绩效评价体系的指标构建和评价指标适用性等方面还存在不足，还需要做进一步的深入研究。

7. 金融扶贫对策方略研究

（1）金融精准扶贫存在的问题与难点研究

目前，我国农村贫困地区的普遍现状是自然条件恶劣、基础设施建设严重滞后，区域经济环境不佳、金融生态环境差、金融资源稀缺，产业结构单一、扶贫产业的抗风险性偏差、二次返贫现象严重、脱贫致富带头人及科技人才缺乏、财政投入不足（傅盛，2015；涂思，2016；鄢红兵，2015；骆伽利，蔡洋萍，2017）。

目前在金融服务及金融产品等方面面临的主要问题是涉农地区金融服务体系不完善、金融产品创新缺乏针对性、融资性担保机构缺失、贷款资金总量不足、金融机构扶贫的可持续性偏差、农业保险服务供给不足、金融支持的风险分散机制尚未建立、“五权二指标”缺少流转和交易机制等（宁爱照、杜晓山，2013；周孟亮、彭雅婷，2015；陈芳，2016；中国人民银行沁水县支行课题组，2016；等等）。还有部分学者将扶贫效果不佳归于政府扶贫政策设计的问题，如政策本身不符合片区实情，政策执行缺乏监督约束力，基层农村金融机构无法自主参与片区扶贫等（常艳华，2013）。

此外，段洪波等（2017），张宇飞（2017），孟维福（2017），文童（2017），郭竞舸、刘芹（2017），郭威（2013）分别对太行山地区、兰州城郊、河北、湖北、安徽、广西等区域的金融精准扶贫进行了问题分析与对策探析，普遍认为金融产品单一、信用体系缺失、供需矛盾突出是当前制约我国金融精准扶贫政策落地生根的重要瓶颈。

（2）关于金融扶贫的政策及实施方案

在金融扶贫的政策研究方面，学者主要从我国扶贫战略与政策的历史演变、扶贫政策的制定、扶贫政策的成效及机制保障等方面开展研究。

我国扶贫战略与政策主要经历了五个阶段：体制改革带动减贫战略、区域开发扶贫战略、“八七扶贫攻坚”战略、综合开发式扶贫战略、全面建成小康社会的大扶贫战略。改革开放前，我国主要采取财政救助性扶贫，即输血式扶贫（谭贤楚，2011）。进入21世纪以来，政府对金融扶贫的扶持力度加大，使越来越多的金融机构和社会力量参与农村金融扶贫。对于如何制定扶贫政策及实施扶贫方案，学者们提出了自己的建议。闫利民（2015）、祝树民（2016）等认为，应通过建立银政企对接机制、用好精准扶贫政策、提高贫困地区金融服务覆盖密度并扩大覆盖面、创新资金管理机制、改善农村金融生态环境等措施开展金融扶贫。同时，农村的政策性金融机构应该成为金融扶贫的支撑，需要为经济结构调整、缩小贫富差距、实现扶贫等战略提供支持。

（3）完善金融扶贫机制的对策研究

针对金融扶贫的现状和存在的问题，学者们提出了不同的建议和实施措施。国内关于扶贫措施的研究有从扶贫主体的宏观角度展开的，有从金融服务发展和提升的微观角度展开的。

宏观角度主要是从党和政府、社会、贫困群众这三个主体的责任落实展开。从党和政府的责任出发，刘百宁（2012）、赵勇（2013）认为，政府应促进贫困地区公共服务设施、教育、医疗等方面的改善，包括完善农村金融网点建设布局，及时跟进农村金融配套服务，减少农贷利率上浮等方面。从社会的责任出发，应搭建社会扶贫服务平台，包括发展“草根金融”、整合财政扶贫各类资金（中国人民银行郑州中心支行课题组，2014）、创新信用贷款担保基金扶贫模式（王继晖、韩涌泉，2015）、深化农村金融体制改革、构建金融扶贫联动机制（王一飞，2016）、完善农村金融体系（郭威，2013；欧阳郴国等，2015）、构建农业保险体系和信用体系（胡赵华等，2014）、建立激励与约束兼容的机制（王鸾凤等，2012）、加强金融创新等（杜黎霞，2014），为贫困地区提供全方位的支持。从贫困群众的责任出发，唐任伍（2015）认为，我国必须由“输血式”的传统扶贫模式向“造血式”的新型扶贫模式转变。

微观角度主要是从改善金融服务、创立微型金融、发展小额信贷这三个角度展开的。关于改善金融服务减缓贫困的研究，学者认为部分贫困地区急需金融服务（苟国龙、铁雪玲，2008），并详细地将金融服务需求划分为六大类，提出应该大力改善金融服务，有针对性地进行产品和服务的创新，满足贫困人口的金融需求（郝伟忠，2009；唐青生等，2010；等等）。对创立微型金融减缓贫困的研究，有学者指出微型金融的创立有助于贫困减缓，并通过个案分析发现参与微型金融的群体在家庭净资产、人均收入以及人均支出这三个方面都高于未参与群体。对于微型金融的扶贫资金研究，部分学者针对贫困地区资金量不足和扶贫资金缺乏有效控制等问题，提出要加大金融机构对产业的扶助力度，同时加强对扶贫资金的监管，要建立完善的扶贫资金退出机制，完善扶贫资金预算管理制度，提高扶贫资金管理使用效率（刘尔思，2000；李周清，2006）。关于发展小额信贷减缓贫困的研究，多数学者认为小额信贷可以为贫困人口提供资金和其他金融服务，有助于提高贫困人口的收入，对于农村贫困程度的降低具有显著作用（张世春，2002；张立军、湛泳，2006；李政，2008）。部分学者就小额信贷扶贫模式对某地个案进行了深入研究（梁山，2003；姚承斌，2009），并强调我国不能完全模仿或照搬国外的小额信贷模式，应适时进行创新，积极挖掘适合我国扶贫现状的发展模式（石俊志，2007）。

另外，我国各地区经济发展差异巨大，经济发展不平衡性显著，各地区的资源禀赋以及人文习俗都存在差异，这就决定了造成各地区的贫困原因不尽相同。学者们以基于多个贫困县的相关数据得出结论：不同地区的金融扶贫效率特征差别较大，外部环境的差异和随机误差的存在会对其产生较为明显的影响（陶诚等，2017），因此应采取差异化金融扶贫策略。不管在实践还是现阶段的理论研究上都有“一刀切”的研究痕迹，这就造成有的政策在某些地区能取得很好的效果，而在另一些地区又面临“水土不服”的困境。因地制宜制定适合特定地区的金融扶贫政策，提高金融扶贫的效果和效率是当下最为重要的，这样才能实现精准扶贫。

（四）研究评述

通过以上文献综述可以看出，现有文献对金融扶贫问题已做了多维度研究，拓宽了我国金融精准扶贫理论视野和研究框架体系。现有研究具有以下特征：一是研究视野宽泛并在不断拓展。学者们从政治、经济、社会、文化、地缘、生态等多个研究视角切入，并随着实践的不断深入，从经济贫困、社会参与制约、能力发展等多个方面审视贫困问题并提出相应的政策。二是注重制度对贫困成因及精准扶贫战略实施的作用。学者们没有单纯停留在考察扶贫政策实施效果、扶贫瞄准偏差等现象上，开始注重研究隐藏在其后的深刻原因，主要包括研究扶贫政策的制度变迁历程、解释扶贫政策瞄不准的制度原因，并从制度建设上提出相应的对策建议等。三是研究内容较为综合。现有研究涉及国家扶贫政策实施及其带来的效应、扶贫对象自我组织能力建设机制、区域扶贫、金融扶贫资金使用等诸多方面，研究内容极为广泛。

具体而言，国外对于金融反贫困的研究起步较早，研究较为深入，内容主要涉及理论应用、体系建设、方法创新等各方面，总体来说其研究角度大多是从金融缓解贫困入手，研究结果也大多从贫困缓解的途径出发，对运作机制展开探讨。针对金融扶贫问题，国内学者也进行了大量研究，目前我国已经有了关于金融精准扶贫理论成型的研究。学界对贫困地区金融扶贫创新方面的研究成果与结论主要体现在以下几个方面：①金融扶贫在脱贫攻坚战中具有“造血”与“输血”二重性。现有研究表明打赢脱贫攻坚战需要众多因素的合力作用，既需要政府的强力推动，又需要合适经济组织方式的对接，还离不开必要的资金投入，而金融扶贫的经济属性与公益属性的双重性较好地实现了近期的“输血”功能与远期的“造血”功能的兼顾。②金融扶贫模式创新要与贫困地区的禀赋条件相匹配。现有研究通过对不同扶贫模式的比较分析，表明任何金融扶贫模式创新只有解决好扶贫模式与扶贫对象及扶贫资源的匹配性问题，才能实现较好的扶贫效果。③金融扶贫绩效评估是保证金融扶贫质量的关键抓手。现有研究揭示金融扶贫绩效评估是完成管理循环的关键链条，离开绩效评估，对金融扶贫的控制将无从谈起。不同的评估目标对绩效评估模型及样本范围的要求是不同的，二者关系的匹配性对于评估质量的影响至关重要。④机制完善是金融扶贫创新的核心。现有研究表明，无论什么扶贫模式要想取得好的扶贫绩效，必须解决好不同利益主体的激励机制问题，机制问题是金融扶贫创新具备持续性的核心要素。

综上所述，现有学者对金融扶贫问题的大量研究为我国开展扶贫工作提供了扎实的理论基础和重要的经验借鉴。但是，社会文化、经济地理等方面的区域性，加大了我国扶贫开发的难度，在具体工作中怎样做到因地制宜是一个有待解决的难题，国内理论界关于这方面的研究也不够成熟。在金融支持精准扶贫方面，也有学者进行了研究和探索，但是针对深度贫困地区的研究较少，更缺乏系统的研究。本研究根据深度贫困地区的扶贫实施情况，将基本理论与地区实际情况相结合，有针对性地提出适合深度贫困地区的金融精准扶贫方式。

三　深度贫困地区金融扶贫创新的理论基础

（一）小微金融

按照世界银行扶贫咨询委员会的观点，小微金融是指为贫困人口提供的贷款、储蓄和其他基本金融服务。国内学界普遍认为，小微金融主要是指专门向小型和微型企业及贫困或中低收入群体提供小额度的、可持续的、全方位的金融产品和服务的新型金融活动。小微企业的资金需求具有“小额、紧急、短期”的特点。小微金融具有高风险高收益的特征：一是高风险性，小微型企业以及贫困或中低收入群体抵押品的不足使小微企业金融在多数时候依赖于企业主的个人信用，此外，小微企业较强的不确定性也是小微金融的主要风险来源。二是高收益性，除传统意义上的风险溢价外，由于金融市场开放不够，小微金融的需求远远大于供给，小微金融的政策溢价是超额收益的源泉。

加强小微企业金融服务，是金融支持我国实体经济和稳定就业、鼓励创新创业的重要内容。2013 年 8 月 12 日国务院办公厅出台的《关于金融支持小微企业发展的实施意见》（国办发〔2013〕87 号），明确了改进小微企业金融服务的目标要求和重要抓手，加快降低小微企业融资成本。2018 年 2 月 11 日中国银监会印发《关于 2018 年推动银行业小微企业金融服务高质量发展的通知》（银监办发〔2018〕29 号），推进银行业小微企业金融服务从“量”的扩大转向质量、效率、动力的变革。2018 年 6 月 25 日中国人民银行、中国银保监会、中国证监会、国家发展改革委和财政部五部门联合发布了《关于进一步深化小微企业金融服务的意见》（银发〔2018〕162 号），提出了 23 条短期精准发力、长期标本兼治的具体措施，进一步督促引导金融机构加大对小微企业的金融支持。

（二） 普惠金融

“普惠金融”（inclusive financial system）的理念和实践由来已久。联合国率先在宣传“2005 国际小额信贷年”时广泛运用该词汇，将其定义为“能有效、全方位地为有金融服务需求的社会所有阶层和群体（尤其是贫困、低收入人口）提供服务的金融体系”。作为工业时代普惠金融的典范，2006 年诺贝尔和平奖获得者穆罕默德·尤努斯教授创办的格莱珉银行，近 40 年来服务 865 万农村妇女，累计放贷 165 亿美元。尤纳斯教授说：信贷权是人权，即每个人都应该有获得金融服务机会的权利。只有每个人拥有金融服务的机会，才能让每个人有机会参与经济的发展，才能实现社会的共同富裕，建立和谐社会与和谐世界。为让每个人获得金融服务机会，就要加快金融创新。普惠金融的基本概念强调共享理念，重视消除贫困，实现社会公平，但这并不意味着普惠金融就是面向低收入人群的公益活动，需要讲究市场性原则。发展普惠金融，既要增强金融服务的竞争性，满足消费者多样化、广泛化的金融服务需求，也要让供给方合理受益、稳健运行，实现金融业的可持续发展，确保长期提供金融服务。

2006 年 3 月 22 日召开的亚洲小额信贷论坛上，中国人民银行研究局副局长焦谨璞正式使用了“普惠金融”的概念，将小额信贷作为建设普惠金融体系的重要组成部分。之后，联合国开发计划署与商务部国际经济技术交流中心和中国人民银行、国家开发银行、哈尔滨银行、包商银行等机构合作，开展了“建设中国普惠金融体系”项目。2012 年 6 月 19 日，国家主席胡锦涛在墨西哥举办的二十国集团峰会上指出：“普惠金融问题本质上是发展问题，希望各国加强沟通和合作，提高各国消费者保护水平，共同建立一个惠及所有国家和民众的金融体系，确保各国特别是发展中国家民众享有现代、安全、便捷的金融服务。”这是中国国家领导人第一次在公开场合正式使用“普惠金融”的概念。2013 年 11 月 12 日，中国共产党十八届三中全会通过的《中共中央关于全面深化改革若干重大问题的决定》正式提出：“发展普惠金融，鼓励金融创新，丰富金融市场层次和产品。”这是“普惠金融”第一次被正式写入党的决议之中，并作为全面深化改革的内容之一。2015 年 3 月 5 日，国务院总理李克强在十二届全国人大三次会议上做政府工作报告时指出：“大力发展普惠金融，让所有市场主体都能分享金融服务的雨露甘霖。”2016 年 1 月 15 日，国务院印发《推行普惠金融发展规划(2016—2020 年)》（国发〔2015〕74 号)，将普惠金融上升为国家战略，明确界定了“普惠金融”的内涵：“普惠金融是指立足机会平等要求和商业可持续原则，以可负担的成本为有金融服务需求的社会各阶层和群体提供适当、有效的金融服务。”数字技术推动下的金融创新，让金融服务走上“普惠”之路，对中小企业发展、大众创业万众创新、农村脱贫攻坚等产生了巨大的作用。备受关注的数字普惠金融成为 2016 年 G20 峰会的重要议题之一。2016 年 9 月 5 日通过的《G20 领导人杭州峰会公报》明确指出，G20 成员共同核准《G20 数字普惠金融高级原则》《G20 普惠金融指标体系升级版》，以及《G20 中小企业融资行动计划落实框架》等文件，成为全球普惠金融发展的指引性文件。《G20 数字普惠金融高级原则》主张利用数字技术推动普惠金融发展，平衡普惠金融发展中的创新与风险，构建数字普惠金融法律监管框架，规范发展数字普惠金融服务。2017 年 5 月 25 日，中国银监会下发《关于印发大中型商业银行设立普惠金融事业部实施方案的通知》（银监发〔2017〕25 号），提出推动大中型商业银行设立聚焦小微企业、“三农”、创业创新群体和脱贫攻坚等领域的普惠金融事业部。目前，国有商业银行均已在总行层面设立了普惠金融事业部并开始运营；在一级分行层面完成全部 185 家分部的设立，还有 6 万余家支行及以下网点从事城乡社区金融服务。2018 年 2 月 11 日，中国银监会发布《中国银监会办公厅关于 2018 年推动银行业小微企业金融服务高质量发展的通知》（银监办发〔2018〕29 号）和《中国银监会办公厅关于做好 2018 年三农和扶贫金融服务工作的通知》（银监办发〔2018〕46 号），要求银行业金融机构回归服务实体经济的本源，把普惠金融重点放在乡村，创新金融产品服务，聚焦深度贫困，更好地满足乡村振兴多样化金融需求。

（三）数字金融

近年来以云计算、移动互联、区块链和人工智能为代表的金融科技风起云涌，金融创新呈现出蓬勃生机，数字金融应运而生。按照 G20/OECD 的定义，数字金融服务（Digital Financial Services，DFS）是指银行和非银行机构使用数字技术从事的金融业务，包括电子货币、移动金融服务、网上金融服务、智能柜员系统和直销银行。G20 领导人在 2016 年杭州峰会上达成共识，把增强数字化知识（Digital Literacy）和金融知识水平（Financial Literacy）及意识作为第 6 条原则纳入其“包容性数字金融高端原则”之中。国内学者认为，数字金融是指通过大数据、互联网、云计算等信息技术手段与传统金融服务业态相互融合的新一代金融服务，包括互联网支付、移动支付、网上银行、金融服务外包及网上贷款、网上保险、网上基金等金融服务。

数字金融集法定数字货币、数字普惠金融、数字供应链金融以及数字金融交易于一体，具有服务模式多样化、成本低廉、信息不对称度低、参与面广等特点。数字金融借助数据技术优势，从掌握商品流、资金流、信息流数据，延伸至支付、融资、投资等金融核心业务领域，本质上是一场关于金融信息的传输、接收、分析、处理技术的革命。与传统金融相比，数字金融的变化主要体现在互联网技术带来的风险低、成本低和效率高，金融参与各方直接交易，体现了共享、平等、公开、透明、自由的精神。进入大数据、区块链、云计算、5G 等新技术深度融合应用的新阶段，市场更加有效，主体更加扁平化，金融体制给传统金融机构带来的垄断优势将逐渐淡化，从而改变金融机构的组织运营方式，最终改变传统金融机构在资源配置中的核心主导作用。因此，数字金融对于传统金融经营模式最大的挑战在于去中介化。随着进入数字金融行业的成员越来越多，行业竞争加剧，为了使自己站稳脚跟，数字金融企业加快模式创新，产生各种类型的商业模式。未来，数字货币、跨境支付、供应链金融、证券发行四大契机是我国金融机构后期数字金融创新的主要切入点。

（四） 绿色金融

由于气候变化问题日益受到重视，20 世纪 70 年代绿色金融的理念开始萌芽。迄今为止，对于绿色金融的内涵尚未形成统一的认识。从国际机构和政府部门的视角看，发展绿色金融的核心要求是将环境外部性内部化，并强化金融机构对环境风险的认知，以引导环境友好型的投资和抑制污染型的投资。主流观点认为，绿色金融是金融部门根据可持续发展原则关于强调环境资源对于人类经济和社会发展的制约和制衡作用的内容，把环境保护作为一项基本政策，将环境、生态指标纳入金融可持续发展体系，在投融资的决策过程中要考虑潜在的环境影响，把与环境条件相关的潜在回报、风险和成本融合进金融企业的日常业务中。中国人民银行、财政部等七个部门联合发布的《关于构建绿色金融体系的指导意见》指出，“绿色金融是指为支持环境改善、应对气候变化和资源节约高效利用的经济活动，即对环保、节能、清洁能源、绿色交通、绿色建筑等领域的项目投融资、项目运营、风险管理等所提供的金融服务。”尽管对绿色金融的内涵存在不同认识，但其核心始终围绕环境保护和可持续发展，以市场收益为导向，实现对社会资源的引导和再配置。绿色金融最突出的特点就是，更加强调人类社会的生存环境利益，讲求金融活动与环境保护、生态平衡的协调发展，将对环境保护和对资源的有效利用程度作为计量其活动成效的标准之一，通过自身活动引导各经济主体注重自然生态平衡，最终实现经济社会的可持续发展。

绿色金融工具包括绿色信贷、绿色债券、绿色股票指数和相关产品、绿色发展基金、绿色保险、碳金融等，人们对于“绿色金融”的关注主要集中在“绿色信贷”和“绿色债券”及金融政策上。第一，绿色信贷。早在1974年，当时的联邦德国就成立了世界第一家政策性环保银行，命名为“生态银行”，专门负责为一般银行不愿接受的环境项目提供优惠贷款。2002年，世界银行下属的国际金融公司和荷兰银行，在伦敦召开的国际知名商业银行会议上，提出了一项企业贷款准则——“赤道原则”（the Equator Principles，简称EPs），要求金融机构综合评估投资项目可能对环境和社会带来的影响，并且利用金融杠杆促进投资项目在环境保护以及社会和谐发展方面发挥积极作用。“赤道原则”是参照国际金融公司（International Finance Corporation，简称IFC）的可持续发展政策与指南建立的一套自愿性金融行业基准，在贷款和项目资助中强调企业的环境和社会责任，旨在判断、评估和管理项目融资中的环境和社会风险，倡导金融机构对项目中的环境和社会问题尽到审慎性核查义务。现在“赤道原则”已经成为国际项目融资的一个新标准，成为各国银行可持续金融运作的行动指南。而那些采纳了“赤道原则”的银行又被称为“赤道银行”。目前，全球60多家金融机构宣布采纳“赤道原则”，其项目融资额约占全球项目融资总额的85%。第二，绿色债券。2007年，欧洲投资银行发行全球首个气候相关债券；2013年，国际金融公司（IFC）与纽约摩根大通共同发行IFC绿色债券；2015年3月，国际资本市场协会（International Capital Market，简称ICMA）公布的《绿色债券原则》（Green Bond Principles，简称GBP）成为绿色债券国际标准的雏形，对绿色债券的发展具有里程碑式的意义。第三，绿色金融政策。为在2030年和2050年分别实现碳减排40%

和80%的目标，作为国际“绿色金融”发源地的欧洲在绿色金融政策、体制建设和产品创新等方面对绿色金融给予了积极支持，通过绿色信贷、绿色贴息、绿色基金、绿色债券等手段，大力支持绿色节能产业发展，每年在节能领域创造的价值约达2000亿欧元。

2006年，国际金融公司（IFC）与兴业银行合作，推出了中国市场上第一个绿色信贷产品——能效融资产品，后又与浦发银行和北京银行展开合作，支持气候变化领域的相关项目，包括能效项目和新能源可再生能源项目。在国际金融公司（IFC）的协助下，2008年10月31日，兴业银行承诺采纳国际绿色金融领域的黄金标准——“赤道原则”，成为全球第54家、亚洲第4家、中国首家“赤道银行”。之后兴业银行按照“赤道原则”提供的方法、框架和工具，逐步建立和完善本行的环境与社会风险管理体系。2016年，中国将绿色金融列入G20重要议题之一。在中国人民银行和中国银监会的推动下，新兴市场绿色信贷跨国工作组（SBN）、中欧绿色债券工作小组和中英绿色金融工作小组相继成立。2016年1月25日，中国人民银行与英格兰央行共同发起成立的G20绿色金融研究小组已经形成了《G20绿色金融综合报告》，明确了绿色金融的定义、目的和范围，以及面临的挑战，并为各国发展绿色金融献计献策，支持全球经济向绿色低碳转型。G20绿色金融研究小组提出，绿色金融是指能产生环境效益从而支持可持续发展的投融资活动，包括减少空气、水和土壤污染，降低温室气体排放，提高资源使用效率，减缓和适应气候变化并体现其协同效应等。为了推动经济转型、培育新经济的增长点，2016年8月31日，中国人民银行等七部委联合发布的《关于构建绿色金融体系的指导意见》（银发〔2016〕228号）从八大方面提出了35项发展绿色金融的具体措施，成为我国绿色金融体系的“基本法”，标志着我国绿色金融顶层框架体系的建立。

（五）金融创新

有关金融创新的定义，大多是根据美籍奥地利著名经济学家约瑟夫·熊彼特（Joseph Alois Schumpeter，1883～1950）的观点衍生而来。

熊彼特于1912年在其成名作《经济发展理论》（*Theory of Economic Development*）中对创新所下的定义是：创新是指新的生产函数的建立，也就是企业家对企业要素实行新的组合。按照这个观点，创新包括技术创新（产品创新与工艺创新）与组织管理上的创新。金融创新定义虽然大多源于熊彼特经济创新的概念，但各个定义的内涵差异较大，总括起来对于金融创新的理解主要有三个层面：①宏观层面的金融创新。将金融创新与金融史上的重大历史变革等同起来。②中观层面的金融创新。金融机构特别是银行中介功能的变化，可以分为技术创新、产品创新以及制度创新。尤其是新一代信息技术有助于形成新的生产力，从而重构金融服务模式。③微观层面的金融创新。仅指金融工具的创新，大致可分为四种类型：信用创新型、风险转移创新型、增加流动创新型和股权创造创新型。

金融创新是一种需求诱发的利润驱动的金融现象的理论。不仅仅是一种新的金融产品或服务的发明与创造，更重要的是它的产生能给人们带来丰厚的利润。然而，迄今为止金融创新在实践中仍没有创造出一套独立完整的理论体系。目前，金融经济学家多用企业利润最大化的微观经济学理论，来分析新金融工具的诞生和金融企业努力创新的进程。1983年，W. L. 西尔伯就指出，金融创新是为了抵御抑制企业实现利润最大化和效用最大化的外部因素而产生的。而金融活动的各种制约因素，依据其来源和形式可以划分为：政府管制和税收政策的变化；消费品价格和金融资产价格水平等外部环境的变化；由于供给和需求要素的变化导致整个市场的变化。其中供给要素的变化，多是指技术进步和竞争加剧对金融机构风险和成本的影响；需求要素的变化，则是指投资者对资金流动性、风险的态度，交易成本及融资渠道的变化等。在诸多对金融创新产生与发展有所建树的金融经济学家中，大致可以分为两派：一派注重分析推动金融创新进程的制约因素，而不是研究金融创新的经济学原理。其主要代表人物和论述有：E. J. 凯恩（1984）对管制与技术的论述、M. H. 米勒（1986）对税收与技术的论述以及S. L. 格林鲍姆和B. 希金斯（1983）对提高实际收入与周期利率的论述等。另一学派则侧重对金融创新过程决定因素及发展动力的研究。这方面的主要代表论著有：M. 贝霍尔曼和西伯尔（1977）、A. W. 萨姆兹（1986）对创新产生的原因及结果的分析，西伯尔（1983）、克罗斯（1986）和J. D. 芬纳蒂（1988）对新金融工具、市场和技术的分类研究及其产生渊源、目的、意义等方面的分析。以上这些分析研究表明，金融管制在金融创新的初始阶段是至关重要的，技术进步则是金融创新的推动器，其重要性贯穿金融创新的全过程。尽管税收对金融创新也相当重要，但具有选择性和暂时性的特点。总之，金融创新是多种因素相互作用的共同结果。而许多在金融创新初期起决定作用的因素，对其后期的发展常常并不很重要。

（六）扶贫开发

毛泽东提出“共同富裕是社会主义的根本目标”“实现共同富裕只能依靠社会主义制度、走社会主义道路”“实现共同富裕的物质基础是充分发展的生产力”的共同富裕思想。邓小平深化了共同富裕的思想，提出，“社会主义的首要任务是发展生产力，逐步提高人民的物质和文化生活水平。”“贫穷不是社会主义，社会主义要消灭贫穷。”“社会主义的本质，是解放生产力，发展生产力，消灭剥削，消除两极分化，最终达到共同富裕。”江泽民继承共同富裕的思想，总结了我国扶贫开发实践，将共同富裕和扶贫开发工作结合起来考虑，既深化了共同富裕的思想，又明确提出了扶贫开发的理论。胡锦涛提出了科学发展观和构建社会主义和谐社会及建设社会主义新农村的理论，将扶贫开发的重要性和扶贫开发的目标置于更广阔、更深刻的背景之下，提出了更高水平的要求。

党的十八大以来，围绕2020年全面建成小康社会的总目标，党和政府把扶贫工作摆到更加突出的位置，提出了精准扶贫、精准脱贫的扶贫方略。国家主席习近平深刻阐述了扶贫开发的极端重要性和艰巨性，逐渐形成了内涵丰富、思想深刻、体系完整的脱贫攻坚战略思想。包括：“消除贫困、改善民生、实现共同富裕，是社会主义的本质要求，是我们党的重要使命”的本质要求思想；“脱贫攻坚已经到了啃硬骨头、攻坚拔寨的冲刺阶段，所面对的都是贫中之贫、困中之困”的艰巨任务思想；“要精准扶贫，切忌喊口号，也不要定好高骛远的目标”“坚持因人因地施策，因贫困原因施策，因贫困类型施策，区别不同情况，做到对症下药、精准滴灌、靶向治疗，不搞大水漫灌、走马观花、大而化之”“扶贫开发成败系于精准，要找准‘穷根’、明确靶向，量身定做、对症下药，真正扶到点上、扶到根上”“继续坚持精准扶贫精准脱贫方略，用绣花的功夫实施精准扶贫”“扶贫开发推进到今天这样的程度，贵在精准，重在精准，成败之举在于精准”的精准扶贫思想；“扶贫不是慈善救济，而是要引导和支持所有有劳动能力的人依靠自己的双手开创美好明天”“扶贫要同扶智、扶志结合起来”的内生动力思想；“脱贫致富不仅仅是贫困地区的事，也是全社会的事”的合力攻坚思想；“脱贫攻坚必须坚持问题导向，以改革为动力，以构建科学的体制机制为突破口，充分调动各方面积极因素，用心、用情、用力开展工作”的改革创新思想等。这些脱贫攻坚的重要思想，充分体现了马克思主义世界观和方法论，是治国理政新理念新思想新战略的重要组成部分，是新时代做好脱贫攻坚工作、打赢脱贫攻坚战的行动指南和根本遵循。

四　精准扶贫与金融创新的耦合机理

金融机构作为扶贫开发的主力军，在精准扶贫中起着至关重要的作用。建立支持贫困地区经济社会发展的金融支持机制，在金融体系进行制度创新、机构创新和产品创新等，确保扶贫工作做到“精准”，让每个贫困人口都能在扶贫过程中得到实惠和便利，是亟须深入研究的课题。发挥金融机构的专业作用，运用金融市场的强大力量，针对贫困地区特点量身创新金融扶贫产品、机制、模式和路径等，有助于为贫困地区经济社会发展提供更加充裕的资金支持、更加坚实的金融支撑，解决扶贫精准度不足、达成度不够和有效度不高等突出问题。精准扶贫的总体目标、基本方略、任务要求等与金融创新的普惠性、靶向性、持续性等特点具有天然的耦合性。

（一）精准扶贫的总体目标与金融创新的普惠性高度一致

在党的十六大、十七大确立的全面建设小康社会目标的基础上，党的十八大提出全面建成小康社会的目标。为了如期实现全面建设小康社会的宏伟目标，国家主席习近平在公开场合多次强调扶贫工作的重要性。他指出，“让几千万农村贫困人口生活好起来，是我心中的牵挂。”“我们吹响了打赢扶贫攻坚战的号角，全党全国要勠力同心，着力补齐这块短板，确保农村所有贫困人口如期摆脱贫困。”“在扶贫路上，不能落下一个贫困家庭，丢下一个贫困群众。”党的十九大报告提出，“让贫困人口和贫困地区同全国一道进入全面小康社会是我们党的庄严承诺。”“确保到2020年我国现行标准下农村贫困人口实现脱贫，贫困县全部摘帽，解决区域性整体贫困。”这是脱贫攻坚的目标任务，也是党和国家的正式承诺。“坚持精准扶贫、精准脱贫”“做到脱真贫、真脱贫”，这是脱贫攻坚的总体方针，也是社会进步的质量要求。长期以来，资金短缺问题一直是贫困地区群众想发展、求发展、快发展所面临的一道坎。仅靠有限的财政扶贫资金，难以满足贫困群众日益增长的资金需求。金融支撑对于践行精准扶贫尤为重要，扶贫资金不足与贫困地区发展缺钱的矛盾迫切需要加强金融扶贫创新。金融扶贫创新需要政府、产业、金融等多个部门的协同配合，致力于金融服务、到贫困村到贫困户、到贫困人，最大限度地拓宽贫困地区和贫困人口融资渠道，其带来的创新溢出效应覆盖面才能广泛。

（二）精准扶贫的基本方略与金融创新的靶向性高度一致

精准扶贫和精准脱贫的基本要求与主要途径是“六个精准”和“五个一批”。做到“六个精准”，包括扶持对象精准、项目安排精准、资金使用精准、措施到户精准、因村派人精准、脱贫成效精准。实施“五个一批”，包括发展生产脱贫一批、易地搬迁脱贫一批、生态补偿脱贫一批、发展教育脱贫一批、社会保障兜底一批。贫困地区的贫困人口是金融创新最难到达也是最需帮扶的社会群体，贫困地区的产业发展是金融扶贫需求最迫切的经济领域，这些也是打赢脱贫攻坚战的重点和难点。目前，我国正处于脱贫攻坚的关键阶段，金融创新正在走向纵深和精准，重点服务对象是那些最不容易获得金融服务的弱势群体。总之，无论是金融创新还是精准扶贫，都将以前没有解决、目前仍难以解决的贫困人口作为重点对象。新时代金融扶贫创新的基本要求是主动贴近贫困农民，为建档立卡贫困户“量体裁衣”地开发或量身定制一些门槛低、来得快、能救急的特色金融服务产品；真正扎根农村经济，为贫困地区特色优势产业发展全力提供定向精准的金融支持，努力激活贫困地区的土地、劳动和企业家等生产要素，切实提高贫困地区全要素生产率。因此，金融创新有助于积极拓宽授信渠道，实现土地承包经营权、林权等有效交易，有效提升贫困地区金融服务覆盖率，尽量满足贫困群众日益增长的金融服务需求，明显增强贫困人口金融服务的覆盖率、获得感和满意度，切实提高扶贫政策举措的实效性、精准性和持久性，与脱贫攻坚“精准扶贫、精准脱贫”的基本方略高度一致。

（三）精准扶贫的任务要求与金融创新的持续性高度一致

2017 年 6 月 23 日，习近平总书记在山西省太原市召开的全国深度贫困地区脱贫攻坚座谈会上明确指出，党中央把贫困人口脱贫作为全面建成小康社会的底线任务和标志性指标，全党全国人民要坚持精准扶贫精准脱贫基本方略，攻坚克难，为实现建成小康社会而努力奋斗。党的十九大报告强调，要动员全党全国全社会力量，重点攻克深度贫困地区脱贫任务，确保到 2020 年我国现行标准下农村贫困人口实现脱贫，贫困县全部摘帽，解决区域性整体贫困，做到脱真贫、真脱贫。要实现贫困地区脱真贫、真脱贫，需要避免金融机构注重短期利益的过度投机行为，保持金融业的可持续发展，构建金融助推脱贫攻坚的长效机制。从供给方面来看，金融扶贫并不是一种慈善。作为市场化的运营机构，金融机构要做到保本微利才有可持续性。一方面，科技金融创新可以解决金融机构营利性与扶贫可持续性之间的矛盾。2015 年以来，移动互联网、物联网、区块链、大数据、人工智能、云计算等新一代信息技术迅猛发展，给金融创新服务扶贫开发提供全方位的技术支持。在金融科技浪潮之下，信息技术正在深刻改变金融机构扶贫金融的发展方式。科技金融创新能够帮助金融机构更加了解它所提供服务的群体、精准对接目标群体的金融服务需求，从而降低金融机构的日常运营成本、信用风险管理成本，提高金融服务的效率，改善金融服务的质量，让金融扶贫见实效、可持续。另一方面，通过完善扶贫贷款的担保、风险分散和补偿贷款等金融扶贫机制，加快信贷模式创新、风险控制创新和支付方式创新，加强与地方政府和其他部门的协调合作，能够有效防范信用风险、市场风险和流动性风险等，提升金融精准扶贫效率，更精准地满足建档立卡贫困户生产、创业、就业、搬迁安置等各类贷款需求，助推金融精准助推脱贫攻坚长效机制的形成，防止返贫现象发生，充分保障扶贫的长期效果。

（四）精准扶贫的实效性与金融创新的效益双重性高度契合

扶贫要激活群众内生动力，这是消除贫困的治本之策。现阶段的精准扶贫把坚持激发群众内生动力活力作为一项重要原则，要求充分调动贫困地区广大干部群众的积极性、主动性、创造性，发扬自强自立精神，依靠自身努力改变贫困落后面貌，推动扶贫开发模式由偏重等待“输血”向注重强身“造血”转变。金融扶贫与财政扶贫等其他扶贫方式相比，在资金来源、运作方式等方面有着巨大差异。金融扶贫不是无偿性的救济式扶贫，而是坚持可持续性原则的开发式扶贫。依照市场经济规律，金融机构在选点布局上呈现“嫌贫爱富”的特征，存在不倾向布局于农村地区特别是贫困农村地区的现象。但是，农村金融不是一个纯粹的市场产品，还带有准公共性质，在发展上应该做到经济效益和社会责任兼顾，不脱农多惠农。因此，金融创新服务于精准扶贫，兼具经济效益和社会效益。具体来说，金融机构采取有偿的资金投入方式，借助金融创新和信贷扶持，着重增强扶贫对象的自我发展能力，使金融机构在提高贫困户生活水平的同时也追求一定的利润。扶贫对象将从金融机构获得的贷款资金与劳动力、土地等生产要素相结合，投入生产过程，创造更高的价值。金融创新以金融扶贫的“造血”形式改变以往财政扶贫的“输血”形式，通过市场化的手段帮助贫困人口增强自身能力、实现光荣脱贫，确保扶贫开发工作的实效性。总之，金融创新就是要顺应贫困地区不同的产业特点、资源禀赋和经济社会发展趋势，结合不同贫困主体的差异化金融需求，创新扶贫开发金融服务方式，促进金融扶贫实现经济效益和社会效益最大化，实现金融供求双方利益的共赢。

（五）精准扶贫的异质性与金融创新的模式多样性高度契合

通过全面展开产业扶贫、教育扶贫、健康扶贫、生态扶贫、就业扶贫、人才扶贫和金融扶贫等，“中国式扶贫”成效显著。1978～2014 年我国逾 7 亿人摘掉贫困帽子，我国贫困面大幅缩小，对全球减贫事业贡献了巨大的力量和智慧。随着 2020 年全面建成小康社会的目标越来越近，脱贫攻坚工作重点落在深度贫困地区。因此，深度贫困地区是下一阶段脱贫攻坚任务的重点瞄准区域，是底子最薄、条件最差、难度最大的“硬骨头”。2017 年 6 月，中共中央办公厅、国务院办公厅印发的《关于支持深度贫困地区脱贫攻坚的实施意见》提出，西藏、四省藏区、新疆南疆四地州和四川凉山州、云南怒江州、甘肃临夏州（简称“三区三州”），以及贫困发生率超过 18% 的贫困县和贫困发生率超过 20% 的贫困村，自然条件差、经济基础弱、贫困程度深。普遍的经济高度欠发达是深度贫困地区贫困问题的主要矛盾，薄弱的经济活动集聚能力、滞后的基础设施和社会事业、复杂的地质条件、脆弱的生态环境和恶劣的生活环境等多重贫困因素叠加为深度贫困地区脱贫攻坚带来了更多不确定性。同时，这些深度贫困地区多是革命老区、民族地区、边疆地区，集聚着藏族、维吾尔族、彝族、傈僳族、怒族、回族、东乡族等多种少数民族，边境与民族问题相互交织，自然灾害频发，脱贫成本高。不同贫困地区和贫困人群的个体差异很大，扶贫需求不尽相同。精准扶贫、精准脱贫要求摸清贫困地区的民族特征、主要矛盾、资源禀赋等家底，根据贫困地区自身实际量身定制金融扶贫产品，切实提高金融服务的可得性、便利性。这就决定了金融扶贫不能搞“大水漫灌”，必须搞“精确滴灌”。因此，脱贫攻坚背景下金融创新的重要原则就是根据深度贫困地区的产业特点、贫困特征和致贫原因，探索多样化的金融扶贫产品、机制、模式和路径，最大限度地满足不同类型贫困地区的生产发展和生活提升的金融服务需求。

（六）精准扶贫的艰巨性与金融创新的主体多元化高度契合

消除贫困是全面建成小康社会的基础。经过多年的努力，容易脱贫的地区和人口已经基本脱贫，但仍有800多个贫困县发展相对落后，3000多万群众还没有摆脱贫困。目前，深度贫困是当前脱贫攻坚短板中的短板，补齐这个短板是脱贫攻坚战决胜的关键之策。从区域上看，深度贫困地区、贫困县、贫困村是脱贫攻坚中的“硬骨头”。深度贫困地区、贫困县、贫困村自然条件差、公共服务少、经济基础弱，多集中在民族地区、边疆地区、革命老区，人均可支配收入少，社会文明程度低，贫困发生率高，脱贫难度大。深度贫困县中，有革命老区县55个、少数民族县113个。集中连片特困地区有14个，包括六盘山区、秦巴山区、武陵山区、乌蒙山区、滇桂黔石漠化区、滇西边境山区、大兴安岭南麓山区、燕山—太行山区、吕梁山区、大别山区、罗霄山区。截至2017年底，深度贫困地区贫困发生率超过18%的县还有110个，贫困发生率超过20%的村还有16000多个。除此之外，各省还确定了334个深度贫困县和3万个深度贫困村。脱贫攻坚本来就是一场硬仗，而深度贫困地区脱贫攻坚是这场硬仗中的硬仗。从总量上看，按现行国家农村贫困标准测算，2017年末全国农村贫困人口3046万人。党的十九大报告指出，从现在到2020年，是全面建成小康社会决胜期。2020年如期实现“确保农村贫困人口实现脱贫，确保贫困县全部脱贫摘帽”的脱贫攻坚目标，平均每年需要减少贫困人口上千万，越往后脱贫成本越高、难度越大。从程度上看，全国平均贫困率依然超过3%。新确定的334个深度贫困县2017年底的贫困发生率为11%，2017年末全国贫困发生率为3.1%。2017年末全国贫困发生率超过3%的省份有14个，包括湖南、河南、陕西、山西、广西、海南、四川、贵州、云南、甘肃、青海、宁夏、新疆、西藏。从群体上看，主要是残疾人、孤寡老人、长期患病者等“无业可扶、无力脱贫”的深度贫困人口以及部分教育文化水平低、缺乏技能的贫困群众。2017年我国贫困地区农村居民人均可支配收入为9377元，仅占全国农村平均水平的69.8%。深度贫困县村均集体收入只有8800多元，同所有贫困县平均5万元相比，差距较大。从脱贫目标上看，实现不愁吃、不愁穿“两不愁”相对容易，实现保障义务教育、基本医疗、住房安全“三保障”难度较大。金融创新需要政府、产业、金融等多个部门的协同配合。其中，政策性金融机构、商业性金融机构和合作性金融机构是金融创新的主体，不仅包括银行业，还包括保险业、证券业等。多种类型的金融主体积极参与脱贫攻坚，有助于探索适合各类贫困地区、各类贫困人群的金融扶贫路径，创新基于贫困地区各类产权的金融产品和抵押担保服务，有效扩大扶贫资金供给总量、优化扶贫资金供给结构，为深度贫困地区打赢脱贫攻坚战提供更加充足、更加有效的金融支持。

第三章 深度贫困地区金融扶贫的政策演进及实践模式

任何一个概念的出现，都必然承载着某种特定的历史过程和历史内容。金融扶贫作为一种依托政府政策引导，利用金融工具和金融机制引导金融产品、金融服务流向贫困地区和贫困人群，帮助其实现脱贫致富的贫困治理模式，从发生学的视角来看，事实上是基于不同历史发展阶段扶贫战略所孕生与演变的历史长河以及精准扶贫多图式发展的历史事实而生成的人们对于金融扶贫效应的一种认识。我国金融扶贫的每个发展阶段和实践模式背后都蕴藏着一种理论与实践结合的范式，它不仅连接过去与未来，也将我国精准扶贫事业标注上独特的时代印记。当代我国金融扶贫模式和实践本着对逻辑的追溯以及现实状况的剖析，阐明金融扶贫诸种模式的发生背景，把脉金融扶贫的深层次问题，既是自觉导航我国未来金融扶贫事业的现实需要，更是助推全面建成小康社会的必然要求。

一　我国深度贫困地区金融扶贫政策的演进

新中国成立以来，我国根据不同历史发展阶段的经济社会发展状况，采取了相应的扶贫开发政策，有效推动了贫困治理工作，贫困人口大幅减少，贫困发生率大幅下降，截至 2017 年末，我国农村贫困人口减少至3046 万，贫困发生率下降至3. 1%。梳理我国扶贫政策演进的历史脉络，最基本的经验就是把马克思主义扶贫理论与中国实际相结合，在不同历史阶段采取符合国情的政策措施，走出了一条具有中国特色的扶贫开发道路。其中，金融扶贫政策自改革开放初期萌芽以来，经历扶贫贴息贷款政策、小额信贷政策、普惠金融政策等不同阶段的丰富完善，到今天的金融精准扶贫政策，政策体系不断完善丰富，配套机制不断完善优化，逐步成为推进我国贫困治理的重要工具和有效手段。

（一） 金融扶贫政策演进的历史基础

早在新民主主义革命时期，中国共产党就开始尝试运用金融政策治理贫困。1922 年中共中央制定了《中国共产党对于目前实际问题之计划》，为解决贫困群众高利贷问题明确提出“组织农民借贷机关”[①]，这是中国共产党最早关于金融扶贫的政策。新中国成立初期，我国经济社会发展水平极低，贫困发生率极高，约有一半以上的人口仍然处在生存贫困状态。基于这样的经济社会发展条件，我国当时的扶贫政策以解决大多数人基本生存困境为目的，依托国家财政，通过财政救济和实物救济等途径为贫困群体提供帮扶。这一时期的扶贫政策是建立在计划经济体制背景下，以平均分配制度和城乡分割体制为显著特征的“输血式”救济政策。在城市，扶贫政策主要是通过工、农业之间的剪刀差，减少城市贫困人口；在农村，主要通过平均分配主义，减少农村贫困人口。这种“输血式”救济政策对于解决赤贫人口生存困境发挥了暂时性缓贫作用，但在极端落后的社会生产条件下，这种扶贫政策与策略受客观因素的制约并不能真正提高贫困群体的自我“造血”能力。1949～1978 年，我国农民人均年收入增速仅为 1.9%，截至 1978 年，我国的贫困人口规模仍然高达 2.5 亿，农村贫困发生率超过了 30%。新中国成立之后的计划经济时代，我国的扶贫政策主要依赖于国家社会制度的整体性变迁，其中的贫困治理制度方略更多隐含于“建国立制”的宏观背景中，扶贫效应的发挥从某种意义上是国家制度变革的外部溢出效应的一种外显，彼时的金融扶贫政策发展相对缓慢。

1978 年，党的十一届三中全会以后，我国广大农村地区逐步开始推行以家庭联产承包责任制为标志的农村经营体制改革。家庭联产承包责任制的确立，进一步理顺了农村生产关系，农村土地制度、农产品流通制度、农业经营制度等发生了深刻的变革，这些变革极大地解放和发

① 中国近代金融史编写组：《中国近代金融史》，中国金融出版社，1985。

展了农村生产力，带动了我国农村地区经济社会发展，从而为我国扶贫事业发展带来了强劲的动力。1978～1985 年，我国农村绝对贫困人口由 2.5 亿下降到 1.25 亿左右，年均减少 1786 万，贫困发生率也由 30.7% 下降到 14.8%。改革开放初期，我国扶贫政策主要是通过农村经营体制变革得以体现，政策导向以集中连片贫困地区“面”上脱贫为主，以“面”带“点”；政策手段以开发式扶贫为主，通过项目扶持、资源开发、见面税收、以工代赈等方式促进贫困地区解决温饱。1980 年，中央设立了支援经济不发达地区发展资金；1982 年，中央政府开始每年财政专项拨款 2 亿元，实施为期 10 年的“三西”扶贫开发计划；1984 年出台了《关于尽快改变贫困地区落后面貌的通知》，通过开展“以工代赈”的方式对全国 18 个连片贫困地区的基础设施进行改造升级，逐步改善贫困地区和贫困人口的生产、生活条件。改革开放初期的诸多扶贫开发政策措施为此后我国扶贫开发工作提供了宝贵的实践经验，并为此后金融扶贫政策的出台奠定了丰厚的历史实践基础。

（二）金融扶贫政策的变迁历程

1. 萌芽时期的金融扶贫政策（1986～1994 年）

20 世纪 80 年代后期，随着农村经营体制改革红利的消减以及其他领域改革开放的深入推进，我国区域发展不平衡问题开始凸显，从 1986 年开始，我国城乡收入差距逐步开始扩大，贫困发生状况由总体性贫困、全面性贫困逐步向区域性贫困、局部性贫困转变，贫困人口呈现出明显的区域集中特点，主要分布在“老、少、边、穷”地区。为此，我国开始有计划、有组织、有重点地实施减贫扶贫政策，大力推进减贫事业发展。1986 年通过的《中华人民共和国国民经济和社会发展第七个五年计划》将推动“老、少、边、穷”地区的经济发展作为重要任务。当年还成立了国务院贫困地区经济开发领导小组，以强化扶贫开发事业的组织领导。“有组织、有计划、大规模的农村扶贫开发活动”由此拉开了帷幕。这一时期，我国扶贫政策的取向由原来的道义式扶贫转向制度性扶贫，政策目标由“人口瞄准”逐步转向“区域瞄准”，政策导向由帮扶式转向开发式。在确立了开发式扶贫方针政策的同时，我国逐步开始探索发挥财政金融在扶贫开发中的作用，有针对性地开始向贫困地区和人群提供政府贴息贷款，帮助其发展生产、增加收入，摆脱贫困。在这一过程中，以政府为主导的信贷扶贫政策相继出台。1986 年，我国扶贫贴息贷款政策正式实施，当年扶贫贴息贷款资金为 23 亿元，92% 的扶贫贴息资金直接投向贫困农户。1986～2000 年，我国中央财政累计划拨 1350.5 亿元用于国家级贫困县扶贫开发，其中贴息贷款资金为 726 亿元，占 53.7%。2001～2003 年曾经达到 185 亿元。[①] 这一时期我国的政府贴息贷款政策可以看作金融扶贫的萌芽阶段。以政府为主导的贴息贷款政策在一定程度上克服了过去救济式扶贫的缺陷，但仍然带有强烈的政府干预色彩，银行等金融机构在开展扶贫业务中缺乏应有的自主性和主动性，贷款额度规模、对象选择、利率确定、贷款期限等都受制于政府的干预和调节。因此，处在萌芽时期的金融扶贫的规模相对较小、路径相对简单、方式相对单一、效益相对不足，但萌芽时期的政府贴息贷款政策为此后金融扶贫政策的逐步完善奠定了扎实的实践基础。

2. 探索时期的金融扶贫政策（1994～2000 年）

1994 年 4 月，《国家八七扶贫攻坚计划》的颁布标志着我国贫困治理进入综合性扶贫时期。《国家八七扶贫攻坚计划》提出要用 7 年左右的时间基本解决我国 8000 万农村贫困人口的温饱问题，并强调“扶贫的主要对象和工作重点是贫困农户”，“国有银行要有选择性地针对贫困地区进行项目贷款扶持”。在《国家八七扶贫攻坚计划》的引导下，这一时期我国金融扶贫开始逐步发展完善，小额信贷扶贫试点蓬勃开展。1993 年，孟加拉国乡村银行“格莱珉银行模式”被成功引入国内进行试点，经历 3 年多的试点探索，形成了相对成熟的公益性小额信贷机构和小额信贷模式；1997 年，我国小额信贷试点开启，由扶贫机构代理的中国农业发展银行扶贫贴息贷款推广至 200 多个贫困县；1998 年，由中国农业银行直接开展到村入户小额信贷；1999 年之后，中国人民银行相继出台了《农村信用社农户小额信用贷款管理暂行管理办

① 李培林、魏后凯等：《中国扶贫开发报告（2017）》，社会科学文献出版社，2017。

法》《农村信用合作社农户联保贷款管理指导意见》，推动农村信用社在广大农村地区开展小额信贷业务。到2000年底，我国贫困县农民人均纯收入由1993年的488元增加到1321元，农村绝对贫困人口由8000万下降到3209万，贫困发生率减少到3.4%，基本解决了贫困人口的温饱问题。这一时期我国的金融扶贫尚处在探索期，农村金融体系改革仍然带有鲜明的政府主导色彩，同时，受制于农村金融服务体制不完善以及服务网点的缺失，金融扶贫效应并没有得到充分彰显。[①]

3. 完善时期的金融扶贫政策（2001~2012年）

2001年，我国颁布的《中国农村扶贫开发纲要（2001~2010年）》首次提出要推广扶贫到户小额信贷。2004~2010年的历年中央一号文件也都明确提出，改革农村金融体制，发挥金融机构的金融扶贫作用，探索建立商业性金融、合作性金融、政策性金融和小额贷款等功能齐备、互为补充的农村金融体系。为解决农村金融机构资金匮乏的问题，2008年的中央一号文件明确提出，要通过批发或转贷的方式予以解决。在政府主导下，这一时期我国农村金融机构改革加快推进，金融机构主动参与扶贫成为这一时期扶贫的重要特征。2001~2010年，中央财政累计安排扶贫贷款财政贴息资金54.15亿元人民币，累计发放扶贫贴息贷款接近2000亿元人民币。同时，这一时期，我国还对扶贫贴息贷款管理体制进行了改革：2003年，启动了农村信用社改革；2006年，国务院扶贫开发领导小组出台了《关于深化扶贫贴息贷款管理体制改革的通知》，当年年底，银监会通过调整政策，放宽了农村金融机构准入条件；2007年，我国利用邮政网点优势，成立了中国邮政储蓄银行，推进金融服务网点进村；2008年，国务院印发了《关于全面改革扶贫贴息贷款管理体制改革的通知》，进一步下放扶贫贷款的管理权限和贴息资金；2011年，《中国农村扶贫开发纲要（2011—2020）》出台，明确提出要改善农村金融服务。完善时期，通过扶贫贴息贷款管理体制的改革，中央政府进一步下放了贴息

① 宁爱照，杜晓山：《新时期的中国金融扶贫》，《中国金融》2013年第16期，第80~81页。

贷款管理权限，各类金融机构参与金融扶贫的积极性得到了进一步的提高，扶贫贴息贷款的运行逐步向政府主导、市场运作的方向发展，但由于二元经济和金融结构尚未打破，农村金融组织体系还不完善，仍需深化和发展。

4. 深化时期的金融扶贫政策（2013 年至今）

党的十八大以来，随着我国经济实力的不断增强，扶贫开发事业已经“从解决温饱为主要任务阶段转入巩固温饱成果、加快脱贫致富、提高发展能力、缩小发展差距的新阶段”。自 2013 年以来，我国金融扶贫开发事业在习近平新时代精准扶贫思想的指导下，持续深化完善。金融扶贫政策向着系统性、协同性、综合性方向发展。继《中国农村扶贫开发纲要（2011—2020）》颁布之后，我国围绕金融扶贫工作，从组织保障、资源配置、服务供给、体制创新等多个维度密集出台政策措施。2013 年 11 月，中共十八届三中全会通过了《中共中央关于全面深化改革若干重大问题的决定》，明确提出“发展普惠金融”；同年 12 月，中共中央办公厅、国务院办公厅印发的《关于创新机制扎实推进农村扶贫开发工作的意见》提出，要推动金融机构网点向贫困乡镇和社区延伸。2014 年 4 月，国务院办公厅印发的《关于金融服务“三农”发展的若干意见》从金融体制改革、农村普惠金融、涉农资金投放、服务方式创新、资本市场培育、重点领域支持、基础设施完善、农业保险拓展等多个方面对金融扶贫工作进行了部署。2014 年 4 月，人民银行等七部委联合印发了《关于全面做好扶贫开发金融服务工作的指导意见》，明确提出了“到 2020 年贫困地区金融服务水平接近全国平均水平，初步建成全方位覆盖贫困地区各阶层和弱势群体的普惠金融体系”的目标。2015 年国务院印发《推进普惠金融发展规划（2016—2020）》把发展普惠金融上升为国家战略层面。2016 年 3 月，中国人民银行等七部委出台的《关于金融助推脱贫攻坚的实施意见》进一步提出全面改进和提升扶贫金融服务，增强扶贫金融服务的精准性和有效性。在 2016 年 9 月的 G20 杭州峰会上，由我国主导制定了《G20 数字普惠金融高级原则》，并升级了《G20 普惠金融指标体系》。十八大以来，我国金融扶贫的政策体系更加完善、政策导向更加清晰、政策措施更加精准，金融扶贫的领域、范围、层次得到进一步深化，信贷政策、保险政策、货币政策、监管政策、税收政策、社保政策等得到进一步协同。

二 深度贫困地区金融扶贫创新的发展现状

从 20 世纪 80 年代中后期金融扶贫逐步走进我国贫困治理领域以来，经历 30 多年的发展，目前我国金融扶贫政策体系不断完善、机制体制不断优化、扶贫效应不断彰显，尤其是党的十八大以来，金融扶贫不断创新发展，精准对接脱贫攻坚多元化融资需求、推进贫困地区普惠金融发展、发挥金融机构助推脱贫攻坚主体作用、完善精准扶贫支持保障措施、优化脱贫攻坚服务工作机制，基本形成了以中央政府为主导，各级地方政府、各类金融机构、各种社会组织共同参与、协同发力的金融扶贫体系。与此同时，在城乡二元经济结构的束缚下，目前我国金融扶贫仍面临着精准度不够、协同性不足等挑战。

（一）深度贫困地区金融扶贫实践成效

1. 金融扶贫政策支持体系渐趋完善

近些年来，党中央、国务院高度重视金融扶贫开发工作，从中央到地方、从金融机构到社会组织都先后围绕金融扶贫出台了一系列互为支撑、相互配套的政策措施，为金融扶贫发展提供了强有力的政策制度保障。目前，我国金融扶贫的产业支持政策、贷款政策、风险分担政策、农村信用建设政策、奖励补贴政策、税收优化政策、保险补贴政策等一大批政策措施基本落地，各类政策之间相互衔接、协调配合。2015 年，财政部为更好发挥财政资金对普惠金融发展的引导带动作用，将前期实施的县域金融机构涉农贷款增量奖励和农村金融机构定向费用补贴政策与创业担保贷款贴息奖补 3 项专项转移支付资金、政府与社会资本合作项目以奖代补资金进行整合，设立了普惠金融发展专项资金，引导各级地方政府、各类金融机构和各种社会资本支持普惠金融发展。2017 年 11 月才发布的《关于提前下达 2018 年普惠金融发展专项资金预算指标的通知》显示：2017 年，我国审核拨付普惠金融发展专项资金 1171059

万元，2018 年将提前下拨普惠金融发展专项资金 1053953 万元。此外，人民银行、财政部、农业部、银监会、证监会、保监会、税务总局等部门近些年来也围绕金融扶贫开发加大协调配合，在各自的领域主动作为，改革创新。2016 年 3 月，人民银行在差别化存款准备金、支农再贷款和再贴现、抵押补充贷款政策完善升级的基础上，出台了创设扶贫再贷款政策，以更加优惠的利率，优先支持建档立卡贫困户和带动贫困户就业发展的企业、农村合作社。此外，人民银行为支持异地扶贫搬迁，还设立了易地扶贫搬迁专项金融债券。国家税务总局针对贫困农户贷款、保险业务实行了税收减免优惠；证监会为贫困地区企业上市开辟了绿色通道。

2. 金融扶贫体制机制框架基本成熟

在不断优化金融扶贫政策供给的同时，我国金融扶贫机制体制建设也加快推进。近些年来，在中央政府的主导下，各级各类金融扶贫参与主体分工协作、协同发力，初步形成了富有中国特色的金融扶贫供给主体体系。在这一供给主体体系中中央政府与地方政府相互衔接、金融机构与非金融机构相互配合、政策性金融机构与商业性金融机构相互补充、线下金融服务机构与线上金融服务机构相互联结。为探索大型金融机构助推脱贫攻坚的体制机制，中国农业银行自 2008 年开始就着手"三农"金融事业部改革。2016 年，经银监会批准，国家开发银行和中国农业发展银行相继设立了扶贫金融事业部；同年，中国储蓄银行也成立了"三农"金融事业部，为金融机构服务脱贫攻坚提供组织保障。同时，各基层金融服务机构体系也不断健全完善，金融扶贫基础设施建设逐步提升。中国人民银行的统计数据表明，截至 2016 年底，我国农村取款服务点已经超过 98 万个，覆盖了全国 90% 以上的农村行政村。中国人民银行 2018 年 5 月发布的数据表明：截至 2018 年 3 月末，全国建档立卡贫困人口及已脱贫人口贷款余额 6353 亿元，产业精准扶贫贷款余额 9186 亿元，全国共有 835 万建档立卡贫困人口获得信贷支持，带动 842 万建档立卡贫困人口就业和产业发展。为加快推进农村金融基础设施建设、服务脱贫攻坚，近些年来，我国大力推进农村金融基础设施建设，着力弥补农村金融服务短板。统计数据表明，目前我国贫困地区共布放自助设备120.3万台，较2011年增长122.6%，其中ATM机5.9万台、POS机具83.8万台。[①] 而且，伴随着互联网信息技术的推广普及，农村金融扶贫与互联网等现代信息技术紧密对接，农村支付服务环境建设的信息化水平不断提高，贫困地区结算账户、支付工具、支付清算网络应用日益广泛，移动支付、互联网支付等新兴电子支付方式也逐步进入贫困地区。《2017中国银行业社会责任报告》显示，截至2017年末，我国贫困县行政村基础金融服务覆盖率已达95.83%。

3. 农村信用环境体系建设不断改善

农村信用体系建设滞后一直是制约我国深度贫困地区金融扶贫事业发展的关键掣肘。近些年来，我国围绕农村信用体系建设，优化农村金融环境，出台了一系列政策措施，各地区在这些政策措施的引导下，因地制宜创新思路，着力破解金融扶贫发展难题。一是广泛开展诚信宣传教育，大力普及信用知识。人民银行、农业银行、邮政银行等多个政策性银行和商业银行把宣传教育作为农村信用环境体系建设的基础性工作，在贫困地区广泛开展诚信宣传教育活动，引导贫困地区农民和企业树立诚信意识、弘扬传统美德。二是以农户基本信息为切入点，建立农户信用信息数据库。各地依托金融服务网点、基层工作人员、传统经验优势等，借助互联网等现代信息技术，按照“实用为主、先易后难、逐步完善”的原则，逐步完善贫困地区农户和企业信用信息资料，并对这些数据实行动态管理。三是扎实推进信用村镇建设，改善融资环境。一方面加强金融机构与政府相关部门的工作联动，充分发挥政府相关部门在信用体系建设的主导作用，形成分工协作、齐抓共管的良性工作机制。积极引导涉农金融机构开展“信用户”“信用村”“信用乡镇”等信用创建活动，对信用村、信用户在信用贷款审批权限、贷款授信额度、贷款审批手续服务等方面予以优惠。通过一系列改革措施的推进，目前我国贫困地区信用体系建设取得了长足的进步，大部分贫困村、贫困县实现了农户信用信息全覆盖，许多地区建立了覆盖全部农户的信用

---

① 潘功胜：《加快农村金融发展推进金融扶贫探索实践》，《行政管理改革》2016年第6期，第22~28页。

信息数据库。同时，信用信息评价运用机制也初步建立，根据农户信用信息的登记，许多地区落实了信用登记的使用范围和使用方式，从而有效缓解了贫困农户贷款难的问题。

（二）深度贫困地区金融扶贫面临挑战

经历30多年的改革和发展，我国金融扶贫的政策和手段越来越丰富，金融扶贫的机制和体系越来越完善，在扶贫攻坚工作中发挥的作用越来越大。“十三五”规划指出“发挥政策性金融和商业性金融的互补作用，整合各类扶贫资源，开辟扶贫开发新的资金渠道”，中央《关于打赢脱贫攻坚战的决定》也对完善金融扶贫提出了新的要求，新时期金融扶贫正面临着新的挑战与机遇。尽管我国早在改革开放之初便开始了金融扶贫的探索历程，并在最近的十几年内大刀阔斧地吸纳和扩大金融扶贫的主体，但总体上，我国的金融扶贫还处于低水平、重复性阶段，存在很大的改进与提升空间。随着我国扶贫攻坚战略的深入持续推进，深度贫困地区、深度贫困县和贫困村将成为我国未来金融扶贫的重点，且这些区域都面临经济基础薄弱、产业结构单一、文化教育落后、生态环境脆弱等挑战。

当前制约我国金融扶贫效应发挥的因素是多方面的。主要表现有：一是参与主体协调不顺，协同机制缺失。政府职能的“缺位”或“错位”导致政府和商业银行出现沟通不力，银行对政策不了解、分工不明确、执行不协调等状况；农村诚信体系不完善与政府信息不充分导致政府与农户之间的不协调；信任相对缺失导致商业银行与农户间的不协调。二是有效信贷需求不足，缺乏内生动力。基础设施项目承贷主体偿还实力不足，隐藏债权虚置的风险。贫困户大多无劳力、无技术、无项目，申请信贷资金支持意愿不强，普遍存在“等、靠、要”思想，缺乏信贷需求内生动力。同时项目选择不准，同质化严重，可持续性差，信贷资金使用效率低。三是保障机制落实不力，带动效能不高。担保基金规模小、有缺口、代偿协议不明确等担保金无法覆盖贷款风险的情况，资金池放大倍数不能有效体现规模效应。贫困地区农村生产要素市场发展滞后，土地承包经营权、林权无法有效交易和流转，资产评估难、流转难、变现难都抑制了金融资源的及时介入。四是金融服务普惠性差，创新产品不足。贫困地区金融网点的覆盖、金融基础硬件设施的布设、金融知识的宣传方面有效投入不足，农村金融机构网点信息披露不充分，履行告知义务不到位。针对贫困地区农村新型农业经营主体的特点，开发适合其金融服务需求的专属产品，满足不同经营主体的贷款额度、期限、担保方式及用途等方面的需求不够。五是放款回款挑战并存，供给动力不足。我国农村被扶贫农户具有较强的“长尾”特点，即地理上分布较为零散，需求上表现各有不同。这给商业银行的放款工作设置了不小的障碍，也使商业银行信用评级工作面临挑战。从回款角度来看，商业银行在农村金融市场的投资回报也面临挑战，“造血”难度大，也容易形成不良贷款，对商业银行的风险控制提出了较高的要求，回款难度也由此加大。六是金融扶贫理解错位，观念亟须更新。把金融扶贫的供给主体局限于金融机构，把金融扶贫的内涵狭隘理解为提供低息贷款，把金融扶贫模式简单理解为给贫困人口提供贷款等观念错位现象普遍。

三　深度贫困地区金融扶贫创新的实践模式

党的十八大以来，我国深度贫困地区围绕金融扶贫创新开展了多种形式的探索实践，形成了富有区域特色的金融扶贫模式。依据金融产品服务供给主体的差异，可分为地方政府主导型金融扶贫模式、金融机构主导型金融扶贫模式和其他组织主导型金融扶贫模式；依据金融产品服务供给路径的不同，可分为开发型金融扶贫模式、信贷型金融扶贫模式、融资型金融扶贫模式和抵押型金融扶贫模式。不同金融扶贫模式的运作方式、适用范围、运行效应也不尽相同。

（一）深度贫困地区金融扶贫的主要模式

依据金融产品服务供给主体的差异，当前我国金融扶贫模式可分为地方政府主导型金融扶贫模式、金融机构主导型金融扶贫模式和其他组织主导型金融扶贫模式。

地方政府主导型金融扶贫模式是指由政府部门、扶贫机构、金融管理部门发起的金融扶贫方式。这种模式又可以进一步细分为杠杆式金融扶贫模式、贴息式金融扶贫模式、民生式金融扶贫模式、央行再贷款金融扶贫模式等。目前，杠杆式金融扶贫模式主要在广西、内蒙古、宁夏回族自治区贫困地区得到广泛的推广应用，具体运作采用“银行＋农牧户＋风险补偿金”的方式。地方政府相应部门、专门扶贫机构运用财政专项扶贫基金发起设立贷款风险补偿基金池，稀释贷款风险，依托风险补偿撬动金融机构为贫困户贷款，并为贫困户提供贷款担保和风险补偿；贴息式金融扶贫模式是地方政府部门或中国人民银行等以直接补贴的方式支付贫困地区和贫困群体贷款所产生的利息，降低贫困地区和贫困人群贷款交易成本。在这种模式中，发放贷款的金融机构与地方政府部门就扶贫贷款的发放对象、贷款金额、贷款利息及贴息比例等事先做出明确约定。民生式金融扶贫模式是地方政府部门及人民银行分支机构给予当地金融机构一定幅度的小额担保贷款、下岗失业贷款、大学生创业贷款等民生类金融贷款指标，帮助贫困地区特定人群脱贫致富。央行再贷款扶贫模式是中国人民银行分支机构以专用贷款的形式向涉农金融机构发放支农再贷款和扶贫再贷款，支持金融机构向贫困户发放优惠贷款，是中国人民银行支持“三农”经济发展和金融精准扶贫的重要工具。

金融机构主导型金融扶贫模式是以包括商业银行在内的金融机构为主导，通过不断创新抵押、质押和担保的形式，创新贷款产品来实现金融精准扶贫。该模式有三种细分模式：“金融机构＋互助金＋贫困户”贷款模式，以互助协会或村委会为单位建立扶贫互助金，金融机构以互助金为保障，向担保范围内的贫困户发放贷款。在我国各地具体实践过程中，该模式还衍生出“金融机构＋互助金＋担保/抵押＋贫困户”等子模式。“金融机构＋农村产权抵押＋贫困户”贷款模式，部分贫困地区正在进行“五权”抵押贷款产品创新尝试，“五权”包括农村土地承包经营权、林权、水域滩涂养殖权、集体建设用地使用权、房屋民有权。“金融机构＋公司担保/公务员担保/贫困户互保/协会担保等＋贫困户”贷款模式，主要通过与贫困户有经济往来和日常关系的公司、个人、基地、协会等提供担保，降低金融机构发放扶贫贷款的信用风险，解决金融机构与贫困户之间的信息不对称问题。

其他组织参与型金融扶贫模式主要是指以国际金融组织或者其他民间组织主导的金融扶贫模式，如世界银行、亚洲开发银行等为我国贫困地区提供长期优惠贷款和政策性建议，支持我国金融精准扶贫。该模式在我国最成功的案例是西部扶贫世界银行贷款项目和中国贫困片区产业扶贫试点示范项目。社会扶贫组织金融扶贫模式是指由我国各类社会组织发起，以产业扶贫、教育扶贫、农村信息化扶贫、文化扶贫等项目为载体的金融扶贫活动。该模式的最大特点是发动社会力量参与金融精准扶贫，其典型案例包括中国扶贫开发协会设立的“星火扶贫创业基金”项目、广东郁南模式等。

基于供给方式的视角，我国当前深度贫困地区金融扶贫的主要模式包括开发型金融扶贫模式、融资型金融扶贫模式、信贷型金融扶贫模式和抵押型金融扶贫模式等。其中，开发型扶贫模式主要指以国家开发银行为主导的扶贫方式，由国家开发银行与贫困地区地方政府签署合作协议，对贫困地区进行综合扶贫开发，扶贫方式主要通过金融资本的长期注入，既对贫困地区的基础设施建设进行支持，也对贫困地区特定的群体和企业进行帮扶，目前贵州省和辽宁省的开发型金融扶贫模式特色较为明显。开发型金融扶贫模式的显著特点是资金供给规模大、供给期限长、综合效应明显。融资型金融扶贫模式也可称为农业价值链融资模式，在这种金融扶贫模式中，金融机构主要基于农业产业链上不同主体之间的商业关系而提供相应金融服务。目前金融机构一般以订单农业为基础，依托产业链中实力最强的龙头企业信用，向与龙头企业签署农产品收购协议的农户提供贷款支持，一般只需要订单和龙头企业担保，不需要提供资产抵押，贷款封闭运行，农产品收购款在支付完贷款本息后才划给农户，基本保证了信贷资金的安全。这是当前应用最多的金融扶贫模式，具体的运作方式有“公司+农户”“公司+基地+农户”“公司+专业合作社+农户”等。信贷型金融扶贫模式主要以贷款农户的信用为依据，通过建立完善的农户信用评价、管理、约束系统，并辅以联保、风险保证金等形式提供贷款担保，由金融机构为贷款农户提供贷款金融服务的扶贫模式。这种模式把农户的信用作为一种无形的资产，嵌入农户贷款中，其前提和基础是完善的农村信用体系建设。目前，浙江丽水、广东梅州、河北张家口均以“征信＋信贷”模式取得了明显的经济效益和社会效益。抵押式金融扶贫模式主要是以农村土地为担保向金融机构获取贷款的金融扶贫模式。贵州湄潭县采取的“农户＋地方政府＋土地金融机构”方式、以山东寿光市为代表的“农户＋村委会＋金融机构”方式、以宁夏同心县为代表的“农户＋土地协会＋金融机构”方式、以辽宁省法库县为代表的“农户＋专业合作社＋金融机构”方式都属于将农村土地的经营使用权作为抵押担保的融资方式，只是负责土地使用权流转的组织机构有所不同。

（二）深度贫困地区金融扶贫模式比较

不同类型金融扶贫模式在具体实践中因其使用范围、作用方式、参与主体的差异，其实践效应也互有差异。政府主导的金融扶贫模式有较强的导向作用、较广的扶贫覆盖范围，调动的社会资源较多；金融机构主导的金融扶贫模式调动的金融资源最多，可持续性相对较好，是当前我国金融扶贫的最主要模式；产业金融扶贫模式、互联网金融扶贫模式、“电商平台＋金融”扶贫模式的可操作性强，能降低金融资金投入的信用风险，较好地体现营利性与公益性的统一；国际金融组织参与扶贫开发模式、社会扶贫组织金融扶贫模式能有效地调动社会金融资源支持精准扶贫。从劣势来看，政府主导的金融扶贫模式主要针对一般、次差、最差类贫困户群体，扶贫的可持续性差；金融机构主导的金融扶贫模式仅面向最优、次优、一般类贫困户群体，追求一定的营利性，覆盖面有限；产业金融扶贫模式需要有特色或可扶持的产业为基础；互联网金融扶贫模式、“电商平台＋金融”扶贫模式难以形成规模效应和清晰的盈利模式，对电信、网络软硬件设施及金融生态环境要求较高；国际金融组织参与扶贫开发模式、社会扶贫组织金融扶贫模式主要面向一般、次差、最差类贫困户群体，大多执行项目制，获得的金融资源较少、覆盖面较小。

从覆盖范围、主导方、可持续性、可推广性、调用的金融资源量等方面进行比较分析可以发现，政府主导的金融扶贫模式的可持续性较差，但可推广性较好，调用的金融资源较多，往往需要政府补贴和政策支持；金融机构主导的金融扶贫模式和产业金融扶贫模式的可持续性较好，可推广性较好，调动的金融资源最多，往往也需要给予政策支持；互联网金融扶贫模式、“电商平台 + 金融”扶贫模式的可持续性和可推广性一般，调用的金融资源一般；国际金融组织参与扶贫开发模式、社会扶贫组织金融扶贫模式由国内外社会扶贫组织主导，可持续性较差，可推广性较低，调用的金融资源相对较少。

四　深度贫困地区金融扶贫创新的典型案例

近些年来，秦巴连片特困地区、广西百色、河南兰考、湖南麻阳等深度贫困地区结合区域自然地理条件和经济社会发展水平，因地制宜，大胆实践、积极探索，充分发挥金融的撬动作用，助推脱贫攻坚，形成了较为典型的金融扶贫创新案例。

（一）秦巴连片特困地区金融扶贫创新实践与探索

秦巴连片特困地区横跨我国四川、重庆、陕西、甘肃、湖北、河南6个省（直辖市），涵盖75个县区，覆盖面积约28万平方千米，区域人口约有3500万，其中农村人口约3000万，既是我国14个连片特困地区之一，也是当前我国扶贫攻坚的主战场。从自然地理条件看，秦巴连片特困地区西起青藏高原东缘，东至华北平原西南部，跨秦岭、大巴山，地貌类型以山地、丘陵为主，中间有汉中、安康、商丹和徽成等盆地，片区内自然条件恶劣，道路交通滞后，生态环境脆弱。从经济社会条件看，秦巴连片特困地区经济发展水平普遍偏低，社会事业发展相对落后。

近年来，针对秦巴连片特困地区贫困分布区域广、贫困人口多、贫困程度深的特点，我国充分调动各方资源，发挥多方协同作用，推动金融扶贫事业发展。一是加大优惠力度，强化金融有效供给。我国先后出台了多项政策措施，发挥货币政策工具作用，促进金融资源向片区倾斜，调整秦巴山区县域金融机构使用再贷款、再贴现条件，充分发挥政策工具的支持引导功能，对区内参与金融扶贫的金融机构给予存款准备金率、再贴现、再贷款等方面的优惠政策，激发区内金融机构参与金融扶贫的积极性；同时，全面落实定向费用补贴和涉农贷款增量奖励等正向激励政策，提高其支持县域经济的能力。二是以特色产业发展和新型城镇化建设为两翼，增强贫困地区资金吸附能力。以产业发展为引领，以龙头企业为纽带，利用当地资源优势，大力发展特色产业，吸引各类资本向区内流动，在具体的实践中，拓展了“企业+农民合作社+农户”“企业+家庭农场”等现代农业生产模式，从而有效带动片区经济发展；同时，以支持贫困地区移民搬迁为重点，大力支持贫困地区新型城镇化建设和交通等基础设施建设。三是优化金融生态环境，为贫困地区增加信贷投入创造条件，一方面大力培育和发展县域担保、评估、公证等中介机构，建立农房、林地、农地等农村产权流转交易平台，促进农村各类产权可流转、可抵押、可入股，推进农村各类产权的资本化、市场化，切实解决县域担保难问题。另一方面以农村信用体系建设为核心，积极推进县域、乡村信用体系建设，并逐步建立乡村、企业、农户信用惩罚机制，将恶意逃废债务的单位和个人列入黑名单。从而增强全社会的诚信意识，为金融机构加大信贷投入创造良好的信用环境。四是加强财政政策与信贷政策有效对接配合，建立健全扶贫长效机制。对于在区内增设分支机构、网点的银行、新设法人金融机构和担保公司将给予奖励和税收减免政策，组建以地方财政出资为主的农村贷款担保机构或贷款风险补偿基金等，积极推进毗邻省区金融合作，推动跨省市金融机构银团贷款发展，构建跨区域信用环境体系，建立秦巴山区片区重点扶贫项目和龙头企业信息共享机制，为异地金融机构开展营销提供便利和支持，共同打造“信用片区”，为提升金融扶贫效能创造良好的生态环境。五是建立扶贫与扶智相结合的贴息贷款制度。根据区内经济发展状况、农业生产周期等相关因素的动态调节建立扶贫贴息贷款制度，加大对扶贫贴息贷款投放及清收具体经办人的奖励幅度，进一步提高扶贫到户贷款贴息力度，扩大覆盖面。

（二）广西百色市政策性金融扶贫的实践与探索

百色市位于右江上游，西接云南，北连贵州，南靠越南，辖区山地面积超过95%，是一个集革命老区、民族地区、边境地区、大石山区、贫困地区、水库移民区于一体的特殊区域。由于特殊自然条件和历史原因，百色市目前仍然是我国深度贫困地区之一。截至 2017 年底，百色市尚有 10 个贫困县没有脱贫摘帽，10 个中有 9 个是国定贫困县，9 个中又有 7 个是深度贫困县，400 万人口还有将近 40 万贫困人口。百色市贫困现状的突出特点表现为贫困程度深、贫困范围广、致贫因素多等。2015 年 2 月，百色市获批“全国百个政策性金融扶贫实验示范区”。两年多来，百色市坚持高位推动、精准对接、大力推进政策性金融扶贫实验示范区建设，取得了显著成效。

针对自身的贫困发生的根源和现状，百色市按照“先行先试、以点带面、试点总结、全区推广”的基本思路，积极探索“平台助推、金融扶持、带资入股、固定分红”的金融扶贫模式。一是创新扶贫信贷产品供给。充分利用农发行总行为实验示范区开发的易地扶贫搬迁地方政府补助资金专项贷款、林业资源开发与保护贷款、光伏扶贫贷款、救灾应急贷款、扶贫过桥贷款、旅游扶贫贷款 6 项创新金融产品为 4 个县大力推进光伏扶贫项目，覆盖贫困户 2441 户，覆盖贫困人口 8139 人，每户收益达 2500 元以上。二是整合财政资金集中发力。按照广西《支持贫困县开展统筹整合使用财政涉农资金试点工作操作指南》的要求，整合资金集中投向贫困地区基础设施建设 28. 34 亿元、产业发展 9. 31 亿元、易地扶贫搬迁 4. 15 亿元，还投向社会事业、生态环境保护、金融扶贫、群众能力建设等领域。三是成立多级扶贫融资主体。成立农村投资有限公司，作为承担全市扶贫开发任务的综合投融资主体，用于各级政府承接扶贫专项资金、专项建设基金和扶贫开发贷款，发挥项目建设和管理职能。目前，市县两级扶贫开发投融资主体共 26 家，组织政策性金融扶贫实验区示范项目 133 项，总投资 420. 8 亿元，计划融资 333 亿元。同时，还出台了《2016 年扶贫攻坚重大项目推进工作实施方案》，加大力度推进扶贫重大项目建设。四是推动银行机构加大信贷投放力度。2016 年，农发行广西区分行向百色市投放贷款 41 亿元，国开行广西区分行投放扶贫信贷资金 17.83 亿元，其他商业银行合计投放扶贫信贷 1739 亿元。涉农银行机构全年向建档立卡贫困户投放扶贫小额信贷 49.32 亿元，惠及 6.34 万余贫困户。五是引入多方资金缓释贷款风险。2016 年，财政加大注资担保公司力度，成立融资性担保公司 7 家，基本形成自治区、市、县三级担保平台分层服务、资源共享、相互协作的融资担保体系，有力提升风险缓释能力。承接龙光集团 1 亿元公益扶贫资金捐助，落实区内外各级对口帮扶资金 1.05 亿元，百色市教育基金会及社会爱心捐赠教育善款 0.95 亿元，世界银行支持产业发展资金 4.5 亿元。财政资金担保、社会捐赠资金引导、政策性金融资金投入的扶贫项目建设格局初步形成，实现三方融合支持扶贫产业发展的良性互动。六是打造扶贫基金示范平台。百投集团发起设立左右江老区振兴发展基金，总规模 200 亿元。百东投资公司发起设立的百色城镇化发展基金，总规模人民币 100 亿元。广西福地金融集团公司与浦发银行合作设立扶贫开发基金 260 亿元。福地金融集团与邮政储蓄银行广西分行共同设立的 80 亿元扶贫基金也正在报批。同时，百色市财政局与深圳金砖城市基金合作设立百色金砖城市发展基金已募集资金 15 亿元。七是推行扶贫资金股权量化。百色市积极推动财政扶贫资金变股金，以股权形式确权量化到建档立卡贫困村、贫困户。整合财政资金，将投入农村的生产发展类资金、农业生态修复和治理资金、扶贫开发资金、农村基础设施建设资金、支持村集体发展资金等资金量化为村集体和农民持有的股金，采取集中投入、产业带动、社会参与、农民受益的方式，集中入股到企业、合作社、家庭农场等经营主体，按股比分享收益。目前全市资产收益扶贫投入 6.9 亿元，参与企业 84 个，参与村集体经济和合作社 187 个，受益贫困户 2.19 万户。

2017 年，百色金融精准扶贫贷款余额 148.75 亿元，贷款总量在广西全区继续排名第一。发放扶贫小额信贷 4.9 亿元，覆盖贫困农户 11859 户；为贫困户人身小额保险承保 26.30 万人。对 167979 户贫困户进行了评级授信，授信金额达 81.23 亿元。解决了贫困户发展产业资金分散、抗风险能力差和企业融资贷款难问题，让农民有收入、银行有业务、企业有发展，三方共赢，为百色市金融扶贫开创了新模式。百色市政策性金融扶贫中最显著的特征是精准化：一是精准定位贫困地区多元化融资需求，找准政策性金融支持的切入点；二是精准对接易地扶贫搬迁金融服务需求，支持贫困人口搬得出、稳得住、能致富；三是精准对接基础设施、基本公共服务、民生工程、重点地区等领域金融服务需求，夯实贫困地区经济社会发展基础。四是精准对接特色产业和专项扶贫金融服务需求，带动贫困人口脱贫致富。

（三）河南兰考普惠金融试验区的探索与成效

兰考地处河南的东北部，是历史上有名的贫困县，是国家连片特困地区县、国家扶贫开发重点县。全县总面积 1116 平方公里，总人口 83 万，其中农业人口 62 万，占 74.7%，人均耕地少，农民收入低，金融业发展薄弱，是典型的农业县。诚如习近平总书记所言，兰考改革发展和各方面工作具有一定代表性，从某种意义上讲，兰考既是河南县域的缩影，也是中国县域的缩影，具有典型代表意义。2016 年 12 月，经国务院批复，中国人民银行会同有关部门和河南省人民政府印发《河南省兰考县普惠金融改革试验区总体方案》，兰考成为首个国家级普惠金融改革试验区。

自 2016 年被确定为普惠金融改革试点后，兰考县按照中央部署，依据《河南省兰考县普惠金融改革试验区总体方案》，坚持政策引导与市场机制相结合、问题导向与目标导向相统一的方针，逐渐探索形成了“一平台四体系”的普惠金融发展之路。一个平台就是以互联网等现代信息技术为依托，建立了市场化运营的普惠金融数字化一网通服务平台，服务于用户支付、理财、保险、证券、生活缴费、惠农补贴、金融消费权益保护。2017 年 10 月又对“普惠金融一网通”平台进行升级改造，发展成为“普惠通”手机 App，开通了“普惠授信”在线服务、金融超市、二维码支付等功能。

四大体系分别指普惠授信体系、信用建设体系、风险防控体系、金融服务体系。普惠授信体系的主要目的是普及小额信贷、培育信用习惯、完善信用体系，围绕这一目的，兰考县以完善的风险防控为支撑，推出以“信贷+信用”为特点的、低门槛低成本的普惠授信模式，整个过程分为授信、启信、用信、还信四个环节，并按照“一次授信、三年有效、随借随还、周转使用”的原则周转使用；信用建设体系是与普惠授信体系相结合，通过普惠授信，将授信前置，变“信用+信贷”为“信贷+信用”，让农民先有授信，在农民启用授信时再收集农户信息，在普惠授信中推动信用体系建设，实现信用信贷良性互动，从而实现信用与信贷的相互促进，激发农民参与信用建设的热情。全县两个月即完成16万农户的信用信息采集，覆盖面达92.3%，大部分农户首次有了自己的电子信用档案；风险防控体系打破了以往银行、政府两家分担风险的做法，引入保险、担保等市场主体，采取“银、政、保、担”四位一体的风险分段分担机制，即把不良划分为“2%以下、2%~5%、5%~10%、10%以上”四段，不同区间银行、保险、担保、政府分别承担不同的责任。同时，设置风险隔离机制、风险分担机制，依据“共同参与、权责对等”原则，把不确定性风险在各方锁定，有效激发各方参与普惠金融工作的积极性；在金融服务体系建设中，兰考建立了两级普惠金融服务站，一是县行政服务中心设立普惠金融服务中心，提高金融服务效率，目前已入驻银行、证券、保险、担保等单位17家，设立窗口22个。二是依托村委党群服务中心提质改造，建设“4+X”功能的村级普惠金融服务站，促进普惠金融服务与便民政务高效结合。

兰考县“一平台四体系”的普惠金融发展模式，一方面激发了金融供给主体的积极性和针对性，另一方面提高了金融扶贫的持续性和针对性，有效解决了农村金融融资成本高、金融服务信息失衡、金融服务网点缺失等难题。一年多来，兰考普惠金融指数大幅提升，全省排名从第22位跃升到第2位，存贷款增速分别高于全省12.46个和22.06个百分点，普惠金融改革试验区成效初显。目前全县有银行业金融机构9家、证券营业部1个、保险公司17家，县域普惠金融服务体系初步建立。中国人寿兰考支公司设立“三农”事业部，已在10个乡镇设立保险服务部。目前兰考县信用信息中心已录入企业信息5708户、农户信用信息16万户，大部分农户都建有电子信用档案，初步破解了农村信用信息不对称问题。试验区创建以来，兰考县各类银行业机构已累计发放农户小额贷款8001笔，总计金额5.9亿元；为推动普惠金融便捷化服务，兰考县已建成普惠金融服务站365个、在建85个，将基本实现“村村全覆盖”。

（四）湖南麻阳等小额贷款县金融扶贫的探索与成效

小额信贷是我国金融扶贫的一种重要形式。近些年来，湖南麻阳、河南卢氏、宁夏盐池、湖南邵阳等地结合自身实际，创新小额贷款方式，形成了各具特色的小额贷款扶贫模式，这些成功做法既有共性之处，也有个性差异。

湖南麻阳的小额贷款扶贫按照“政府支持、银行主导、企业参与、农户贷款、扶贫贴息、发展产业”的思路，探索了“产业引导、金融支持、扶贫资金担保”的扶贫模式，实现了金融扶贫由政府“输血”扶贫变银行、企业、农户“造血”扶贫的目标，取得了扶贫产业发展壮大，贫困农户持续增收，银行、企业、农户三方共赢的良好效果。主要做法一是创新产业开发扶贫模式，实施了直接帮扶、委托帮扶和股份合作三种扶贫产业开发方式；二是延伸金融服务链条，推进“一县两行”，设立农商银行、村镇银行，解决农村地区特别是贫困地区银行业机构种类单一的问题，提高网点覆盖率，实现“乡乡有机构”；三是积聚资金资源，形成有效合力，政府财政建立的风险补偿金补偿75%，银行承担余下的25%，依托财政资金构建不良贷款“防火墙”。制约因素主要有：贫困农户发展产业信心不足，贷款意愿不强；银行授信额度较低，贫困农户发展产业规模受限；贫困农户发展产业增收较慢，出现延期还贷；银行发放小额信用扶贫贷款利润小、主动性不够等。

河南卢氏在省、市、县三级联动和金融等相关部门多方参与下，按照“政银联动、风险共担、多方参与、合作共赢”的工作思路，通过构建“金融服务、信用评价、风险防控、产业支撑”四大体系，实现了“服务有平台、信用可评估、风险可把控、成本可降低”的目标；以农户、合作社、龙头企业为主要贷款对象，以信用体系建设为抓手，以政府增信为手段，通过健全完善金融服务、信用评价、风险防控和产业支撑四大体系，解决了贷款的信息不对称、基层金融机构人员缺失、银行在乡镇网点少、农户资金投向难、融资成本高的问题，以及银行的慎贷、惜贷问题。其意义在于通过促进小额信贷扶贫政策落地，不仅有效破解了政策落地的五大障碍，基本满足了贫困户和带贫企业信贷融资需求，推动了精准扶贫、精准脱贫的进程，而且在推动农村的产业发展和社会治理产生等方面，发挥了综合乘数效应，高度契合了乡村振兴战略的总要求，对新时期深化金融创新、决战脱贫攻坚、决胜全面小康、推进乡村振兴，具有重要的启发意义和借鉴价值。

宁夏盐池在总结“互助资金、评级授信”等成功经验的基础上，采取“党政主导、诚信支撑、产融结合、风险防控、保险跟进、改革创新”6大举措，推进金融扶贫“盐池模式”。盐池模式的主要内容包括互助资金、千村信贷、资金捆绑、企业参与、评级授信、惠民小贷、融资担保和保险保障等。在农村信用建设中，启动实施了“四信平台”建设，建立了乡、村、组、户信用评定系统。在产融结合方面，建立“银行+企业+贫困户”融合发展模式，为全县建档立卡贫困户逐户制订金融助推产业发展计划；在风险防控方面，建立风险补偿合作机制；在保险兜底方面，推行“脱贫保”，按照“保本、微利”的原则，筹集资金，为贫困户量身定做了12项脱贫保险，既兜住了因病因意外返贫的底线，又为发展产业增收致富保驾护航。“盐池模式”遵循了市场规律的原则，遵循了渐进性、长期性的原则，遵循了先精准识贫、后精准扶贫的原则。

湖南邵阳结合武陵山片区实际，采取“政府主导、市场运作”的扶贫模式，将财政一次性使用的无偿资金转变为金融多次周转使用的有借有还的信贷资金，支持精准扶贫和持续扶贫工作，开展金融扶贫四大行动：一是开展“加大金融知识普及+公众金融教育扶贫”行动。二是开展“推动信贷供给侧结构调整+产业信贷扶贫”行动。三是开展“改善普惠金融发展环境+金融生态优化扶贫”行动。四是开展“落地金融惠民政策+贷款优惠救助扶贫”行动。在实践中建立了省一级的扶贫担保公司和风险补偿机构，由省、市、县三级财政直接履行扶贫担保职能和风险补偿职能，建立省级的政策性农业保险机构或指定一家国家级的保险机构履行“三农”及扶贫保险职能，其保险资金来源可由省级财政承担。

梳理上述四个小额贷款县金融扶贫实践可以发现，其共同特点是围绕需求主体，统筹农户脱贫与产业发展的有效衔接，增强精准性和长效性；围绕供给主体，构筑风险分担与利益共享的调适机制，提升积极性和主动性；围绕调节主体，发挥行政主导与市场运作的协同作用，把握导向性和规律性。一方面，这些小额信贷典型县金融扶贫的成效经验促进了金融产品创新，激活了扶贫资金等要素投入；促进了市场主体培育，推动了产业转型升级和链式发展；促进了农民脱贫致富，强化了小农户与现代农业发展的有效衔接；建立了风险缓释机制，提高了金融扶贫的有效性和可持续性；促进了农村信用建设，提升了贫困地区乡风文明和道德风尚；加强了农村基础工作，探索了完善乡村治理体系的新路径。另一方面，小额信贷县金融扶贫中仍然面临一些制约因素，突出表现为贫困农户发展产业信心不足，贷款意愿不强、银行授信额度较低，贫困农户发展产业规模受限、贫困农户发展产业增收较慢，出现延期还贷、银行发放小额信用扶贫贷款利润小、主动性不够等。

五　深度贫困地区金融扶贫创新的未来趋势

进入中国特色社会主义新时代，我国社会主要矛盾已由人民日益增长的物质文化需要同落后的社会生产之间的矛盾转化为人民日益增长的美好生活需要和不平衡不充分的发展之间的矛盾。深度贫困地区金融扶贫工作也呈现新的发展趋势。深度贫困地区的扶贫也从以解决温饱为主要任务的阶段转入巩固温饱成果、加快脱贫致富、改善生态环境、提高发展能力、缩小发展差距的新阶段。进一步凸显深度贫困地区金融扶贫的精准性、开放性、协同性、持续性成为确保 2020 年我国农村贫困人口如期全部脱贫的关键。

（一）金融扶贫的精准化要求愈加强烈

进入新时代以来，精准扶贫是我国贫困治理最为显著的特征。2013 年 11 月，习近平总书记在考察湖南湘西时，首次提出了“精准扶贫”，指出“扶贫要实事求是，因地制宜，要精准扶贫，切记喊口号，也不要定好高骛远的目标”。此后，习近平总书记多次对精准扶贫的理论要义、实践依据、内涵要求、路径选择等做出重要论述。2014 年 10 月，习近平总书记在首个“扶贫日”的批示中提出，“各级党委、政府和领导干部对贫困地区和贫困群众要格外关注、格外关爱……加大扶持力度，善于因地制宜，注重精准发力……推动贫困地区和贫困群众加快脱贫致富步伐”。2015 年 6 月，习近平总书记在贵州调研时进一步明确了精准扶贫的重要意义和内涵要求，“扶贫开发贵在精准，重在精准，成败之举在于精准。各地都要在扶持对象精准、项目安排精准、资金使用精准、措施到户精准、因村派人精准、脱贫成效精准上想办法，出实招、见真效……实现贫困人口精准脱贫”。事实上，习近平新时代精准扶贫思想正是基于我国扶贫攻坚实践基础上的马克思主义扶贫思想中国化最新理论成果，这一理论成果是对当代我国贫困治理现实需求的回应。从现实发展的角度看，随着社会主要矛盾的转变，我国扶贫事业也呈现出新的特征，扶贫攻坚的要求更高、任务更重，这需要在金融扶贫创新中坚持实事求是原则，从实际出发，对症下药、精准发力，诚如习近平总书记所言：“发展是甩掉贫困帽子的总办法，贫困地区要从实际出发，因地制宜，把种什么、养什么、从那里增收想明白，帮助乡亲们寻找脱贫致富的好路子。”

新时期精准扶贫不仅是一般意义上针对贫困人口的扶持，更是对过去扶贫脱贫工作的总结、提升与创新，既揭示了扶贫脱贫工作之规律性，也指出了具体的方法与路径。未来我国金融扶贫创新应从精准管理、精准施策、精准发力、精准滴灌、精准搭桥、精准扶持六个方面构建贯穿金融扶贫全过程、覆盖金融扶贫全领域的精准化扶贫模式。一是要精准解决“扶持谁”的问题。一方面要进一步完善贫困户建档立卡信息，建立多维贫困识别体系。在现有的贫困识别和建档立卡工作基础上，推进建档立卡信息与不动产登记、低保、公安系统等信息的衔接，完善贫困户基本信息。另一方面要健全精准扶贫动态监管与目标考核体系。贫困人口只有“有进有出”方能实现真正精准。以农村地区家庭日常实际生活成本为参照，明确贫困户的退出标准，建立退出机制。二是要精准解决“谁来扶”的问题。一方面要制定精准扶贫责任清单和进度协调计划，加快完善专项扶贫、行业扶贫、社会扶贫的多元协作机制，研究制定专项扶贫和行业扶贫责任清单及考核目标。根据2020年现有标准下贫困人口脱贫的总体目标，按照扶贫开发任务分工，进一步明确扶贫办以及各相关责任部门精准扶贫的每一项责任，形成详细的责任清单，避免扶贫任务重叠或者缺漏。另一方面，中央银行积极创新运用政策工具，发挥支农支小再贷款、再贴现、差别存款准备金率、差异化监管政策等工具的正向激励作用，引导和鼓励金融资源向贫困地区聚集。政策性银行重点做好易地扶贫搬迁、基础设施以及新型城镇化建设项目的储备、包装与对接工作，充分利用低成本、长周期的开发性、政策性资金，为贫困人口发展生产、改善生活提供良好的外部环境。大型商业银行和股份制银行等金融机构积极向贫困地区延伸服务网点，实现贫困地区金融服务全覆盖。重点支持贫困地区特色优势产业以及涉农龙头企业、专业合作社、家庭农场、专业大户等新型经营主体，通过产业发展引领和新型主体带动，为贫困人口提供更多的就业和创业机会。三是要精准解决“怎么扶”的问题。运用“金融+”思维，将金融机构自身优势与扶贫政策、财政资金相结合，探索创新扶贫贷款新模式，推动信贷资金流向农村，流向贫困户。鼓励开展“政府担保+信贷”的产业链带动模式，“农户信用评分+信贷”的征信模式，“政银保”小额扶贫贷款模式等。积极开展两权抵押贷款，完善农村生产要素确权、登记、评估市场，鼓励将法律不禁止、产权归属清晰的农村集体房屋、土地等不动产、机器设备等农村资产纳入担保范围，有效扩大农村企业、农户的抵押品范围。探索开展“互联网+”扶贫模式。利用互联网信息手段，搭建农村与城市消费者的供需平台，把贫困户的土鸡、土鸭、土鹅等农产品推介出去，让城市的爱心帮扶者与农村贫困户结成对子，用以购买代捐助的方式，让贫困户获得稳定收益。通过以上模式的创新，精准对接特色产业、贫困个体的金融服务需求，拉动贫困地区特色产业发展，带动贫困人口就业，实现贫困人口收入的稳定增加和脱贫致富，实现金融扶贫精准定向滴灌，解决贫困人口脱贫的可持续性问题，避免脱贫人口返贫现象的发生。

（二） 金融扶贫的开放性需求愈加显著

金融扶贫是一项社会系统工程，涉及政府扶贫主管部门、财政部门、银行和保险等金融机构。在金融扶贫的实施过程中，政府主管部门、财政部门和金融部门的责任和目标往往不一致。政府部门更加强调金融扶贫的社会效益，而金融部门需要在社会效益和经济效益之间权衡，既要尽到自己的社会责任，又要防控风险，实现保本微利的可持续经营目标。目前到户扶贫贴息贷款的发放方式是：银行按照自己的条件发放农户贷款，扶贫部门在年底从金融机构发放的农户贷款中选择符合扶贫贴息条件的予以贴息。这种方式缺乏各部门之间的协调性和计划性，部门之间的条块分割现象明显，不利于对贫困户的长期跟踪扶贫，不利于扩大对贫困村、贫困户的贷款覆盖面。未来我国金融扶贫事业发展中参与主体将呈现出多元化的特点。政府、银行、保险、担保、企业、社会等多元主体参与，发挥财政扶贫与金融扶贫联动效应是一种必然。加强政府扶贫与金融扶贫沟通协作，找准双方在支持扶贫开发中的着力点，探索建立农业保险、农村小额保险与农村信贷的联动机制，对参保主体在合理范围内实行贷款利率优惠、程序简化的待遇，把农业保险与涉农信贷投放紧密结合起来是我国金融扶贫体系建设的重要任务。在服务手段上，未来我国金融扶贫的手段也将呈现出多样化的特点。线上线下互动、传统方式与现代方式结合，网点与终端结合，运用“金融 +”“互联网 +”思维将金融机构自身优势与扶贫政策、财政资金相结合，探索创新扶贫贷款新模式，推动信贷资金流向农村、流向贫困户将成为常态。在驱动机制上，未来我国金融扶贫将呈现出政府调控、市场驱动、社会参与等共同发力的态势，完善保障联动机制，助推金融精准扶贫可持续发展。由政府主导，加快信用担保体系建设，按照“政府引导、多方出资、市场运作”原则，建立商业化担保体系，激发金融助推精准扶贫的热情。

为此，今后推动我国金融扶贫开发事业发展，一方面应完善保障联动机制，助推金融精准扶贫协同发展。由政府主导，加快信用担保体系建设，按照“政府引导、多方出资、市场运作”原则，建立商业化担保体系，激发金融助推精准扶贫的热情。由地方财政按比例提取启动资金，建立多层次信用担保机构以及由财政、银行、企业与社会共同出资设立担保基金。探索创新扶贫信贷抵押方式，因地制宜探索农村房屋、土地使用权、活体养殖物等抵押贷款方式，推动建立各类产权流转交易和抵押登记服务平台，完善融资担保和风险补偿机制，最大限度盘活贫困地区农村生产资料。建立长效政策扶持机制，给予连片扶贫（贫困村）开发贷款利差补贴、财政优惠、信用担保和专项支持，通过财政手段弥补金融支持扶贫开发的较高风险溢价。设立投资公司充当基础设施贷款项目承贷主体，隶属地方财政局或建设局，以项目资金做担保，作为向银行借款的主体。探索建立农业保险、农村小额保险与农村信贷的联动机制，对参保主体在合理范围内给予贷款利率优惠、程序简化的待遇，把农业保险与涉农信贷投放紧密结合起来。

另一方面要培育产业带动主体，确保金融助推精准扶贫取得实效。地方政府应从振兴当地主导产业的角度出发，以产业发展带动贫困户增收，以产业发展带动贫困户就业，最终助推贫困户脱贫致富。政策性金融应针对投入期限长、利率低的特点，多方满足贫困地区农电改造、农村通信、供电供水、小流域治理、中小型水利设施建设等资金需求。商业银行要注重把信贷资金投向与主导发展的产业有关的企业、贫困户等，真正发挥扶贫信贷资金的“造血”功能。涉农金融机构依托扶贫龙头企业和农业合作社，按照“资金变股金、农民变股民”的思路，采取信贷资金入股、资产收益等产业扶贫新模式，围绕特色种植业、特色养殖业、家庭手工业、农村电商、光伏发电等扶贫业态，推行股份合作制扶贫模式，让贫困户参与和分享产业链增值收益。

（三）金融扶贫的持续性发展愈加迫切

贫困群众既是脱贫攻坚的对象，更是脱贫致富的主体，激发贫困人口脱贫致富的内生动力至关重要。如果只强调外部帮扶而不注重内生动力，不注意提高贫困人口的自我发展能力，一旦外部帮扶力度减弱，已经脱贫的群众很可能再度返贫。2017 年 6 月，习近平总书记在深度贫困地区脱贫攻坚座谈会上提出，要加大深度贫困地区的内生动力培育力度；要坚持扶贫同扶智扶志相结合，注重激发贫困地区和贫困群众脱贫致富的内在动力，注重提高贫困地区和贫困群众的自我发展能力；要改进工作方式方法，改变简单给钱、给物、给牛羊的做法，多采用生产奖补、劳务补助、以工代赈等机制，不大包大揽，不包办代替，教育和引导广大群众用自己的辛勤劳动实现脱贫致富。习近平总书记重要讲话为解决“双重贫困”人口的脱贫问题指明了方向，是精准扶贫思想的丰富和升华，也是今后我国金融扶贫工作的方向和目标。未来，我国金融扶贫的重点将是围绕激发深度贫困地区自身动力、推动贫困地区绿色发展而发力。

金融扶贫是典型的开发式扶贫模式，开发式扶贫强调培育贫困户的发展能力，在发展生产中实现脱贫致富。发展生产就需要资金，因此在扶贫中，金融扶贫具有不可替代的作用。但另一方面，金融扶贫是遵循市场规律运作的，在金融扶贫中，金融机构是作为金融机构而不是慈善机构开展工作，这是金融扶贫与财政扶贫和社会扶贫的不同之处。金融机构大多以营利为主要经营目标。如果把扶贫工作当成慈善来做，则不具有现实的可持续性。在政府引导下，发挥市场作用，不断增强金融扶贫的可持续性则是实现双赢的唯一路径。

对于政府而言应从两个方面推动金融扶贫事业发展。首先是增加资金供给。如果没有资金支持，那么金融扶贫就成为无源之水。为了筹集资金用于扶贫，2016 年人民银行创设扶贫再贷款，以较低的利率提供资金给商业银行和农村信用社，以支持商业银行和农村信用社向贫困户和贫困地区提供扶贫贷款。此外，政策银行发行扶贫金融债券筹集资金，用于支持易地搬迁扶贫和贫困地区基础设施建设。其次是减少风险。为了减少金融机构金融扶贫的风险，地方政府普遍建立了扶贫贷款的担保基金，用于贫困户贷款的担保，从而减少了金融机构的金融风险。在资金增加和风险减少的背景下，金融机构实施金融扶贫的积极性大大提高。

对于金融机构而言，要更好地实施金融扶贫，就需要适应贫困地区和贫困户的特点，设计出更好的金融产品，更好地服务客户，为贫困地区提供更具针对性的金融产品和更便捷的金融服务。小额信贷一直是金融扶贫的重要产品，由于额度小，不需要抵押，可以支持贫困户开展各种增收活动，因此受到广大贫困户的欢迎。在精准扶贫中，小额信贷仍然是支持贫困农户的主要手段。此外，金融扶贫也支持了贫困户开展产业扶贫，为贫困地区的特色产业提供金融支持。在精准扶贫的背景下，金融扶贫的产品在不断增加，采取不同形式对贫困户、贫困地区产业发展和基础设施建设提供多样化的金融服务。为了更好地服务贫困地区和贫困人口，从事扶贫的金融机构的网点下沉，推动支付服务进村入户；此外，加强农村信用体系建设，简化放款程序，从而为贫困户提供更好的服务。

对于贫困对象而言，要注重内生力量的培育。金融扶贫是否成功的标准肯定不是发放出去多少贷款，而是扶贫贷款是否取得了扶贫的成效，多少贫困户因为使用了扶贫贷款而脱贫。金融扶贫既支持企业也支持地方发展，但其中最关键的是支持贫困户的资金能够发挥作用。扶贫史上曾经出现过贫困户贷了款不敢用或不会用，把钱藏在床底下直到约定的还款时间；也有贫困户贷了款以后没有用于生产，而是用于还债、消费，特别是建房或结婚，扶贫不成，反而欠债。金融扶贫不能仅仅提供贷款，必须和其他扶贫措施相结合才能发挥作用。在精准扶贫中，产业发展、党员干部帮扶和企业经营，都支持了金融扶贫。当一个地区形成主导产业，贫困户在得到小额贷款以后，融入当地的主导产业中，从而获得技术和市场的保障，这最大程度减少了贫困户的经营风险；在贫困地区普遍建立了驻村工作队的制度，形成了单位包村、党员干部帮扶贫困户的对口帮扶制度。这些对口帮扶的党员干部有更多的信息和技术为贫困户的家庭经营献计献策，帮助他们发展家庭经济，使其经营失败的可能性降低。贫困地区政府在实施精准扶贫过程中会引入专业公司，从事特色农副产品开发。促进贫困农户的生产活动与农业公司的经营更好地结合起来，可以综合农户和公司的优势。金融扶贫需要与产业发展相结合，为了帮助贫困户发展生产，各地采取了许多创新性的措施。

从贫困户的角度看，贫困户往往被排斥在金融服务之外，这肯定阻碍了他们脱贫致富；但是也并非所有贫困户都有能力利用贷款增加收入，因此对于贫困户的培育也是金融扶贫的重要内容。从这个意义上说，金融扶贫也并非是金融部门自己所能完成的，需要社会各界的广泛配合。

第四章　深度贫困地区金融扶贫创新风险评估

风险即不确定性，是客观存在的预示损失的不确定性状态。金融扶贫风险，指扶贫资金投入后，因不同的原因导致项目或受益群体未能实质性改善贫困状况，扶贫资金本息不能按时回收的可能性。[①] 目前，金融扶贫已经成为扶贫的主要举措，风险问题不可忽视，需要对其进行精准识别，客观评估，并及时实施有效防范。

一　深度贫困地区金融扶贫创新的风险识别

全国以及各个深度贫困地区关于金融扶贫的创新做法与探索的确为精准扶贫提供了更多可供参考的模式，但是不可否认，凡是创新必有风险，金融扶贫的某些创新做法也附带着某种程度的风险，只有对这些风险精准识别，才能加以防范和治理。

（一）信用风险

信用风险指各种经济合同的签约人到期不能履约而给其他签约人带来损失的风险。[②] 具体到金融扶贫的信用风险，是指由于贫困户或扶贫企业作为借款人不愿或无力履行信贷合同还本付息条件而给信贷银行带来损失的风险。

相比于其他金融产品，金融扶贫产品最大的特点就是非收益、高成本和高风险性。其中，扶贫小额信贷产品是最为重要的金融扶贫产品之

① 朱文、刘尔思：《农村政策性扶贫金融资金风险成因分析》，《云南财贸学院学报》（经济管理版）2001 年第 6 期，第 4 ~6 页。

② 陈学彬：《金融学》，高等教育出版社，2012，第 112 页。

一，近年来，国家出台了相关文件不断完善和推动小额信贷政策。2014年，为规范开展扶贫小额信贷工作，扶贫办、财政部、中国人民银行、银监会、保监会五部门出台了《关于创新发展扶贫小额信贷的指导意见》（国开办发〔2014〕78号），政策核心内容是5万元以内、3年以下、基准利率全额贴息、免抵押、免担保（简称“两免一贴”），明确了小额信贷政策的总体指导意见。2017年7月，由银监会牵头，五部门又联合印发了《关于促进扶贫小额信贷健康发展的通知》，以文件的形式明确了小额信贷的政策要点，使扶贫小额信贷政策更加明确清晰，更加具有可操作性，为贫困户贷款提供了更加有力的政策保障，扶贫小额信贷实现了政策上的新完善。

从“两免一贴”政策导向可以判断，一般的银行贷款需要政府背书或企业担保抵押，现在直接面向贫困户，还要免抵押、免担保，那么，极有可能产生信用风险。具体表现在：①贫困户的观念偏见带来的信用风险。虽然全国范围内已经开展了多种形式的宣传培训，但是仍然有不少贫困户对金融扶贫政策的认识不准确。例如，一些贫困户把扶贫贷款当作救济款，认为不还也没有关系。一些贫困户获得了扶贫贷款，并没有用于生产投资活动，而是花在了购车等消费上。这种对金融扶贫观念理解的不准确必然产生逃贷、赖贷、废贷等现象。②贫困户还贷能力较低带来的风险。贫困户本身生存问题都没有得到很好解决，就算信用意识较好，也有可能主观上想还而客观上没有能力偿还。

（二）信息不对称风险

信息不对称风险是信贷风险形成的一个重要原因，银行信贷市场中存在大量信息不对称，表现为交易之前的逆向选择和交易之后的道德风险。[①] 具体到金融扶贫的信息不对称风险，是指政府、金融机构、贫困户之间由于存在信息不对称造成的风险。金融扶贫过程中，信息不对称现象较为普遍，具体表现在：

---

① 尹志超、甘犁：《信息不对称、企业异质性与信贷风险》，《经济研究》2011年第9期，第122～131页。

一是政府部门与贫困户信息不对称。目前政府部门制定的金融扶贫政策导向是“全覆盖”，但是，以甘肃省为例，其农村贫困户中，只有40%左右的农户有贷款需求，其他60%的农户基本没有贷款需求[①]。因此，“全覆盖”与不完全的现实贷款需求之间存在信息不对称。

二是金融机构与贫困户的信息不对称。小额信贷是金融扶贫的最主要方式之一，金融机构按照“两免一贴”相关政策给贫困户提供3万~5万元贷款。但是，每个贫困户致贫原因不同、贫困程度不同、家庭背景不同、还贷能力不同，对于金融机构来说，“扶持谁”尤为重要。但是，在具体工作环节，很难详细了解每个贫困户的准确信息，存在信息不对称。

三是金融机构与企业之间的信息不对称。与深度贫困地区龙头企业合作，采取“金融机构+企业+贫困户”的模式，是金融扶贫的主要方式之一，金融机构通过贷款给当地的一些企业，带动扶贫产业发展，吸引农民就业，帮助脱贫致富。但是，金融机构与企业之间同样也存在信息不对称。

四是企业与贫困户之间的信息不对称。建档立卡贫困户将获得的扶贫贷款以入股的方式投资到企业，按照协议获得年底分红。但是，贫困户往往无法获得企业的财务状况、经营状况等信息，一旦企业出现经营问题，贫困户不仅从企业拿不到分红，还得继续偿还扶贫贷款。

（三）产业发展不确定带来的风险

对于金融扶贫来说，产业发展不确定带来的风险主要指由于扶贫产业或扶贫项目的不确定性导致贫困户作为借款人的预期收益损失从而无法履行信贷合同如期偿还贷款。金融扶贫不同于其他扶贫方式，需要发挥市场的力量才有生命力和可持续性，必须以产业为引领和支撑。但是，扶贫产业发展极大的不确定性给金融扶贫带来了风险。具体表现在：

① 李含琳：《加强对农村金融扶贫的风险防范工作迫在眉睫》，《甘肃金融》2017年第7期，第7~10页。

一是大多数深度贫困地区的扶贫产业主要以养殖和种植为主，产业发展受到农作物或者禽畜生长周期的限制，还受到自然天气的限制，扶贫效果显现需要时间，增加了产业发展的不确定性风险。

二是大多数深度贫困地区扶贫的现有做法更加注重“短期效果”而忽略“长远发展”。的确，在短期内，扶贫效果有可能比较显著，而从长期看，是否有配套的人才培训、技术培训等，决定着产业发展是否具有可持续性，也决定着金融的资金融通作用是否得到了有效发挥。而根据了解，为产业发展配套有持续的培训机制的扶贫项目并不多。

（四） 财政政策风险

“两免一贴”是小额信贷政策的核心内容，目前，扶贫小额信贷中，多数深度贫困地区是由省政府与各级地方政府共同进行担保补贴或贴息保障的。但是，当一些深度贫困地区有限的财政能力不能满足金融扶贫贷款的免担保、免抵押、贴息等支出需要时，就有可能导致政府财政收支不能正常运转，从而带来风险。

由于签约金融机构提供的金融扶贫产品具有政府金融性公共产品的性质，因此，对于有可能造成的损失或者费用往往由政府买单，主要体现在：①风险补偿基金。通常政府会建立风险损失分担机制，按照75%左右的比例对风险损失给予补偿。②贴息。政府通常会按照一定比例甚至全额贴息，贴息是地方政府财政出资的，随着扶贫贷款规模的扩大，贴息金额也随之增加，据了解，一些深度贫困地区的贴息费用占地方财政收入的10%左右。③激励成本。政府通常会制定相关政策激励各部门参与金融扶贫，对参与度较高、效果较好的一些部门给予各种奖励。这些对于多数深度贫困地区来说，有限的财政能力条件下再实施风险补偿、全额贴息、激励政策等，超过了政府的财政能力，就有可能造成财政政策风险，最终金融扶贫信贷政策也无法持续。

（五） 金融扶贫对象不精准带来的风险

习近平总书记在“2015减贫与发展高层论坛”上的讲话强调，中国扶贫攻坚工作采取的重要举措就是要实施精准扶贫方略。具体到金融扶贫，“扶持谁”的问题一定要“精准”，“精准”不仅仅意味着瞄准那些需要帮扶的贫困户，还需要在这些贫困户当中挑选出有一定创新创业意识、有一定产业或技术基础、有一定发展潜力的个体，给予融资支持，不仅让这些个体摆脱贫困，还要带动更多的就业。但是，不少深度贫困地区在实施金融扶贫时，扶贫机构没有在“精准”二字上下足功夫，采取无差别对待的方式，或者为了提升扶贫获贷率，无论贫困户有没有创新创业意识、有没有产业技术基础、有没有发展潜力，都能获得扶贫贷款。这种做法极有可能造成逃贷、赖贷、废贷等现象，导致银行坏账率上升，给金融扶贫带来风险。

（六） 政府与市场边界不清带来的风险

2014 年 3 月，中国人民银行等七部委出台的文件《关于全面做好扶贫开发金融服务工作的指导意见》中提出了“到 2020 年，使贫困地区金融服务水平接近全国平均水平，初步建成全方位覆盖贫困地区各阶层和弱势群体的普惠金融体系”的目标，同时，也明确了银行在脱贫攻坚战中的任务。另外，一些深度贫困地区通常以相关政策的显著倾斜，支持金融扶贫信贷的超常规发展。① 但是，银行本质上是企业运作，企业的根本目的是追求利润最大化，做决策要进行成本和收益分析。据统计，当前一般银行业农村小额贷款综合成本率在 8% 左右，完全商业化的农户小贷加权平均利率也在 10% 左右②，因此，可以看出，银行作为金融扶贫的主要参与主体，承受了较大的盈利压力。如果政府与市场的边界没有清楚的界限，商业可持续性原则没有得到坚持，市场配置资源的决定性作用没有充分发挥，金融扶贫的可持续性将很难保障。

（七） 金融机构内部经营管理风险

金融机构内部经营管理风险是指由于金融机构内部没有根据金融扶贫的特殊需要改革创新经营管理方式而造成的风险。金融扶贫不同于一

---

① 全臻等：《特惠金融扶贫信贷的风险控制》，《湖湘论坛》2016 年第 2 期，第 73～76 页。

② 刘奎宁：《金融扶贫与银行风险控制》，《武汉金融》2016 年第 12 期，第 1～3 页。

般性商业信贷，贷款对象、贷款用途、贷款风险等都有极大的特殊性，如果金融机构不能够“走村到户”，就无法了解深度贫困地区贫困户的贷款需求，无法对贷款项目做出准确的评估，金融产品和服务就缺乏创新，不能满足扶贫的实际需要，也无疑增加了贷款风险。另外，对金融扶贫风险的调查分析不够充分、风险的评估方法不当、风险的有效监督不够、信贷人员的专业水平没有达到要求条件等，都有可能增加金融扶贫风险。

二　深度贫困地区金融扶贫创新风险防控主要做法及实证分析

（一）卢氏县“卢氏模式”：构建“风险防控体系”降低信用风险

1. “卢氏模式”简介

河南省三门峡市卢氏县，地处河南省西部，设有 9 镇、10 个乡，共有 352 个行政村，总人口 38.2 万。2017 年末，卢氏县 1.09 万名贫困人口稳定脱贫，贫困发生率由 15.23% 下降为 12.03%。[①] 卢氏县是国家重点生态功能保护区，是革命老区县，是划归秦巴山片区的国家扶贫开发工作重点县，是河南省“三山一滩”[②] 扶贫工作重点县。因此，扶贫工作具有特殊性，难度很高。

近年来，卢氏县委县政府坚持以脱贫攻坚统揽各项工作，尤其是在金融扶贫方面取得了初步成效。2017 年 2 月，河南省委、省政府启动金融助推卢氏县脱贫攻坚试验区建设，经过不断探索，形成了金融扶贫“卢氏模式”。“卢氏模式”的核心内容是四大体系，即金融服务体系、信用评价体系、产业支撑体系、风险防控体系，其中，金融服务体系是基础，要解决的是金融服务主体缺乏的问题；信用评价体系是关键，解决的是信用信息缺失问题；风险防控体系是保障，解决的是贷后之忧问

① 《2018 年卢氏县政府工作报告》。

② “三山一滩”指大别山、伏牛山、太行山、黄河滩区。

题；产业支撑体系建设是重点，解决的是金融扶贫的平台或方向问题。因此，“风险防控体系”是“卢氏模式”的重要构成，也是降低金融扶贫风险的一项重要创新内容。

2. 存在的风险类型与风险防控主要做法经验

“卢氏模式”是为了破解扶贫小额信贷落地障碍而进行的探索与创新，扶贫小额信贷政策落地有诸多障碍，其中一个重要障碍即风险防控。从传统的有政府背书或企业担保抵押的基础设施和产业项目，转变为“两免一贴”政策导向下的直接面向贫困户的信贷项目，必然需要做好风险防范，尤其是信用风险防范。

具体来看“卢氏模式”所构建的风险防控体系，该体系主要是为破解金融扶贫小额信贷“两免一贴”政策实施有可能产生的风险问题而构建的，具体做法主要体现在如下三个方面（图 4 – 1）。

做法一：建立风险补偿机制。卢氏县财政设立 5000 万元的扶贫小额贷款风险补偿金，专门用于政府应承担的扶贫小额贷款风险补偿。在扶贫小额信贷参与银行执行基准贷款利率而人工成本大幅增加导致的利润空间极大压缩的现实情况下，在逃贷、赖贷现象时有发生、信用风险增加的现实情况下，政府必须要设立风险补偿基金分担银行的信贷风险，卢氏县设立 5000 万金额的风险补偿基金，与其财政收入相比，力度是非常大的。

做法二：建立风险分担机制。卢氏县采取政府、银行、担保、再担保机构按照不同的比例分担风险的做法，分别对建档立卡贫困户和带贫农业经营主体分担贷款风险损失，也就是所说的“四位一体”分担机制。其中，建档立卡贫困户的贷款风险损失，由卢氏县风险补偿金、贷款银行、省农信担保、省中小企业担保集团按照 20%、10%、50%、20% 的比例分担。对带贫农业经营主体的贷款风险损失，由卢氏县风险补偿金、贷款银行、省农信担保、省中小企业担保集团按照 20%、20%、40%、20% 的比例分担。

做法三：建立贷款熔断机制。对贷款不良率超过 3% 的行政村及贷款不良率 5% 以上的行政村数量超过 30% 的乡镇暂停贷款发放，既能引导贫困户和基层乡镇形成良好的信用意识，也能有效防范风险的扩散。

3. 启示

可以看出，“卢氏模式”所构建的风险防控体系通过风险补偿、风险分担、贷款熔断三种机制，对金融扶贫小额信贷政策有可能产生的信用风险等起到了很好的防范作用。2017 年，卢氏县户贷率达到了 47.6%，该数字在 2016 年还不足 5%。卢氏县金融机构新增扶贫贷款累计 10.1 亿元，是 2016 年全年的 11.5 倍。其中建档立卡贫困户 7124 户贷款 3.57 亿元，合作社 110 家贷款 3.43 亿元，龙头企业 15 家贷款 3.09 亿元，共带动贫困户 7002 户，[①] 说明“卢氏模式”所构建的“风险防控体系”达到了风险防范的实际效果，因此，呈现出贫困户愿意贷、金融机构敢贷的良好现象。

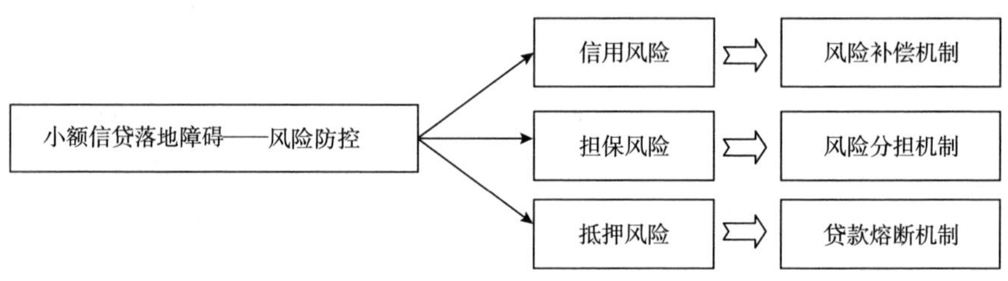

图 4－1　卢氏县“卢氏模式”风险防控体系

（二）湖北省竹溪县：构建“政府和银行风险共担机制”降低金融扶贫风险

1. 竹溪县简介

湖北省十堰市竹溪县，位于鄂、渝、陕三省交界的秦巴山区，是南水北调中线工程核心水源区，设有 15 个乡镇、302 个行政村，户籍人口 36.09 万。2017 年，全县生产总值为 78.38 亿元，人均生产总值为 24757 元，建档立卡贫困户 35969 户，共 111075 人，贫困发生率为 14.24%[②]，与 2014 年的 35.14% 相比已经有显著下降，但是相比于全国平均水平，该县贫困发生率仍然是非常高的，是秦巴山区重点贫困县，是湖北省确定的 9 个深

---

① 徐诺金：《金融扶贫“卢氏模式”实践及借鉴》，《金融时报》2018 年 3 月 9 日第 10 版。

② 《2017 年竹溪县国民经济和社会发展统计公报》。

度贫困县之一。

2. 存在的风险类型与风险防控主要做法经验

近年来,竹溪县金融扶贫贷款政策也在不断调整,门槛不断降低。2015 年,竹溪县扶贫参与银行按贫困户 1 ∶ 5、企业 1 ∶ 10 的比例发放扶贫贷款,贫困户申请扶贫贷款的具体政策是:①贫困户贷款采取三户联保或自然人保证的担保方式。②无须抵押。2017 年以来,竹溪县由政府牵头,银行参与,开展贫困户的评级授信工作,推行银行间信用信息共享机制和失信惩戒机制。同时,降低小额扶贫贷款门槛,简化贷款审批程序,全面落实建档立卡贫困户 10 万元以内扶贫小额信贷"两免一贴"政策。当然,"两免一贴"是国家金融扶贫基本政策导向,但是,不可否认的是,相比于一般性商业贷款,从最初的"三户联保或自然人担保、无抵押"的方式到全面落实"两免一贴",必然给金融扶贫增加了风险。

对于金融扶贫风险的防控,竹溪县设立了政府和银行风险共担机制。2014 年底,竹溪县设立了金融扶贫贷款风险基金,金额为 2000 万元,开设了"互惠贷风险金专户""助农贷风险金专户"和"扶贫贷风险金专户"等,以促进贫困户、涉农企业、农民专业合作社等快速发展。

2015 年 5 月,竹溪县进一步将金融扶贫贷款风险基金由 2000 万元增加到 3000 万元,计划全年帮扶 5000 户 2 万贫困人口发展创业项目,实现脱贫致富。

2017 年 6 月,竹溪县又设立了小额扶贫贷风险金专户,县担保中心与农商行、农行等五家银行签署《竹溪县小额信用扶贫贷合作协议》,与合作银行按 8 ∶ 2 的比例分担扶贫贷风险。

通过该风险共担机制的建立,假如金融扶贫贷款出现了不良损失,则由政府和银行按一定的比例分担,有效防控了金融扶贫的风险,分担了不良损失(见图 4 - 2)。

3. 启示

"两免一贴"政策降低了贫困户贷款门槛,让贫困户更容易贷到款,但是也给银行增加了成本和风险,打击了银行参与金融扶贫的积极性。竹溪县通过构建政府和银行风险共担机制,由政府分担银行贷款风险,提高了银行参与金融扶贫的积极性。

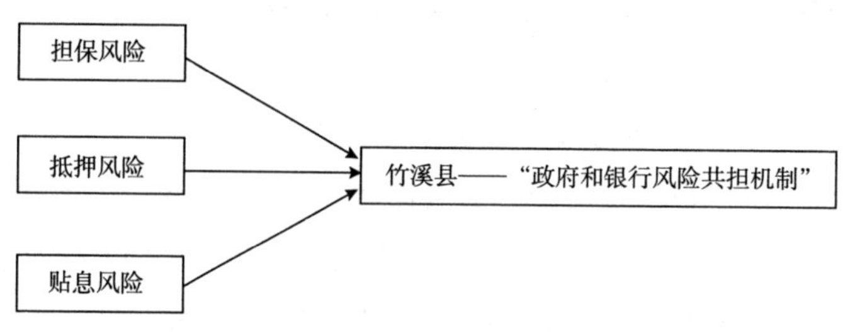

图 4－2　竹溪县“政府和银行风险共担机制”

（三）苏陕扶贫协作资金：“劳务协作＋产业发展”降低不可持续性风险

1. 苏陕扶贫协作资金简介

早在 1996 年，国家在《关于组织经济较发达地区与经济欠发达地区开展扶贫协作的报告》中就已经明确了发达地区与经济欠发达地区之间的扶贫协作，并明确了江苏省对口帮扶陕西省。2016 年 10 月，中办、国办印发《关于进一步加强东西部扶贫协作工作的指导意见》，进一步明确江苏省帮扶陕西省。具体如何帮扶，2016 年 9 月，江苏和陕西两省在经过多轮考察和互访的基础上，签订了《关于进一步加强扶贫协作和经济合作战略协议》，明确了扶贫帮扶的具体合作事宜，主要内容包括：

（1）双方建立了联席会议机制

商定每年轮流由两省党委或政府主要领导率党政代表团赴对方所在地对接商谈扶贫协作工作，共同召开扶贫协作联席会议，研究当年扶贫协作工作中的重大事宜，并明确了扶贫协作工作的牵头部门和主要参与部门，建立工作会商机制，根据工作需要，及时召开会议协调解决扶贫协作工作中的问题。

（2）双方建立了市县两级结对

江苏省 10 个设区市与陕西省 56 个贫困县所在的 10 个设区市建立了帮扶结对关系，例如，丹阳市与渭南市结对，无锡市与延安市结对，徐州市与宝鸡市结对等。

（3）江苏省确定了苏陕扶贫协作资金

2016 年该资金金额为 2 亿元，2017 年已经增加至 5.8 亿元，2018 年以后的年度扶贫协作专项资金，将按照江苏省财政资金收入情况建立增长机制。其中，2017 年，苏陕扶贫协作资金用于人才培训、劳务协作、产业发展等 18 个领域，江苏 51 个县与陕西 56 个贫困县结对帮扶，企业投资 49.72 亿元，带动 20 多万贫困人口增收。①

2. 存在的风险类型与风险防控主要做法经验

东西部扶贫协作在深度贫困地区脱贫攻坚中具有比其他地区更为重要的意义。② 需要注意的是，东西部扶贫协作并不简单意味着东部地区投入一些资金到西部深度贫困地区，如果缺乏专业的人才支持，缺乏能盈利的产业项目支撑，投入的资金也无法发挥很好的扶贫作用，容易产生不可持续性风险。因此，为了化解该潜在风险，苏陕扶贫协作资金项目主要采取了如下做法（见图 4－3）。

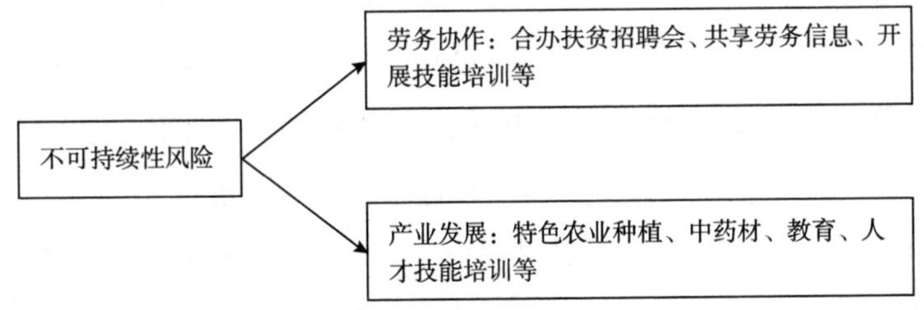

图 4－3　苏陕扶贫协作资金“劳务协作＋产业发展”风险防控

（1）通过劳务协作降低不可持续性风险

金融扶贫没有产业支撑就难以从根本上帮助脱贫，产业的持续发展则需要人才支撑。2017 年，江苏和陕西两省根据苏陕扶贫协作安排，省、市、县三级都签订了对口劳务协作协议，具体通过合办扶贫招聘会、共享劳务信息、开展技能培训等多种方式加强劳务协作。例如，扶贫招聘会方面，2017 年 4 月 7 日，由江苏省人社厅牵头在宝鸡组织召开了现场招聘会和创业推介会，带来了 200 家企业、8000 个岗位、几十

① 根据《苏陕扶贫协作助力陕西脱贫攻坚》《苏陕扶贫协作扎实推进成效显著》等资料整理。

② 李培林、魏后凯等：《中国扶贫开发报告（2017）》，社会科学文献出版社，2017。

个创业项目，成功帮扶1241人就业，其中贫困劳动力276人。又例如，共享劳务信息方面，江苏和陕西两省合作建立了跨区域劳动力供求信息采集发布制度，2017年，陕西提供贫困劳动力求职信息5.3万多条，江苏1666家企业提供岗位10.5万个。再例如，技能培训方面，南京市于2017年9月举办了陕西贫困地区就业创业能力提升培训班，来自陕西省10个市56个贫困县区就业创业服务机构的近百名工作人员参加了培训。不仅如此，江苏和陕西双方还探索尝试了集中培训、分类培训、分区培训等多种技能培训模式。2017年，陕西省2750名建档立卡贫困劳动力在江苏实现就业，陕西在苏就业人员增至近19万人。①

（2）通过产业发展降低不可持续性风险

在苏陕扶贫协作中，江苏省丹阳市对口帮扶陕西省渭南市，其中，渭南市富平县也是丹阳市对口帮扶重点县，该县设有4个镇、268个行政村，总人口82万，是陕西第一人口大县，是国家扶贫开发工作重点县和国家集中连片特困地区县。近年来，富平县大力推进扶贫工作，成效显著。2017年，全县退出贫困村23个、贫困户3288户11541人，全县贫困发生率降为1.7%，已经初步达到了脱贫摘帽条件，但是稳定脱贫、持续增收、扶志扶智等工作还有待继续扎实推进。

2017年，丹阳市在富平县共投资4924万元，确定了5大类8个对口协作项目，主要涉及特色农业种植、中药材、教育、人才技能培训等领域，包括张桥镇现代农业设施产业园、老庙镇中药材基地、苏陕合作农产品销售平台等重点项目。

例如，2017年，丹阳市将600万苏陕扶贫协作资金投资于富平县张桥镇现代设施农业产业园建设和改造。张桥镇现代设施农业产业园建立于2013年，面积20平方行米。张桥镇的甜瓜是远近闻名的，甜瓜苗木繁育区、甜瓜科研推广区、甜瓜交易区等也是产业园设置的主要发展区域。自2013年建立以来，该产业园虽然也取得了一定发展，但是，产业规模和效益一直没有大的突破。苏陕扶贫协作所投资的600万资金，将原有的传统瓜棚改建成新的温室大棚，已建成了48个甜瓜温室

① 数据来源：《2017年苏陕扶贫协作工作总结》。

大棚，计划 2018 年再建 30 个。贫困户可以每年 6000 元的价格承包，承包户是“拎包入住”，只需买苗种植即可，并且温室大棚生产的甜瓜比传统大棚早一个月上市，价格自然有优势，从而大大提高了产业园的经济效益。另外，贫困户还可以选择在产业园打工、入股分红等，产业园每年承包金收益的 70% 将用于建档立卡贫困户的公益劳务雇佣、就业支出及股金分红，目前，产业园已经与全镇 223 户贫困户签订入股协议。

另外，丹阳市在富平县老庙镇建立了富丹产业园，未来预计共投入 8000 万元，包括万亩黄芩中药材种植基地、500 亩葡萄园等。其中，万亩黄芩中药材种植基地由江苏当地大型企业扬子江药业集团通过“公司＋合作社＋农户”的订单农业模式建立，该基地被列入苏陕扶贫协作 2017 年度重点推进项目计划，种植面积 1 万平方千米，总投资 3000 万元，建设有集采收、加工、仓储、物流、电子商务为一体的综合性中药材集散中心，项目建成后，可实现年产值 3000 万元，解决 500 名群众就业问题，带动 242 户贫困人口脱贫致富。

3. 启示

由于扶贫产业的不确定性、扶贫注重“短期效果”忽视“长远发展”等都给金融扶贫带来了不可持续性风险，苏陕扶贫协作通过加强双方劳务协作和产业发展的方式，一方面大量的产业发展资金投入让陕西省产业规模迅速扩大，进一步升级改造；另一方面多形式的劳务协作为扶贫产业发展储备了大量技能人才。该案例说明，不可持续性风险是可以通过产业发展、人才支撑、技术支持等得到有效防控的。

（四）中银富登村镇银行：“造血式”扶贫降低金融机构内部风险

1. 中银富登村镇银行简介

中银富登村镇银行成立于 2011 年，是中国银行为落实“三农”政策，服务县域实体经济，破解小微企业融资难问题，与新加坡淡马锡合作成立的村镇银行项目，定位于“支农支小”。自成立以来，中银富登村镇银行已经在全国 12 个省份设立了 82 家村镇银行，在地区结构分布上主要向中西部和贫困地区倾斜，其中78%在中西部，33%在国家级贫困县。金融扶贫是国家层面的宏观要求，中国银行作为国有银行之一，自然任重道远，而中银富登村镇银行则是中国银行金融扶贫的重要抓手，是国有银行深入村镇金融扶贫的尝试，也是村镇银行自身发展的需要。

截至2017年底，中银富登村镇银行的82家村镇银行存款余额为215.15亿元，贷款总额为231.46亿元，不良贷款率为1.66%，实现净利润4.14亿元。中银富登村镇银行共服务县域和农村客户130余万，累计贷款客户数超13万，累计发放贷款约30万笔、约580亿元，户均贷款约为21万元。其中，涉农、小微贷款余额超200亿元，占比高达92%。银行在家禽、家畜、水产、种植等四个框架性产品下，共推出了海水养殖、虾稻、葡萄、小麦轮种等10大类、53个细类的涉农信贷产品。①

2. 主要风险类型与风险防控做法经验

2007年我国设立了第一个村镇银行——四川仪陇惠民村镇银行，自此以后，村镇银行成为我国农村金融市场的一支新生力量，各大国有银行也纷纷尝试设立村镇银行。但是，发展到今天，不少银行纷纷退出了，其中一个主要原因在于农村小型金融机构与大中型金融机构在经营管理过程中有着很大不同，例如，大中型金融机构可能更具有产业链优势，农村小型金融机构则需要布局深入村镇的网点和人员，需要开发适合当地需要的特色产品等，如果在村镇银行的经营管理上不做改革创新，仍然按照大中型银行的经营管理模式，就有可能出现经营管理内部风险。中银富登村镇银行发展到今天，成为国内机构数量最多的村镇银行集团，主要在如下几个方面进行了探索和创新（见图4-4）。

（1）提升农户金融服务需求满足率

深度贫困地区往往是金融机构业务最难拓展到的地区，农户的融资需求往往无法满足。中银富登村镇银行采取多种方式破解该难题。首先，通过移动网点、虚拟网点等方式，拓展物理和电子渠道，将村镇银

① 数据来源：中银富登村镇银行官网。

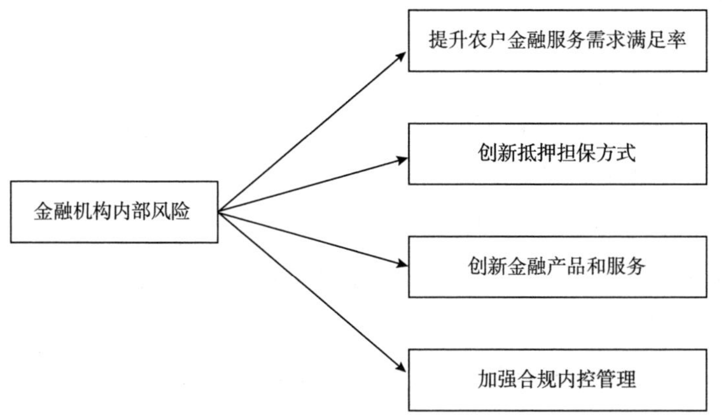

图 4-4 中银富登村镇银行“造血式”扶贫降低金融机构内部风险

行的金融服务拓展到农村偏远地区的村镇，有效提升农村和农民的金融服务需求满足率，迅速扩大农村金融的覆盖面。其次，金融扶贫对象不仅仅针对建档立卡贫困户，同时也关注和帮扶刚刚完成脱贫摘帽的人群，以及小微企业、农民、城镇低收入人群、残疾人、老年人等收入波动性大、抗风险能力较弱的特殊群体。

（2）创新抵押担保方式

一般商业银行把金融质押品、房地产、应收账款和其他押品等作为合格抵押品，但是，农户尤其是贫困户往往无法提供这些抵押品，为解决这个贷款难题，中银富登村镇银行创新了抵押担保方式。首先，抵押品要求上，允许借款人以不能进行正式抵押登记或不宜变现的自有资产作抵押，扩大可抵押范围，例如土地经营权、农村住房、养殖、种植、家禽、家畜等均可抵押授信。其次，贷款时间上，一次抵押贷款时长控制在 3~5 年，从而减少抵押次数、降低抵押费用。另外，在抵押方式上，除常规担保措施外，创新了联保、保证、准抵押担保等多种担保方式。

例如，重庆市巫溪县文峰镇美发种植专业合作社负责人顾家国在 2017 年急需修建一个冻库和新增一辆长途运输车辆。他向各大银行都咨询了贷款事宜，但由于他只有数百亩的流转土地，没有其他可以抵押的物品，所以被各大银行拒绝了。巫溪中银富登村镇银行就创新了做法，通过对他流转的土地进行考察计价评估，并以流转农户土地签约合同作为授信依据进行抵押，最后顾家国顺利在巫溪中银富登村镇银行获得了50万元的贷款，资金难题得到了解决。诸如此类的案例很多，中银富登村镇银行在抵押担保方式上不断创新，不把传统的抵押条件作为唯一标准，综合考察借款人的经营情况、盈利情况、发展规划等情况予以放贷，因地制宜满足了当地农户的贷款需求。

（3）创新金融产品和服务

中银富登村镇银行为农户提供量身定制的金融产品和服务，开发有欣农贷—蛋鸡、欣农贷—水稻、欣农贷—棚菜、欣农贷—生猪、欣农贷—水产、欣农贷—种植等特色定制金融产品。例如，欣农贷—蛋鸡是中银富登专为蛋鸡养殖经营户设计的一款用来扩大蛋鸡养殖规模需求的信贷产品。可用于鸡棚的建设与设备的购买，或用于小鸡孵育期间的鸡苗和饲料的购买。在申请条件上，满足3年以上行业经验且养殖规模在5000只以上的较为成熟的蛋鸡养殖户的条件即可申请；在贷款额度上，根据养殖扩大规模确定额度。除可用作流动资金外，还可用来建设鸡棚；在还款方式上，贷款前6个月，可选择等额本息或基本只还息的方式，减低营运手段的资金压力；在抵押方式上，接受联保、保证、抵押、准抵押等多种方式。

例如，湖北蕲春县是国家级贫困县，也是中银富登村镇银行设立的第一个银行——蕲春中银富登村镇银行所在地。位于蕲春的艾师傅科技有限公司，就得益于中银富登村镇银行的特色金融服务——欣农贷—种植而顺利贷款，公司也得到了快速发展。由于该金融服务在担保方式上，接受国有/集体土地房产抵押、第三方保证等灵活的担保方式；在还款方式上，可选择贷款首段每月付息、剩余等额本息，或者每月付息、一次性还本的还款方式；在贷款规模上，根据种植规模对应的资金需求确定额度，最大限度地满足种植过程中的各种经营性需要；在申请条件上，从事种植行业满3年，且种植面积达到一定规模的即可申请。因此，艾师傅科技有限公司在被其他各大银行拒绝后，最后在中银富登村镇银行解决了融资需求，目前蕲艾种植面积达到500亩，员工人数已经超过20人，年销售额达到500万元左右。

（4）加强合规内控管理

中银富登村镇银行探索了多种创新做法以加强银行内部的管理。首先，针对小微信贷“金额小、笔数多、时效快”的特点，该银行实施专门的信贷流程，包括情景规划、产品设计、平行监控及组合管理等。为每家村镇银行专门配置一名合规审计专员，开展代职行长制度，对不同经营情况的村镇银行实施差异化的公司治理安排，假如出现了风险苗头要及时预警，防微杜渐。其次，在贷款规模上，该银行对扶贫贷款不设考核规模的控制，以保证信贷资源。另外，在考核导向上，该银行鼓励员工开展金融扶贫，但是不意味着降低项目审核标准，在资产质量方面，不良率不能高，如果不良率过高，就说明选择的项目有问题。

3. 启示

从我国2007年设立第一批村镇银行至今，不少银行已经放缓甚至停止了设立村镇银行，中银富登村镇银行不断在金融产品、金融服务、抵押担保等方面探索创新，破解了涉农小微信贷通常出现的贷款难问题，同时有效防范了银行经营管理内部风险，探索到了可持续的村镇银行金融扶贫路径。

三　有待持续跟踪和注意的问题

（一）传统风险仍需继续关注

信用风险、操作风险、管理风险等是金融机构普遍可能存在的风险，同样，这些风险在金融扶贫工作中，仍然有可能存在，甚至还可能更高。例如，一般性商业贷款虽然也存在信用风险，但是商业银行通过抵押担保等措施极大降低了信用风险，而在金融扶贫工作中，免抵押、免担保的政策导向，相比于一般性商业贷款来说，必然增加了信用风险。又例如，一般性商业银行虽然也存在操作风险，但是在信息技术条件支持下已经极大降低了操作风险；而在金融扶贫工作中，多数是小额信贷，具有数量多、额度小、涉及面广的特点，并且是信贷人员深入到村到户，由于条件限制各个工作环节多数是手工操作，贷前的信用评价缺乏客观指标，主观性因素多，贷款后的监管也很难实施，必然会增加操作风险。

（二）新的风险有待引起注意

金融扶贫工作虽然由金融机构主要参与，但是与一般性商业信贷工作相比有着很大不同，很多环节都在不断探索创新，包括贷款申请条件、质押担保条件、还款方式等，金融扶贫创新过程中也产生了新的风险。例如，质押担保条件放宽以后，信贷主要由借款人的人格信誉作为担保而进行贷款，而多数深度贫困地区是没有信用评价体系的，虽然个别地方诸如卢氏县构建了信用评价体系，但信用评价体系是依靠村委会进行信用等级评价的，村里农户之间都很熟悉，难免出现评价结果不真实的情况。在这种情况下，就有可能出现缺乏信用的人最后得到了贷款，拿到贷款以后可能用来购房购车而不是用于生产经营，这些人贷款到期后往往也不按期还贷。

又例如，一些深度贫困地区为了推动金融扶贫工作制定了激励措施，但是，有些部门为了拿到工作奖金瞒报、虚报统计数据，不真实的数据统计为下一步的决策带来风险。诸如此类的因为金融扶贫的创新做法带来的新的风险也同样需要引起足够重视，借助于更先进的技术手段、管理方式等及时防范。

再例如，一些深度贫困地区金融扶贫工作中为了防范风险，普遍采取户贷企用的方式，也就是鼓励贫困户把信贷资金入股到当地一些企业获得分红，这样商业银行对接企业相比于对接贫困户，更有利于风险防控。但是，这其实违背了金融扶贫的初衷，即对有一定技术能力、创业意识的贫困户给予一定资金支持，让他们获得发展脱贫的机会，并带动当地产业发展。另外，这也意味着将企业经营的风险加到了贫困户身上，一旦企业经营出现问题，贫困户不仅信用受到影响，还得承担还贷压力。当然，扶贫也不能完全脱离了龙头企业的带动，不能完全脱离了贫困户与企业之间的联系。因此，对这些新的风险都需要做好充分的评估和判断。

（三）一些地区金融扶贫风险防控的典型经验有待进一步复制推广

一些深度贫困地区或相关机构部门像河南省卢氏县、湖北省竹溪县、苏陕扶贫合作项目、中银富登村镇银行等已经探索出了一些金融扶贫风险有效防的控做法，但是，我国“三区三州”[①] 地区的贫困问题仍很严峻，贫困发生率超过18%的贫困县和贫困发生率超过20%的贫困村仍有不少，这些都是脱贫攻坚战的“硬骨头”，这些深度贫困地区的扶贫工作仍然普遍存在多种风险隐患，因此，迫切需要将已经走在全国前面、已经探索出有效的风险防范机制做法的地区的典型经验复制推广到全国。目前，一些地区有关风险防控的典型经验已经尝试在全国复制推广，例如，卢氏县“卢氏模式”在各方共同努力下，针对扶贫工作实践中有可能存在的信用风险等，构建了风险防控体系，得到了河南省以及全国的关注，迅速在全省甚至全国推广。但是，需要注意的是，这样的典型经验还很少，在全国成功复制推广的典型经验就更少了，有待各个深度贫困地区的共同协作和努力，加快探索创新和复制推广进程。

四　政策启示

（一）增强信用意识，做好信用评价，降低信用风险

金融扶贫信用风险的防控涉及贫困户自身和金融机构两个层面。贫困户层面，根据中银富登村镇银行董事长王晓明的讲述，他认为，从村镇银行多年的实践来看，农民违约率未必比城市居民高，通过多年经营以及自身的模型测算，从来没使用过信用卡的客户，其违约率并不高。因此，不能先入为主地认为农民的信用差，一般而言，为农民提供生产需求资金，农民是可以实现还本付息的[②]。那么，金融扶贫有可能产生的信用风险，主要来自贫困户对金融扶贫政策以及金融机构的信用评价体系的认知度不够。因此，一方面，应加强金融扶贫政策的深入宣传，纠正贫困户对相关政策的不准确认知；另一方面，加强信贷诚信教育、信用法纪教育、贷款契约教育、信贷政策教育等专题教育，增强贫困户

---

① “三区三州”指西藏、四省藏区、新疆南疆四地州和四川凉山州、云南怒江州、甘肃临夏州。

② 王晓明:《金融扶贫应坚持“造血式”脱贫》,《中国经营报》2016年12月26日第B02版.

的信用意识，避免陷入“福利陷阱”。

金融机构层面，应做好对借款人的贷前信用审核和贷后信用评价工作。贷前的信用审核环节，应把握好主观指标和客观指标相结合的原则，既不能像一般性商业贷款一样完全都是客观指标无法落地，也不能完全都是主观指标缺乏依据，在深度贫困地区普及信用评价体系，借款人是否能获得贷款、贷款金额等都跟信用等级直接挂钩。贷后信用评价环节，应注重贷后诚信的评价管理，健全诚信评价的调整机制，充分发挥农户信用的贷款价格决定机制，让借款贫困户基于信用优化或者恶化结果对借贷价格的影响，形成良好信用并给予可以持续优先获得贷款或以较低利率获得贷款的好处，让借款农户通过衡量违约与守约之间的贷款条件差别待遇做出理性的决策与行动，鼓励农户争取较高的信用，对农户可能导致信用受损的行为进行约束。

（二）重视人才培训，加大人才培养，降低不可持续性风险

金融扶贫工作，政府配套政策的出台，金融机构的参与，扶贫项目的选择，等等，这些都不是最难的，都可以在较短的时间内实现，但是，支持政策有了，信贷资金有了，产业项目也有了，如何让金融扶贫形成持续的工作机制才是最大的难题。因此，金融扶贫一定不是简单地提供资金就完了，还要解决用好资金的问题。那么，如何用好资金？人才培训与培养是最大的关键。

（1）用好资金意味着政府部门、金融机构必须有专业高层次人才支撑，这些高层次人才要具备这样的能力，包括甄别信贷资金需求者的能力、甄选产业项目的能力以及设计行之有效的制度体系的能力等，没有这样的人才支撑，必然无法保证用好资金。

（2）用好资金意味着信贷资金使用者要有用好来之不易的信贷资金的能力。这种能力一方面来自资金使用者前期的技术、知识积累，更为重要的是，需要政府部门为他们提供丰富的政策培训、业务培训、专业知识培训等培训和教育机会，他们只有不断成长，在精神层面独立，不再完全依赖政府帮扶；在专业层面独立，成为某一领域的专业人才，

才有可能把产业项目做大做强。

（三）金融机构主动改革，创新思维，降低经营管理风险

金融扶贫属于政府金融性公共产品的性质，因此，从经济利益的角度考虑，金融机构是没有很大的积极性参与扶贫的。但是，农村金融就一定没有市场吗？也未必，由孟加拉国银行家穆罕默德·尤努斯创办的乡村银行小额信贷使近60%的借款人及其家庭摆脱了贫穷，并且维持了97%的还款率，已经成为发展中国家金融扶贫模式的典范。[①] 因此，孟加拉国小额信贷的实践证明，只要肯创新，农村金融也是有很大发展空间的，国内中银富登村镇银行也是一个很好的说明。具体如何创新，体现在如下几个方面：

在金融服务方面，考虑到农村地理分散等特点，物理网点布局实现全覆盖较为困难，但是，可以借助现代科技手段，开设移动网点、虚拟网点，开展互联网金融业务等，在农村现有互联网基础设施条件下，这些尝试完全可行。

在金融产品创新方面，根据农村金融需求往往贷款金额小、项目细、涉及面广等特点，开发接地气儿的金融产品，在申请贷款条件、抵押担保条件、贷款金额、还款期限和方式等方面都要贴合当地实际，才能提高贷款需求满足率。

在风险控制方面，在国内对小规模贷款风险评估普遍缺乏经验的现实情况下，可以引进国外较为成熟的模式。同时，要考虑到金融扶贫对象与一般性商业贷款的不同，这就要求客户经理亲自深入走访，了解金融扶贫对象的需求、背景、有可能出现的风险，只有在这些信息基础上，才有可能做到有效的风险防控。

（四）激发内生动力，健全风险补偿基金制度，降低财政政策风险

当深度贫困地区财政能力不能满足不断增长的扶贫支出需求时，就

① 王宇：《金融扶贫：国际经验与中国实践》，《金融理论与实践》2018 年第 2 期，第 1～4 页。

有可能产生财政政策风险。以深度贫困地区河南省三门峡市卢氏县为例，该县实行担保补贴和政府贴息，具体政策是：对贫困户免收担保费，担保费补助资金由省、县财政各负担50%；对带贫企业按每年1%的最低标准收取担保费，减轻带贫企业负担；对银行向贫困户发放的扶贫小额贷款按基准利率给予全额贴息，对符合贴息条件的带贫企业发放的贷款给予适当补贴。具体计算一下，2017年，卢氏县金融机构新增扶贫贷款累计10.1亿元，如果按5%的基准利率进行计算，对10.1亿元扶贫贷款实施全额贴息需要0.5亿元，而卢氏县2017年的公共财政预算收入只有6.3亿元，全额贴息金额相当于公共财政预算收入的8.0%，这个成本是非常高的。而2017年卢氏县公共财政预算支出则达到了30.0亿元，财政能力非常有限，再加上全额贴息、免抵押和免担保等成本，给卢氏县财政增加了更大的负担。这不仅仅对于卢氏县，对于多数深度贫困地区来说，在有限的财政能力基础上再实施全额贴息、免抵押和免担保政策，都会带来一定的风险。

因此，为了化解和预防深度贫困地区财政政策风险，本研究提出如下建议：首先，建立年度扶贫预算支出保障机制。据了解，多数深度贫困地区年度扶贫预算支出都是逐年增加的，如果没有有效的保障机制，那么，极有可能造成财政风险，虽然财政风险与金融风险是两种不同风险，但是，在财政、金融边界不清的情况下极有可能相互影响。其次，建立健全扶贫风险补偿基金制度。由于农业生产受自然天气影响较大的特殊性，建立风险补偿基金是非常必要的，是金融机构持续性参与扶贫的前提，但是，在深度贫困地区有限的财政能力的现实情况下，由政府承担75%以上的风险补偿基金成本给政府财政带来了巨大压力，今后可以尝试吸引社会资本进入风险补偿基金，分担地方政府财政的压力，当然，具体如何实施要经过权威机构的充分论证。

（五）发展农业保险市场，提高市场参与度，降低扶贫产业风险

深度贫困地区扶贫对象借款用途多数与种植养殖有关，种植养殖业存在较大不确定性风险是长久以来无法避免和改变的事实，针对该现实

情况，应该鼓励发展农业保险市场。各深度贫困地区与商业保险机构合作，根据本地区扶贫产业实际委托他们设计开发适合本地的农产品种植养殖险、借款人意外伤害险、价格险、自然灾害公众责任险等商业保险产品类型，并引导扶贫对象和扶贫企业根据自身需要购买农业保险，解决扶贫产业因自然灾害带来的后顾之忧，从而降低扶贫产业的市场风险。

第五章 深度贫困地区金融扶贫创新绩效评估的实证分析——以小额信贷『卢氏模式』为例

习近平总书记指出，“要做好金融扶贫这篇文章，加快农村金融改革创新步伐”，打好脱贫攻坚战，金融扶贫是关键之举，小额信贷则是精准之措，是为贫困户量身定制的精准扶贫产品。卢氏县针对扶贫小额信贷政策如何落地的难题创新出了“卢氏模式”，形成了可复制可推广的经验。本书编写团队于2017年11月~2018年底对卢氏县金融扶贫小额信贷“卢氏模式”进行了专题调研，后期又进行了持续跟踪，本章对“卢氏模式”的内涵、经验做法与成效、存在的问题与瓶颈等进行了梳理和总结，对其政策绩效进行了实证评估。

一　金融扶贫小额信贷“卢氏模式”的内涵、背景、复制推广意义

（一）金融扶贫小额信贷“卢氏模式”的内涵

2017年11月16日，全国金融扶贫现场观摩会在河南省三门峡市召开，4个全国扶贫小额信贷工作先进典型示范县，28个省（区、市）扶贫小额信贷工作示范县，国务院扶贫办联系的3个定点扶贫县等代表人员参加了会议，会议的主题之一就是学习卢氏县扶贫小额信贷工作经验。会议上，国务院扶贫办副主任洪天云认为，卢氏县关于扶贫小额信贷的工作经验即“卢氏模式”的核心在于“544”，所谓“544”就是破解“五大障碍”，建立“四大体系”，实行“四个结合”。其中，“五大障碍”指成功破解了金融扶贫工作服务怎么保障、信用怎么评定、风险怎么防控、项目怎么选择、成本怎么降低的小额信贷扶贫政策的落地障

碍，“四大体系”指金融服务体系、信用评价体系、风险防控体系、产业支撑体系，“四个结合”指与健全社会信用体系结合起来，与加强农村社会治理结合起来，与培育新型经营主体结合起来，与促进金融产品创新结合起来。所以，“卢氏模式”有效解决了贫困户和金融机构之间的供需对接难题，找到了金融扶贫供给侧改革的一条具体路径。

（二）金融扶贫小额信贷“卢氏模式”的背景

河南省三门峡市卢氏县，地处河南省西部，北边与灵宝市交界，南边与南阳市西峡县交界，东边与洛阳市栾川、洛宁等地交界，西边与陕西省洛南、丹凤、商南等地交界。设有 9 镇、10 个乡，分别是：城关镇、杜关镇、五里川镇、官道口镇、朱阳关镇、官坡镇、范里镇、东明镇、双龙湾镇、文峪乡、横涧乡、双槐树乡、汤河乡、瓦窑沟乡、狮子坪乡、沙河乡、徐家湾乡、潘河乡、木桐乡。共有 352 个行政村，总人口 38.2 万。卢氏县是国家重点生态功能保护区，是革命老区县，是划归秦巴山片区的国家扶贫开发工作重点县，是河南省“三山一滩”[①] 扶贫工作重点县，因此，扶贫工作具有特殊性，难度很高。

2017 年末，卢氏县 1.09 万名贫困人口稳定脱贫，贫困发生率由 15.23% 下降为 12.03%[②]。2017 年末，河南省农村贫困人口 277 万，贫困发生率为 3.4%[③]。2017 年末，全国农村贫困人口 3046 万，贫困发生率为 3.1%[④]。可以看出，河南省贫困发生率高于全国平均水平，而卢氏县又远远高于河南省平均水平，是河南省贫困发生率最高、贫困程度最深的县。近年来，卢氏县委县政府坚持以脱贫攻坚统揽各项工作，在金融扶贫方面取得了初步成效。

卢氏县 2018 年脱贫目标是“3 万贫困人口稳定脱贫、60 个贫困村达标退出、易地扶贫搬迁任务全面完成、所有省定贫困村基础设施和公共服务全部达标、产业项目全部建成见效、所有有发展能力的贫困人口

① “三山一滩”指大别山、伏牛山、太行深山贫困地区、黄河滩区。

② 《2018 年卢氏县政府工作报告》。

③ 《2017 年河南贫困监测调查报告》。

④ 《中华人民共和国 2017 年国民经济和社会发展统计公报》。

产业项目全覆盖、全县农民人均可支配收入增幅高于全省平均水平”。2019年脱贫目标是确保脱贫摘帽。① 可以说，任务是非常艰巨的。

2017年2月，省委、省政府启动金融助推卢氏县脱贫攻坚试验区建设，经过不断探索，形成了金融扶贫“卢氏模式”，其主要内容是以贫困户和带贫农业龙头企业为扶持对象，以省农信联社和邮储银行为参与金融扶贫的贷款主体银行，以信用体系建设为抓手，以政府增信为手段，实施“政银联动、风险共担、多方参与、合作共赢”的金融助推扶贫机制。“卢氏模式”为全省金融支持脱贫攻坚探索了一条可复制可推广的路径，2017年7月，河南省委、省政府决定在全省复制推广“卢氏模式”。

“卢氏模式”得到了国务院扶贫办的认可，在全国产生了一定影响力。2017年11月16日，全国金融扶贫现场观摩会在河南省三门峡市召开，学习“卢氏模式”工作经验，国务院扶贫办副主任洪天云进一步把“卢氏模式”的工作经验核心总结为“544”。

（三）金融扶贫小额信贷“卢氏模式”的探索以及复制推广意义

金融扶贫小额信贷精准对接到贫困户，不仅为贫困户提供信贷支持，而且激发了贫困户脱贫致富的动力，可以说，是最为有效的精准扶贫举措之一。“卢氏模式”在构建的四大体系等方面的创新做法，对于有效推进全省乃至全国的扶贫工作，对于破解金融扶贫小额信贷政策落地难问题，对于实现乡村振兴国家战略等均具有重要的意义。

1. 有效推进了扶贫工作

党的十九大报告指出，“让贫困人口和贫困地区同全国一道进入全面小康社会是我们党的庄严承诺。要动员全党全国全社会力量，坚持精准扶贫、精准脱贫，坚持中央统筹、省负总责、市县抓落实的工作机制，强化党政一把手负总责的责任制，坚持大扶贫格局，注重扶贫同扶志、扶智相结合，深入实施东西部扶贫协作，重点攻克深度贫困地区脱

① 《2018年卢氏县政府工作报告》。

贫任务，确保到2020年我国现行标准下农村贫困人口实现脱贫，贫困县全部摘帽，解决区域性整体贫困，做到脱真贫、真脱贫”。

改革开放以来，中国减贫取得了举世瞩目的成绩，中国7亿多贫困人口摆脱贫困，农村贫困人口减少到2015年的5575万人，贫困发生率下降到5.7%。[①] 2015年10月16日在北京召开的减贫与发展高层论坛上，习近平主席发表了主旨演讲，明确指出，到2020年的减贫目标是“未来5年，中国现有标准下的贫困人口全部脱贫”。2015年底，中共中央、国务院做出《关于打赢脱贫攻坚战的决定》，要求“采取超常规举措，拿出过硬办法，举全党全社会之力，坚决打赢脱贫攻坚战”。2016年，中国贫困人口4335万，超过1000万人告别贫困。2017年，全国农村贫困人口降至3046万，贫困发生率降为3.1%。[②]

河南省有1亿人口，扶贫工作尤为困难。在这样的现实条件下，近年来河南省扶贫工作仍然取得了较大进展，2015~2017年，河南省农村贫困人口由462万降至277万，贫困发生率由5.8%降至3.4%。但是，我们也要看到，河南省贫困人口占全国贫困人口的比例为9.09%，河南省贫困发生率高于全国平均水平，到2020年，让277万人全部脱贫，可以说任务是非常艰巨的，需要新思路、新办法、新模式，“卢氏模式”的复制推广为卢氏县、河南省乃至全国打赢脱贫攻坚战提供了有效的经验借鉴，有助于扶贫工作的推进。

2. 为金融扶贫小额信贷政策落地提供了经验借鉴

经过多年探索，我国已经总结出产业扶贫、异地搬迁扶贫、旅游扶贫等多种扶贫方式，其中，金融扶贫是以银行业为主体的金融机构通过对扶贫对象提供产业帮扶融资、支付结算、资产管理、金融科技等全方位的金融服务，支持广大贫困地区和贫困户尽早脱贫致富的金融活动。[③] 金融扶贫有助于扶贫工作从“输血型”向“造血型”转变，无疑

① 2016年《中国的减贫行动与人权进步》白皮书。

② 数据来源：《中华人民共和国2016年国民经济和社会发展统计公报》《中华人民共和国2017年国民经济和社会发展统计公报》。

③ 王勇：《金融扶贫“卢氏模式”值得推广》，《上海金融报》2017年11月21日，第A07版。

是一种有效的扶贫方式。但是，穷人贷款难、贷款贵、贷款慢的世界性难题在金融扶贫工作中也一直没有找到有效解决的途径。

扶贫小额信贷是金融扶贫的其中一种主要模式。小额信贷是指向被正规金融机构排除在外的低收入者提供小额度的、可持续的信贷等金融服务，目的是帮助低收入者设立或拓展微型企业，逐步摆脱贫困。[①] 自20世纪70年代孟加拉国首先启动小额信贷以来，尽管对于小额信贷能否实现既为贫困人口提供信贷服务同时自身实现可持续发展的双赢目标，以及贫困人口是否愿意并且能够承受较高的借款利率等问题是存在争议的，但是，比较一致的观点是，小额信贷的确能在一定程度上改善穷人收入、消费、资产、教育、健康等福利。为此，国务院扶贫办于2014年发布了《关于创新发展扶贫小额信贷的指导意见》（国开办发〔2014〕78号），政策要点是，"对符合贷款条件的建档立卡贫困户提供5万元以下、期限3年以内的信用贷款""免抵押、免担保""对符合条件的贷款户给予贴息支持"，简称"两免一贴"。但是，自政策颁布以来，贷款风险大、操作难、成本高等问题成为政策执行落地的障碍。"卢氏模式"所构建的四大体系，初步解决了贫困户与金融机构之间的信息不对称、供需不平衡、贷款成本高、银行惜贷等难题，为全省乃至全国提供了可供借鉴的经验。

3. 高度契合了乡村振兴国家战略的总要求

党的十九大报告提出实施乡村振兴战略，"要坚持农业农村优先发展，按照产业兴旺、生态宜居、乡风文明、治理有效、生活富裕的总要求，建立健全城乡融合发展体制机制和政策体系，加快推进农业农村现代化"。可以看出，乡村振兴意味着乡村经济、政治、文化、社会、生态、文明等全面的振兴，关键在于贫困人口的脱贫。2018年1月2日，《中共中央国务院关于实施乡村振兴战略的意见》出台，进一步强调实施乡村振兴战略要"打好精准脱贫攻坚战，增强贫困群众获得感"。因此，脱贫是实施乡村振兴战略的前提和首要任务。

---

① 李莹星：《小额信贷能改善穷人福利吗？——微观影响评估研究综述》，《农业经济问题》（月刊）2015年第10期，第86~112页。

“卢氏模式”的产业支撑体系让贫困地区的产业项目有了资金保障，特色产业得到更好发展；信用评价体系形成了诚实守信的良好氛围，促进了乡村文明的建设；县、乡、村三级联动的金融服务体系让村干部具体参与到扶贫工作中，不仅金融服务水平得到了提升，乡村治理能力也得到了提升。因此，“卢氏模式”高度契合了乡村振兴国家战略的总要求，该模式的复制推广是乡村振兴国家战略目标任务实现的第一步。

二　金融扶贫小额信贷“卢氏模式”经验做法与复制推广进展情况

（一）金融扶贫小额信贷“卢氏模式”经验做法

1. 建立了四大体系

“卢氏模式”的核心内容是四大体系，即金融服务体系、信用评价体系、产业支撑体系、风险防控体系。其中，金融服务体系是基础，要解决的是金融服务主体缺乏的问题；信用评价体系是关键，解决的是信用信息缺失问题；风险防控体系是保障，解决的是贷后之忧问题；产业支撑体系建设是重点，解决的是金融扶贫的平台或方向问题（见图5－1）。

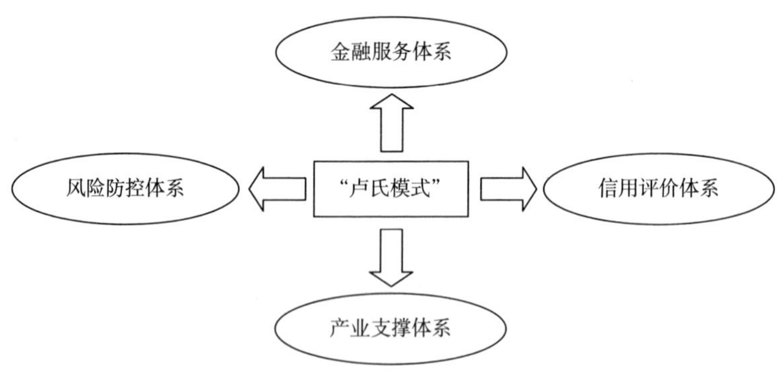

图5－1　“卢氏模式”四大体系构成

（1）金融服务体系

农村金融网点少、人员不足、金融服务不完善是金融扶贫小额信贷落地面临的现实之一。针对该现实，“卢氏模式”创新出了“金融服务体系”。具体做法是：充分发挥行政机关与金融机构的合力，构建“三级联动、政银融合”的服务体系。所谓“三级联动”，就是成立县金融服务中心、乡金融服务站、村金融服务部三级金融服务网络，村金融服务部负责贫困户贷款的受理初审，乡金融服务站负责审核把关，县金融服务中心负责推荐担保，县合作银行接到担保通知后放款。所谓“政银融合”，就是把行政力量、金融力量整合到三级金融服务网络，县、乡级金融服务机构由政府、邮储银行、农商行三方人员组成，村金融服务部由村支书和信贷员组成，明确农商行、邮储银行作为扶贫小额贷款主办银行。

根据调研，卢氏县352个村支书已经全部当上了金融服务部主任。全县服务农村金融人员由最初的118人增加到1981人，实现村村都有服务站，金融服务从“没人管”到“多人管”、“管到底”，贷款时间也由过去“少则半月，多则无期”到现在的“只跑一次路，四个工作日”贷款拿到手。

（2）信用评价体系

绝大多数农村信用体系建设缺失也是金融扶贫小额信贷政策落地面临的现实之一。针对该现实问题，“卢氏模式”创新出了“信用评价体系”。具体做法是：①做好信用信息采集工作，按照“三好三强”（遵纪守法好、家庭和睦好、邻里团结好，责任意识强、信用观念强、履约保障强），“三有三无”（有劳动能力、有致富愿望、有致富项目，无赌博、吸毒等不良习气，无拖欠贷款本息、被列入贷款黑名单的记录，无游手好闲、好吃懒做行为）的定性标准和据此设定的144项定量指标，采集用户信息。②做好信用等级评价工作。制定出台信用信息评级试用办法，对农户信用等级进行评定。规定每户基础分为100分，实行加分、扣分制和治安、失信、欠款等一票否决制。根据不同的分值将农户分为A级、AA级、AAA级和AAA+级等信用等级，分别给予5万元、10万元、15万元、20万元纯信用贷款。③做好信用动态管理工作。将采集的信息和评定的结果统一录入信用信息系统，政府与金融机构共享。银行放贷前点一下鼠标，就能对农户的信用信息一目了然，而且实行动态管理，农户的车辆等重要财产信息随时更新，部门提供的专项信息和信用等级一季度一更新，农户基本信息一年一更新，确保了信用信息及时有效。

根据调研，“卢氏模式”已经采集了8.9万农户信息，采集率达96.7%，其中，贫困户2.38万户，采集率达97.6%。全县授信户7.8万户，授信率为84.8%，其中，贫困户1.96万户，授信率为80.4%。

（3）产业支撑体系

深度贫困地区缺乏好的产业项目也是影响金融扶贫小额信贷政策落地的现实之一。针对该现实问题，卢氏县“卢氏模式”创新出了“产业支撑体系”。具体做法是：依托深山区的特点，构建产业发展方向。积极壮大以果、牧、菌、药、烟等为重点的绿色农业，以农副产品、中药材深加工等为重点的特色农业，以生态旅游和电子商务为重点的现代服务业，优先向主导产业贷款。积极探索“龙头企业＋合作社＋农户＋基地”模式，化解贫困户“单打独斗”带来的风险，形成“龙头企业带动、合作社组织、农户参与、基地承载”的利益联结机制，有效解决了“贷款干什么，怎么用得好”的问题。

根据调研，自“卢氏模式”实施以来，卢氏县明确了扶贫重点产业，制定了详细的发展规划，产业规模快速扩大，产业优势更加突出，一些产业品牌在全省甚至全国形成了一定影响力，吸引了不少资本投资，形成了良性发展态势。

（4）风险防控体系

面向贫困户的信用放贷面临的高风险也是金融扶贫小额信贷政策落地的现实之一。针对该现实，“卢氏模式”创新出了“风险防控体系”。具体做法是：通过建立“服务体系监控、项目资金监管、保险跟进防范、风险分担缓释、诚信文明激励、惩戒约束熔断”六大机制，实现从贷前信用审核、贷中用途管理到贷后违约追责全程把控，最大限度降低贷后风险，银行从“不敢贷”变为“快放贷”，构建了完善的贷款“防火墙”。建立风险补偿金和风险分担机制，政府设立5000万元风险补偿金，列入当年预算；在风险分担方面，银行分担10%，县政府分担20%，农信担保分担50%，担保集团分担20%。这样就化解了银行的后顾之忧，使金融扶贫政策能更稳当、更顺利实施。

根据调研，“卢氏模式”风险防控体系的建立，使银行参与金融扶贫的积极性显著提高。2017年，卢氏县新增扶贫资金10.1亿元，贫困户获贷率达到了47.60%。

2. 破解了扶贫小额信贷政策落地五大障碍

一直以来，扶贫小额信贷政策存在五大落地障碍。障碍一：金融扶贫工作服务怎么保障？商业银行在县域的网点本来就少，卢氏县尤其少，农商行平均一个信贷员要服务3200个农民，必然存在服务保障不足的障碍。障碍二：信用怎么评定？“两免一贴”即“免抵押、免担保、贴息”，因此，本质上是信用贷款，目前信用评价体系在农村并未普及，需要从零做起，收集信息、问卷调查、访谈等，必然存在信用缺失的障碍。障碍三：风险怎么防控？传统的有政府背书或企业担保抵押的信贷项目，现在要直接面向贫困户，并且是“两免一贴”，必然需要做好风险防控。障碍四：产业扶贫项目怎么选？产业扶贫项目是信贷资金的依托，那么，对于贫困地区来说，什么项目才是可持续、能盈利、有前景的项目，甄选过程是极为有难度的。障碍五：贷款成本怎么降？相比于传统的贷款，扶贫小额信贷成本要高得多，这个成本除了包括扶贫小额信贷更低的利率水平外，还包括放贷的时间成本等，因此，必然存在降成本的障碍。“卢氏模式”所形成的四大体系，最终目的是成功破解小额信贷扶贫政策落地的五大障碍。如图5-2所示，五大障碍的破解找到了金融扶贫供给侧改革的一条具体路径。

3. 探索出资金、产业与扶贫模式的有效融合的新路径

卢氏县不断探索资金、产业与扶贫模式如何有效融合的方式路径，逐渐明确了包括农户、合作社和龙头企业在内的3类贷款主体，形成了“农户+合作社”、“农户+龙头企业”、“合作社+龙头企业”、龙头企业自贷、合作社自贷、农户自贷6种放贷方式，形成了生产带动、劳务增收、“产权入股+劳务”、“设施租赁+劳务”、订单农业、合作经营、

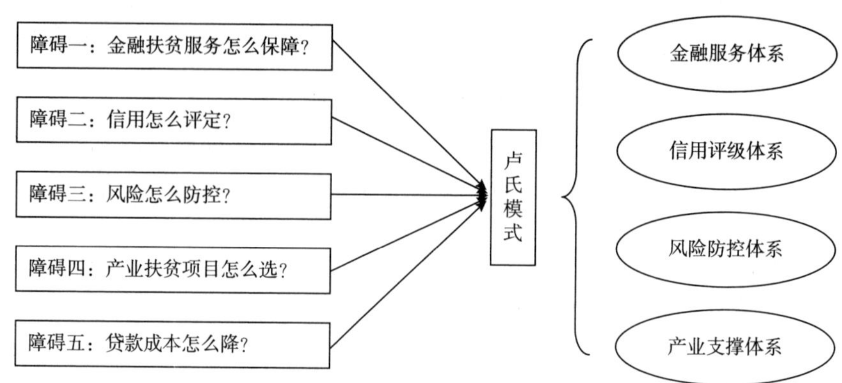

图 5－2　“卢氏模式”破解扶贫小额信贷政策落地五大障碍

带资入股、自主创业 8 种扶贫模式，逐渐探索出资金、产业与扶贫模式的有效融合的新路径①。

例如，享受到良好的扶贫产业政策，卢氏县官坡镇兰东村的两名退伍军人投资 80 余万元组建了锐丰畜牧养殖专业合作社。该合作社采用“合作社＋基地＋农户”的模式，发展肉羊养殖，鼓励农户种植青贮玉米，带动贫困群众脱贫致富。合作社成立以来，该村有 80 余户贫困户和合作社签订了肉羊养殖协议，贫困户以自己饲养的羊入股合作社，基于合作社专业化的养殖技术和防疫等，让收益更加有保障，贫困户可得入股分红；同时，贫困户种植的青贮玉米，由合作社回收作为饲料，双管齐下，增加贫困户收入。

又例如，卢氏县沙河乡积极引进信念集团，于 2017 年 3 月开工投建了果角村大棚蔬菜产业扶贫基地。沙河乡与信念集团共同努力，在果角村探索创新出了“党员＋贫困户＋合作社＋企业”的模式，该模式由 5～15 名贫困户组成一个农民合作社入股信念集团，并按信念集团的“订单”生产，由信念集团负责种植技术推广、“订单”产品回收及销售。经过一年多的实践，该模式让蔬菜基地管理更加精细化、让菜农种植技术更加专业化，经济效益也显著提升。2018 年 5 月 23 日，在该基

① 王勇：《金融扶贫“卢氏模式”值得推广》，《上海金融报》2017 年 11 月 21 日第 A07 版。

地举办的分红仪式上，共有29户种植户领到了2万~3万元不等的分红款，并且经营较好的12户种植户获得了一辆运输蔬菜的专用小推车的奖励。

4. 制定适合本地发展的政策措施与方案

2014年12月，国家发布了《关于创新发展扶贫小额信贷的指导意见》，明确了“两免一贴”小额信贷政策的总体指导意见。2017年7月，由银监会牵头，五部门又联合印发了《关于促进扶贫小额信贷健康发展的通知》，以文件的形式明确了小额信贷的政策要点，使扶贫小额信贷政策更加明确清晰，更加具有可操作性，为贫困户贷款提供了更加有力的政策保障，扶贫小额信贷实现了政策上的完善。

2017年3月，由河南省财政厅、省扶贫办、省金融办、人行郑州中心支行等6部门联合推出《金融助推卢氏县脱贫攻坚试验区工作方案》（以下简称《方案》），《方案》提出了为卢氏县脱贫攻坚量身打造金融扶贫模式，并和卢氏县一起创建省级金融扶贫试验区，破解贫困地区“融资难、融资贵”难题，推进卢氏县如期脱贫，从而探索出金融扶贫的“卢氏模式”的总体目标。《方案》还进一步明确了以贫困户和带贫农业龙头企业为扶贫对象，以参与金融扶贫的银行为贷款主体，以信用体系建设为抓手，以政府增信为手段，建立“政银联动、风险共担、多方参与、合作共赢”金融助推扶贫机制。可以说，这为“卢氏模式”四大体系的形成提供了基本思路。

2017年7月，在国开行河南省分行的指导下，卢氏县发布了《卢氏县脱贫攻坚规划咨询报告》，该咨询报告提出卢氏县要依托自身特点，优先发展特色农产品，将食用菌、中药材、林果三大产业作为产业扶贫的重点，该咨询报告进一步对如何支持卢氏县特色产业发展提出了相应方案。

可以说，国家和省级层面出台的政策文件为卢氏县探索创新“卢氏模式”提供了良好的大环境，卢氏县依据国家和河南省的政策文件精神，结合自身特色，出台了可落地的具体政策与措施。例如，卢氏县考虑到扶贫重点产业，设有民生意外伤害险、自然灾害公众责任险和见义勇为救助险、香菇种植保险、核桃种植保险、核桃低温冻害保险等多项保险政策，降低贫困户、合作社、龙头企业的经营风险，具体见表 5-1 和表 5-2。

以上金融扶贫政策，以建档立卡贫困户的小额贴息贷款办理为例，提交贷款申请后，贷款审核、贷款核保、贷款发放的办理流程，一共仅需 7 个工作日即可完成。而带贫合作社、龙头企业的贷款办理，从提出贷款申请到贷款发放，也仅需 29 个工作日，极大提高了工作效率。

表 5-1　卢氏县金融扶贫相关政策统计

政策文件	颁布时间
《关于创新发展扶贫小额信贷的指导意见》	2014 年 12 月
《关于促进扶贫小额信贷健康发展的通知》	2017 年 7 月
《金融助推卢氏县脱贫攻坚试验区工作方案》	2017 年 3 月
《卢氏县脱贫攻坚规划咨询报告》	2017 年 7 月
《卢氏县统筹整合财政涉农资金管理办法（试行）》	2018 年 7 月
《卢氏县财政投资评审管理办法（试行）》	2018 年 7 月
《卢氏县政府投资项目管理办法（试行）》	2018 年 7 月
《卢氏县政府投融资资金管理办法（试行）》	2018 年 7 月
《卢氏县招标采购交易管理办法（试行）》	2018 年 7 月

资料来源：卢氏县人民政府网站，http://www.lushixian.gov.cn/。

表 5-2　卢氏县农业保险市场发展状况统计

保险类型	主要内容	保额
民生意外伤害险	身故或残疾	8 万元
	意外伤害医疗保险	1 万元
自然灾害公众责任险和见义勇为救助险	因自然灾害或抢险救灾造成人员伤亡和因在县域内见义勇为导致伤残或死亡	10 万元
香菇种植保险	保额 4 元/袋	农户自交 0.032 元/袋，补贴 0.128 元/袋
核桃种植保险	保额 3000 元（果树 1000 元，果实 2000 元）/亩	农户自交 24 元/亩，补贴 96 元/亩
核桃低温冻害保险	保额 5000 元（果树 1500 元，果实 3500 元）/亩	农户自交 16.8 元/亩，补贴 67.2 元/亩

资料来源：卢氏县人民政府网站，http://www.lushixian.gov.cn。

（二）金融扶贫小额信贷“卢氏模式”经验做法复制推广情况

2017 年 4 月 16 日，河南省银监局召开全省银行业 2018 年扶贫小额信贷工作会议。会议部署了 2018 年扶贫小额信贷重点工作，要求推广“卢氏模式”的先进做法，帮扶贫困户恢复“造血”能力。

2017 年 7 月 7 日，全省金融扶贫现场会在卢氏召开，河南省委、省政府决定在全省复制推广“卢氏模式”。

2017 年 11 月 16 日，全国金融扶贫现场观摩会在河南省三门峡市召开，学习“卢氏模式”工作经验。

据统计，“卢氏模式”已经在全省 51 个贫困县全面复制推广，并取得阶段性成效：三级服务体系全面建立，金融服务延伸至 2.16 万个村，实现进村入户到人；农村信用体系借势推进，共采集 792.18 万户农户信息，采集率为 85.13%，其中，建档立卡贫困户 111.21 万户，采集率为 98.45%；风险防控体系逐步建立，共到位担保、风险补偿基金 24.35 亿元；产业支撑体系形式多样，新型农业经营主体蓬勃发展，成为带贫主力军。与此同时，非贫困县的复制推广工作也在逐步推进。在“卢氏模式”的带动下，2017 年末全省金融扶贫贷款余额达 1162.3 亿元，同比增加 482.6 亿元，增长 71%①。

三　金融扶贫小额信贷“卢氏模式”跟踪评估体系设计

（一）确立跟踪评估目标

1. 总结“卢氏模式”发展成效

“卢氏模式”自 2017 年初开始探索实施以来，在诸多部门的共同努力下，取得了非常显著的成效，不仅在卢氏县成功推进，而且在河南省

① 徐诺金：《金融扶贫“卢氏模式”实践及借鉴》，《金融时报》2018 年 3 月 19 日第 10 版。

乃至全国复制推广，为进一步做好复制推广工作，有必要对“卢氏模式”的发展成效进行客观全面的总结，这是跟踪评估的目标之一。

2. 诊断“卢氏模式”存在的问题和漏洞

“卢氏模式”是正在探索中的小额信贷创新模式，在实践过程中有可能产生资金挪用、风险失控、政策落实不到位等一系列问题，导致扶贫未达到预期效果。那么，对“卢氏模式”实施跟踪评估，诊断其存在的问题和漏洞，为该模式的改进和完善提供思路，是跟踪评估的主要目标之一。

3. 深度了解贫困人口的发展需求

每个深度贫困地区的贫困状况各有不同，致贫原因各有不同，发展需求也各有不同。卢氏县作为深度贫困县，贫困问题具有代表性，通过对该地区贫困人口的贫困状况、家庭结构、收入状况等进行调查和分析，深度了解其对小额信贷等扶贫产品的需求、产业项目的需求等根本需求，是跟踪评估的主要目标之一。

4. 更好实施金融扶贫过程监管与考核

金融扶贫过程的监管与考核，有利于及时发现扶贫政策实施过程中出现的不良倾向，有利于及时化解和防范风险，有利于客观评价金融扶贫结果。通过跟踪评估，更好地实施金融扶贫过程的监管与考核，是跟踪评估的主要目标之一。

5. 为“做好金融扶贫这篇文章”提供参考

习近平总书记提出“做好金融扶贫这篇文章”，“卢氏模式”是金融扶贫的一种探索和实践，通过对“卢氏模式”的实践情况进行跟踪评估，为如何“做好金融扶贫这篇文章”提供思路，是跟踪评估的主要目标之一。

（二）明确跟踪评估关键内容

1. 评估扶贫对象瞄准的“精准性”

2013 年我国正式提出了精准扶贫思想，所谓精准扶贫，就是针对不同地区、不同人口的贫困状况，运用科学有效的方式对扶贫对象实施精准识别、精准帮扶和精准管理①。因此，“卢氏模式”扶贫小额信贷

① 徐虹、王彩彩：《乡村振兴战略下对精准扶贫的再思考》，《农村经济》2018 年第 3 期，第 11 ~ 17 页。

对象瞄准的“精准性”是跟踪评估的关键内容之一，即那些有贷款意愿的、有一定创新意识的、有一定技术支撑的、有较好发展潜力的贫困户是否对扶贫小额信贷政策较为满意，是否得到了较好的服务。

2. 评估“卢氏模式”减贫效果

无论哪一种扶贫模式，其根本目的是通过扶贫资源的投入带动贫困地区经济社会发展，帮助贫困人口脱贫。“卢氏模式”作为金融扶贫的一种探索，是否被认可首先也要看是否让更多贫困人口成功脱贫致富。因此，对“卢氏模式”进行持续的跟踪，收集相关数据，进而评估其减贫效果以及影响，是跟踪评估的关键内容之一。

3. 评估“卢氏模式”的可持续性

金融扶贫具有“短期效应”和“长期效应”，“短期效应”就是短期内对深入贫困地区给予大量的资金投入与帮扶等，进而使得扶贫相关指标得到改善；“长期效应”则意味着扶贫资金是否有能够持续盈利的项目支撑，是否有充足的人才支撑，金融环境和服务水平等是否得到了显著改善，等等。这才是金融扶贫持续有效的根本，也是防止脱贫后返贫的基础。因此，评估“卢氏模式”的产业发展情况、人才培养情况、金融服务水平改善情况等，是跟踪评估的关键内容之一。

4. 评估扶贫小额信贷资金投入的规模与效率

小额信贷资金的投入是小额信贷政策有效实施的前提和保障，包括资金数量的投入、平台的搭建等。小额信贷资金的投入是否有效改进了深度贫困地区的贫困状况、产业发展、经济发展状况等，是小额信贷资金使用效率的体现。因此，随着“卢氏模式”的实施，评估小额信贷资金投入的规模与效率是跟踪评估的关键内容之一。

（三）选取跟踪评估方法

1. 对扶贫对象的“精准性”与满意度的评估：深度访谈法

深度访谈法是围绕某一个主题，通过无结构的、直接的、一对一的访问形式，深入了解被调查者对某一个问题的动机、态度、情感等，作为一种定性研究方法，已经广泛应用于社会科学领域，适合对一些比较抽象的问题的了解和观察。本章主要采取该方法，通过对“卢氏模式”

专题调研和后续跟踪过程中与贫困户的深入接触和访谈，了解小额信贷政策扶贫对象的“精准性”与政策满意度。

2. 对“卢氏模式”减贫效果的评估：数据统计分析法

减贫效果表现为社会效应和经济效应两个层面。从社会效应来看，主要考察由于某扶贫政策的实施带来的该地区贫困状况的改善，贫困发生率是衡量一个地区贫困程度的常用指标，一般也用该指标判断一个地区贫困状况的改善。从经济效应来看，主要考察某扶贫政策的实施带来的该地区居民收入状况的改善，城乡居民人均收入指标一般用来衡量一个地区减贫效果的经济效应。因此，本章拟采用数据统计分析法，通过以上用于衡量一个地区减贫效果的各项指标，来评估“卢氏模式”的实施产生的减贫效果。

3. 对“卢氏模式”可持续性的评估：案例分析法

本章采用案例分析方法，通过对卢氏县涌现出来的典型案例等的剖析，说明卢氏县扶贫产业发展、人才培训与培育情况等，扶贫产业的发展与人才的培训培养是“卢氏模式”具有可持续性的重要支撑。

（四） 构建跟踪评估指标体系

完善的扶贫项目绩效评估体系，除了包含必要的评估目标、评估流程、评估方法外，还需要构建一套科学合理又实用的评估指标体系。在精准扶贫的背景下，对“卢氏模式”的绩效跟踪评估既要以扶贫为核心，也要综合考虑扶贫项目的投入及其发挥作用的过程，并结合扶贫目标的实现程度对整体绩效做出客观的评估。本章在明确评估目标的基础上，采用经验选取评估指标、数量模型筛选评估指标等步骤，构建简洁实用、定性定量相结合的评估指标体系。

1. 跟踪评估目标分解

跟踪评估指标构建的基本过程就是对评估目标的逐步分解。在分解目标的过程中，需要注意几个方面：第一，要与评估目标总体一致；第二，要考虑实际情况；第三，要具有适当的灵活性。本章根据跟踪“卢氏模式”的效果、诊断“卢氏模式”存在的问题和漏洞、深度了解贫困人口的发展需求、更好实施金融扶贫过程监管与考核等总体目标等原则进行分解和细分。

2. 跟踪评估指标的初选与依据

跟踪评估目标分解之后，接下来需要进一步确定评估主要内容，也就是跟踪评估指标的初选。初选依据一般为文献资料、专家问卷调查、相关部门访谈、以往经验做法等，通过参考评估指标体系相关文献资料，综合咨询该领域专家意见，以及从“卢氏模式”创新举措中提炼出跟踪评估的初选指标。主要从小额信贷需求的满意度、小额信贷资金投入、减贫效果、区域经济发展成效、产业支撑、宣传与培训六个方面选取指标。其中，小额信贷需求的满意度主要用来考察“卢氏模式”对扶贫对象瞄准的精准性、扶贫对象信贷需求的满足情况。小额信贷资金投入主要用来考察“卢氏模式”的实施期间小额贷款的规模增加情况。减贫成效主要用来考察“卢氏模式”的实施带来的贫困状况的改善，一方面体现为贫困人口减少、贫困发生率降低；另一方面体现为贫困人口收入状况的改善。区域经济发展成效主要用来考察“卢氏模式”的实施带动卢氏县经济发展改善情况，主要包括GDP、三次产业结构、财政收入、固定资产投资额、规模以上工业增加值等指标的变化情况。产业支撑主要用来考察“卢氏模式”的实施带动卢氏县产业发展情况。宣传与培训主要用来考察“卢氏模式”实施期间针对扶贫相关政策、人才培养以及产业发展等所做的宣传与培训情况。

3. 跟踪评估指标筛选与确定

初选出来的跟踪评估指标很有可能理论上比较完美但是应用起来过于烦琐或者与现实情况不符合，因此，需要对初选指标进行筛选。本章主要通过向扶贫领域有关专家咨询以及与扶贫部门一线工作人员访谈等方式，讨论指标是否可获取、是否具有代表性等，经过讨论，最终会删除掉一些指标。例如，小额信贷资金投入效率是本来拟考察的一项指标，也就是通过考察小额信贷资金用途的合理性、做法的创新性、投入的时效性等评估其投入效率，但是限于现有数据的可得性，最后放弃了该指标。最终确定了由6个一级指标、12个二级指标、21个三级指标构成的“卢氏模式”跟踪评估指标体系，如表5-3所示。

表 5-3 “卢氏模式”跟踪评估指标体系

目标层	准则层（一级指标）	准则子层（二级指标）	指标层（三级指标）	指标内容与说明	指标序号
“卢氏模式”跟踪评估指标体系	小额信贷需求满意度	扶贫对象瞄准	获得小额信贷的农户占比	获得小额信贷的农户数/建档立卡贫困户总数	1
		小额信贷政策使用	小额信贷政策使用满意度	贫困户对小额信贷政策使用中的满意情况	2
	小额信贷资金投入	投入规模	小额信贷资金投入金额	小额信贷资金投入规模增长情况	3
		资金结构	各项资金来源比例	小额信贷资金结构是否合理	4
	减贫成效	贫困状况	贫困发生率	贫困发生率降低情况	5
		收入状况	人均收入	贫困人口人均收入增长情况	6
“卢氏模式”跟踪评估指标体系	区域经济发展成效	经济总体发展状况	GDP	GDP 总量增长情况	7
			人均 GDP	人均 GDP 增长情况	8
			三次产业结构	三次产业结构改善情况	9
			规模以上工业企业数量	规模以上工业企业数量增长情况	10
			固定资产投资总额	固定资产投资总额增长情况	11
		财政收支	公共财政预算收入	公共财政预算收入变化情况	12
			公共财政预算支出	公共财政预算支出变化情况	13
		金融发展	存款总量	存款总量增长情况	14
			贷款总量	贷款总量增长情况	15
	产业支撑	特色产业发展情况	中药材	中药材产业发展规模	16
			食用菌	食用菌产业发展规模	17
			林果种植	林果种植发展规模	18
			养殖业	养殖业发展规模	19
			乡村旅游	乡村旅游发展规模	20
	宣传与培训	宣传与培训活动举办	宣传与培训活动次数	宣传与培训活动次数	21
		贫困户参与度	贫困户参与人数与收益情况	贫困户参与人数与收益情况	22

四　金融扶贫小额信贷“卢氏模式”实践成效及复制推广跟踪评估

（一）效果评价视角

1. 扶贫对象满意度评价

（1）扶贫对象获贷情况

卢氏县构建的四个体系，并不简单是一定数量的小额信贷资金的投入，而是实现了扶贫政策、金融政策、财政政策、产业政策深度融合，其中，金融服务体系和产业支撑体系的构建，让贫困户有了贷款平台和项目；信用评价体系与风险防控体系的构建，让银行敢于放贷。在四个体系的政策保障下，截至2017年末，卢氏县新增扶贫贷款10.1亿元，其中，贫困户获贷率有了显著上升，从2016年的4.55%提高到了2017年末的47.60%。另外，申请贷款的贫困户贷款获得率达到91%，基本做到了“应贷尽贷”。可以看出，相比于以前，“卢氏模式”的实施让更多满足信贷条件的贫困户获得了贷款，贷款意愿得到了较好满足。

（2）对金融扶贫小额信贷政策的满意度

本书编写团队在对卢氏县的专题调研活动中，深入访谈了一些使用金融扶贫小额信贷相关政策的贫困户，例如，杜关镇南盘村的贫困户荆建峰，原来家境非常贫困，县领导在对口帮扶中了解到他的实际状况，鼓励他申请了小额信贷资金，通过这笔贷款，他尝试发展小规模的养殖种植业，养了5头牛，种植了2亩核桃、4亩连翘，同时还成了一名生态护林员，扶贫小额信贷政策帮助他成功脱贫，有了良好基础，他也更有信心将来把现有养殖种植业做大做强。

虽然这只是访谈中接触的个别案例，但是通过了解我们感受到“卢氏模式”的推广让更多贫困户更加了解小额信贷政策，让更多贫困户有机会利用小额信贷政策，并且非常便利，像三级金融服务网络的建设让贫困户在村里就能申办小额信贷业务，在4天内就能拿到贷款，相比于以前处处碰壁的情况，贫困户的政策满意度大大提高，很多参与者通过利用该政策使自己和家庭都有所受益甚至成功脱贫致富。

2. 小额信贷资金投入评估

（1）小额信贷资金投入大幅增长

2017 年，人民银行郑州中心支行为三门峡市中心支行新增扶贫、支农再贷款限额 12 亿元，三门峡市中心支行依托卢氏县“四位一体”扶贫贷款模式，向卢氏县法人机构发放扶贫再贷款、支小再贷款 5.27 亿元，向辖内非贫困县法人机构发放支农再贷款、支小再贷款 9.12 亿元，用于复制推广“卢氏模式”。截至 2017 年末，三门峡市新增扶贫贷款 58.19 亿元，同比增长 2.79 倍。具体看卢氏县相关数据，截至 2017 年末，卢氏县金融机构新增扶贫贷款累计 10.1 亿元，是 2016 年全年的 11.5 倍。其中建档立卡贫困户 7124 户贷款 3.57 亿元，合作社 110 家贷款 3.43 亿元，龙头企业 15 家贷款 3.09 亿元，共带动贫困户 7002 户，呈现了金融机构敢贷的好现象[①]（见表 5－4）。

表 5－4　2017 年卢氏县扶贫小额信贷投入及构成情况统计

单位：亿元

指标	金额	指标	金额
卢氏县新增扶贫贷款额	10.1	建档立卡贫困户贷款	3.57
		合作社贷款	3.43
		龙头企业贷款	3.09

资料来源：《2018 年卢氏县政府工作报告》。

（2）全国首创金融扶贫大数据平台

卢氏县不仅金融扶贫“卢氏模式”的探索走在了全国前面，在如何让“卢氏模式”更加成熟完善具有可复制性方面，卢氏县不断创新做法，于 2018 年 5 月推出了金融扶贫大数据平台，这在全国也属于首创。该平台包括金融服务、信用评价、风险防控、产业支撑四大科

① 徐诺金：《金融扶贫“卢氏模式”实践及借鉴》，《金融时报》2018 年 3 月 19 日第 10 版。

技系统，通过该系统可以在网上申请贷款、扶贫信息统计和查询、无纸化办公，显著提高了工作效率。例如，该系统对农户进行全方位信息采集，建立覆盖全县的信用信息大数据库，采集农户 8.87 万户，采集率达 96.5%（贫困户 2.36 万户，采集率达 96.8%），系统评级为 A 级及以上农户 7.51 万户，有信率达 84.58%（其中贫困户授信 2.05 万户，有信率为 86.65%），并对信息实行及时更新、定期更新和全面更新，使其准确可信。[①] 该平台的建设让小额信贷资金投放对象更精准，投放效率更高，是借助现代科技手段助力深度贫困地区扶贫的尝试和创新。

3. 减贫效果评价

（1）贫困发生率有所降低

贫困发生率是衡量一个地区贫困状况的最为直接的指标。表 5－5 统计了 2016～2017 年卢氏县贫困状况相关数据。依据全国每人每年 2300 元（2010 年不变价）的农村贫困标准计算，2016 年，卢氏县贫困发生率为 15.23%，建档立卡贫困户 6.31 万人，是全省贫困发生率最高的县。2017 年初，在省政府的推动下，卢氏县开始探索金融扶贫模式，经过短短一年的实践，至 2017 年底，贫困发生率下降为 12.03%，建档立卡贫困户减少为 5.11 万人，1.09 万人成功脱贫。虽然与 2017 年河南省贫困发生率 3.4%、全国贫困发生率 3.1% 相比，卢氏县贫困发生率远远高于全省和全国平均水平，但是，扶贫小额信贷“卢氏模式”的确使得卢氏县贫困发生率在短短的一年内有显著降低。

表 5－5 2016～2017 年卢氏县贫困情况统计

单位：%，万人

指标	2016 年	2017 年
贫困发生率	15.23	12.03
建档立卡贫困户	6.31	5.11
脱贫人口	1.20	1.09

资料来源：卢氏县人民政府网站，http://www.lushixian.gov.cn/。

① 《我县扶贫“出新招” 全国首创金融扶贫大数据平台》http://www.lushixian.gov.cn/show－229－9214－1.html。

（2）居民收入有所提高

表 5－6 列出了 2016～2017 年卢氏县城乡居民收入状况相关数据。从表 5－6 可以看出，2016 年，卢氏县城镇居民人均可支配收入为 22560 元，农村居民人均可支配收入为 8016 元。2017 年，卢氏县城镇居民人均可支配收入增长至 24613 元，农村居民人均可支配收入增长至 8817 元，相比于 2016 年，2017 年城镇居民和农村居民人均可支配收入都有所提高。通过与河南省以及全国城乡居民人均可支配收入相比，绝对数值上，卢氏县低于全省和全国的平均水平，但是增长率却高于全省和全国水平，说明金融扶贫小额信贷政策改善了卢氏县城乡居民收入状况。

表 5－6　2016～2017 年卢氏县城乡居民人均可支配收入统计

单位：元，%

指标	2016 年	2017 年	增长率
城镇居民人均可支配收入	22560	24613	9.1
农村居民人均可支配收入	8016	8817	10
河南省城镇居民人均可支配收入	27233	29558	7.4
河南省农村居民人均可支配收入	11697	12719	8.7
全国城镇居民人均可支配收入	33616	36396	8.3
全国农村居民人均可支配收入	12363	13432	8.6

资料来源：《2016 年卢氏县国民经济和社会发展统计公报》《2017 年卢氏县国民经济和社会发展统计公报》《2016 年河南省国民经济和社会发展统计公报》《2017 年河南省国民经济和社会发展统计公报》《2016 年国民经济和社会发展统计公报》《2019 年国民经济和社会发展统计公报》。

4. 带动区域发展成效评价

表 5－7 统计了 2016～2017 年卢氏县经济发展状况相关指标，从表 5－7可以看出：

2016 年，卢氏县 GDP 为 85.5 亿元。2017 年，该县 GDP 增长至 91.1 亿元，增长率为 9.1%，经济增长速度总体较快。

2016 年，卢氏县三次产业增加值分别为 21.2 亿元、29.6 亿元、34.7 亿元，三次产业结构比为 24.8∶34.6∶40.6。2017 年，该县三次产业增加值分别为21.8亿元、29.0亿元、40.3亿元，三次产业比例为23.9：31.9：44.2。可以看出，卢氏县第三产业占比有了明显提高，产业结构有所优化。

2016年，卢氏县固定资产投资额为127.2亿元。2017年，固定资产投资额增加至145.6亿元，较2016年增长了14.5%。

2016年，卢氏县公共财政预算收入为5.5亿元。2017年，该指标增加至6.3亿元。

2016年，卢氏县金融机构存贷款额分别为111.5亿元和41.1亿元。2017年，该县金融机构存贷款额分别增加至为135.7亿元和57.8亿元，增长率分别为21.7%和40.8%。

表5-7　2016~2017年卢氏县经济增长统计

单位：亿元,%

指标	2016年	2017年	增长率
GDP	85.5	91.1	9.1
第一产业	21.2	21.8	4.8
第二产业	29.6	29.0	8.3
第三产业	34.7	40.3	12.5
社会固定资产投资	127.2	145.6	14.5
公共财政预算收入	5.5	6.3	12.5
公共财政预算支出	23.5	30.0	27.7
存款额	111.5	135.7	21.7
贷款额	41.1	57.8	40.8

资料来源：《2016年卢氏县国民经济和社会发展统计公报》《2017年卢氏县国民经济和社会发展统计公报》。

5. 特色产业发展

（1）特色产业的确定

在2017年7月卢氏县的《卢氏县脱贫攻坚规划咨询报告》中就已经提出卢氏县要依托自身特点，优先发展特色农产品，将中药材、食用菌、林果三大产业作为产业扶贫的重点，该咨询报告进一步对如何支持卢氏县特色产业发展提出了相应方案。其中，食用菌产业是卢氏县最具优势和特色的主导产业，但是，该产业链中涉及的贫困户尤其多，且没有龙头企业支撑。针对这些问题，咨询报告中计划对食用菌产业总投资18亿元，这18亿元的资金如何落地是一个难题，因为18亿元的背后包含着1万多个大棚、1万多个贫困户、上千个原材料加工商。而国开行资金有限、人员有限、网点有限、市场主体进入门槛高，这中间必然会产生矛盾。如何解决这个矛盾？国开行采取与地方金融机构合作扶贫转贷款，再分发给合作社和贫困户。截至目前，国开行扶贷转贷款已成功发放3.2亿元，其中1.5亿元用于食用菌新式大棚建设①。

（2）特色产业的发展

自“卢氏模式”实施以来，卢氏县中药材、食用菌、林果种植、养殖业、乡村旅游等特色产业快速发展，逐渐走向规模化，形成了一定的影响力，吸引了外部资金的投入，为小额信贷政策落地提供了更好的产业支撑（见图5－3）。

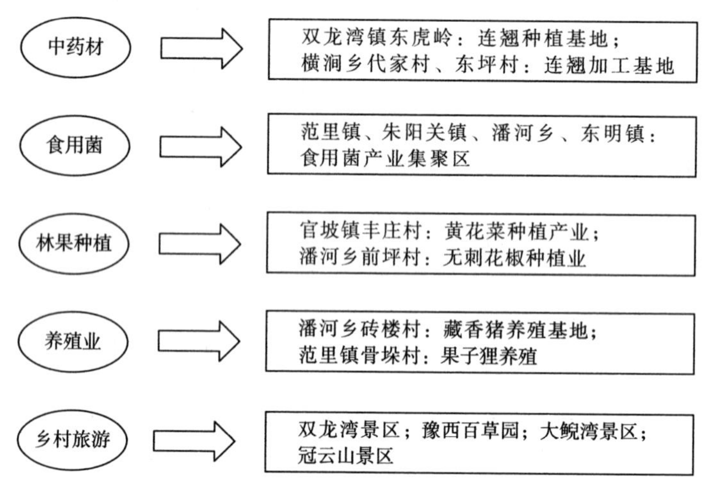

图5－3　卢氏县扶贫产业发展情况

中药材：

中药材种植与加工是卢氏县的特色产业项目，也是重点扶贫产业，卢氏县已经在连翘、五味子、山茱萸等中药材种植与加工上逐渐形成了

① 根据《国开行河南省分行规划实施“卢氏模式”大手绣出“扶贫花”》资料整理，http://www.lushixian.gov.cn/show－229－9229－1.html。

一定规模。例如，连翘的种植与加工。2017 年，卢氏县完成连翘人工种植 14 万亩，人工种植总面积已经达 20.4 万亩。其中包括，范里镇柏坡村、双龙湾镇东虎岭、潘河乡砖楼村的连翘种植基地，横涧乡代家村的连翘加工基地、河南昊豫实业有限公司东坪村连翘加工基地等。目前已建成万亩示范基地 5 个，横涧乡青山村等千亩示范基地 34 个。

卢氏县中药材种植与加工产业发展吸引了外地资金的投入。例如，2018 年 6 月 27 日至 28 日，石家庄以岭药业股份有限公司供应中心到卢氏县考察中药材产业，通过座谈、走访、实地考察等，详细了解了卢氏县连翘、五味子、山茱萸等中药材的分布面积、生长情况、市场行情、加工工艺等情况，对卢氏县中药材产业发展非常肯定，决定将卢氏县作为以岭药业的中药材原料供应基地。[①] 2018 年 4 月 16 日，县政府与北京春风药业有限公司就连翘产业扶贫项目在北京市怀柔区签署框架合作协议。北京春风药业有限公司是一家位于京津冀一体化产业带上的中药战略优先的现代制药企业，该公司决定到卢氏县投资发展连翘产业扶贫项目，充分发挥“连翘全产业链”项目带动作用，促进当地群众脱贫致富，实现企地共赢。[②] 除此之外，黑龙江珍宝岛药业股份有限公司等国内知名中医药企业对卢氏县的中药材都表现出了浓厚兴趣，商谈确定投资事宜。

食用菌：

卢氏县现建设有朱阳关镇、潘河乡食用菌产业园 2 个，范里镇后峪村等食用菌生产基地 12 个，实现年产值 9.16 亿元，带动贫困群众 4199 户。

卢氏县食用菌产业发展吸引了省内外资金进一步投入。例如，2018 年 5 月，湖北裕国菇业有限公司董事长雷雨国一行到卢氏县考察洽谈食用菌产业合作事宜。该公司是一家从事香菇、木耳、果蔬罐头食品及特色农产品种植、加工、销售出口的国家农业产业化重点龙头企业，其产品出口多个国家和地区，在食用菌产业发展方面，走在了湖北省乃至全国前列。该公司通过实地察看朱阳关镇、潘河乡、东明镇等食用菌产业

---

① 根据《以岭药业再次对卢氏中药材产业进行考察》资料整理。

② http://www.lushixian.gov.cn/show-228-8528-1.html。

集聚区，深入了解卢氏县食用菌产业基地生产情况，对卢氏县食用菌产业的发展非常认可，认为有很大的投资空间。①

林果种植：

2017年，卢氏县新发展核桃20万亩，新建基地56个，全县核桃总面积超过70万亩。新发展猕猴桃、大樱桃等特色水果1万亩，新建基地8个；建成无刺花椒基地4个，面积突破4000亩。林果业产值达6.04亿元。例如，官坡镇丰庄村的黄花菜种植，潘河乡前坪村的无刺花椒种植，五里川镇的黄菊产业基地和黄岭蔬菜大棚产业基地等，已经形成了本身优势和特色。

养殖业：

2017年，卢氏县先后引进科尔沁集团、三阳畜牧等养殖企业6家，建成基地12个，发展特色养殖合作社133个，畜禽总存栏量达到154.9万头（只），同比增长28.2%；总产值6.5亿元，同比增长30%，带动3350户脱贫，户均增收4000余元。其中，潘河乡砖楼村根据自身特色，开发了藏香猪养殖基地，该养殖基地已经带动81户贫困户脱贫，每户增收3000元。范里镇骨垛村开发了果子狸养殖等。

乡村旅游：

卢氏县已经建设开发有双龙湾景区、豫西百草园、大鲵湾景区、冠云山景区等生态旅游景区，还举办了第三届“全国百佳深呼吸小城”旅游文化节、第十一届双胞胎漂流大赛等一系列节庆赛事活动，荣获“最具绿色宜居投资潜力城市”“华旅奖·全国最佳乡村旅游示范县”“2017中国候鸟旅居小城”等国家级荣誉。2017年，全年接待游客198.1万人次，同比增长213%；旅游业总收入9.4亿元，同比增长230.5%。

6. 扶贫政策宣传与培训效果评价

表5-8列出了2017~2018年卢氏县开展的扶贫政策宣传活动情况，从表中可以看出，卢氏县教体局、工信委、商务局、农牧局、人社局等各个部门均开展了丰富的扶贫政策宣传与培训活动。例如，由县人

① 根据《卢氏县食用菌产业将迎来新的合作伙伴》资料整理，http://www.lushixian.gov.cn/show-228-8926-1.html。

社局、教体局、民政局等部门组成的脱贫攻坚政策巡回培训宣讲团开展了卢氏县2018年脱贫攻坚政策巡回演讲，宣讲团分别从教育扶贫、社会兜底保障、扶贫档案及动态管理、产业扶贫、特殊群体救助、易地搬迁、危房改造和驻村队伍管理等方面进行详细的政策讲解。直接接受政策培训者达两千余人，通过宣讲让贫困户更加了解以及能够更好使用和享受扶贫政策。

金融扶贫政策宣传培训方面，2018年5月11日，卢氏县金融扶贫服务中心联合深圳中农信控股集团举办了金融扶贫“卢氏模式”科技系统培训班，通过培训活动，有力提升了“卢氏模式”的信息科技支撑力度。

教育扶贫政策宣传培训方面，2018年7月3日，县教体局学生资助中心组建了19个资助政策宣传队，深入全县352个行政村开展资助政策宣传活动，截至目前，已参与教师1000余人，走访186个行政村。

农村电子商务政策宣传方面，2018年7月3日，县商务局、县电商服务中心、河南省云联乡村网络科技有限公司卢氏分公司一行3人前往狮子坪乡下庄科村开展电商扶贫培训，旨在发挥电子商务在农特产品网销体系中的重要作用，助力贫困群众实现创业就业、脱贫致富。下庄科村的82名贫困户、58名非贫困户参加了本次培训。

新型职业农民培训方面，卢氏县于2017年11月13日至12月18日期间，为35周岁以下未脱贫青年举办了两期新型职业农民免费培训班，培训蔬菜生产、种植等方面的专业知识，共有20名人员参加。

除此以外，卢氏县开展了一系列专业化、内容丰富的扶贫政策宣传活动。

表5-8 2017~2018年卢氏县扶贫政策宣传活动统计

组织部门	宣传活动主题	开展时间
县民政局	精准扶贫政策大宣讲。2017年12月1日，县民政局党组书记、局长郭慧君带领局机关干部职工深入结对帮扶的徐家湾乡小河口村，开展脱贫攻坚政策大宣传活动	2017年12月1日

续表

组织部门	宣传活动主题	开展时间
县人社局	根据团省委《关于举办河南省新型职业农民培训班的通知》，为35周岁以下未脱贫青年举办免费培训班，种养殖专业户、农民合作社成员、家庭农场经营者、返乡涉农创业者（返乡创业大学生、初中高职毕业生、返乡务工青年、返乡和退伍军人等）优先，每期20名	2017年11月~12月
县工信委	“懂政策、感党恩、转观念、争脱贫、奔小康”政策宣讲活动	2018年7月5日
县教体局	教育资助政策宣传活动。县教体局学生资助中心组建了19个资助政策宣传队，深入全县352个行政村开展资助政策宣传活动，有1000余名教师参与了该活动，走访了186个行政村	2018年7月3日
县商务局、县电商服务中心、河南省云联乡村网络科技有限公司卢氏分公司	电商扶贫培训。下庄科村的82名贫困户、58名非贫困户参加了本次培训	2018年7月3日
县农牧局	脱贫攻坚政策集中宣讲活动。东明镇当家村、东营村、北苏村村民参加了活动	2018年7月2~3日
县食药监局、县人社局	农村居民医疗保险转移就业暨产业发展政策宣讲活动。县食药监局全体干部职工、官坡镇各村代表及庙台村400余名群众参加了此次活动	2018年6月30日
县人社局	人才招聘会。在五里川镇举办南山七乡镇首场人才招聘会，本场招聘会共接待求职者2000余人次，初步达成就业意向700人，其中建档立卡贫困户310人	2018年6月14日
脱贫攻坚政策巡回培训宣讲团	卢氏县2018年脱贫攻坚政策巡回宣讲	2018年6月6日

续表

组织部门	宣传活动主题	开展时间
怀柔区职业学校、卢氏职业中专	2018年“卢氏县民俗旅游提升培训”。淤泥河村200余人参加了提升学习和实践操作，内容涉及民俗旅游接待管理理念、民俗礼仪接待技巧、中餐摆台、做床技巧、中餐烹饪实操等	2018年5月25日
卢川生态农业科技有限公司、中国农科院郑州果树研究所	黄菊产业技术培训专题会议。汤河乡部分贫困户代表参加。参加此次培训共计70余人，发放技术资料120余份	2018年5月24日
县金融服务中心	金融扶贫“卢氏模式”科技培训班	2018年5月12日
县委党校	2018年脱贫攻坚政策培训班	2018年3月23日

（二）问题发现视角

1. 政府主导的“卢氏模式”的可持续性还有待时间的检验

“卢氏模式”是卢氏县作为深度贫困县的现实与政府面临的艰巨的脱贫任务下的政府推动的产物，因此，具有如下几个显著特征：第一，政府主导。在中央政府精准扶贫政策方向的引领下，在河南省政府的主导作用下，才有了“卢氏模式”。第二，央行推动。金融扶贫小额信贷政策是央行作为牵头单位，通过“两免一贴”政策，促进贫困人口脱贫致富。2017年，卢氏县金融机构新增扶贫贷款累计10.1亿元，主要来自人民银行郑州中心支行和三门峡市中心支行。第三，各政府部门间的积极配合。在打造“卢氏模式”的共同目标下，包括省、市、县、镇（乡）在内的各级政府部门积极配合，完成了原本无法完成的诸多任务。

那么，对于卢氏县来讲，无论是扶贫资源的投入还是其他投入可以说都是比较巨大的，对于其他深度贫困地区来讲，是否所有的深度贫困地区都能有足够的财政能力保障这样的扶贫资源的投入用以复制推广“卢氏模式”或者创新出适合本地区特点的“典型经验”？因此，“卢氏模式”是否具有可持续性还有待时间的检验。

2. “卢氏模式”复制推广的适用性有待持续的跟踪

据统计，自“卢氏模式”在卢氏县探索成功以来，已经有70余市（县）来卢氏县就“卢氏模式”调研取经，“卢氏模式”也于2017年7月开始逐步在河南省51个地区复制推广，但是，每个深度贫困地区的致贫原因不同，贫困户的具体情况不同，特色产业不同，政府的财政能力不同，因此，典型经验做法复制推广的关键在于“因地制宜”，由于“卢氏模式”从开始试验探索至今只有一年多的时间，自身还需要不断完善，在其他地区复制推广的时间就更短了，根据调研，河南省除了卢氏县以外其他地区四大体系建设情况普遍较为滞后。因此，该模式在其他地区是否适用还有待时间的检验和持续的跟踪。

3. “卢氏模式”风险防控机制的投入成本有待降低

“卢氏模式”的风险防控体系的建立有三种做法，一是建立风险补偿机制，二是建立风险分担机制，三是贷款熔断机制。其中，做法一是卢氏县财政设立5000万元的扶贫小额贷款风险补偿金，做法二是政府、银行、担保、再担保按照不同的比例分别对建档立卡贫困户和带贫农业经营主体分担贷款风险损失。做法三是对贷款不良率超过3%的行政村及贷款不良率5%以上的行政村数量超过30%的乡镇暂停贷款发放。当然，这些机制有效防控了金融扶贫小额信贷风险问题，但是，以上三种做法都意味着政府、金融机构投入了大量的财政、金融资金和工作人员来补偿、分担和监控信贷风险。并且随着小额信贷贷款规模的扩大，贴息等相关财政支出就相应增加，而卢氏县作为深度贫困县，其财政能力是非常有限的。根据《卢氏县2017年统计公报》数据显示，2017年，卢氏县公共财政预算支出为30.0亿元，财政收入只有6.3亿元。《关于创新发展扶贫小额信贷的指导意见》（国开办发〔2014〕78号）中明确提出，要“各地财政部门要立足本地实际，做好扶贫小额信贷贴息工作”。那么，相对于卢氏县的财政能力，这样的风险防控机制的投入成本是否过大？这是一个值得担忧的问题。

4. 产业甄别选择与发展的可持续性有待市场的检验

金融扶贫小额信贷政策有效解决了贫困户想要谋发展但是苦于缺乏

资金支持的困境，但是，扶贫小额信贷政策不仅仅是解决融资问题，还要解决用好资金的问题，如何用好资金？这就要求必须选好产业。近年来，卢氏县逐渐明确了中药材、食用菌、林果等产业为扶贫重点产业，也是“卢氏模式”产业支撑体系的重点支撑产业。值得注意的是，这些产业发展更多是政府推动的结果。例如，卢氏县于2016年将连翘产业确定为扶贫重点产业，并制定了连翘种植项目实施方案，其中，2017年的种植任务是20万亩，20万亩的任务落实到各个乡镇，县农牧局专门成立了督导组对任务目标完成情况进行督导和技术服务，在政府部门的严格要求下，卢氏县完成了2017年的连翘种植任务。尽管政府强有力的支持助推了卢氏县特色产业的快速规模化发展，但是，产业的甄别选择是存在风险的，是否具有可持续性需要经过市场的检验，也关乎金融扶贫小额信贷政策资金能否用好的问题。

5. 人才队伍的专业化水平还有待培训和提升

“卢氏模式”四大体系均需要专业人才支撑，其中，金融服务体系所构建的“三级联动、政银融合”的服务体系，村服务部由村支书和信贷员组成，几乎所有的村支书都当上了金融服务部主任，大多数村支书是没有金融方面的知识储备的，信用评价体系中贫困户信息的采集、信用等级的评定、动态管理等工作环节均需要大量的专业人员来完成；产业支撑体系则要求把扶贫小额信贷资金投向具有专业技术的人员支撑的产业项目中，风险防控体系更是需要金融专业人才做好风险防控的体系设计。因此，“卢氏模式”加大了对具有一定财政、金融、产业等专业基础的人员的需求，尽管近年来卢氏县组织了多样化的专业技术培训，但是，这对于“卢氏模式”的人才队伍需求来说仍然是不够的。

6. 金融扶贫小额信贷资金流向和使用还有待严格监督

“卢氏模式”设计的初衷是让想要摆脱贫困状态的、对美好生活有向往的、有一定的产业项目基础或规划的贫困户获得信贷资金，但是，据调研，存在个别的贫困户把发放的信贷资金用于购房购车等现象，存在个别贫困户多次申请贷款的现象，存在个别贫困户贷款逾期的现象，存在个别非贫困户获得贷款的现象，等等，这都违背了“卢氏模式”的初衷，需要更加严格的监督体系杜绝此类现象的发生，也需要更加准确、真实的数据统计。

五 金融扶贫小额信贷“卢氏模式”的完善提升对策建议

（一）政府决策层面

1. 加大宣传，增强金融扶贫小额信贷政策的认知度

围绕金融扶贫小额信贷政策，卢氏县财政局、教育局等部门已经做了一系列政策宣传工作，基本实现了全覆盖，但是通过对贫困户的调研和访谈发现，一些贫困户对扶贫小额信贷政策的认知还不够准确，例如，有些贫困户误把扶贫贷款当成救济款，认为贷了不还也可以；有些贫困户虽然配合做了信息采集工作，但是对为什么要做信息采集工作还不是很了解；有些贫困户想要贷款但是不知道程序怎么办，等等。因此，金融扶贫小额信贷的宣传可以采取更接地气的方式，增强贫困户对政策的准确认知。

2. 重在落实，提高金融扶贫小额信贷政策的利用度

卢氏县户贷率已经达到了47.60%，超过了全国户贷率平均水平，可以说，在小额信贷政策的利用度方面已经走在了全国前列，今后应在此基础上进一步狠抓政策落实。第一，对信用良好、有贷款意愿、有创业项目但是仍然没有贷到款的贫困户，应坚持“应贷尽贷”；第二，对已脱贫的建档立卡贫困户，在脱贫攻坚期内保持扶贫小额信贷支持政策不变，力度不减；第三，进一步发挥驻村工作队作用，保证政策“最后一公里”畅通。

3. 加大监管，加强金融扶贫小额信贷政策的执行度

《关于创新发展扶贫小额信贷的指导意见》（国开办发〔2014〕78号）中明确提出，“各地应加强对扶贫小额信贷政策执行情况的监督检查，及时发现和整改出现的问题。对违反本指导意见，虚报、冒领、套取、挪用财政贴息资金的单位和个人，按照《财政违法行为处罚处分条例（国务院令第427号）》有关规定处理、处罚、处分”。具体到“卢氏模式”的监管环节，第一，要做好金融扶贫小额信贷政策落实情况的监管。也就是了解那些信用良好的、有较好技能素质的、有一定还款能力、有贷款意愿的建档立卡贫困户是否成功获贷，是否符合“两免一贴”的政策要求。第二，要做好金融扶贫小额信贷资金使用情况的监管。也就是了解那些违规使用、冒名领取、贷款逾期等现象是否及时被发现并按要求处理。

（二） 专业人才有效供给层面

1. 金融人才的有效供给

缺乏专业金融人才的支撑是“卢氏模式”持续发展和进一步完善面临的一大难题，如何加强金融人才的有效供给？第一，加强现有人才的专业素质培养与培训。“卢氏模式”县、乡、村三级服务网络有效解决了金融服务主体缺乏的难题，并且采取任命村支书为金融服务部主任的做法很好地解决了金融人才缺乏的难题。但是，可以想象，352 位刚刚上任的金融服务部主任压力应该也非常大。那么，今后对任命金融服务部主任的村支书，甚至可以从有一定文化基础的贫困户当中选拔合适的人员出来加入三级服务组织，人员选定以后，为他们做好系统的政策培训、业务培训工作，可以一定程度上解决人才供给难题。

2. 产业发展的人才支撑

除了金融人才，扶贫产业的快速发展也需要大量技术、信息、管理等专业人才支撑。可以通过吸引农民工等返乡人员壮大“卢氏模式”人才队伍。《国务院关于支持返乡下乡人员创业创新促进农村一二三产业融合发展的意见》（国办发［2016］84 号）中提出了多项措施鼓励农民工、高等院校毕业生、退役士兵和科技人员等返乡人员到农村创业创新，可以充分利用该文件中提出的多项有利政策措施吸引优秀的人才返乡回乡，加入“卢氏模式”的人才队伍中来。

（三） 各方协同层面

1. 加强政府部门、金融机构及社会组织之间的协同

《关于创新发展扶贫小额信贷的指导意见》（国开办发〔2014〕78

号）中明确提出了扶贫部门、人民银行各分支机构、银行业监管部门、保险监管部门等部门的职责分工，且各部门间要做好政策协调工作。金融扶贫小额信贷政策由央行牵头，具体涉及扶贫办、财政局、民政局以及基层工作人员等多个部门与部门人员，因此，部门之间的配合尤为重要。目前在政府强力推动下，很多部门都表现出积极配合，这也是“卢氏模式”短时间内取得较好效果的原因。那么，需要注意的是，各部门之间的配合长期有效需要一个长效的联动机制。例如，各部门之间是否做到了一月一对接、一月一研讨、一月一通报，等等。只有形成一个长效联动机制，才能保证部门配合的可持续性。

2. 加强各类金融机构之间的协同

金融机构是小额信贷政策的主要参与主体，小额信贷与其他商业贷款有很大不同，并不能满足金融机构高收益和低风险的诉求，但是对贫困户来讲，对打赢脱贫攻坚战来讲，又是极为重要的扶贫产品，因此，金融机构之间应该协同创新，共同完善小额信贷政策。具体到“卢氏模式”，还有一些难题并没有破解，例如，该模式所创新的金融服务体系按照最初协商设定的标准对贫困户进行的信息采集，并不是所有金融机构都认可，金融机构发放贷款的时候还需要再做一次信息采集，这样就增加了一倍的工作量，降低了工作效率。又例如，贫困户获贷率究竟是达到什么标准才是合适的？卢氏县作为金融扶贫典型地区在探索创新金融扶贫模式的过程中遇到的困惑和难题，迫切需要金融机构的协同创新，共同破解。

（四）扶贫对象层面

1. 对扶贫对象的扶贫需求进行“精准”识别

精准扶贫的前提是扶贫对象的精准识别，金融扶贫小额信贷是为建档立卡贫困户量身定制的金融精准扶贫产品，因此，非常明确要瞄准建档立卡贫困户。但是，仅仅是确定为建档立卡贫困户，也不意味着就能获得扶贫小额信贷资金。对于“卢氏模式”来讲，第一，要瞄准那些获得A级、AA级、AAA级和AAA+级等信用等级的贫困户，这就要求信用评价体系的逐步完善，信息采集工作要全面覆盖，同时对贫困户信用信息做好动态管理。第二，要瞄准那些有就业创业潜质和一定技能素质的贫困户。如何识别这些贫困户？这就要求产业支撑体系的逐步完善，通过组织农民工返乡创业活动、专业技能培训活动等，从参加这些活动的贫困户中进一步选拔，让他们参与融入产业支撑体系中。第三，要瞄准那些有一定还款能力的贫困户。扶贫小额信贷资金并不是公益基金，一定的还款能力是资金发放的主要参考标准。

2. 对扶贫对象的内生动力进行充分激发

金融扶贫小额信贷不是救助金，成效如何关键在于贫困户是否能将信贷资金转换为生产力，能够转换的前提是贫困户是否具有积极性，因此，应充分调动贫困群体的主动性、积极性和创造性，激发他们的内生动力，进而提高扶贫资金的使用效率，真正发挥小额信贷资金的功能。

3. 对扶贫对象的脱贫状况进行持续跟踪

扶贫的最终目的是让贫困户脱贫致富，对于金融扶贫小额信贷政策来讲，识别需要信贷支持的贫困户，为他们提供信贷支持，不是扶贫工作的完成，只是扶贫工作的开始。因此，需要对这些贫困户进行持续的跟踪，了解他们的经济收入、创业项目等改善情况，了解他们的后期帮扶需求，了解他们的还贷能力，这对于完善扶贫信用信息系统、提高金融服务水平、风险的防控、顺利完成脱贫目标都是非常必要的。

（五）扶贫产业发展层面

1. 科学甄别与选择扶贫产业

金融扶贫小额信贷政策不是简单地使贫困户获贷率得到提升，关键看政策是否带动了当地产业的发展。卢氏县的扶贫重点产业主要涉及种植和养殖业，也是大多数深度贫困地区确立的扶贫重点产业，那么，具体应该扶持什么样的种植和养殖业，需要谨慎的、科学的、因地制宜的甄别与选择，需要为贫困户做好成本、风险、收益分析。产业发展不仅涉及扶贫，还涉及该地区今后的产业结构体系问题、经济发展水平等，因此，产业发展要做好宏观设计，要做好考察、分析与选择，不仅仅是简单数量任务的完成。

2. 夯实与发展产业实力

根据调研，金融扶贫小额贷款贷给贫困户，由贫困户自己经营某种植或养殖业，一是很难产生规模效应，二是除去风险、成本因素之后，所剩其实非常有限。因此，需要发展新型经营主体，解决扶贫产业规模化发展的困境。通过营造良好发展空间培育和引进农业产业化龙头企业，带动扶贫产业规模化发展，创新发展“公司＋合作社＋农户”等模式，进而更好地帮扶贫困户，为贫困户提供产前培育、产中指导、产后销售等服务。

第六章 深度贫困地区金融扶贫创新的制约因素及实践困境

党的十八大以来，党中央把贫困人口脱贫作为全面建成小康社会的底线任务和标志性指标，在全国范围全面打响了脱贫攻坚战。党的十九大更是将精准扶贫作为全面建成小康社会必须打好的三大攻坚战之一。2020年是“十三五”规划的最后一年，也是我国提出的全面建成小康社会的重要时间节点。全面建成小康社会最艰巨最繁重的任务在农村，特别是在贫困地区。脱贫攻坚本来就是一场硬仗，深度贫困地区又具有贫困程度深、扶贫成本高、脱贫难度大的特点，是脱贫攻坚的坚中之坚。脱贫攻坚力度之大、规模之广、影响之深，前所未有，并且越往后，难度越大。随着扶贫开发工作进入“啃硬骨头”、攻坚拔寨的冲刺期，我们必须要把握好时间节点，努力补齐短板。

金融是现代经济的核心，金融扶贫是打好精准脱贫攻坚战的重大举措和关键支撑。习近平总书记指出：“要做好金融扶贫这篇文章，加快农村金融改革创新步伐。”如何促进金融扶贫政策落地，借助金融扶贫为脱贫攻坚注入源头活水，激发贫困地区内生发展动力和活力，培育精准扶贫新动能，成为迫在眉睫的现实难题。

古人说：“病有标本”，“知标本者，万举万当；不知标本者，是谓妄行”。推进深度贫困地区脱贫攻坚，我们首先要深刻认识到深度贫困地区脱贫攻坚任务的重要性、艰巨性、紧迫性，更重要的是需要找准导致深度贫困的原因及影响因素，采取更加集中的支持、更加有针对性的脱贫攻坚举措，扎实推进深度贫困地区脱贫攻坚。

一　政府职能缺失

政府是深度贫困地区金融扶贫的主导者，首先其自身应当对金融扶贫的性质和含义有一个清晰的认识，加大对扶贫的政策和财政支持力度，建立健全相关的配套机制。同时，在扶贫工作推进过程中，注意协调各部门之间的利益关系，加强政府与相关部门间的沟通交流以及部门之间的协同合作，以更好地实现金融扶贫政策与货币政策、财税政策、信贷政策、保险政策等的协调执行，建立和完善各项政策与部门间的联动机制，提高金融扶贫的效率。

（一）相关部门人员对扶贫概念定义模糊

做好扶贫工作，首先要对扶贫及其相关的概念有一个正确的理解和把握。然而在现实的扶贫工作实践中，相关部门人员对扶贫、金融扶贫、精准扶贫以及金融精准扶贫的含义理解有偏差，尤其是不能正确认识和理解金融扶贫的商业性和市场化特点，甚至将金融扶贫等同于救济扶贫。扶贫工作过程中追求“短”“平”“快”，使金融扶贫成为简单的“输血式”扶贫。因此，必须进一步提高相关部门人员对金融扶贫的认识，通过“造血”来实现贫困人口的内生转型，而不是目前大多数地区出现的直接给钱给物的救济式“输血”；必须强调扶贫的政治高度，实现扶贫工作常态化的脱贫致富效应。

另外，扶贫工作思想不统一以及扶贫难度大，导致地方政府工作动力不足。扶贫相关部门和工作人员不能充分认识到扶贫工作的重要性，遇到困难就有畏惧心理，缺乏担当，导致扶贫工作推进缓慢。再加上扶贫工作涉及部门和各种资源较多，工作协调难度大，使得扶贫工作难度大增。还有我国扶贫工作资金来源单一，主要依靠财政拨付，扶贫资金有限且条块管理，专款专用，也对扶贫工作的开展带来阻力和制约，进一步加大了扶贫工作的难度，影响扶贫工作部门和人员的积极性。

（二）地方财政对金融扶贫投入不足

为响应国家政策号召，地方政府在扶贫方面的财政投入也逐渐增加，但是由于近年来经济下行压力较大，税收制度改革的推进，地方政府财政收入对资源依赖严重，影响了地方财政收入数量的可持续增长以及质量的提高。另外，随着我国老龄化人口的增多，用于养老、医疗等方面的财政资金越来越多，本就捉襟见肘的贫困县、乡财政收入就面临更大的挑战，不得不依靠中央和省级财政，对上级财政投入的依赖明显增强，地方财政扶贫投入所占份额明显偏低，使得自我发展能力弱的贫困县难以走出贫困恶性循环的困境。

（三）金融扶贫政策与部门间联动机制缺乏

金融扶贫是一项涉及财政、金融、扶贫机构等多个部门共同参与，金融、财政、产业和扶贫政策协调配合的伟大工程，为更好地推进我国的扶贫开发工作，各级政府、各部门出台了一系列支持扶贫的政策、法规，以更好地完成我国艰巨的扶贫攻坚任务。但是由于各部门、政策间的联动机制没有很好地建立和完善起来，金融扶贫的效率受到极大影响。

部门间协同合作机制缺乏。在地方政府扶贫工作具体实施过程中，金融办负责统筹规划金融工作，但是进行金融扶贫活动的资金却掌握在财政局手中，具体的扶贫工作安排又由扶贫办负责。各部门在开展金融扶贫工作前缺乏统一的规划和指导，部门间缺乏合作交流，抱着“各人自扫门前雪”的态度对付工作，工作停留在“各自为战”的局面。由于各部门之间未建立良好的长效信息共享机制，扶贫信息不能及时共享，产生扶贫信息不对称现象，增加了扶贫信息的收集成本，导致金融政策与扶贫政策不能及时有效衔接。另外，深度贫困地区扶贫工作的复杂性和多元性无疑增加了其工作难度，个别部门或工作人员思想认识错误，或急于求成，或故步自封，对扶贫工作过程中的如交流调查、回访、确认、沟通表现出应付的态度，工作执行的力度和效果大打折扣，影响了金融扶贫工作的效率。

扶贫资金未能充分整合。扶贫资金多头管理，金融扶贫信贷资金和财政扶贫资金未能充分整合，造成扶贫政策与扶贫资金难以充分发挥作用。

各部门的责任和目标不一致影响金融扶贫工作的实施。政府的目标是社会福利最大化，而商业性金融机构的目标则是自身利益最大化，虽然政府为鼓励银行向贫困地区农户贷款制定了扶贫贷款的贴息政策，但是政府部门的贴息条件与银行部门贷款的条件往往不一致，政银信息对接不精准，再加上扶贫贷款本身所具有的低收益、高风险性，银行进行扶贫贷款的积极性不高，使得农户不能长期、稳定、快捷、便利地获得金融支持。

（四） 金融扶贫的政策配套机制不完善

考核激励机制不健全。商业性金融机构的根本目标是追求利润最大化，但是贫困地区金融扶贫对于此类金融机构来说，吸引力不足，对它们来说，进行金融扶贫虽然能够得到一部分扶贫贴息，但是风险更大。它们更多的是走走形式，为了自身利益主动向农户提供信贷服务以获得政府政策优惠或从长远发展中获利，并没有真正把工作重心放在贫困地区金融扶贫服务上，进行扶贫开发的内在动力不足，使农村地区特别是贫困农村地区很难吸引到金融机构。我国深度贫困地区仍有个别民族地区和边远地区乡镇存在金融基础服务空白，就是一个很好的例证。当然，农村金融机构网点少以及农民贷款难都与银行业本身的趋利性有直接的联系，也与金融扶贫考核激励机制的缺失与不完善有很大关系。金融扶贫成效评估体系不完善，难以全面准确反映金融机构对金融扶贫政策的落实成效。缺乏目标量化考核，导致各级管理人员责任心缺乏，工作积极性和主动性不高。而对于扶贫开发金融服务措施得力、金融扶贫成效显著的农村扶贫金融机构，缺乏相配套的激励机制，没有建立完善的奖惩体系。

法律体系不完善。诺贝尔经济学奖获得者安格斯·迪顿认为，卓有成效的减贫离不开可靠的政府治理、法治、有效的税收制度、产权保护以及公众信心。我国针对扶贫开发专项法律制度尚未健全，实施细则不明确，尤其在金融扶贫领域，国家所制定的支持扶贫工作的文件更多的是政策性和规范性文件，未上升到法律层面，不具有法律效力，或对金融扶贫仅做出概括性的法律规定，内容不够细化，缺乏有针对性的法律及监管制度，没有完善的农村金融扶贫法律制度规范体系，在执行过程中会遇到诸多困难。政策性和规范性文件的约束力不够，可操作性差，在金融扶贫实际落实过程中容易出现“有法难依”的现象。只能成为一种"文本法律"，不具有长期性和持久性。作为规范、约束政府金融扶贫行为的重要规范性文件，其可操作性缺乏，更多地表现为法律约束力不够，难以完成规制政府权力、保障农村金融精准扶贫的重任。

另外，贫困地区面临金融扶贫专项法律的缺失，再加上经济落后、人们文化素质整体较低、农村的家族观念、乡土人情等传统因素的综合影响，导致贫困地区农户法律意识和信用意识淡薄，按时还款还贷的自觉意识不强，使得银行的不良贷款率提高；并且对违约、逃债的惩处力度不够，最终会导致金融机构坏账增加，损失严重，影响其发放扶贫贷款的积极性。

（五）扶贫政策实施过程中的寻租和委托—代理问题突出

扶贫过程中产生的寻租行为。金融精准扶贫的关键在于贫困户的精准识别，上级政府了解到的贫困户信息只能是从基层管理人员处获得，通常贫困户名单由所在村或社区统计上报，如果村干部或社区管理人员基于自身的人情关系，未能做到一心为公、严明公正，这就会在源头上给扶贫工作带来困难，造成上报的贫困户不符合贫困标准，真正的贫困户却未能得到相应的补贴和扶贫贷款，扶贫工作就变成了对关系户的利益输送。另外，村干部等基层管理人员权力制约和监督机制的缺乏，也滋生了腐败现象，影响了金融精准扶贫的实施效果。近几年，中纪委围绕"扶贫政策执行、扶贫项目安排、扶贫资金落实和扶贫公共服务"等环节加大查处力度，各地均出现了不同程度的虚报冒领、截留私分、贪污浪费等问题。总之，扶贫过程中各方得利者的寻租行为降低了扶贫资金的使用效率。

政府主导、机构实施的委托—代理问题突出。在金融扶贫工作过程中，政府是引导者，负责制定相关的金融扶贫政策，有意识地引导金融资源有序流向贫困地区；各类金融机构是金融扶贫政策的实施者，负责扶贫贷款资金的审批、投向与收回；而贫困地区和贫困农户则是金融扶贫政策的受益者。在这一过程中，金融机构扮演着重要角色，关系到扶贫工作能否有效开展，扶贫政策能否真正落实。然而，金融资源的趋利性，以及贫困地区金融扶贫的高成本性、高风险性以及低收益性使得很多金融机构望而却步。在风险和收益的权衡之下，就自然而然产生了委托—代理问题，从而导致金融扶贫资源出现投入目标偏移、精英俘获等现象。相关调查显示，2016 年贫困农户平均获得正规金融借贷额为 2863 元，精英农户（收入前 20% 的农户）则高达 6936 元。另外，深度贫困地区农户的正规融资环境正在发生恶化，贫困农户的借贷需求出现一定幅度的上升，但是借贷总额中来自正规金融机构的比率却出现较大幅度的下降。在委托—代理问题的作用下，金融扶贫资源真正精准有效投入到贫困农户中的难度加大，影响金融资源的配置效率和金融扶贫效果。

二 金融体系不健全

深度贫困地区经济发展落后，市场经济发展不完善，金融体系不健全，对金融扶贫工作的推进带来了障碍。扶贫信贷资金自身所具有的风险大、收益低和成本高的特点，以及金融资本的趋利性，导致贫困地区金融扶贫服务主体单一，所提供的产品和服务类型少且缺乏创新，再加上涉农融资担保机制以及风险分担补偿机制不健全，金融机构参与扶贫开发的动力不足，导致扶贫资金供给总量不足，影响金融扶贫的实施效果。

（一）金融服务主体单一

金融支持深度贫困地区扶贫开发的主战场在县城区域，尤其是随着各大国有商业银行改变经营策略和目标，相继完成股份制改造以来，县及县以下的分支机构和经营网点被合并或撤销，中、农、工、建四大国有商业银行一般只在县城和主要建制镇设立分支机构，一般乡镇极少甚至没有营业网点，大部分农村更是没有金融机构服务网点，在一定程度上影响了农民贷款的积极性。

而目前实际支农的金融机构主要是农业发展银行、农业银行、农商行、农村信用合作社、邮政储蓄银行以及在部分地区试点开办的村镇银行，其中又以农信社为主体。农发行作为政策性金融扶贫的主体，在易地搬迁、农村水利以及电网、公路等基础设施建设方面提供了强有力的支撑，但由于其资金来源主要是财政无偿拨款和有偿贷款，深度贫困地区本身也面临着地方财政收入少、财政赤字压力大的难题，因此农发行不得不通过向商业银行发行金融债券和向中央银行借款的方式来筹集资金，这势必会影响其支农扶农的持续性。另外，自农发行将农业的综合开发、技改、粮棉油加工贷款等职能剥离出来之后，其覆盖范围及对农业的投资就开始收缩，因此相对应的支持拨款金额就变得越来越少。大宗农产品生产、加工的企业以及主要农产品如粮油、粮食的大型收购业务才有机会得到农发行的投资及政策性贷款，而个体户农业生产者及小型农业生产企业则比较难以获得农发行的金融支持，极大地制约了金融扶贫功能的发挥。

包括农业银行、农信社和邮储银行在内的涉农商业银行对贫困户小额信用贷款的支持和落实力度还不够，其服务农业农民的意识和能力也需增强。其中，作为农村金融扶贫的主力，尤其是乡镇和农村，农信社无论是在营业网点数量还是员工数量方面都远远多于其他金融机构，本应当在金融扶贫攻坚战中发挥主力军的作用，但是由于农信社历史包袱重、资产质量差、自身经营效益不良，面临产权、法人治理结构和经营机制等一系列改革，在改革的过程中出现“一刀切”的问题，与金融服务的初衷产生了背离，农信社在改组为农商行后，其主要对象和服务市场则有所转移，其服务农村的作用未能充分发挥。

（二） 金融产品和服务缺乏创新

我国深度贫困地区金融机构金融扶贫产品单一，提供的服务多样性缺乏。贫困地区特殊的自然地理环境、基础设施不完善、市场经济发展不活跃，以及贫困地区农业为主的产业结构，尤其是以家庭为单位的个体户农业生产，抗风险能力较弱，加之其金融意识以及农村信用环境的制约，影响了银行对贫困户贷款投放的积极性。因此，我国金融机构扶贫贷款主要是小额贷款，免抵押、免信用担保的扶贫贷款类型较少，覆盖面也有限。另外，受抵押物量少、价值小的影响，传统的抵押担保贷款、联保贷款以及个别地区尝试的代发扶贫债券也并没有全面铺开，制约了金融扶贫作用的发挥。另外，受到审批权限的制约，从省农行到市农行，再到县农行，最终发放到农户手中，贷款审批链条长，通过率低，农户尤其是建档立卡贫困户根据信用评级贷款额度低，很难满足农户进行规模化生产或扩大生产，进而脱贫的资金需求。

目前，各国有银行的扶贫贷款和相关业务产品都是由上级行授权，作为贫困地区扶贫主力的农信社以及地方村镇银行等受技术、财力以及部分行业信贷投放被限制等因素的影响，没有足够的能力根据不同客户的需要开展具有地方特色的金融产业和服务，创新能力较弱，只能依托更高一级的省联社或商业银行开展业务的创新。同时，考虑到信贷扶贫的成本收益比，这些金融机构对扶贫贷款投放的积极性不高，开发创新产品和服务的动力更是不足。此外，贫困地区金融机构的宣传培训力度小及从业人员技能知识水平和结构不一，实际能力相差较大，有些人员金融扶贫能力还较弱，因此出现了“农村金融机构服务能力不足——农村信贷质量差——农村金融机构不良贷款增多、坏账包袱重——农村金融机构大量撤并低效率农村网点——农村金融服务能力不足”的恶性循环。

（三） 金融机构参与扶贫开发动力不足

扶贫信贷资金具有风险大、收益低和成本高等特点，这与商业银行自身追求收益最大化的目标是不一致的，因此，即使政府出台一系列政策措施引导资金向贫困地区倾斜，但是由于扶贫信贷资金面临一系列不利因素，获得实质性收入的风险较大，以营利为目的的金融机构并不会主动将资金投入到金融扶贫的项目之中，虽然有些金融扶贫资金在政府贴息政策的引导下发放到了贫困人群手中，但很大一部分可能最终却打了折扣，贫困人群并未真正享受到与相关金融贷款用途相适应的足以弥补其金融风险的优惠政策，这也直接导致了商业银行等金融机构对精准扶贫工作的内在动力的缺乏。特别是农信社、村镇银行，又面临资金有限的难题，必然是选择将有限的资金投入到盈利更高的行业或企业，对贫困农户实际发放的贷款并没有达到预期的数额，也未达到预期的扶贫效果。

金融供给总量不足。从供给侧来看，深度贫困地区金融扶贫存在着供给总量不足、集聚能力弱以及金融资源使用效率低的特点，这与贫困地区存在的地理位置偏远，自然条件恶劣，道路、通信、网络等基础设施不完善，文化教育发展落后等硬件和软件环境不健全有关。第一，政策性银行作为扶贫工作的金融主体，其主要资金来源于国家的政策性财政补贴和拨款，而由于贫困人口数量与扶贫资金总量的供需差别，政策性银行同时也面临较大的资金缺口，每个贫困人口所能获得的贫困资金补助就相对较少，有时甚至难以维系贫困人口的日常生活所需，对于提高其生产的帮助就显得杯水车薪，大大削弱了金融扶贫资金在扶贫工作过程中的作用。第二，贫困地区农业生产占主导，其生产经营受自然环境影响较大，另外，农产品的需求弹性较小，盈利空间不大，因此农业生产整体效益低下，抵御市场风险和自然灾害的能力较弱，增大了农业贷款的风险。因此，金融机构对扶贫资金的供给意愿不强、积极性不高，在农村设立网点较少，扶贫贷款审批和投放制度不完善，效率低下，涉农信贷产品单一。长期以来，一直以来作为乡镇一级基础金融服务机构的农村信用合作和邮政储蓄银行，近些年来其工作重心正逐步从乡镇转向城市，并开始走向商业化模式的道路，它们之前的重点业务也正从农业转向工业和第三产业，而农业扶贫业务正逐渐下降，与“三农”服务的初衷理念渐行渐远。第三，基础金融服务银行存款与贷款比例往往存在一定程度的倒挂现象，地方金融机构吸纳社会资金能力不足，资金实力不足，可供用于支配的社会资金增长能力不强，而农业贷款为扶贫性质资金，营利性弱，资金供需关系较为紧张，资金流动风险增大。究其原因，不仅有地方财政存款按照相关规定不能存放农信社的政策性因素，同时也有地方总体资金实力差的因素。受到市场竞争等外部环境的因素影响，农信社存款增长幅度下降，严重制约了信贷资金的增加。

金融机构参与扶贫开发的动力不足。首先，扶贫信贷资金风险较大，制约金融机构放贷的积极性。银行的不良贷款率是衡量金融风险的常用指标之一。据相关调查发现，与其他工商贷款相比，农村产权抵押贷款风险相对较高，如处于贫困地区的农行武隆区支行农房抵押贷款的不良率高达7%，远远高于政府规定的银行不良贷款率2%的警戒线。

扶贫信贷资金不是无偿的慈善捐助和政府直接补贴，是需要还本付息的，尽管国家会对相关的扶贫资金给予一定的贴息，但是由于政策宣传不到位和农民自身的认识偏差，部分贫困户诚信意识和信贷意识欠缺，且农村信贷教育普及度不高，不愿主动还贷，有个别农民甚至将银行提供的扶贫贷款当成政府的扶贫补贴或贫困救济款，拒绝或者未能按时还本付息，这势必会带来较大的信用风险，导致农户贷款更容易发生逾期和失信问题，影响银行的扶贫贷款回收率，陷入“贫困户借钱不还贷，银行有钱不愿贷”的“零和博弈”困境。

此外，农户拿到的扶贫贷款更多的是用于种植业、畜牧业、林业等传统产业的生产和经营。然而，由于第一产业自身的特点，“靠天吃饭”，存在诸多不确定性因素，生产周期长，对自然灾害的抵抗能力较弱，很大程度上会影响第一产业农民的收入，增大了还款资金来源方面的风险。面临国内外经济下行的压力，支柱产业和主要农产品价格下滑，且农产品的种植和销售易受到市场供求关系的影响，“谷贱伤农”的案例时有发生，由于对可能出现的自然灾害等不确定风险，农户很难也无法做到未雨绸缪，而且很多贫困人口在经营理念、信息技术、资金等方面比较缺乏，所以很难提前规避风险。另外，由于大多数贫困户经营管理能力较弱，资本规模较小，因此市场竞争力不强，如果遇到市场对第一产业的冲击或者价格波动等市场风险，就可能重新返贫或者贫上加贫。另外，贫困人群参加保险等意识不强，贷款缺乏信用担保和有价值的资产抵押，无法满足金融机构安全经营的要求，且贫困地区涉农贷款不良贷款率高，这些都影响了商业银行对农户放贷的积极性，制约了金融资金的投入。

其次，扶贫贷款成本高，成本收益倒挂导致金融机构对扶贫工作缺乏动力。贫困农户数量多且居住分散，其贷款具有贷款户数多、笔数多、次数多、单笔金额较小的特点，而对于金融机构来说，无论是将贷款贷给贫困户还是贷给大中型企业，所付出的总成本都是一样的，都需要投入大量的人力、物力、财力，从贷前调查、贷款的审核和发放，贷给农户的扶贫贴息贷款手续甚至更为烦琐，因而金融机构的成本并不会降低，贷款的平均成本反而有所提高，收益却与贷给大中型企业存在较大差距，成本与收益严重不匹配，这与商业银行追求高利润、规避风险的属性相矛盾。因此，金融机构更倾向于选择将贷款贷给大中型企业从而获取更高的利润，而不愿意选择与贫困农户、小微企业合作，导致金融服务向贫困地区或偏远地区延伸较慢，金融网点、金融支付、金融信息等覆盖范围有限，贫困地区和偏远地区的贫困人口易被置于现代金融服务之外。

（四） 农业保险制度发展缓慢

农业保险对于农村金融扶贫的发展来说意义重大，它是金融扶贫的有力保障。我国深度贫困地区中许多地方都面临地形复杂、自然条件恶劣、灾害频发的客观不利条件，农业灾害和农业生产的风险是导致农业保险发展缓慢的一个重要因素。而农民面临的贷款难的问题，除了由于农村信贷资金不足和农村资金外流，也与农业生产的自然风险以及由此导致的农业保险发展缓慢有关。我国的农业保险发展长期缓慢，风险保障水平低，遇到自然灾害，农民往往是自负盈亏，有时也只是能够得到少量的国家补贴，没有其他补偿。即使个别地方有农业保险公司，其服务也只是城市保险服务的部分产品，支持农业的特色保险产品缺乏。

当前我国贫困地区农业保险发展还存在很多问题，如：政府与保险公司认识的不统一。政府认为保险公司独占了农业保险的利润，而政府并没有任何收益，保险公司则因为农业保险利润率低，将其视为鸡肋，双方认识的不统一造成贫困地区农业保险公司极少，险种及服务更少；部分险种保费过低。在实际运营过程中，部分地区农业保险公司为了提高自身的利润率，违背市场运行规则，自行扩大投保面积以套取保费补贴资金，且开办的农业保险险种少于财政部规定的品种，保险经费支付标准不统一，随意性大。而保费低廉的农业保险也面临财政补贴不及时的问题，这也影响了保险公司设立服务农村的分支机构以及保险业务的积极性，导致保险公司不愿意开办政策性农业保险，无法满足贫困地区农业保险需求；保险链条有待延伸。目前只有农业生产的初级阶段能够得到政策性农业保险的保障，而缺乏后续再生产能力的保险。以生猪为例，目前保险仅能对生猪出栏前给予保障，而对出栏后的屠宰、冷冻、运输、销售和产品质量等环节并未涉及，保险政策链条有待延伸；政策性保险保障范围尚需拓宽。目前，农业保险更倾向于当地特色农产品或已形成的自主知名品牌，而对贫困户或返乡农民工进行的自主创业农业产业项目积极性不大，因为这些项目容易受到自然灾害影响而导致高风险。此外，农民自身的思想意识和能力的局限，也会影响农业保险公司为这类项目服务的积极性。所有这些都阻碍了农村保险制度的发展和完善，使得金融扶贫项目无法得到有力的保障，在一定程度上影响了金融扶贫的开展与实施成效。

（五）金融扶贫的精准化程度有待提高

针对贫困地区金融信贷扶贫工作国家每年都会下达指导性指示，由金融扶贫机构提供资金，并确定扶贫贴息贷款发放对象、金额、用途以及期限。我国的农村金融扶贫工作经历了从贫困区域、贫困农村到贫困区域、贫困村、贫困户三者结合的发展过程。金融机构在发放信贷资金时出于自身的利益考虑，在贫困地区信贷市场信息不对称且存在逆向选择的情况下，往往会选择性地提供信贷资金，且会设置较高的信贷门槛。经济能力相对较好、偿还债务能力好的大型企业、龙头企业等比较容易获得信贷资金，而对于中小企业或贫困农户，考虑到信贷风险较大、偿还能力差等因素，金融机构则会选择不予贷款，这样即使贫困中小企业或农户有好的项目也难以达到金融机构的贷款门槛，无法获得资金支持，进而导致贫困企业或农户无法享受金融信贷服务而陷入更加贫困的境地，使政府期望的扶贫对象与金融机构扶贫对象无法保持一致。

我国金融扶贫的精准度仍然不足。首先，在扶贫识别精准度上，扶贫识别过程的首要工作是确定一定标准的农户收入作为判断扶贫标准。由于部分深度贫困地区是民族地区，民族风俗习惯多样，且农村人口多、分布地域散、人员结构复杂，致贫原因多样，完成精准扶贫识别难度大、成本高。目前扶贫识别模式主要为：由省、市、县政府划定贫困县范围，再由镇、村确定扶贫对象和扶贫单位。这种由上而下逐级划分的方式虽看似严密，但存在信息沟通、传递不及时，层级过多、信息及时性难以保证，以及透明度不高的问题，且在信息传递过程中很容易造成统计结果的失真。有些地区扶贫工作人员对于贫困户和贫困单位的认定标准存在理解偏差，对于关键概念存在混淆不清等现象，扶贫评级标准不一，评级信息难以共享，加上基层政府不具备统计所有农户收入的能力和条件，“人情扶贫”“优亲厚友”，“穷人落榜、富人戴帽”以及“扶富不扶贫”等现象依然存在，导致扶贫对象的不精准，造成资源配置不合理，制约扶贫工作有效进展。此外，贫困户主动参与扶贫工作意识不强。大多贫困户思想保守，信用意识淡薄，甚至为了获得信贷资金虚报、瞒报信息，不配合金融信贷信息采集工作，导致扶贫信息的真实性和准确性难以保证，加大了对真正贫困户的识别难度，严重影响了扶贫精准识别度和扶贫政策落实及扶贫资金的投向。其次，在精准扶持上，扶贫资金的使用不科学会造成贫困农户难以从扶贫开发工作中受益。精准扶贫主体难以准确确定必然会导致扶贫资金的使用不精准，贫困户在信贷过程中评级受限，贷款效率低，信用意识不强，资金帮扶效率低，造成金融精准扶贫工作难以准确落实。

（六） 涉农融资信用担保机制不完善

金融机构在提供涉农信贷时需要担保业务的保驾护航，贫困地区的担保机制往往不健全。农户和农村中小企业往往由于自身抵押品或技术水平等的限制达不到有效贷款的信用级别，且因为其获得第三方担保较为困难，金融机构也难以对其进行信用甄别，导致金融机构“惜贷”“惧贷”。政府机构虽然是金融扶贫项目的主导者，但在实际运行过程中对于信贷资金的供需矛盾的关系处理也面临诸多难题，导致农户获取信贷资金较为复杂。据调查，甘肃省庄浪县“农字”企业大多数是家族式小微企业，由于大多数贷款都需要有一定价值和数量的抵押物作为担保，企业因有效抵押物缺乏或找不到合适的担保公司而无法正常获得银行贷款，形成“农字”企业“贷款难”和金融机构“难贷款”的“两难”困境，当地“农字”企业用地大多只能采取当地政府租赁或无土地使用证的形式来进行生产。加之农业保险主体缺位，使涉农贷款存在较大风险隐患。

另外，对贫困地区来说，担保机构的缺失和运营不良也是影响农村和农户贷款的重要原因。许多贫困地区少有甚至没有担保机构，即使有少量的担保机构，也面临着经营不善的问题，在很大程度上影响了商业银行对农户贷款的积极性，导致农户和中小企业面临贷款难的困境。例如，在云南西双版纳州，贫困县政策性融资担保机构仍然处于空白，同时担保金额有限，业务发展缓慢，导致金融机构在开展扶贫信贷业务时，更趋谨慎。基层扶贫机构开展金融扶贫活动以带动农民增收和农村产业发展时，往往因为配套的融资担保机制和风险补偿机制缺乏，金融机构又出于风险防范的考虑，导致计划最终未能实施。又如，内蒙古贫困地区中小企业面临着严重贷款难问题。虽然全区担保机构的数量与业务量逐年增加，但是由于保费收取率较低，甚至涉及有些行业的担保不收担保费，担保机构盈利能力弱，担保资金缺乏，影响担保机构为贫困地区企业融资担保的积极性，进而导致企业发展能力受限。

（七）风险分担补偿机制亟待完善

深度贫困地区面临自然环境恶劣、基础设施落后、产业化水平低等困境，金融机构进行扶贫贷款的难度大、成本高、风险大，在金融扶贫风险分担、补偿和保障机制等配套机制不完善的情况下，金融机构进行扶贫贷款的积极性不高。

首先，风险分担机制不健全。尽管地方政府设立了抵押融资风险财政专项补偿基金，然而由于财政金融扶贫政策不能有效衔接，很多方面并未有效实施，且风险补偿金的申报程序复杂、审批时间长、补助比例较低，其实施效果不尽如人意；银行为农户提供贷款一般都需要一定价值的抵押物作为担保，但是由于贫困地区农户资产少，可以作为有效抵押物的财产更是微乎其微。因此，为其贷款提供担保的中介公司要承担几乎100%的风险，风险分担的不对等导致贫困地区的担保机构极少，担保公司为农业信贷提供担保的意愿不强；另外，贫困地区农业保险发展缓慢，现有的保险机构也很少，其针对农业生产设计的险种较少，难以有效分担贫困地区农户扶贫贷款风险，脱贫户因灾、因病返贫问题突出，农业保险的支农保障作用未能充分发挥。

其次，风险补偿和保障机制不完善。深度贫困地区自然环境恶劣，大多以农业作为主导产业，而农业生产的弱质性、季节性、低收益性决定了农业金融资本投入的高风险和低收益，贫困户面临收入低且不稳定的窘境，一旦农业生产和农户自身遭到意外，很容易出现无法还本付息的情况。对于涉农贷款业务，政府应当给予适当的财政贴息、风险补偿和营业税收减免等优惠政策。而在农村大多数地区，金融扶贫风险产品体系仍处于空白，农业保险机构的经营风险大，故农村保险机构极少，保险产品种类少、更新慢，保险知识宣传不到位，农户投保意识薄弱。并且，由于缺乏有效的管理机制以及保险补偿机制和再保险的保障，保险机构和农户的积极性均不高，使得农村地区农业保险发展缓慢，相关配套机制的缺乏不同程度地影响了金融机构对农村贫困地区信贷投放的规模和力度。出于自身风险管理的需要，金融机构更愿意提供有抵押担保的短期贷款，这便造成信贷投放期限与农村企业生产经营周期的不匹配，降低了信贷支持扶贫的效率和成效，影响了金融扶贫的推进速度和质量。另外，我国政策性农业保险缺乏，贫困地区担保制度落后，农民抵押物缺失且价值低，政府财政支持有待提高。

三　深度贫困地区自身存在的制约因素

深度贫困地区地理位置偏僻，自然灾害频发，基础设施建设落后，交通不便，贫困人口多，贫困程度深，扶贫攻坚任务艰巨。农业的弱质性决定了其抗风险能力较弱，农业产业化水平低，可持续发展能力有限。农户受传统思想观念、文化教育以及自身能力的约束，脱贫能力差，使得农村有效信贷需求不足，资金外流严重；金融意识淡薄，易发生信用违约风险，不利于金融扶贫工作的长期持续开展。

（一）自然环境恶劣，基础设施建设滞后

我国深度贫困地区主要分布在地理位置偏远的山区，自然条件恶劣，干旱、风沙、冰雹、霜冻、洪水等灾害频发，很多地区水资源开发

和利用程度低，水资源供给量少且质量较差，供水保障能力不足，水土流失和水污染问题严重，水资源短缺成为制约地方经济发展的瓶颈。另外，土壤沙化和盐碱化问题严重，耕地质量不高，农业发展受到很大影响。基础条件差的农村、地理条件差的山区，贫困面广、贫困程度深、脱贫任务重。少数民族聚居地区与深度贫困分布地区重合会进一步增加金融扶贫的难度。例如，作为四川省扶贫攻坚的主战场的甘孜藏区，集高寒山区、少数民族地区、集中连片贫困地区于一体，深度贫困与自然条件、民族宗教、社会治理等因素交织在一起，无疑增加了扶贫攻坚的难度。甘孜州70%的农牧民生活在高山峡谷和交通闭塞区域，43%的贫困人口集中在海拔4000米左右的高寒牧区，全州18个县（市）、1360个贫困村、19.7464万建档立卡贫困人口，贫困发生率达21.01%，比全省平均水平高出10个百分点，贫困“量大、面宽、程度深”，扶贫攻坚的任务艰巨。

另外，贫困地区生产生活条件差，交通不便，很多地区农村还未通公路、柏油路，对外联系不便，通信、医疗、文化等基础设施建设滞后，整体公共服务水平低，影响人才队伍的建设。值得一提的是，作为金融扶贫的基础设施，农村金融机构网点、ATM机等服务设施还是非常有限的，甚至有些地区连最基本的金融服务都保证不了，制约了金融扶贫效应的发挥。

（二） 农业产业化发展水平较低

深度贫困地区农业生产仍然占主导地位，农户收入主要是传统农业、经济作物以及劳务收入，农业经营品种多样性不足，农业产业化开发和经营水平较低，发展滞后，大多数地方特色产业企业处于初加工水平，产品销售以原料为主，农业产业链短、附加值低，整体规模较小，市场竞争力不强，抵抗市场风险的能力较弱，特色优势产业的开发力度不足，规模大、优势明显、具有较强品牌影响力的涉农大企业极少，不能发挥对贫困户的辐射带动作用。

另外，虽然国家和地方政府也针对不同地区的特殊情况，开展相应的金融扶贫项目，但是由于政策支持以及投资之后的后续工作缺乏指导与监督，因此扶贫工作效果不够理想。深度贫困地区扶贫工作受到社会、自然和人文等因素制约，要匹配合适的信贷项目非常困难。一方面，扶贫项目的选择和培育需要结合各地的资源禀赋和市场情况进行考察论证，新项目的前期筛选和论证，以及可操作性项目的建设、投产和见效需要一两年甚至更长的时间。因此，在扶贫项目正式盈利之前，负责贷款的金融机构将面临巨大的信贷风险，因而金融机构不愿意向不成熟的扶贫项目贷款。另一方面，很多贫困的地区地处山区，地形复杂，交通不便，基础设施建设条件较差，机械化、规模化农业推行困难，如果强制发展特色农业项目，也面临劳动力短缺以及成本高的难题。另外，贫困地区和农户进行产业发展还面临资金、技术、市场等瓶颈问题，也影响农业产业化水平的提高。

（三） 金融意识淡薄，农村信用环境不佳

深度贫困地区多数为地理位置偏远的山区，金融基础设施建设落后，相当一部分乡镇除了有农村信用社网点，其他银行网点几乎为空白。同时，农户受封闭环境、教育程度、固有风俗习惯等因素的制约，对金融知识的了解较少，对金融产品和服务的接受程度较低，“只用存折不用卡、只相信柜台服务、只认现金”的落后金融消费习惯还普遍存在，增加了金融机构进行金融扶贫信贷的成本投入。信贷意识淡薄，个别贫困农户将扶贫信贷资金当作是无须还本付息的救济金，影响了扶贫作用的发挥。

金融扶贫工作的开展离不开金融机构的大力支持，而金融支持需要有良好的信用环境。与经济发达、市场经济发展比较成熟的城市相比，农村地区整体信用环境不尽如人意，势必会影响金融支农、助农的积极性。会有部分农户为了能够顺利获得更高额度的信用贷款，隐藏自身真实信息，尤其是家庭和个人收入信息。由于贫困农户有些方面的信息统计的欠缺，如外出务工收入、经商收入等，使得农户信用档案信息系统不能顺利建设和完善，农村金融机构很难准确了解和掌握农村企业及农户的资信状况，影响企业和个人征信系统在农村的推广和作用的有效发挥，从而给农村金融机构防范风险和债权维护带来了困难。市场经济意

识不强，金融意识和个人信用意识淡薄；诚信和契约意识不强，偿贷意识差，导致涉农金融机构贷款违约率居高不下，甚至逃避税费、故意拖欠银行贷款等现象也时有发生。特别是在农户联保贷款中，常常出现"一户逾期，户户逾期"的现象，影响了金融机构扶贫信贷支农、扶贫攻坚的积极性，使得贫困地区的资金供给不足，贫困地区金融生态环境陷于恶性循环，脱贫任务艰巨，返贫现象难以阻断。

（四）有效信贷需求不足，缺乏内生动力

近年来，金融扶贫机制不断创新，金融机构产品和服务不断提升，信贷担保体系不断完善，小额信贷覆盖面不断扩大，在各级政府努力下，扶贫资金的有效利用取得了很好的发展。但是，仍然存在有效贷款需求不足、贫困人群贷款意愿不强烈、符合贷款条件的贫困户未申请或未获得贷款的现象，这也成为制约金融扶贫获得长效发展的重要问题。西南大学课题组于 2016 年 3 ~ 5 月在渝东北、渝东南等地集中抽选了 460 家建档贫困农户进行调查，在有效样本贫困农户中，无借贷需求的贫困户有 232 户，占 52.13%，说明目前贫困户对信贷的有效需求不足。

扶贫贷款有效需求不足的原因有多个方面。首先，贫困地区观念比较保守，受地理、文化等条件因素制约，有一些贫困户宁愿守着自己"一亩三分地"，过"富不了，也饿不着的日子"，也不愿放开手脚大干一场。他们对新型的金融产品比较陌生，而且农村的熟人关系思想相对较重，因此他们更愿意选择相对熟悉的、传统的民间借贷。同时，不少贫困户认为扶贫贷款是无须偿还的救济款，但当了解到扶贫信贷需要担保和偿还时就在主观上不愿意申请扶贫贷款，从而导致扶贫信贷需求内生动力不足。

其次，由于地理条件、气候条件、交通条件及整体的文化素质等多方面因素的影响，贫困地区农户产业发展选择较难，增收渠道单一。产业基础薄弱，很多农户以自营为主，技术较低，项目较少，生产经营能力弱，申请信贷资金支持意愿不强烈，普遍存在"等、靠、要"思想，因此小额信贷的贷款需求不明显。而在扶贫贷款发放使用过程中，很多贫困户项目选择同质化严重，扶贫资金大多用于改善住房、种植农作物

或开展畜牧业、生产设备的采购等，项目结构单一，或用于子女上学、大病住院，可持续发展项目较少，政府针对可发展产业的措施、手段滞后，难以形成产业规模，导致信贷资金使用效率较低。

最后，由于缺乏符合金融机构授信条件的担保机构或抵押物，完成有效信贷略显不足。虽然贫困地区中小企业和贫困户信贷资金需求旺盛，但部分涉农企业和农村经营主体大多从事传统农林业，遭受自然灾害的风险大，市场竞争力弱，而且很多贫困户经济能力弱，可用于抵押变现的资产较少，还贷能力差，缺乏有效抵押物等，增加了金融机构在贫困地区发放信贷资金的风险，降低了金融机构对贫困人口的放贷意愿，在政策性融资担保机制不完善的情况下，金融机构信贷资金无法有效介入。

（五）贫困地区“造血”能力不足

金融扶贫不仅是让贫困地区的贫困人口能够有效利用金融扶贫资金实现脱贫致富，还要能够让贫困人口自我发展，实现自我“造血”功能，防止贫困人口再次返贫，达到金融扶贫的可持续性。贫困地区的贫困人口作为重要的金融扶贫帮扶对象，其能否提升自我“造血”功能决定了金融扶贫的成败。从实际情况来看，很多贫困地区“造血”能力不足，究其原因，主要有以下几个方面：

第一，贫困人口主动脱贫意识较差。我国很多地区开展的扶贫工作更多的是“输血式”扶贫，但是扶贫不扶志，贫困地区部分贫困人口对扶贫形成了“输血式”依赖，认为扶贫是慈善，是扶贫救济，甚至有些地区存在赖贫不脱、坐等各种扶贫政策补贴和好处的现象，直接导致金融扶贫资源的无效供给，降低了扶贫资金的效率。贫困地区贫困人口的“造血”能力明显不足，成为金融扶贫功能发挥的桎梏。

第二，产业基础发展薄弱。扶贫工作根本上要靠产业培育和发展，贫困地区的主要产业仍为农业或种植业，即使一些农户在政府和扶贫机构的帮助下完成了脱贫，但遇到自然灾害等问题，产业自身抵抗风险能力差，很容易使农户产生返贫现象，造成前期脱贫工作成效甚微，也使得扶贫工作进展缓慢。“输血式”的救济扶贫具有临时性、短期性和不可持续性，政府和金融扶贫机构的力量也是有限的。只有通过产业发展、自我能力的培养，走开发性扶贫道路，增强自身抵御风险能力，才能实现真正的脱贫致富。

第三，贫困地区农户技术知识能力不足，持续增收能力有限。很多贫困人口主动脱贫能动性较差，扶贫信贷资金难以在短期内使贫困人口脱贫盈利，同时贫困地区青壮年劳动力大部分会向经济发达城市转移就业，造成贫困地区缺乏劳动力支撑。留守人口思想观念陈旧，脱贫能力不足，使得扶贫难度加大，脱贫任务艰巨。

（六）人才资源匮乏

“人才是第一资源”，人才匮乏是限制贫困地区发展的重要因素，人才供需矛盾突出，人才资源不足问题亟待解决。

贫困地区人才吸引能力不足，引进机制不合理，导致人才资源匮乏及人才流失严重。一方面，贫困地区科学技术水平落后，标准的技术体系还未建立，产业科学技术含量较低，需要引进大量技术人员，推动先进技术的发展，但同时，贫困地区人才引进机制不健全，人才培养缺乏规划，吸引人才能力不足，使得拥有高技术、高学历、高能力水平的人才不愿来或留不住，进一步加剧了贫困地区发展难度。另一方面，贫困地区教育水平偏低，教育资源不足，贫困人口思想观念较为保守，对新技术、新知识的学习能力差，自我发展能力较弱，人才发展速度远远跟不上对人才需求的速度。贫困地区的发展水平与全国经济发达地区以水平存在很大差距，就业机会较少，吸纳劳动力能力有限，人力资源严重匮乏，大量青年人口流向经济发达地区，加大了贫困地区脱贫工作难度。

（七）扶贫资金不足，使用效率不高

一是社会力量参与不足。政府是金融扶贫工作开展的主导，对地方甚至全国的扶贫工作进行统一的规划和指导，能够快速有效地集合各种资源投入到扶贫工作中来，使扶贫工作取得良好效果。但是仅仅依靠政府的政策引导和规划来实现脱贫攻坚的任务也是非常困难和不现实的，

必须充分调动社会各界力量，尤其是民间资本投入，共同为扶贫事业做出贡献。尤其是我国深度贫困地区存在人口分布、风俗习惯等诸多因素的差异，增大了扶贫攻坚的难度和复杂性，如果仅仅是政府负责和实施扶贫开发，会导致扶贫的成本过高，扶贫资金来源不足、效率低，甚至会滋生腐败问题。因此，深度贫困地区的金融扶贫工作需要吸引社会各界力量的共同参与，提高扶贫的精准化和高效化。

二是直接融资难以有效介入。贫困地区多位于偏远山区，基础设施建设落后，经济基础薄弱，涉农企业和农村新型经营主体产业经营单一。部分涉农企业仍停留家族式的管理经营模式，缺乏规范的治理机制，财务制度不健全，难以达到进入直接融资市场的门槛，导致其难以通过股权和债权等直接融资手段获取资金支持。例如云南西双版纳州，截至 2017 年 6 月，仅有一家新三板上市公司，地方企业债券融资仍然未取得突破。

三是贫困地区资金外流严重。除了扶贫资金投入不足，贫困地区资金流失问题也是制约经济发展的重要因素。随着“三农”的迅速发展以及精准扶贫力度的不断加大，扶贫信贷资金的需求不断持续增长，然而资金外流现象日益严重。资本的趋利性决定了其流向是从贫困地区流向收益更高的经济发达地区、从农村流向城市，进一步加剧了农村贫困地区的资金短缺问题的严重性。而金融机构基于自身利润最大化的考虑，面对扶贫贷款“高成本、高风险、低收益”的现实，大型国有商业银行通过裁撤网点、上收贷款审批权限、吸收存款、严发贷款等措施，农村合作组织则每年通过缴纳存款准备金、购买国债和金融债券等方式，将农村贫困地区居民的储蓄通过商业化运作，流向收益高、风险低、成本低的领域，使得农村地区仅有的少量资金流出，未能有效扶贫，不能为农村地区的扶贫事业做出贡献。农村贫困地区资金外流减少了贫困地区农户和企业可贷资金数量，进一步加大了其向金融机构贷款的难度。以宁夏为例，2015 年，该省份存款与贷款比例超过 100%，即贷款总量超过存款总量。尽管从 2016 年开始，存贷比有所回落，降到 96.8%，然而存贷差进一步扩大。不能吸收到足额的存款，银行就没有足够的资金进行扶贫资金的发放，银行的贷款能力也受到影响。部分地区存贷比例倒挂影响了金融扶贫的有效开展，降低了扶贫贷款发放的效率。

四是扶贫资金落实问题。首先，在扶贫资金的投向上，扶贫资金主要目的是为了实现贫困地区脱贫，支持贫困人口发展脱贫产业，提高种植业、养殖业、畜牧业等产业水平，实现贫困人口自我发展。有些当地政府部门在持续开展扶贫工作过程中，为了在较短时间内取得较好的效果，可能会将扶贫作为政绩工程开展，将完成扶贫任务的好坏作为政绩考核，容易落入传统的发展思路中，使得扶贫资金对中低收入和贫困人口的支持不足，金融服务机构倾向于信贷好的大型企业或富裕人口，从而提高贷款收回率，造成贫困人口很难获得扶贫资金，贫富差距越来越大，“嫌贫爱富”“贷富不贷贫”倾向明显。例如，兰州城郊实施的专项反贫困政策使得富裕农户的收入和消费增加了6.1%～9.2%，但是真正的贫困户的收入和消费并没有得到明显的提高。这样的贷款倾向违背了国家和地方政府开展金融扶贫的初衷。

其次，在金融扶贫资金的使用上，扶贫开发主要是为了发展农业生产，促进农民增收，实现农民自我发展能力的持续提升。然而，现实过程中实施的扶贫开发与国家制定的扶贫政策的初衷有很大差距，有的甚至可以说背道而驰，远远达不到预期的效果。部分管理者为了自身的政绩和升迁，把原本要用于农村和农业产业发展的扶贫资金用在道路建设、整改村容村貌等基础设施建设上，将农村道路建设、房屋改善、街道整理等外在的可看得见的内容作为自己的工作业绩，而没有在发展农村生产以使农民真正实现脱贫致富上下真功夫。另外，一些地区的贫困群众也热衷于将扶贫资金用于房屋和围墙改造、院坪硬化、墙体粉刷等方面，没有注重自身素质和生产能力、技术能力的提升，以解决增收和产业持续发展的问题。

第七章 新时代深度贫困地区金融扶贫创新的新任务新要求

十九大报告指出，随着我国社会主要矛盾转化为人民日益增长的美好生活需要和不平衡不充分的发展之间的矛盾，中国特色社会主义进入了新时代。在此背景下，厘清深度贫困地区金融扶贫创新与新发展理念、全面小康、乡村振兴等重大战略的关系，正确认识和把握深度贫困地区金融扶贫创新的新任务、新要求，对推动深度贫困地区打赢打好脱贫攻坚战具有重要的意义。

一　新发展理念与深度贫困地区金融扶贫创新

消除贫困、改善民生、逐步实现共同富裕，是社会主义的本质要求，是我们党的重要使命。党的十八届五中全会提出的“创新、协调、绿色、开放、共享”的发展理念，是当代中国走向新一轮发展的战略思想。习近平总书记在关于扶贫工作的指示中，反复提出以“五大发展理念”为指导，“坚决打赢脱贫攻坚战”，实施“精准扶贫”，“确保到2020年所有贫困地区和贫困人口一道迈入全面小康社会”。结合当前实际，正确认识新的发展理念下深度贫困地区金融扶贫创新的重大意义、目标要求、价值取向和总体思路，对推动深度贫困地区高质量脱贫和高质量发展具有重要的理论和实践价值。

（一）新发展理念下深度贫困地区金融扶贫创新的重大意义

金融扶贫是指利用以到户小额贷款或龙头企业及基础设施建设贷款等形式为主的金融产品，对贫困对象进行扶持和帮助，使金融产品在精准脱贫减贫进程中起到推动作用。金融扶贫创新是指在“创新、协调、绿色、开放、共享”五大发展理念指引下，在扶贫进程中通过对金融产品、帮扶形式、扶贫机制、风险防控等金融扶贫要素进行创新，提升扶贫开发的精准性和扶贫绩效，进而推动贫困地区如期实现脱贫目标。金融扶贫创新对于深度贫困地区落实五大发展理念，打赢脱贫攻坚战，进而迈向高质量发展具有重大的现实意义。

1. 金融扶贫创新是深度贫困地区落实新发展理念的内在要求

在金融扶贫中落实新发展理念是深度贫困地区坚持“创新、协调、绿色、开放、共享”发展的内在要求。创新发展是引领深度贫困地区发展的第一动力，金融扶贫创新本质上就是对扶贫机制的制度创新，推进金融扶贫创新将进一步提升深度贫困地区金融支撑实体经济的能力和动力。协调发展是深度贫困地区科学发展的内在要求，金融扶贫创新能够有效地推进贫困人口脱贫，有助于消除区域、城乡等制约社会经济发展的不协调问题，促进深度贫困地区高质量发展。绿色发展是深度贫困地区科学发展的必要条件，金融扶贫创新的重点之一就是通过金融支撑，实现深度贫困地区“绿水青山就是金山银山”的绿色发展之梦，消除贫困地区“绿色贫困”诅咒。开放发展是深度贫困地区科学发展的必由之路，通过金融扶贫创新，将外部的金融资源要素和产业要素引入贫困地区，进而助推深度贫困地区开放发展。共享发展是深度贫困地区科学发展的目标追求，金融扶贫通过在贫困地区发展普惠金融，将金融资源注入共享发展理念，使符合条件的贫困人口均能享受改革开放的红利，助推贫困人口精准脱贫。因此，金融扶贫创新本身就契合了新时代五大发展理念的精神内核，是深度贫困地区落实新发展理念的内在要求，也是实现深度贫困地区脱贫攻坚的重要途径。

2. 金融扶贫创新是实现深度贫困地区高质量脱贫的必由之路

深度贫困地区面临打赢精准脱贫攻坚战、深化供给侧结构性改革、促进产业转型升级、提高城镇化质量、实施乡村振兴战略等多重紧迫发展任务相互交织叠加的局面，同时在资源、经济、教育等领域存在诸多短板。在此背景下，要实现深度贫困地区高质量脱贫，必须坚持五大发展理念，一方面在持续增收上精准发力，充分发挥金融扶贫的综合优势，以创新发展理念为指引，以金融扶贫创新为核心，全面落实各项扶贫政策，集聚各类扶贫资源，综合实施各类增收帮扶措施，确保实现持续增收稳定脱贫。另一方面，深度贫困地区需要在补齐短板上精准发力，在脱贫攻坚中，深度贫困地区、特殊贫困群体和农村基础条件不平衡不充分的发展表现尤为突出，是全面打好脱贫攻坚战的最大短板。金融扶贫创新可以有效地解决深度贫困地区在基础设施、教育、医疗卫生等民生领域的短板，还可以通过金融与产业融合有效补齐深度贫困地区产业落后的短板，进而推动深度贫困地区高质量脱贫。此外，深度贫困地区高质量脱贫需要在统筹结合上精准发力，把脱贫攻坚放在深化供给侧结构性改革、促进产业转型升级、提高城镇化质量、实施乡村振兴的大局中去谋划、去推进，实现统筹兼顾、互促共进、全面发展。这将对金融扶贫提出更高的要求，需要以五大发展理念为指导，在体制机制、方式方法等领域创新金融扶贫模式，助力深度贫困地区高质量脱贫。因此，高质量脱贫是深度贫困地区脱贫攻坚的重要使命，以金融扶贫创新为手段，推动贫困人口持续增收、补齐贫困地区发展短板，是实现深度贫困地区高质量脱贫的必由之路。

3. 金融扶贫创新是推动深度贫困地区高质量发展的重要保障

所谓高质量发展，就是能够更好地满足人民日益增长的美好生活需要的发展，是要将人民对美好生活的期盼变成现实的发展。相对于高速度增长而言，当前不平衡不充分发展的实质就是发展质量不高。深度贫困地区是当前社会经济发展进程中一系列“不平衡不充分”问题集中存在的区域。首先，城乡发展不平衡在深度贫困地区表现得尤为突出，改革开放以来，我国一直重视城市作为经济发展中心的带动作用，城镇化比率明显提高，但城乡二元结构的矛盾依然突出，广大农村地区，特别是深度贫困地区的基础设施、公共服务水平与城市相比还有很大差距，严重制约了深度贫困地区的经济发展和脱贫攻坚任务的顺利实现。其次，深度贫困地区经济与社会发展不平衡，社会建设滞后于经济建设，民生问题凸显，社会矛盾突出。最后，深度贫困地区物质文明与精神文明发展不平衡，精神文明建设滞后，人的现代化水平跟不上经济的发展水平。除此之外，深度贫困地区还有诸如农业现代化与工业化、城镇化、信息化发展不平衡等问题，这些发展中的不平衡问题如果不能得到相应解决，将会成为深度贫困地区未来高质量发展的羁绊。新时代破解深度贫困地区发展难题，必须用新的发展理念引领发展方向。金融扶贫创新通过改善深度贫困地区金融供给结构，有效破解深度贫困地区的“不平衡不充分”问题，进而推动深度贫困地区迈向高质量发展。

（二）新发展理念下深度贫困地区金融扶贫创新的目标要求

习近平总书记指出：“发展理念是发展行动的先导，是管全局、管根本、管方向、管长远的东西，是发展思路、发展方向、发展着力点的集中体现。”在深度贫困地区脱贫攻坚进程中，将“创新、协调、绿色、开放、共享”五大发展理念融入金融扶贫创新的全过程，全方位地提升金融扶贫创新的整体效果，是新发展理念对金融扶贫的新目标和新要求。

1. 坚持创新发展理念，深度贫困地区金融供给结构进一步优化

创新理念作为五大发展理念的核心，能够为精准金融扶贫提供不断推进的动力。具体而言，在深度贫困地区金融扶贫过程中坚持创新理念，就是要创新金融扶贫的体制机制，创新金融扶贫的方式方法，增强金融扶贫动力，拓宽金融扶贫渠道，提高金融扶贫整体效果，以产业链金融模式、农机金融租赁模式等为重点，创新金融扶贫业务模式。以农村土地承包经营权、林权、农业机械设备、运输工具、水域滩涂养殖权、承包土地收益权等为标的，创新深度贫困地区抵（质）押担保贷款方式。以简化金融服务手续，创新和推广专营机构、信贷工厂等服务模式为重点，创新金融扶贫服务方式。以发展关系国计民生和国家粮食安全的农作物保险、主要畜产品保险为重点，结合深度贫困地区特色农产品，因地制宜开展特色优势农产品保险试点，推广农房、农机具、设施农业、渔业、制种保险等业务，扩大深度贫困地区农业保险覆盖面，创新农业保险产品和服务。深度贫困地区金融供给结构逐步优化，进一步提升深度贫困地区金融扶贫创新工作格局，形成创新理念引领下多种金融资源协同发力、多种金融扶贫模式协调推进的金融扶贫创新局面，进一步完善“服务层次多、服务覆盖面广、服务水平高”的深度贫困地区金融扶贫体系。

2. 坚持协调发展理念，推动深度贫困地区金融扶贫重点领域协同发力

在深度贫困地区金融扶贫过程中坚持协调发展理念，就是要有全局观、系统观，围绕金融扶贫创新的重点领域，完成好金融扶贫支撑脱贫攻坚的重点任务，支持农业经营方式创新，在深度贫困地区开展金融支持农业规模化生产和集约化经营试点，积极推动金融产品、利率、期限、额度、流程、风险控制等方面创新，进一步满足家庭农场、专业大户、农民合作社和农业产业化龙头企业等新型农业经营主体的金融需求，加大对农民扩大再生产、消费升级和自主创业的金融支持力度。支持提升农业综合生产能力，加大对耕地整理、农田水利、粮棉油糖高产创建、畜禽水产品标准化养殖、种养业良种生产等经营项目的信贷支持力度。重点支持农业科技进步、现代种业、农机装备制造、设施农业、农产品精深加工等现代农业项目和高科技农业项目。支持农业社会化服务产业发展，支持农产品产地批发市场、零售市场、仓储物流设施、连锁零售等服务设施建设。大力发展绿色金融，促进节水农业、循环农业和生态友好型农业发展，促进农业发展方式转变。探索支持新型城镇化发展的有效方式，创新适应新型城镇化发展的金融服务机制，重点发挥政策性金融作用，稳步拓宽城镇建设融资渠道，着力做好农业转移人口的综合性金融服务。大力发展深度贫困地区农业直接融资，鼓励符合条件的涉农企业在多层次资本市场上进行融资，鼓励发行企业债、公司债和中小企业私募债。逐步扩大涉农企业发行中小企业集合票据、短期融资券等非金融企业债务融资工具的规模，推动深度贫困地区金融扶贫重点领域协同发力。

3. 坚持绿色发展理念，深度贫困地区绿色金融体系初步形成

在深度贫困地区金融扶贫过程中坚持绿色发展理念，以构建适应深度贫困地区高质量脱贫和实现绿色发展为特色的现代绿色金融服务体系为目标，以支持绿色产业发展和发展绿色金融为主线，着力构建绿色金融组织体系，在绿色金融体系建设中充分发挥银行业、证券期货业、保险业三大传统金融机构的主力军作用，突出发展壮大各类金融机构和各类金融组织，构建深度贫困地区绿色金融扶贫组织体系和机构体系。着力完善绿色金融市场体系，积极优化绿色信贷市场，提高信贷资金利用效率，用好增量，盘活存量，鼓励银行业金融机构通过信贷资产流转、信贷资产证券化等方式盘活信贷资源。引导商业银行探索运用多种市场化方式处置不良资产，提高信贷资金使用效益。着力创新绿色金融产品和服务，着力优化金融发展环境，着力防范金融风险，推进构建绿色金融组织体系、产品创新、体制机制建设和政策措施支撑等各项改革创新，完善金融机构、金融市场、金融产品体系，促进融资便利化，降低实体经济成本，提高资源配置效率，保障风险可控，为深度贫困地区打赢脱贫攻坚战、全面建成小康社会，提供有力支撑。

4. 坚持开放发展理念，深度贫困地区金融扶贫活力动力进一步释放

在深度贫困地区金融扶贫过程中坚持开放发展理念，通过坚持在扩大开放中抓扶贫，在金融扶贫中促创新，以开放的视野和心态，在金融领域对社会资本开放，充分发挥财政资金“四两拨千斤”的作用，撬动、引导大量社会资本和金融资本参与扶贫开发，激活深度贫困地区“造血”功能，释放深度贫困地区金融扶贫的动力。坚持开放发展理念，发挥好金融在产业扶贫中的资金融通作用，进一步通过金融制度创新，将金融资源与深度贫困地区的产业政策、财政政策、扶贫政策等有效对接，在深度贫困地区产业发展初期至成熟期的各个阶段发挥积极作用，进一步激发深度贫苦地区金融与产业扶贫融合的活力。坚持开放发展理念，整合各级财政部门、银行等金融机构、资本市场等融资渠道，拓宽深度贫困地区产业扶贫的资金来源，筹措生产性投资资金，解决贫困地区产业发展的资金短缺问题，激发深度贫困地区产业经济发展的动能。依托金融的资源整合作用，以金融扶贫为媒介，促进产业扶贫与金融扶贫深度融合，进一步释放金融支持实体经济的活力，在金融带动下，促进深度贫困地区实体经济“走出去”和“引进来”，进一步拓宽深度贫困地区实体经济发展的空间，形成金融与产业扶贫深度融合的新局面。

5. 坚持共享发展理念，深度贫困地区普惠金融发展水平进一步提升

普惠金融就是让金融服务普遍惠及广大人民群众，尤其是弱势群体及个别特贫个体。在深度贫困地区金融扶贫过程中坚持共享理念，就是要围绕深度贫困地区脱贫攻坚的目标要求，从组织体系上促普惠，扶持引导农村金融机构在深度贫困地区的乡镇、村组扩面增点，加快发展村镇银行和新型农村合作金融组织，逐步建立和完善深度贫困地区多层次、广覆盖、适度竞争的金融机构组织体系。从支付体系建设上促普惠，切实加快存、取、结算等金融设施建设步伐，使深度贫困地区农民和城市居民一样享受多渠道、低成本、广覆盖的基本金融服务。从服务方式上促普惠，鼓励深度贫困地区涉农金融机构发挥各自优势，采取不同的市场竞争战略，开展错位竞争和有序竞争，促进金融机构以合理的成本和收益服务深度贫困地区。从农村诚信建设上促普惠，加快深度贫困地区农村征信数据库建设，通过开展“信用农户”“信用企业”“信用乡（镇）村”的创建活动，建立信用激励和惩戒机制，为发展普惠金融营造良好的农村金融生态环境。从金融创新上促普惠，依靠基础设施好的金融机构，发展互联网金融，从融通、融资、融智、融商四个方面打造金融服务平台；创新基于贫困地区各类产权的金融产品和抵押担保服务，拓宽贫困地区和贫困人口融资渠道，盘活贫困地区资源、资金、资产，定向精准支持特色优势产业发展。通过大力发展普惠金融，让贫困群众最大限度地分享各项金融资源，切实提升深度贫困地区金融扶贫创新能力和绩效。

（三）新发展理念下深度贫困地区金融扶贫创新的价值取向

深度贫困地区金融扶贫创新是一项复杂的系统工程，涉及政府、金融机构、贫困户等脱贫攻坚主体，也涉及财政资金与金融资源、政策性金融与商业性金融等复杂的关系，因此，在金融扶贫创新中，需要梳理好若干重大关系，坚持正确的金融扶贫价值导向。

1. 财政和金融的关系

在深度贫困地区金融扶贫创新过程中，财政政策和金融政策有各自独特的优势和范围，需要处理好二者的关系，发挥其合力作用。在金融扶贫中，财政政策主要通过中央财政对贫困地区的转移支付、中央财政专项扶贫资金、省级财政专项扶贫资金等财政资金投入形式，推动深度贫困地区产业类及民生类基本公共服务设施建设，进而达到金融扶贫的效果。在金融扶贫中，金融政策主要通过鼓励和引导各类金融机构加大对扶贫开发的金融支持，发挥多种货币政策工具正向激励作用，利用扶贫再贷款，引导金融机构扩大贫困地区涉农贷款投放，促进降低社会融资成本。鼓励银行、保险等金融机构创新金融产品和服务方式，积极开展扶贫贴息贷款、扶贫小额信贷、创业担保贷款和助学贷款等业务。总之，在金融扶贫创新过程中，要明确财政和金融的边界，确保财政资金对于纯公益性项目、特殊贫困人口生活保障等“不缺位”，对于可以发挥财政撬动作用、引导金融资源和社会资本进入的领域“不错位”，对于金融和社会资本主动愿意进入的领域“不越位”。

2. 政策性、开发性金融和商业性金融的关系

在深度贫困地区金融扶贫创新过程中，涉及政策性金融、开发性金融和商业性金融等多种金融形式，需明确各自在金融扶贫中的作用，正确处理好三者之间的关系。政策性金融，是指在一国政府支持下，以国家信用为基础，运用各种特殊融资手段，严格按照国家法规限定的业务范围、经营对象，以优惠性存贷利率，直接或间接为贯彻、配合国家特定的经济和社会发展政策而进行的一种特殊性资金融通行为。开发性金融是政策性金融的深化和发展，是为实现政府发展目标，弥补体制落后和市场失灵，维护国家经济金融安全，增强竞争力的一种金融形式。开发性金融一般为政府拥有、赋权经营，具有国家信用，体现政府意志，把国家信用与市场原理特别是与资本市场原理有机结合起来。商业性金融是指在国家产业政策指导下，运用市场法则，引导资源合理配置和货币资金合理流动等经济行为而产生的一系列货币商业性金融活动的总称。在深度贫困地区金融扶贫中，应明确开发性、政策性金融的职责定位，对于回收周期长、收益低、商业性金融和社会资本进入意愿不强的领域，进一步发挥开发性、政策性金融的“稳定器”作用，助力深度贫困地区脱贫攻坚。

3. 经济效益和社会效益的关系

经济效益和社会效益的有机统一，是金融扶贫创新的内在要求。在深度贫困地区金融扶贫进程中，政策性金融机构和商业性金融机构均需重新审视扶贫开发中的经济效益和社会效益之间的关系。在深度贫困地区，金融扶贫开发项目往往是涉及基本民生保障的基础设施项目，此类项目往往具有建设周期长、投资体量大、利润回报低等特点，贷款风险相对较高。针对此类扶贫开发项目，在以往扶贫开发中，政策性金融一般是完全按照国家规定的数额、用途、利率开展业务，将实现规定的政治目标作为主要目标，同时兼顾经济效益。商业性金融一般是按照市场法则和信贷资金“三性”原则（安全性、流动性、效益性），在遵守原则的前提下，自主经营，以经济效益为主兼顾社会效益。需要将金融扶贫主体的社会效益和经济效益通盘考虑，既要充分发挥市场对金融资源配置的决定性作用，又要充分发挥政府对金融扶贫创新的保障和推动作用，实现“有效的市场”与“有为的政府”有效结合，在此基础上，推动商业性机构辩证看待经济效益和社会效益，通过广泛运用金融科技、整合各类信息资源，有效扩大金融机构服务半径、降低服务成本，在更高程度上实现经济效益和社会效益的统一。

4. 普惠金融与特惠金融的关系

特惠金融是指以依靠补贴方式提供的优惠性融资或保险等金融形态，是一种政策性金融。普惠金融是指以市场运作为模式、保本微利为原则、可持续为弱势群体提供金融服务为宗旨的金融形态，是政策性金融的深化和发展。在深度贫困地区金融扶贫创新中，需要将普惠金融和特惠金融有机结合。以金融精准扶贫为导向，推动普惠金融发展，单独考核贫困地区建制乡镇的机构网点覆盖率和行政村的金融服务覆盖率，加快完善普惠金融服务体系；单独研发扶贫金融产品，有效满足贫困地区和贫困人群的金融服务需求。采取“一项一策”“一项一法”“一项一品”的精细化管理方法，使各项金融服务措施落实到贫困人口、具体项目，切实提升金融扶贫精准度。在此基础之上，对深度贫困地区贫困人口实施金融特惠政策，引导深度贫困地区银行业机构持续下沉服务重心，不断增强基层网点服务功能，提高综合服务水平。对银行业机构在贫困地区的乡、村设立服务网点实行更加宽松的准入政策，优先支持在贫困地区设立村镇银行等小微型金融机构。在脱贫攻坚期内，严格控制贫困地区现有机构网点的撤并。对有稳定还款来源的扶贫项目，允许金融机构采用过桥贷款方式，发放特定期限、特定额度的贷款，促进先期支持项目及时启动，并根据资金到位和后续现金流情况做出还款安排。

（四）新发展理念下深度贫困地区金融扶贫创新的主要任务

1. 贫困户创业就业金融服务

为有劳动力、有贷款意愿、有良好信用、有产业发展项目（以下简称“四有”）的建档立卡贫困户提供金融支持，切实解决贫困户“贷款难、利率高”问题，增强贫困户自我发展能力，支持贫困户脱贫致富。建立和完善包括家庭基本情况、资产构成、生产生活、就业就学、金融需求等内容的贫困户金融服务档案和金融支持台账，实行“一户一档”。针对贫困户资金需求特点，灵活确定贷款期限，适当提高贷款额度，创新信贷产品和服务方式，采取新型农业经营主体担保、担保公司担保、联保等多种增信措施，缓解贫困户缺乏有效抵押担保手段问题，提高贫困户贷款可获得性。加大扶贫小额信贷的投放力度，落实好贷款额度、期限、利率等优惠政策。管好用好创业担保贷款，为符合条件的建档立卡贫困户和临界扶贫对象创业就业提供支持。积极发放助学贷款，缓解贫困户家庭学生就学难题，为阻断贫困代际传递提供有力支持。

2. 易地扶贫搬迁金融服务

为“实施一个项目、安置一方群众、实施一方脱贫”提供全方位金融支持，积极满足搬迁贫困人口的基本生产生活融资需求，支持具有搬迁条件和意愿的贫困人口应搬尽搬，促进贫困人口搬得出、稳得住、能致富。充分发挥政策性、开发性金融机构的主导作用，主动对接贫困地区移民搬迁规划，积极为易地扶贫搬迁项目争取多方政策资源倾斜支持。按照保本或微利原则发放低成本、长期的易地扶贫搬迁贷款，加强贷后管理，强化风险识别和防范，严格贷款用途，确保资金专项用于搬迁人口安置住房。加强商业性、合作性金融机构与开发性、政策性金融机构的协调配合，充分发挥其点多面广、贴近基层的优势，全面做好安置区贫困人口生产生活和安置区种养业、休闲农业、乡村旅游、民俗文化等后续产业的金融服务工作，支持拓宽搬迁贫困人口就业和增收渠道。

3. 特色产业促增收金融服务

为新型农业经营主体、村级集体经济、相关企业、返乡农民工等提供金融支持，强化其与贫困人口的利益联结机制，组织带动贫困人口通过发展生产和务工实现增收脱贫。合作银行指导帮助无产业发展项目的贫困村村级集体经济和建档立卡贫困户的资金实现收益最大化。立足资源禀赋和产业基础，积极支持绿色生态种养业、民族手工业、乡村旅游业、农村电商等特色产业发展，支持培育贫困村“一村一品”产业，支持发展农产品精深加工业和劳动密集型产业，加快一、二、三产业融合发展，带动更多贫困人口获得农业全产业链带来的收益。精准对接专业大户、家庭农场、农民专业合作社、农业产业化龙头企业等新型农业经营主体、涉农企业和返乡农民工、大学生、复员退伍军人等的金融需求。完善和落实新型农业经营主体金融服务主办行制度，积极开展金融产品和服务方式创新，推广“企业＋农民专业合作社＋农户”“农民专业合作社＋农户”“家庭农场＋农户”等农业产业链金融服务模式，强化各类农业经营主体与贫困人口的利益联结机制，组织带动贫困人口增收致富。

4. 农村基础设施和基本公共服务领域金融服务

充分发挥不同金融机构的作用，为基础设施和基本公共服务项目建设提供支持。金融机构加强与各县（区）政府有关部门沟通协调，主动对接交通、水利、能源、通信、生态环境等农村基础设施项目建设以及文化、医疗、卫生等基本公共服务项目建设和民生工程建设，充分利用信贷、债券、基金、股权投资等多种融资工具加大支持力度。针对有稳定还款来源的农村基础设施建设和公共服务项目，在有效防控风险的前提下，按照市场化原则，充分发挥政策性、开发性、商业性金融的协调配合作用，特别是农业发展银行要注重发挥中国农发重点建设基金作用，有效撬动商业性信贷资金的投入。改进和完善信贷管理，在信贷资源配置、信贷审批权限设置等方面给予倾斜。

5. 基础金融服务到村到户

建立健全农村金融组织服务体系和支付结算服务体系，建立起基础金融服务不出村、综合金融服务不出乡（镇）的金融服务体系。鼓励和支持银行、证券、保险机构优化网点布局，进一步向乡镇延伸网点，支持设立新型农村金融机构。根据电力、通信等基础条件，确保银行卡助农取款服务点及时跟进，实现贫困村金融服务全覆盖。加强贫困村支付服务基础设施建设，确保现代化支付系统延伸至贫困村所有银行网点。大力推广银行卡、电子账户等非现金支付工具，进一步加大 ATM 机、POS 机、转账电话等自助机具在贫困地区的布放和改造升级力度，积极推进金融 IC 卡、互联网支付、移动支付等新型电子支付方式在贫困地区的应用。持续深入开展“支付惠农示范工程”创建活动，巩固农村支付服务环境建设既有成果，推动相关金融机构在贫困村创建一批助农取款优质服务示范点和农村金融综合服务示范站，加载人民币反假、反洗钱、零钞兑换、消费维权、征信采集、政策咨询、金融宣传等内容，搭建多点合一的农村扶贫金融综合服务平台。深化农民工银行卡特色服务，拓宽受理金融机构范围。支持贫困户足不出村就能获得小额取款、查询、转账、汇款、缴费等基础金融服务。

6. 农村信用体系建设

加强农村信用体系建设，继续推进建档立卡贫困户和新型农业经营主体信用档案建设，持续改善农村信用环境，促进信用与信贷联动，有效发挥农村信用体系建设成果在精准扶贫金融服务中的作用。创新建立由农村基层党组织、“驻村第一书记”、金融机构等多方参与的贫困户和新型农业经营主体信用评定制度，推进信用户、信用村和信用乡（镇）评选，开展“诚信新型农业经营主体”评定，不断提高贫困地区各类主体的信用意识，营造良好农村信用环境。强化信用信息查询使用，加大信用评定结果运用，促进信用与信贷有效结合，对诚信主体在贷款金额、利率、期限等方面给予倾斜优惠，对失信主体给予相应限制。支持条件成熟的农村电商平台依托自身掌握的信用信息逐步发展成为服务农村主体的征信服务机构。拓展和优化征信服务，采用在涉农金融机构安装配置自助查询设备、互联网查询等多种方式，为农村主体依法查询信用报告提供便利。

7. 金融消费者权益保护

加强金融政策和金融知识普及培训，支持农村居民学习金融、了解金融和运用金融，切实维护金融消费者合法权益。对农村金融机构从业人员、贫困村“第一书记”开展扶贫小额信贷、农村“两权”抵押贷款、农业保险等方面的宣传培训，提高其运用金融发展贫困地区经济的意识和能力，发挥其组织和带动示范作用。组织开展金融知识宣传月等活动，加强金融政策以及反假币、防金融诈骗、自助机具使用、信贷产品、理财等金融知识的普及宣传与培训，提高金融消费者金融素养、风险防范意识和运用金融工具的能力。加强金融消费者权益保护，配合有关部门依法打击金融欺诈、非法集资、制售使用假币等非法金融活动。完善金融消费者投诉处理工作机制，畅通金融消费者投诉处理渠道，优化处理程序，切实维护金融消费者合法权益。

二　全面小康与深度贫困地区金融扶贫创新

习近平总书记指出，全面建成小康社会，是我们党向人民、向历史做出的庄严承诺，是13亿多中国人民的共同期盼。这个宏伟目标，是“两个一百年”奋斗目标的第一个百年奋斗目标，是中华民族伟大复兴征程上的一座重要里程碑。全面建成小康社会是实现中华民族伟大复兴的重要基础、关键一步。没有全面小康的实现，民族复兴就无从谈起。贫困地区和贫困人口是“三农”问题中最突出的短板、弱势领域中最薄弱的环节，以金融扶贫创新为突破口，打赢脱贫攻坚战，关系全面建成小康社会的成效。在全面建成小康社会视域下，全面分析金融扶贫创新的重要价值、发展现状瓶颈和重点任务，对于推动深度贫困地区脱贫攻坚，助力深度贫困地区如期全面建成小康社会意义重大。

（一）全面小康背景下深度贫困地区金融扶贫创新的现实意义

“小康不小康，关键看老乡”，要实现深度贫困地区与全国一起全面建成小康社会，关键在于以金融创新为突破口实施金融精准扶贫。金融扶贫创新应立足深度贫困地区脱贫攻坚对金融服务的现实需要，改“大水漫灌”为“精滴细灌”，从简单“输血”到着重“造血”，这是全面建成小康社会，实现中华民族伟大“中国梦”的重要保障。全面建成小康社会背景下，推动深度贫困地区金融扶贫创新，顺应了深度贫困人口脱贫攻坚的现实需要，服务了改善民生的深刻内涵，体现了社会主义的本质要求。

1. 深度贫困地区金融扶贫创新是加快脱贫攻坚步伐的现实需要

《国家新十年扶贫纲要》明确将连片特困地区作为脱贫攻坚的主战场，这些连片特困地区大都生态环境脆弱，自然条件严酷，交通不便，扶贫开发成本高，难度大。要让这些地区“拔穷根”，必须“输血”与“造血”并行，在这个过程中，金融支持不可缺少。但现实情况是，越是贫困的地区，越是金融服务的盲区。而要实现全面建成小康社会的目标，必须打通农村金融服务的“最后一公里”，为深度贫困地区加快改善基础设施、发展富民产业、保障基本民生提供强有力的金融服务。地方金融作为服务“三农”和中小微企业的金融主力军，机构遍布全国城乡，与广大农村和农民同呼吸、心相连，是精准扶贫的前沿阵地，对加速推进脱贫攻坚、全面建成小康社会，具有不可替代的作用。

2. 深度贫困地区金融扶贫创新是金融机构履行社会责任的内在要求

“十三五”期间，国家将集中实施开发性扶贫，集中资金支持移民搬迁、道路桥梁、农田水利、通信、供水、电网等项目建设，扶持培育一批特色涉农产业、绿色扶贫产业。这必将催生出多元化金融需求，拓展出金融服务的巨大市场。金融机构要认真贯彻党中央决策部署，提高对自身社会作用和社会责任的认识，牢固树立助力脱贫攻坚的责任意识，在有效支持贫困地区经济发展中实现自身发展与多赢。

3. 深度贫困地区金融扶贫创新是增强贫困户自我发展能力的重要手段

长期以来，扶持资金短缺、农民贷款难、金融服务缺失是制约贫困地区农村发展和贫困群众脱贫致富的普遍共性问题。近年来，各级地方政府和金融机构通过组建政策性担保公司、降低贫困户贷款准入门槛、创新金融信贷产品等方式，不断加大金融扶贫力度，为绝大多数有发展能力的贫困群众发展特色产业提供了有力的资金支持，实现了从“输血式”扶贫向“造血式”扶贫的转变，增强了贫困群众自我发展能力，一些地方的好经验值得总结推广。

（二）全面小康背景下深度贫困地区金融扶贫创新的现实基础

近年来，我国针对深度贫困地区积极展开金融精准扶贫工作，为打赢打好脱贫攻坚战提供了重要支撑。一是金融精准扶贫信贷投入不断增加。先后出台金融助推脱贫攻坚、金融支持深度贫困地区脱贫攻坚等政策，引导金融资源向贫困地区倾斜。截至 2018 年 3 月末，建档立卡贫困人口及已脱贫人口贷款余额 6353 亿元，产业精准扶贫贷款余额 9186 亿元。二是贫困人口金融服务受益面不断扩大。金融系统坚持以支持和带动建档立卡贫困人口为核心，有效满足贫困人口生产生活金融需求，大力支持对贫困人口有带动作用的经营主体发展。2018 年 3 月末，有 835 万建档立卡贫困人口获得直接信贷支持，个人及产业精准扶贫贷款带动建档立卡贫困人口 842 万人（次）。三是金融精准扶贫产品和服务不断丰富。积极完善创业担保贷款政策，强化扶贫小额信贷管理，加大助学贷款、康复扶贫贷款政策实施力度，开展“两权”抵押贷款试点。各地区、各金融机构结合区域和业务特点，积极开展金融产品和服务创新，如四川实施“政担银企户”扶贫模式、贵州创新“一县一业”贷款产品，邮储银行、建设银行创新光伏扶贫小额贷款等，有效提高了金融精准扶贫效果。四是贫困地区基础金融服务水平不断提升。逐步扩大贫困地区支付清算网络覆盖范围，积极推广网络支付、手机支付等新型支付方式，深化银行卡助农取款和农民工银行卡特色服务。加快推动贫困地区社会信用体系建设，开展信用户、信用村、信用乡镇评定，以信用建设促融资。加强贫困地区金融知识普及宣传，不断提高金融消费者的金融素养和风险意识，促进贫困地区金融生态环境持续优化。

近年来，尽管深度贫困地区金融扶贫取得了一定成绩，有力地助推了深度贫困地区的脱贫攻坚，但是在全面建成小康社会背景下，深度贫困地区金融精准扶贫还面临一系列障碍，深入分析这些制约因素，有利于深度贫困地区金融扶贫创新更好地服务全面小康目标的实现。

1. 深度贫困地区信贷扶贫与财政扶贫协调配合不够

财政扶贫与金融扶贫性质不同，财政扶贫是无偿性的，金融信贷需要偿还。由于财政资金的无偿性，难免出现低效率、漏损和挪用等问题。而金融信贷具有偿还性，必然要保持资金运营的效率和收益性。因而，在众多的扶贫方式中，金融资金的偿还性对受助对象具有市场约束力，可以提高扶贫效率和降低相应的制度成本。但由于政府扶贫部门与金融机构在扶贫产业、项目以及资金营运等方面存在信息不对称，两种性质的扶贫资金渠道信息不通，缺乏利益互动、风险互换的机制，难以形成合力，结果造成财政扶贫资金紧张不够用，金融资金富裕不敢投，形成了市场与政府干预双重失灵，导致在扶贫开发中，财政投入占主要地位，银行贷款占比较低，难以满足贫困地区需求，致使贫困地区出现“资金饥渴症”。

2. 深度贫困地区金融精准扶贫的整体合力未形成

虽然改革开放以来农村金融改革取得了巨大成效，但不可否认目前农村金融仍然是整个金融体系中最薄弱环节，虽然农村有政策性银行、商业银行、农村合作金融机构以及新型金融机构，但尚未形成针对农村不同经济主体需求提供相应金融产品的整体效能。农村信用合作机构及村镇银行、小贷公司等新型小微金融机构受实力限制，扶贫开发能力不足，而大型商业银行拥有农村信用社及新型小微金融机构无可比拟的管理、人才、市场及网络技术优势，吸收了大部分农村储蓄资金，但出于自身风险收益边界的考量，缺乏支持扶贫开发的机制和动力。

3. 深度贫困地区涉农金融服务难以适应精准扶贫需要

首先，受农村信用体系建设滞后的制约，金融机构难以全面掌握农村信贷需求者的产销、成本、市场、盈利及风险等相关信息，无法跟踪贷款对象的信用和风险状况，信息不对称使农村普遍贷款程序烦琐。特别是部分易地搬迁失土、离地的农民开展小本经营、作坊式生产创业，难以提供符合要求的抵押品，也不可能找到有经济实力的担保人。其次，缺乏社会化中介服务。由于目前农村土地、财产等流转所需的评估、登记、交易等配套中介服务不健全，受现有土地集体所有、家庭承包经营制度双重约束，农村依法可抵押的土地承包经营权、林权等面临抵押、处置及变现难，阻碍了金融信贷的投入。再次，金融服务产品和方式创新不够。金融精准扶贫不能仅靠单项产品、单项制度突破，应针对贫困地区农村新型农业经营主体特点，开发满足其金融服务需求的专属产品，满足不同经营主体的贷款额度、期限、担保方式及用途等方面的需求，但涉农金融服务滞后、方式单一，创新不足。

4. 深度贫困地区金融精准扶贫风险分散机制不健全

一是金融精准扶贫存在债权虚置的风险。一般连片扶贫开发地区的道路、桥梁、水电、移民搬迁等基础设施项目都能立项得到财政专项资金支持，但许多项目承贷主体是以村委会名义立项，作为承贷主体既不具备偿还实力，又不符合《贷款通则》规定，隐藏债权虚置的风险。二是深度贫困地区农村信用体系不健全。贫困地区种养殖大户、家庭农场、专业合作社的信用正在形成之中，普遍缺乏信用记录，金融机构无法审查评价其真实收入和资产情况，很难测量信用风险；大部分涉农小微企业自身实力不强，难以提供经过审计的财务报表，金融机构难以判断预测其盈利状况。三是缺乏风险补偿机制。农业保险发展滞后，因灾造成的返贫问题突出。

（三）全面小康背景下深度贫困地区金融扶贫创新的基本逻辑

《中共中央　国务院关于打赢脱贫攻坚战的决定》中提出，确保我国现行标准下农村贫困人口实现脱贫，贫困县全部摘帽，解决区域性整体贫困。这意味着，在全面建成小康社会背景下，应当努力提高贫困人口的收入水平。经济增长对提高收入具有显著的正向作用，所以经济增长是解决贫困问题最根本的方法。在支持经济增长中，金融通过提供资本积累和提高资本配置效率发挥着重要作用。因此，全面小康背景下深度贫困地区金融扶贫创新的基本逻辑是，通过支持经济增长，带动居民收入提高，进而实现脱贫目标。不同地区、不同收入的居民存在差异性，会影响上述机制发挥的作用，需要进一步深化对金融扶贫的认识，重点要坚持好“四个原则”，处理好“三大关系”。

1. 坚持好“四个原则”

开发式扶贫原则。坚持以产业发展为引领，通过完善金融服务，促进贫困地区和贫困人口提升自我发展能力，增强贫困地区“造血”功能，充分发挥其发展生产经营的主动性和创造性，增加农民收入，实现脱贫致富。

商业可持续原则。坚持市场化和政策扶持相结合，以市场化为导向，以政策扶持为支撑，充分发挥市场配置资源的决定性作用，健全激励约束机制，在有效防范金融风险的前提下，引导金融资源向贫困地区倾斜。

因地制宜原则。立足贫困地区实际，根据不同县域的产业特点、资源禀赋和经济社会发展趋势，结合不同主体的差异化金融需求，创新扶贫开发金融服务方式，让贫困地区农业、农村和农民得到更高效、更实惠的金融服务。

突出重点原则。加强与贫困地区区域发展规划和相关产业扶贫规划相衔接，重点支持贫困地区基础设施建设、主导优势产业和特色产品发展，保护生态环境，着力提供贫困人口、特别是创业青年急需的金融产品和服务，破除制约金融服务的体制机制障碍，努力寻求重点领域新突破。

2. 处理好“三大关系”

要平衡好金融机构遵循市场化原则与履行社会责任的关系。金融机构是金融扶贫的主体。一般而言，作为商业机构，金融机构配置资源遵循市场化原则，在风险防控的前提下，实现持续发展。但扶贫对象的基本特点是资产少、收入低、风险高，金融扶贫在初始就面临天然的困境。应出台相应的政策措施，加强激励约束，提供风险缓释，优化金融生态环境，改变金融扶贫工作的成本收益关系，使金融机构在参与金融扶贫工作时能够实现盈亏基本平衡，调动金融机构参与积极性，实现金融扶贫的可持续发展。同时，金融机构要从服务脱贫攻坚大局出发，认真履行社会责任，结合实际加大金融创新力度，积极探索管用有效的金融扶贫产品和服务模式，加大对贫困地区的支持力度，努力提高金融扶贫的成效。

要处理好建档立卡贫困户和带动贫困户就业的项目及企业的关系。金融扶贫的有效推进，既需要在供给层面提供有效供给，也需要在需求层面明确支持对象。在金融扶贫初始阶段，由于经济发展带动脱贫成效显著，金融扶贫着眼于支持贫困地区实体经济发展，促进贫困人口脱贫。随着经济发展对贫困人口脱贫带动作用的减弱，金融扶贫的对象需要更加突出精准，聚焦建档立卡贫困户。既要通过小额信贷等方式直接支持贫困户发展生产，提高经营性收入；又要支持吸收和带动贫困户就业的项目和企业，增加工资性收入；还可以结合当地实际创新方式，增加贫困户财产性收入。由于不同贫困地区和贫困人口的情况千差万别，要避免“大水漫灌”式的支持，应立足实际，根据不同对象的金融需求特点，提供针对性金融服务，并着手建立长效机制，实行跟踪式服务，确保稳定脱贫。

要统筹好开发式扶贫与普惠性金融的关系。从金融扶贫的方式来看，信贷扶贫是主要方式。不同于财政资金，信贷资金的使用要还本付息。所以金融扶贫应立足于开发式扶贫，通过支持贫困户发展生产，提升自我发展能力，变“输血式”扶贫为“造血式”扶贫。这隐含的条件就是，贫困户有借入信贷资金的意愿，同时能够通过资金使用获得收益。信贷资金的投入应该是有助于改善贫困户的生活，而不是加重贫困户的负担。除提供信贷服务外，金融扶贫还应包括提供存款、支付、汇兑等普惠性的金融服务。过去，受限于技术和成本，在贫困地区发展普惠金融面临诸多困难。但随着移动互联网技术的深入普及、智能手机的广泛使用，发展普惠金融的成本明显降低，通过加强金融基础设施建设，贫困人口享受现代金融发展带来的便利更加容易。金融知识的宣传普及，也让贫困地区老百姓能够更好地利用金融，合理保护自身权益。

（四）全面小康背景下深度贫困地区金融扶贫创新的重点任务

全面小康背景下深度贫困地区金融扶贫创新需要围绕贫困地区基础设施建设、经济发展和产业结构升级、促进就业创业和贫困户脱贫致富、生态建设和环境保护等重点领域，加大对贫困地区道路交通、饮水安全、电力保障、危房改造、农田水利、信息网络等基础设施建设的金融支持力度；做好对贫困地区特色农业、农副产品加工、旅游、民族文化产业等特色优势产业的金融支持；强化对劳动密集型企业、小型微型企业及服务业的信贷支持，做好职业教育、继续教育、技术培训的金融服务；加强对贫困地区重要生态功能区、生态文明示范工程、生态移民等项目建设的金融服务力度，推动深度贫困地区基础设施不断完善、产业结构优化升级、创业就业能力提升、居民收入稳步增长、生态环境可持续发展。

1. 进一步发挥政策性、商业性和合作性金融的互补优势

充分发挥农业发展银行的政策优势，积极探索和改进服务方式，加大对贫困地区信贷支持力度。鼓励国家开发银行结合自身业务特点，合理调剂信贷资源，支持贫困地区基础设施建设和新型城镇化发展。继续深化中国农业银行“三农”金融事业部改革，强化县事业部“一级经营”能力，提升对贫困地区的综合服务水平。强化中国邮政储蓄银行贫困地区县以下机构网点功能建设，积极拓展小额贷款业务，探索资金回流贫困地区的合理途径。注重发挥农村信用社的贫困地区支农主力军作用，继续保持县域法人地位稳定，下沉经营管理重心，真正做到贴近农民、扎根农村、做实县域。鼓励其他商业银行创新信贷管理体制，适当放宽基层机构信贷审批权限，增加贫困地区信贷投放。积极培育村镇银行等新型农村金融机构，规范发展小额贷款公司，支持民间资本在贫困地区优先设立金融机构，有效增加对贫困地区信贷供给。继续规范发展贫困村资金互助组织，在管理民主、运行规范、带动力强的农民合作社基础上培育发展新型农村合作金融组织。

2. 完善扶贫贴息贷款政策，加大扶贫贴息贷款投放

充分发挥中央财政贴息资金的杠杆作用。支持各地根据自身实际需求增加财政扶贫贷款贴息资金规模。完善扶贫贴息贷款管理实施办法，依照建档立卡认定的贫困户，改进项目库建设、扶贫企业和项目认定机制，合理确定贷款贴息额度。优化扶贫贴息贷款流程，支持金融机构积极参与发放扶贫贴息贷款。加强对扶贫贴息贷款执行情况的统计和考核，建立相应的激励约束机制。

3. 优化金融机构网点布局，提高金融服务覆盖面

积极支持和鼓励银行、证券、保险机构在贫困地区设立分支机构，进一步向社区、乡镇延伸服务网点。优先办理金融机构在贫困地区开设分支机构网点的申请，加快金融服务网点建设。各金融机构要合理规划网点布局，加大在金融机构空白乡镇规划设置物理网点的工作力度，统筹增设正常营业的固定网点、定时服务的简易服务网点（或固定网点）和多种物理机具，并在确保安全的前提下，开展流动服务车、背包银行等流动服务。严格控制现有贫困地区网点撤并，扩大网点覆盖面，积极推动金融机构网点服务升级。加大贫困地区新型农村金融机构组建工作力度，严格执行新型农村金融机构东西挂钩、城乡挂钩、发达地区和欠发达地区挂钩的政策要求，鼓励延伸服务网络。

4. 继续改善农村支付环境，提升金融服务便利度

加快推进贫困地区支付服务基础设施建设，逐步扩展和延伸支付清算网络的辐射范围，支持贫困地区符合条件的农村信用社、村镇银行等银行业金融机构以经济、便捷的方式接入人民银行跨行支付系统，畅通清算渠道，构建城乡一体的支付结算网络。大力推广非现金支付工具，优化银行卡受理环境，提高使用率，稳妥推进网上支付、移动支付等新型电子支付方式。进一步深化银行卡助农取款和农民工银行卡特色服务，切实满足贫困地区农民各项支农补贴发放、小额取现、转账、余额查询等基本服务需求。鼓励金融机构柜面业务合作，促进资源共享，加速城乡资金融通。积极引导金融机构和支付机构参与农村支付服务环境建设，扩大支付服务主体，提升服务水平，推动贫困地区农村支付服务环境改善工作向纵深推进。

5. 加快推进农村信用体系建设，推广农村小额贷款

深入开展“信用户”“信用村”“信用乡（镇）”以及“农村青年信用示范户”创建活动，不断提高贫困地区各类经济主体的信用意识，营造良好的农村信用环境。稳步推进农户、家庭农场、农民合作社、农村企业等经济主体电子信用档案建设，多渠道整合社会信用信息，完善信用评价与共享机制。促进信用体系建设与农户小额信贷有效结合，鼓励金融机构创新农户小额信用贷款运作模式，提高贫困地区低收入农户的申贷获得率，切实发挥农村信用体系在提升贫困地区农户信用等级、降低金融机构支农成本和风险、增加农村经济活力等方面的重要作用。积极探索多元化贷款担保方式和专属信贷产品，大力推进农村青年创业小额贷款和妇女小额担保贷款工作。

6. 创新金融产品和服务方式，支持贫困地区发展现代农业

各银行业金融机构要创新组织、产品和服务，积极探索开发适合贫困地区现代农业发展特点的贷款专项产品和服务模式。大力发展大型农机具、林权抵押、仓单和应收账款质押等信贷业务，重点加大对管理规范、操作合规的家庭农场、专业大户、农民合作社、产业化龙头企业和农村残疾人扶贫基地等经营组织的支持力度。稳妥开展农村土地承包经营权抵押贷款业务和慎重稳妥推进农民住房财产权抵押贷款工作，进一步拓展抵押担保物范围。结合农户、农场、农民合作社、农业产业化龙头企业之间相互合作、互惠互利的生产经营组织形式新需求，健全“企业＋农民合作社＋农户”“企业＋家庭农场”“家庭农场＋农民合作社”等农业产业链金融服务模式，提高农业金融服务集约化水平。

7. 大力发展多层次资本市场，拓宽贫困地区多元化融资渠道

进一步优化主板、中小企业板、创业板市场的制度安排，支持符合条件的贫困地区企业首次公开发行股票并上市，鼓励已上市企业通过公开增发、定向增发、配股等方式进行再融资，支持已上市企业利用资本市场进行并购重组实现整体上市。鼓励证券交易所、保荐机构加强对贫困地区具有自主创新能力、发展前景好的企业的上市辅导培育工作。加大私募股权投资基金、风险投资基金等产品创新力度，充分利用全国中小企业股份转让系统和区域性股权市场挂牌、股份转让功能，促进贫困地区企业融资发展。鼓励和支持符合条件的贫困地区企业通过发行企业（公司）债券、短期融资券、中期票据、中小企业集合票据及由证券交易所备案的中小企业私募债券等多种债务融资工具，扩大直接融资的规模和比重。

8. 积极发展农村保险市场，构建贫困地区风险保障网络

贫困地区各保险机构要认真按照《农业保险条例》（中华人民共和国国务院令第 629 号）的要求，创新农业保险险种，提高保险服务质量，保障投保农户的合法权益。鼓励保险机构在贫困地区设立基层服务网点，进一步提高贫困地区保险密度和深度。鼓励发展特色农业保险、扶贫小额保险，扩大特色种养业险种。积极探索发展涉农信贷保证保险，提高金融机构放贷积极性。加大农业保险支持力度，扩大农业保险覆盖面。支持探索建立适合贫困地区特点的农业保险大灾风险分散机制，完善多种形式的农业保险。拓宽保险资金运用范围，进一步发挥保险对贫困地区经济结构调整和转型升级的积极作用。

9. 加大贫困地区金融知识宣传培训力度

加强对贫困地区县以下农村信用社、邮储银行、新型农村金融机构及小额信贷组织的信贷业务骨干的小额信贷业务和技术培训，提升金融服务水平。对贫困地区基层干部进行农村金融改革、小额信贷、农业保险、资本市场及合作经济等方面的宣传培训，提高运用金融杠杆发展贫困地区经济的意识和能力。各相关部门、各级共青团组织、金融机构、行业组织、中国金融教育发展基金会等社会团体要加强协同配合，充分发挥“金融惠民工程”“送金融知识下乡”等项目的作用，积极开展对贫困地区特定群体的专项金融教育培训。鼓励涉农金融机构加强与地方政府部门及共青团组织的协调合作，创新开展贫困地区金融教育培训，使农民学会用金融致富，当好诚信客户。

10. 加强贫困地区金融消费权益保护工作

各金融机构要重视贫困地区金融消费权益保护工作，加强对金融产品和服务的信息披露和风险提示，依法合规向贫困地区金融消费者提供服务。公平对待贫困地区金融消费者，严格执行国家关于金融服务收费的各项规定，切实提供人性化、便利化的金融服务。各金融机构要完善投诉受理、处理工作机制，切实维护贫困地区金融消费者的合法权益。各相关部门要统筹安排金融知识普及活动，建立金融知识普及工作长效机制，提高贫困地区金融消费者风险识别和自我保护的意识和能力。

（五）全面小康背景下深度贫困地区金融扶贫创新的对策建议

1. 发挥财政扶贫与金融扶贫联动效应

加强政府扶贫与金融扶贫沟通协作，找准双方在支持扶贫开发中的着力点，实施“财政＋金融”联动的扶贫模式。首先，财政资金主要解决市场难以解决的问题，即主要提供扶贫开发所需的农村医疗、教育等社会事业，生态环境保护、水土保持等基础设施建设。其次，对市场能够解决的扶贫项目，或者能够在未来一定时期内收回投资成本并有所收益的项目，设立贷款风险补偿基金和“三农”融资担保基金，用财政扶贫资金撬动金融资金投放。再次，实行政府财政性存款与金融机构扶贫贷款、小额信用贷款、农户联保贷款发放挂钩，激励县域金融机构向贫困地区放贷。同时，扩大扶贫贷款贴息覆盖率和税收优惠，对农村金融机构发放的扶贫贷款、农户小额贷款和农户联保贷款的利息收入实行免征营业税。最后，政府扶贫部门要建立健全贫困地区项目库，做好贫困地区特色优质项目、重点发展产业的推荐工作，并开展金融教育培训，使贫困地区各类经营主体学会利用金融致富，做诚实守信的市场主体。

2. 形成金融精准扶贫的合力

首先，人行分支机构要灵活运用多种货币信贷政策工具，发挥差别存款准备金率、再贷款、再贴现、差异化监管等政策的正向激励作用，引导各类金融机构加大对贫困地区的支持力度。对贫困地区县域一定比例存款用于当地贷款考核达标、贷款投向主要用于“三农”等符合条件的金融机构，新增支农再贷款额度，可在现行优惠利率基础上再给予适当降低。其次，政策性金融应针对投入期限长、利率低的特点，多方满足贫困地区农电改造、农村通信、供电供水、小流域治理、中小型水利设施建设等资金需求。再次，涉农金融机构要发挥机构网点较多、贴近农村、熟悉农村业务的特点，充分利用扶贫部门开展贫困村、贫困户建档立卡和农村信用体系建设成果，针对扶持生产和就业、易地搬迁实施差异化扶持，重点支持各类新型农业经营主体以及农业科技成果转化、农产品的加工流通及农村服务业，满足特色小规模种养业、市场型农户专业化规模化生产、新型农业经营主体等启动市场、扩大规模的金融需求，实现“造血式”扶贫。最后，拓展扶贫资金来源渠道，积极吸纳社会资本参与扶贫开发，在加强监管和有效防范风险的前提下，引导互联网金融企业、风险投资基金、产业投资基金、私募股权投资基金等进入扶贫开发领域，规范发展民间融资，多渠道增加资金来源。

3. 金融扶贫创新精准发力

首先，金融精准扶贫要与新型工业化、城镇化、信息化、农业现代化紧密结合起来，有效拓宽贫困地区融资增信渠道，在加大小额信用贷款、农户联保贷款的基础上，创新推进农房、土地、林权及果园抵押等贷款业务。推广农用生产设备、库存商品抵押、仓单质押、订单农业贷款、果蔬打包贷款等信贷业务，加大支持新型农村经营主体的力度。其次，利用“公司＋农户”“公司＋专业合作社＋农户”等模式，扶持种植、养殖等特色农业产业链发展，并探索完善“企业＋农民合作社＋农户”“企业＋家庭农场”“家庭农场＋农民合作社”等农业产业链金融服务模式，提高农业金融服务集约化水平。与县域共青团、妇联等合作，运用农村青年创业小额贷款和妇女小额担保贷款，发挥青年及妇女在脱贫致富中的带头作用。

4. 完善金融精准扶贫的保障机制

首先，建立扶贫融资信用担保体系。建议由地方财政按比例提取启动资金，建立多层次信用担保机构以及由财政、银行、企业与社会共同出资建立担保基金。其次，探索创新扶贫信贷抵押方式。因地制宜探索农村房屋、土地使用权、活体养殖物、大棚等抵押贷款方式，推动建立各类产权流转交易和抵押登记服务平台，完善融资担保和风险补偿机制，最大限度盘活贫困地区农村生产资料。再次，建立长效政策扶持机制。给予连片扶贫开发贷款利差补贴、财政优惠、信用担保和专项支持，通过财政手段弥补金融支持扶贫开发的较高风险溢价。同时，建议扶贫开发县区政府设立投资公司充当基础设施贷款项目承贷主体，隶属地方财政局或建设局，以项目资金做担保，作为向银行贷款的主体。最后，探索建立农业保险、农村小额保险与农村信贷的联动机制，对参保主体在合理范围内给予贷款利率优惠、程序简化的待遇，把农业保险与涉农信贷投放紧密结合起来。

三　乡村振兴与深度贫困地区金融扶贫创新

实施乡村振兴战略是城乡协调发展的重要途径，同时也是建设现代化经济体系的重要支撑。《中共中央国务院关于实施乡村振兴战略的意见》明确强调，实施乡村振兴战略，是决胜全面建成小康社会、全面建设社会主义现代化国家的重大历史任务，是新时代“三农”工作的总抓手。对于深度贫困地区而言，实施乡村振兴战略需要将脱贫攻坚与乡村振兴有机结合起来，依托金融扶贫创新，健全投入保障制度，创新投融资机制，加快形成财政优先保障、金融重点倾斜、社会积极参与的多元投入格局，着力解决“钱从哪里来”的问题。因此，新时期深度贫困地区推动乡村振兴战略实施，为金融扶贫创新带来了更多的机遇，也提出了更高的要求。

（一）乡村振兴战略对深度贫困地区金融扶贫创新的具体要求

党的十九大报告中首次提出“走中国特色社会主义乡村振兴道路”。对于深度贫困地区而言，金融是实施乡村振兴战略的重要支撑。因此，深度贫困地区实施乡村振兴战略，需要分析新时代农村金融需求的结构、特点和市场趋势，明确深度贫困地区乡村振兴的战略目标和其金融需求，加快深度贫困地区金融扶贫创新的步伐，建立多层次、广覆盖、可持续、竞争适度、风险可控的金融扶贫体系，支撑深度贫困地区乡村振兴战略。

1. 乡村振兴战略的预期目标分析

党的十九大报告中提出的乡村振兴战略顶层设计完善、战略清晰，其核心目标包括以下几个方面：一是乡村振兴战略要满足农民对物质生活的追求，这是人的生存需求中最为基础的层次。因此，确保农民收入稳定及不断增长，在现阶段和未来都是核心工作之一。我们不能仅仅把目光停留在产业发展的效率上，不管是工商资本下乡，土地规模经营，还是农村新产业的兴起，都首先要考虑农民在产业兴旺当中是否能够获益。因此，在乡村产业兴旺过程中，农村外部的要素进入是必需的，但外部要素进入农村以后与农村存量要素之间的“互惠连续共生”关系的形成有极其重要的意义，可以说是乡村振兴的逻辑起点。二是要满足农民对人格尊重的需求，这是人的情感与归属不可或缺的需要。十九大报告中说到“治理有效”，明确指出要构建“健全自治、法治、德治相结合的乡村治理体系”，在这里，农民“自治”放在最前面，因为农民具有内在的素质与素养，这是对农民人格尊重的基础。乡村振兴战略的实施，将有助于让农民成为体面的职业，让农民在人格上能够受到平等的对待。所以，农村政策不管是制定过程还是执行过程，都需要考虑对农民的人格尊重问题。三是要满足农民对自我实现的需求，这是人的理想抱负实现的高层次需要。贫困农民有着非常强烈的进取心，有着非常强烈的自我实现意愿，但是由于没有基本的设施条件，他们没有办法承担制度变迁的高昂成本，因此不得不向政府等寻求扶贫物资。在扶贫政策帮助下，农民的自我实现意识很快被激活，通过农民就业创业，村庄经济得到根本性改变。激活农民尤其是贫困地区农民的价值实现意识，是让农村地区摆脱贫困、启动和稳定乡村经济、实现农民长久富裕的终极道路。因此，满足农民自我实现需求，是乡村振兴目标的重中之重。通过对乡村振兴战略目标的分析可知，深度贫困地区乡村振兴需要坚持以人为本的导向，通过乡村振兴提升深度贫困地区人民物质生活的同时，促进其自我价值的实现。

2. 深度贫困地区乡村振兴的金融需求剖析

深度贫困地区在实施乡村振兴战略过程中，由于其产业基础薄弱，乡村振兴与脱贫攻坚任务叠加，要实现预期的目标，必须依赖于金融的强力支撑。因此，乡村振兴背景下深度贫困地区的金融扶贫创新，需要从收入提升、产业发展、精神文明、生态环境等方面，对其金融需求进行分析，进而明确乡村振兴战略对深度贫困地区金融扶贫创新所提出的新要求。

实现深度贫困地区农民增收致富，就是要千方百计地增加农民收入和繁荣农村市场，增强亿万农民在小康生活中的获得感与幸福感。因此其对金融的需求主要为：以金融要素为引导，促进农业节本增效，防止农产品价格大起大落。提高要素利用效率，加快农村土地等资源要素的市场化，使“死”的资源资产变为“活”的生产要素。在遵循农村环境保护前提下，支持发展农村仓储物流等基础设施与流通服务业，打破繁荣农村市场的瓶颈性制约。支持贫困户信用贷款，落实中央的脱贫摘帽要求，切实做到脱真贫、真脱贫。

实现深度贫困地区乡风文明，就是要加强农村社会主义精神文明建设，促进农村文化教育、医疗卫生等事业发展，使农民素质进一步提升。其对农村金融的需求主要体现在：促进可持续发展的观念在广大农村落地生根，成为广大农民的自觉意识和共同行动。以金融为杠杆，加快城乡文化一体化，让农民享受到更多、更好和更接地气的公共产品与服务。以金融为杠杆，增加乡村文化投入，补齐公共文化服务，增强农民的文化自信。

实现深度贫困地区乡村产业兴旺，就是要引导和推动更多资本、技术、人才等要素向农业农村流动，形成现代农业产业体系，实现农村一、二、三产业融合发展，为农村全面建成小康社会奠定坚实的经济基础。因此其对金融的需求主要体现在：金融支持构建现代农业产业体系、生产体系与经营体系，优化农村产业结构、区域布局、农产品结构和促进农业提质增效。金融支持转变农业发展方式，发展多种形式的农业规模经营，与农业生态保护相统一。深化农业农村市场化改革，以金融要素为媒介发挥市场在农业农村资源要素配置中的决定作用，提高资源利用效率。

实现深度贫困地区农村生态宜居，就是要切实改善农村的生产生活环境，加强农村资源环境保护，大力改善水、电、路、气、房等基础设施。其对金融的需求主要体现在：调动金融要素投入农村生态环境建设，形成乡村生态环境保护与治理的合力。以金融为导向，建立健全农村资源合理保护与节约使用的激励机制，扭转农业农村过度开发利用的被动局面。加快推进城乡环境建设公共服务均等化，增加农村人居环境的公共服务供给，实现乡村可持续发展。

（二）乡村振兴背景下深度贫困地区金融扶贫创新的总体思路

乡村振兴背景下深度贫困地区金融扶贫应按照“产业兴旺、生态宜居、乡风文明、治理有效、生活富裕”的乡村振兴战略总要求，坚持农村金融改革发展的正确方向，健全适合农业农村特点的农村金融体系，推动农村金融机构回归本源，把更多金融资源配置到农村经济社会发展的重点领域和薄弱环节，更好地满足深度贫困地区乡村振兴多样化金融需求。

1. 抓好金融服务顶层设计

2018 年中央一号文件对实施乡村振兴战略做出了全面的、长远的部署安排，相应地，深度贫困地区农村金融服务也需要建立与之协同的顶层设计，其中，重点是从产业发展、文化培育、人才培养、生态优化、党建工作等方面做好机制安排。抓好产业发展，就是要引导金融机构认识到，乡村振兴战略不仅为农业农村现代化注入了强大的动力，也为金融发展开辟了更广阔的空间，金融业要改变以往重城市轻农村、重规模轻精细的发展思路，在服务乡村振兴中实现金融的供给侧结构性改革。抓好文化培育，就是要全面评估各类型金融机构的定位和作用，推动农村金融机构回归本源，强化新型农村金融组织服务“三农”意识，提升相关金融机构对助推乡村振兴战略的价值认同。抓好人才培养，就是要培养一批懂农业、爱农村、爱农民的涉农金融骨干，打造复合型农村金融人才队伍。抓好生态优化，就是要提升农村居民运用金融手段的意识和能力，强化农村金融风险防范，将普惠金融重点放在农村，增强农村金融服务的便利性、可得性。抓好党建工作，就是在金融服务乡村振兴战略中加强党的领导，把方向、谋大局、定政策、促改革，把握金融机构公司治理这一关键，将党的领导有机嵌入公司治理环节。

2. 推动金融“供需两端”同时发力

坚持金融供给侧结构性改革，推动深度贫困地区乡村振兴。一方面，积极培育有效载体。推动农业农村加快向高质量发展转变，基层地方政府融资平台加快市场化转型改制，加快现代农业产业园、科技园、创业园建设，规范发展农业 PPP 项目，积极发展农村新产业新业态，引导各类农业经营主体规范经营，通过健全农业社会化合作体系、发挥新型农业经营主体带动作用等多种形式，提高小农户与现代农业的衔接程度。另一方面，增强农村金融有效供给。破除金融服务在城乡之间、农业农村内部的不平衡，优化资源配置。推动理念创新、产品创新、技术创新，提升金融服务效率和水平。大力发展低碳金融、绿色金融、文化金融。完善财政风险补偿基金管理机制和政府性融资担保机构考核机制，健全创投引导机制。加强涉农企业上市挂牌培育，利用多层次资本市场拓宽融资渠道。丰富政策性农业保险品种，扩大目标价格保险、收入保险、天气指数保险和险资直投试点。推进农产品期货期权市场建设，稳步扩大“保险＋期货”试点。

3. 把握金融改革“三性”要求

深化农村金融改革，推动深度贫困地区金融扶贫创新，支撑深度贫困地区乡村振兴，需要准确把握改革的系统性、整体性和协同性。一是坚持系统思维。农村改革是一项复杂的系统工程，各项改革任务环环相扣。农村金融改革是农村改革的重要一环，与农村其他经济、政治、文化、社会、生态改革任务是相辅相成、相互促进的关系，农村金融改革的深化必须在农村改革的整体框架下统筹安排。二是坚持整体推进。农村金融改革内涵丰富，涉及金融组织体系、融资结构、产品服务、基础设施、配套政策等多个方面的体制机制建设。围绕乡村振兴战略要求，农村金融改革必须坚持整体推进。同时，立足全局抓关键，找准突破口，实现治本与治标相结合、渐进和突破相衔接。三是坚持协同配合。农村产权制度、要素市场的完善，是农村金融改革深化的基础，反之，农村金融活力的释放也有助于激活要素、激活市场。农村金融改革需要与农村土地制度、集体产权制度、农业经营体系、农业科技创新等改革任务协同配合，形成改革“一盘棋”，达到“1+1>2”的效果。

4. 优化农村金融“五类基础条件”

一是推进深度贫困地区金融生态环境建设。加强农村地区金融风险监测和预警，健全风险处置机制，有效防控金融风险。严厉打击非法金融活动和恶意逃废债行为，营造良好的金融生态环境。二是加快深度贫困地区信用体系建设。整合县域涉农公共信用信息和“三农”信息等资源，提高新型农业经营主体、农户信用档案建档面。打破信息壁垒，打造深入农村的金融服务网络平台，提升融资对接精准度。三是加强深度贫困地区金融消费者权益保护。深入普及金融知识，增强农村居民金融工具运用能力和风险防范意识，强化金融消费者权益保护，维护金融消费市场健康有序运行。四是完善深度贫困地区支付体系。优化 ATM、POS 机在农村地区的布局，推广网上银行、手机银行等现代化金融服务渠道。创新支付结算产品，吸引农户主动使用非现金结算工具。五是健全深度贫困地区农村产权交易体系。构建集信息发布、产权交易、法律咨询、资产评估、抵押登记等为一体的农村产权交易体系，活跃农村产权交易市场。探索组建农村资产经营公司，打造农村各类资产资源价值评估、交易流转中介服务组织。

（三）乡村振兴背景下深度贫困地区金融扶贫创新的重点任务

1. 深化农村金融体制机制改革

一是分类推进金融机构改革。在稳定县域法人地位、维护体系完整、坚持服务“三农”的前提下，进一步深化农村信用社改革，积极稳妥组建农村商业银行，培育合格的市场主体，更好地发挥支农主力军作用。完善农村信用社管理体制，省联社要加快淡出行政管理，强化服务功能，优化协调指导，整合放大服务“三农”的能力。研究制订农业发展银行改革实施总体方案，强化政策性职能定位，明确政策性业务的范围和监管标准，补充资本，建立健全治理结构，加大对农业开发和农村基础设施建设的中长期信贷支持。鼓励大中型银行根据农村市场需求变化，优化发展战略，加强对“三农”发展的金融支持。深化农业银行“三农”金融事业部改革试点，探索商业金融服务“三农”的可持续模式。鼓励邮政储蓄银行拓展农村金融业务，逐步扩大涉农业务范围。稳步培育发展村镇银行，提高民营资本持股比例，开展面向“三农”的差异化、特色化服务。各涉农金融机构要进一步下沉服务重心，切实做到不脱农、多惠农。二是丰富农村金融服务主体。鼓励建立农业产业投资基金、农业私募股权投资基金和农业科技创业投资基金。支持组建主要服务“三农”的金融租赁公司。鼓励组建政府出资为主、重点开展涉农担保业务的县域融资性担保机构或担保基金，支持其他融资性担保机构为农业生产经营主体提供融资担保服务。规范发展小额贷款公司，建立正向激励机制，拓宽融资渠道，加快接入征信系统，完善管理政策。三是规范发展农村合作金融。坚持社员制、封闭性、民主管理原则，在不对外吸储放贷、不支付固定回报的前提下，发展农村合作金融。支持农民合作社开展信用合作，积极稳妥组织试点，抓紧制定相关管理办法。在符合条件的农民合作社和供销合作社基础上培育发展农村合作金融组织。有条件的地方，可探索建立合作性的村级融资担保基金。

2. 大力发展农村普惠金融

一是优化县域金融机构网点布局。稳定大中型商业银行县域网点，增强网点服务功能。按照强化支农、总量控制原则，对农业发展银行分支机构布局进行调整，重点向中西部及经济落后地区倾斜。加快在农业大县、小微企业集中地区设立村镇银行，支持其在乡镇布设网点。二是推动农村基础金融服务全覆盖。在完善财政补贴政策、合理补偿成本风险的基础上，继续推动偏远乡镇基础金融服务全覆盖工作。在具备条件的行政村，开展金融服务“村村通”工程，采取定时定点服务、自助服务终端，以及深化助农取款、汇款、转账服务和手机支付等多种形式，提供简易便民金融服务。三是加大金融扶贫力度。进一步发挥政策性金融、商业性金融和合作性金融的互补优势，切实改进对农民工、农村妇女、少数民族等弱势群体的金融服务。完善扶贫贴息贷款政策，引导金融机构全面做好支持农村贫困地区扶贫攻坚的金融服务工作。

3. 引导加大涉农资金投放

一是拓展资金来源。优化支农再贷款投放机制，向农村商业银行、农村合作银行、村镇银行发放支小再贷款，主要用于支持“三农”和农村地区小微企业发展。支持银行业金融机构发行专项用于“三农”的金融债券。开展涉农资产证券化试点。对符合“三农”金融服务要求的县域农村商业银行和农村合作银行，适当降低存款准备金率。二是强化政策引导。切实落实县域银行业法人机构一定比例存款投放当地的政策。探索建立商业银行新设县域分支机构信贷投放承诺制度。支持符合监管要求的县域银行业金融机构扩大信贷投放，持续提高存贷比。三是完善信贷机制。在强化涉农业务全面风险管理的基础上，鼓励商业银行单列涉农信贷计划，下放贷款审批权限，优化绩效考核机制，推行尽职免责制度，调动“三农”信贷投放的内在积极性。

4. 创新农村金融产品和服务方式

一是创新农村金融产品。推行“一次核定、随用随贷、余额控制、周转使用、动态调整”的农户信贷模式，合理确定贷款额度、放款进度和回收期限。加快在农村地区推广应用微贷技术，推广产业链金融模式。大力发展农村电话银行、网上银行业务。创新和推广专营机构、信贷工厂等服务模式。鼓励开展农业机械等方面的金融租赁业务。二是创新农村抵（质）押担保方式。制定《农村土地承包经营权抵押贷款试点管理办法》，在经批准的地区开展试点。慎重稳妥地开展农民住房财产权抵押试点。健全完善林权抵押登记系统，扩大林权抵押贷款规模。推广以农业机械设备、运输工具、水域滩涂养殖权、承包土地收益权等为标的的新型抵押担保方式。加强涉农信贷与涉农保险合作，将涉农保险投保情况作为授信要素，探索拓宽涉农保险保单质押范围。三是改进服务方式。进一步简化金融服务手续，推行通俗易懂的合同文本，优化审批流程，规范服务收费，严禁在提供金融服务时附加不合理条件和额外费用，切实维护农民利益。

5. 加大对重点领域的金融支持

一是支持农业经营方式创新。在部分地区开展金融支持农业规模化生产和集约化经营试点。积极推动金融产品、利率、期限、额度、流程、风险控制等方面创新，进一步满足家庭农场、专业大户、农民合作社和农业产业化龙头企业等新型农业经营主体的金融需求。继续加大对农民扩大再生产、消费升级和自主创业的金融支持力度。二是支持提升农业综合生产能力。加大对耕地整理、农田水利、粮棉油糖高产创建、畜禽水产品标准化养殖、种养业良种生产等经营项目的信贷支持力度。重点支持农业科技进步、现代种养业、农机装备制造、设施农业、农产品精深加工等现代农业项目和高科技农业项目。三是支持农业社会化服务产业发展。支持农产品产地批发市场、零售市场、仓储物流设施、连锁零售等服务设施建设。四是支持农业发展方式转变。大力发展绿色金融，促进节水农业、循环农业和生态友好型农业发展。五是探索支持新型城镇化发展的有效方式。创新适应新型城镇化发展的金融服务机制，重点发挥政策性金融作用，稳步拓宽城镇建设融资渠道，着力做好农业转移人口的综合性金融服务。

6. 拓展农业保险的广度和深度

一是扩大农业保险覆盖面。重点发展关系国计民生和国家粮食安全的农作物保险、主要畜产品保险、重要“菜篮子”品种保险和森林保险。推广农房、农机具、设施农业、渔业、制种保险等业务。二是创新农业保险产品。稳步开展主要粮食作物、生猪和蔬菜价格保险试点，鼓励各地区因地制宜开展特色优势农产品保险试点。创新研发天气指数、农村小额信贷保证保险等新型险种。三是完善保费补贴政策。提高中央、省级财政对主要粮食作物保险的保费补贴比例，逐步减少或取消产粮大县的县级保费补贴。四是加快建立财政支持的农业保险大灾风险分散机制，增强对重大自然灾害风险的抵御能力。加强农业保险基层服务体系建设，不断提高农业保险服务水平。

7. 稳步培育发展农村资本市场

一是大力发展农村直接融资。支持符合条件的涉农企业在多层次资本市场上进行融资，鼓励发行企业债券、公司债券和中小企业私募债券。逐步扩大涉农企业发行中小企业集合票据、短期融资券等非金融企业债务融资工具的规模。支持符合条件的农村金融机构发行优先股和二级资本工具。二是发挥农产品期货市场的价格发现和风险规避功能。积极推动农产品期货新品种开发，拓展农产品期货业务。完善商品期货交易机制，加强信息服务，推动农民合作社等农村经济组织参与期货交易，鼓励农产品生产经营企业进入期货市场开展套期保值业务。三是谨慎稳妥地发展农村地区证券期货服务。根据农村地区特点，有针对性地提升证券期货机构的专业能力，探索建立农村地区证券期货服务模式，支持农户、农业企业和农村经济组织进行风险管理，加强对投资者的风险意识教育和风险管理培训，切实保护投资者合法权益。

（四）乡村振兴背景下深度贫困地区金融扶贫的创新模式

乡村振兴是对物质文明、精神文明以及生态文明三个层次的振兴，目的是在生态宜居超越城市的基础上，全面实现城乡经济、文明治理和等级观念一体化。因此，深度贫困地区乡村振兴的金融支持是一种全过程、系统化的金融服务模式。当前，推动深度贫困地区金融扶贫创新，支撑乡村战略实施，可选择如下常见的一些金融服务创新模式。

1. 金融联结模式

所谓金融联结，就是指通过某种途径，把正规金融机构的资金和非正规机构的信息优势结合起来，从而更好地为农村提供金融服务。有三种模式可供选择：一是转贷模式。银行等金融机构在开拓农村金融的过程中，将自身的资金贷给私人放贷者、小额贷款公司、村镇银行等乡村中介组织。由于乡村中介组织对农村金融需求信息掌握得比较准确，因而商业银行可以借助他们的力量，将有限的资金转贷给有需求的企业以及个人使用，中介组织需要对贷款进行回收，同时还要对其使用情况进行监督。二是雇用模式。金融机构在开展农村金融以及创新农村金融机制的过程中，雇用企业、村民、村干部、信贷员等对农村社会比较熟悉的人员，通过他们获取相对准确的信贷信息，以便对贷款人的家庭财产、经营情况、信用水平以及贷款类型等进行全面、深入的掌握与研究。三是担保模式。农村中介组织利用熟知本土情况的优势，通过为贷款人提供担保，使贷款人能够更快、更顺利地从银行业金融机构获取贷款。

2. 农业供应链金融模式

农业供应链金融模式是指农业产业供应链上的参与方与为其提供金融支持的供应链外部的金融服务机构建立协作关系，旨在实现供应链贸易的目标。农业供应链金融是一种针对农户、农业中小企业和农民创新企业的新型融资模式，将资金流有效整合到供应链管理的过程中，既为供应链各环节企业（农户）提供贸易资金服务，又为供应链弱势企业提供新型贷款融资服务。农业供应链金融服务重点集中于两大领域，一是传统的农牧产品种养及其加工领域，供应链的核心企业是合作社、超级农户及龙头企业等，参与各方包括农户、加工企业、合作社、村级组织以及业务相关的外来企业。二是农民创业创新型企业，需要在稳定销售渠道的基础上重构供应链，形成新的供应链线路和核心节点企业，以工业领域的供应链金融模式进行规范管理。

3. 农机融资租赁模式

乡村振兴过程中实现农业生产现代化目标时，要满足农民对普通农机和现代化大型农机的需求。实现农业农村现代化的关键在于农业生产的机械化操作，并通过机械化操作实现农业经营的规模化。在农民普遍性的资金不足的背景下，农民获取农机的一个重要渠道就是农资租赁。“农机融资租赁”是指融资（金融）租赁公司以租赁综合服务商的角色将承租人、银行、经销商以及政府的各种资源实施链接和整合，承租人（农机大户、农机合作社）交纳一定的首付金（一般为总金额的30%）就可独立使用机械设备，剩余租金与利息分期偿付，全款付清后农机具所有权再转移给承租人。大型农机融资租赁让农民由“直接购买”变为“先租后买”，大幅度减轻一次性投入压力，成为缓解农民购机难、贷款难的一条可行路径。

4. 农业保险模式

农业经济的波动是引发国民经济周期波动的重要因素，亦是影响乡村振兴战略发展的一大因素。为解决农业保险长期缺位的问题，农业保险服务体系中应纳入农业产业链、服务链全流程保险。根据农业农村发展趋势，在目前传统农业保险的基础上，支持保险机构将保险服务链向农业产业上下游延伸，为农业产业链、服务链提供全流程保险，探索为新型农业经营主体定制风险保障方案。同时，应加大扶贫保险和价格保险支持力度。

5. 抵押贷款模式

抵押贷款是银行资金下乡过程中安全性相对较高的业务模式，但实际操作中，抵押品廉价、无合适抵押品、抵押品难以变现等问题普遍存在。在乡村振兴战略中，应积极探索“两权”抵押模式。“两权”是指农村承包土地经营权和农民住房财产权。银行业在具体的农村“两权”抵押贷款工作中主要面临两大问题。一方面，现有的业务模式和产品体系难以匹配“两权”抵押贷款客户的需求。另一方面，“两权”抵押在现实操作中存在较多复杂性和不确定性，特别是资产变现方面，缺乏有效的风险防控手段和工具。为此，银行在实践“两权”抵押贷款时，可以通过与政府、保险机构多方合作，降低银行在农村的抵押担保风险，解决金融机构不愿意向农民放贷的问题。还可以建立由农民抵押所在乡镇住房的农房回购机制，当银行机构通过转让等方式自主处置抵押物流拍时，乡镇按评估价或下浮价回购，兜底处置，解决抵押物变现难题。

6. 期货交易模式

在我国农业产业市场化程度不断提高和经济全球化的大背景下，由农产品和农业生产资料价格波动引起的农民收入保障问题以及农产品流通全球化引发的定价话语权问题，已经成为我国农业现代化进程中不可回避的重大课题，这也是乡村振兴战略实施中的一个关键点，需要农业部门、金融监管部门、市场机构与实体企业等各方共同认真应对，形成合力，寻求可行的解决方案。农产品期货营运和监管部门，应当紧紧围绕服务“三农”、服务实体经济的根本宗旨，加强一线监管，牢牢守住不发生系统性风险的底线，确保市场健康平稳运行。要积极探索国际化发展道路，依托我国强大的农业资源和现货贸易与消费规模，吸引全球投资者参与，推动形成全球客户共同交易产生的、具有国际代表性和公信力的大宗农产品“中国价格”，建立与我国地位相适应、更加公平合理的农业国际贸易秩序。

（五）乡村振兴背景下深度贫困地区金融扶贫创新的对策建议

1. 建立多层次金融机构体系，完善农村基础金融服务

一是要建立完善的农业金融机构体系。在农村金融领域，继续发挥农业银行、农发行、邮储银行、村镇银行等银行机构的重要作用，同时也要发挥其他银行和金融机构的补充作用，并建立完善农业担保、信托、基金、保险、资产管理等机构。二是要提升农村基础金融服务，增强金融机构服务覆盖水平。可通过物理网点、电子产品、自助机具、流动服务车等形式实现服务全覆盖，让更多的农村企业、个人享受金融服务。三是要创新科技金融，提升服务质量。发展网络银行、手机银行App、微信银行等新型电子支付渠道，让农村企业和农民能够通过智能手机等智能终端办理金融业务，享受便捷的移动办贷等金融服务。

2. 推进农村金融业供给侧结构性改革，支持乡村产业发展

随着农业供给侧结构性改革和农业现代化进程的加快，农业整体将呈现出规模化、机械化、信息化、融合发展、种养结合的发展趋势。金融要顺应农业农村经济的深刻变化，加快农村金融供给侧结构性改革，改善和优化金融供给整合业务渠道，提高金融服务的技术与数据应用能力，提升金融供给的配置效率和服务水平。比如，通过采用“公司+农户”“公司+基地+农户”等模式，为农民合作平台、供销成员提供信贷支持，拓展农业产业链、价值链，助力乡村全面振兴。再如，构建促进金融服务可持续发展的配套辅助机制，包括完善金融机构评级体系、金融机构现代农业金融服务绩效评价制度、审计监督机制等。此外，还要根据现代农业发展需求，创新服务模式、服务方式和金融产品，提高农村金融服务质量效益，从而更好地支持农村新产业、新业态培育和发展。

3. 推行绿色金融创新，支持建设美丽乡村

一方面，要完善农村绿色金融相关的标准规则和政策体系，可考虑建立健全与农村绿色金融发展相匹配的专业性中介服务体系和第三方评级评估机构；另一方面，要着力提高涉农金融机构的主动性和积极性，鼓励银行、金融企业发展绿色信贷业务，建立绿色产业投资基金和发展基金，助力农村生态文明建设、农村生产生活条件改善等。此外，发展绿色担保，帮助农村小微企业解决融资难问题，降低融资成本，也是重要着力点。

4. 构建金融助力精准扶贫的可持续发展模式，促进农民增收致富

精准扶贫是推动乡村振兴的重要内容，金融作为经济的血液，在扶贫开发过程中扮演着越来越重要的角色。金融扶贫同样要有“精准度”，对贫困户要精准识别、精准帮扶、精准管理、精准考核，逐步构建金融精准扶贫的可持续发展模式。在这一过程中，既要打通金融机构与政府扶贫部门的合作渠道，充分发挥各部门的工作合力，还要坚持以产业发展为引领，通过完善金融服务，优化农村普惠金融生态体系，推进“融资+融智”扶贫模式，变“输血”为“造血”；既要引导金融机构支持乡村主导产业、特色产业发展，加大小微企业信贷投放力度，还要拓宽深度贫困地区直接融资渠道，实现深度贫困地区贫困人群医疗补充保险广覆盖，政策性农业保险乡镇全覆盖。

此外，加强金融监管、防范农村金融风险，亦是深度贫困地区金融扶贫创新中的应有之义。监管是健康发展的前提，更是确保农村金融机构方向不变的有效外部约束。加强金融监管要坚守定位，把防控风险放在第一位，坚持监管激励和强化问责并重，充分发挥监管约束和引导作用，完善管控体系，建立风险“防火墙”，实现金融风险管理工作的制度化、规范化和程序化。

第八章 深度贫困地区金融扶贫创新的国际比较与政策启示

自1990年以来，全球可持续发展的许多方面都取得了重要的进展。全球贫穷率从1990年的35%下降到2016年的10%以下，世界贫困人口减少了10亿多。然而，约有6.5亿人仍然生活在赤贫之中。各国之内和之间的不平等现象日益加剧，对世界范围内男性、妇女和儿童产生了影响：发达经济体与低收入国家之间的差距不断扩大，中等收入国家内仍有许多极端贫困人口。性别不平等现象，包括对妇女和女童的歧视和暴力行为，继续妨碍着多个方面的全球进展。妇女和女童在多维贫穷中的人口比例中仍占比很大。随着新的国际金融机构在区域和全球层面的建立，国际金融机构仍将是发展格局的关键组成部分，且其规模和业务范围正不断增加和扩展。联合国开发署正在加强与一些国际金融机构的伙伴关系，以利用其专业技术知识和优惠融资来源，更好地在国家层面支持《2030年可持续发展议程》。

普惠金融是社会和经济和谐发展过程中的重要组成部分，是促进经济增长、稳定金融体系、支持扶贫、缩小城乡差距的重要途径。普惠金融体系是通过公众获得金融服务来提高经济能力，最终为脱贫和缩小经济差距铺平道路而构建的。在过去几十年里，普惠金融的概念已有了很大发展。在概念提出之初，它关注的是小额信贷及微型金融等产品和机构层面的活动，如今是为个人和中、小微企业能够获取和使用一系列合适的金融产品和服务，这些金融产品和服务对消费者而言便捷安全，对提供者而言商业可持续。2013年，世界银行国际金融公司（IFC）与世界银行扶贫协商小组（Consultative Group to Assist the Poor，简称CGAP）共同发布了《2012年普惠金融：更深刻更全面的诠释》。该报告指出，全球约75%的贫困人口无法获得正规的金融服务，各国应建立普惠金融体系，开发低成本、多样化的金融产品，支持金融基础设施建设，并出台政策措施保护和支持普惠金融发展。

一 国际小额信贷机构发展概况

小额信贷是普惠金融的重要组成部分，多年来在减轻低收入国家的贫困方面受到了极大的关注，同时也是向贫困家庭提供贷款的一种简化、经济的解决方案。自20世纪70年代以来，小额信贷已稳步发展成为一个规模庞大、成熟的市场，业务范围遍及全球数百万人。但目前小额信贷仍然是一个尚未开发的巨大的市场，据估计，新兴经济体中至少有2亿个小微和中型企业（MSMEs）没有或缺乏足够的信贷渠道。这些企业需要的资金和目前的信贷额度之间的差距估计为2.2万亿美元。仅小农户的融资需求估计约为4500亿美元，其中只有不到2%的需求得到满足。

（一）国际小额信贷机构的现状

2016年，全球小额信贷机构（MFIs）的客户达到1.32亿人，贷款组合规模达到1020亿美元。在全球范围内，小额信贷机构的贷款组合规模年增长率为9.4%，借款人的增长率为8.6%。与2015年相比，贷款组合规模金额有所增长，但全球借款人数增长率与2015年的13.4%相比有所下降。按贷款组合金额排名的100家规模最大的小额信贷机构占全球市场的76%，其信贷组合金额为771亿美元，小额信贷部门的客户数量达到8110万。2016年，银行占全球借款人的33%和贷款组合的51%，而非银行金融机构（NBFI）的借款人的集中度最高为35%。非银行金融机构的借款人增长率仍然高达15.5%，而非政府组织的贷款组合增长率最高，为17.7%（见表8-1）。

表8－1 全球小额信贷机构发展概况

2016财务年度	贷款组合金额（10亿美元）	贷款组合金额的百分比（%）	借款人数（百万人）	借款人数百分比（%）	贷款组合金额2016年增长率（%）	贷款组合金额2015年增长率（%）	借款人数2016年增长率（%）	借款人数2015年增长率（%）
全球	102.0	100	132.0	100	9.4	9.6	8.6	13.4
非洲	8.7	8.6	7.2	5.4	－0.6	2.3	1.9	6.9
东亚和太平洋地区	16.5	16.2	17.8	13.5	9.2	8.0	14.8	6.7
东欧和中亚	9.3	9.2	3.1	2.3	－11.1	－2.5	－19.7	－0.6
拉丁美洲和加勒比地区	42.5	41.7	23.2	17.6	8.1	3.1	0.7	6.9
中东和北非	1.4	14	2.4	1.8	3.2	7.1	9.7	6.6
南亚	23.5	23.0	78.3	59.4	23.5	13.4	45.6	19.0

资料来源：*Global Outreach & Financial Performance Benchmark Report*（2016），作者翻译整理。

（二）国际小额信贷机构的扶贫覆盖面

就地区而言，其中南亚地区客户覆盖面居世界首位，小额信贷的客户借款人比例最大，达7830万人，占全球比重的59.4%，在贷款组合规模和借款人水平方面在2016年均实现23.5%和45.6%的增长，高于2015年13.4%和19.0%的增长。按贷款组合规模划分，拉丁美洲和加勒比地区（33个国家）贷款组合金额达到425亿，约占全球比重的41.7%，为全球贷款金额最高的地区。2015年和2016年，由于持续的经济危机和货币波动影响整个地区小额信贷机构的运营，东欧和中亚（ECA）的小额信贷机构的覆盖面继续减少，该地区的贷款组合金额和借款人在2016年下降了11.1%和19.7%。在非洲，2016年小额信贷机构的借款人增长率为2.3%，贷款组合规模下降0.6%（见表8－2）。

表 8-2　小额金融借款人数和借款金额覆盖面最大的前十个国家

排名	国家	2016 年借款人数（百万人）	借款人数增长率（%）	2016 年借款组合金额（十亿美元）	借款组合增长率（%）
1	印度	47.0	18.4	14.7	24.4
2	越南	7.6	0.0	7.4	0.2
3	孟加拉国	25.2	5.1	6.9	19.7
4	秘鲁	4.6	12.4	10.8	16.3
5	墨西哥	7.0	3.2	4.4	-6.4
6	柬埔寨	2.3	-0.1	6.4	20.7
7	哥伦比亚	2.8	0.4	6.0	12.5
8	玻利维亚	1.3	2.4	7.4	13.1
9	巴西	3.2	0.0	1.9	11.8
10	厄瓜多尔	1.3	-10.0	5.1	-7.2

资料来源：*Global Outreach & Financial Performance Benchmark Report*（*2016*），作者翻译整理。

根据表 8-2，全球小额金融借款人数和借款金额覆盖面最大的前十个国家分别为印度、越南、孟加拉国、秘鲁、墨西哥、柬埔寨、哥伦比亚、玻利维亚、巴西和厄瓜多尔。2016 年印度有 4700 万小额信贷借款人，比 2015 年增长了 18.4%；借款组合金额为 147 亿元，比 2015 年增长了 24.4%。孟加拉国有 2520 万小额信贷借款人，比 2015 年增长了 5.1%；借款组合金额为 69 亿元，比 2015 年增长了 19.7%。柬埔寨和厄瓜多尔的小额信贷借款人在 2016 年分别下降了 0.1% 和 10.0%，墨西哥和厄瓜多尔借款组合金额在 2016 年分别下降了 6.4% 和 7.2%。

国际贫困人口中占比最高的主要为女性，集中在发展中国家的农村地区。就小额贷款的客户群体而言，女性借款人仍然是全球小额信贷行业借款人覆盖面的主要关注点，2016 年覆盖率为 84.4%，与 2015 年相比略有增长。东亚和太平洋地区女性借款人的覆盖率最高，为 94.2%；其次是南亚，其女性借款人的覆盖率达 91.9%。东欧和中亚的女性借款人覆盖率最低，为 45.5%，表明该地区对男性的贷款集中度较高。中东和北非的覆盖率也较低，只有 59.8%，表明该地区女性和男性借款人的比例大致相等。对于农村和城市借款人的比例而言，2016 年的农村借款人占全球市场的 60%，高于 2015 年。其中非洲地区农村借款人覆盖率高达70.8%，其次分别为南亚地区的68.8%，东欧和中亚地区的67.7%。拉丁美洲和加勒比地区农村借款人覆盖率最低，为39.8%，表明该地区城市借款人覆盖率较高。东亚和太平洋地区、中东和北非地区农村借款人覆盖率也比较低，分别为43.2%和49.3%（见表8-3）。

（三）国际小额信贷机构的经营状况和业务范围

就小额信贷机构的经营情况而言，根据2016年小额金融信息交易平台（Microfinance Information Exchange）报告，全球小额信贷机构的股本回报率（ROE）中值为8.1%，略高于2015年的7.9%，低于2014年的9.6%。全球小额信贷机构的盈利能力近年来持续下降，尤其是东欧和中亚地区以及拉丁美洲和加勒比地区。小额信贷机构群体中，非政府组织和农村银行经营能力有所改善。2016年全球总贷款组合的收益率合计为26.5%。非洲的收益率为34.3%，是全球收益率最高的地区；而南亚地区的收益率最低，为22.8%。全球贷款风险组合（PAR）超过30天为4.7%，比2015年的3.9%有所上升。2015年贷款风险组合值最低的是南亚地区，在2016年增加并达到1.9%。非洲的投资风险最高，2016年贷款风险组合率为6.9%（见表8-3）。

表8-3　全球小额信贷机构客户分布和经营概况

2016财务年度	女性借款人数（%）	农村借款人数（%）	借款人的平均贷款余额（中位数）	运营费用比率（%）	股本回报率（%）	全球风险投资组合（%）	贷款组合的收益率（%）
全球	84.4	60.0	556.9	13.1	8.1	4.7	26.5
非洲	65.8	70.8	425.4	17.7	5.0	6.9	34.3
东亚和太平洋地区	94.2	43.2	481.3	14.5	10.3	1.7	27.8
东欧和中亚	45.5	67.7	1534.4	13.1	5.2	6.1	27.7
拉丁美洲和加勒比地区	66.3	39.8	1037.0	15.9	7.8	5.3	30.8
中东和北非	59.8	49.3	678.6	14.8	10.4	2.5	28.7
南亚	91.9	68.8	219.9	10.0	13.5	1.9	22.8

资料来源：*Global Outreach & Financial Performance Benchmark Report*（*2016*），作者翻译整理。

小额信贷机构在规模、经营范围和融资来源方面存在很大差异。在世界的大部分地区，小额信贷机构遵循金融合作社模式，资金来源于会员存款和投资资金。有些小额信贷机构不接受存款，而是专门利用各种补助金，以及不同类型的捐助资金（包括政府、双边和多边发展机构、慈善机构和其他类似机构），也有一些以公益性质为目的的银行或国际投资基金等的商业借款。根据 2016 年小额金融信息交易平台的分析报告（见表 8－4），小额信贷部门的融资结构包括借款、存款和股权。2016 年，存款是主要资金来源，占 57%；其次是借款和股权（23% 和 20%）。拉丁美洲和加勒比地区的存款融资占国际融资的比例最高，为 29%；而东欧和中亚的存款融资比例较低，为 5%。非洲的同类别融资存款比例较高（71%），而南亚地区的大部分资金来自借款（43%），这是因为印度近期来提供给一些金融机构发展成“小型金融银行”的机会。

表 8－4　全球小额信贷机构主要资金来源（地域分布）

单位：%

2016 财务年度	借款融资占国际融资总额的百分比	存款融资占国际融资总额的百分比	股权融资占国际融资总额的百分比	同类别借款融资的百分比	同类别融资存款的百分比	同类别股权融资的百分比
全球	23	57	20	23	57	20
非洲	1	9	2	11	71	17
东亚和太平洋地区	5	8	4	27	50	23
东欧和中亚	3	5	2	32	53	16
拉丁美洲和加勒比地区	6	29	8	14	68	18
中东和北非	1	0	1	56	2	42
南亚	8	6	4	43	33	24

资料来源：*Global Outreach & Financial Performance Benchmark Report*（*2016*），作者翻译整理。

不同类型的金融服务提供机构融资渠道也有很大差别（见表 8－5），信用合作社和商业银行的利用存款较高，分别为 77% 和 67%，而非银行金融机构主要资金来源为存款和借款，比率分别为42%和37%。非政府组织融资渠道利用存款较低，为23%；但其股权融资比例最高，为39%。

表8-5 全球小额信贷机构主要资金来源（组织机构）

单位：%

2016财务年度	借款融资占国际融资总额的百分比	存款融资占国际融资总额的百分比	股权融资占国际融资总额的百分比	同类别借款融资的百分比	同类别融资存款的百分比	同类别股权融资的百分比
全球	23	57	20	23	57	20
商业银行	9	37	9	17	67	16
非银行金融机构	10	11	5	37	42	20
非政府组织	4	2	4	38	23	39
信用合作社/合作社	0	6	1	4	77	18
农业银行	0	1	0	20	63	17
其他	0	0	0	45	25	30

资料来源：*Global Outreach & Financial Performance Benchmark Report*（*2016*），作者翻译整理。

国际上很多小额信贷机构提供非金融服务，最常见的非信贷产品是保险、存款和非金融服务。全球42%的小额信贷机构至少提供一种非金融服务，尤其集中在教育、卫生服务、创业和妇女赋权方面。银行业务中存款（92%）和保险（30%）的比例较高。在中东和北非的小额信贷机构中，56%的业务为非金融服务，而东亚和太平洋地区提供保险产品的机构数量较多，比例达到25%（见表8-6）。

表8-6 小额信贷机构的非金融服务

单位：%

2016财务年度	存款类产品占业务百分比	保险类产品占业务百分比	其他非金融业务占业务百分比
全球	55	18	42
非洲	90	12	35
东亚和太平洋地区	86	25	40
东欧和中亚	35	13	38

续表

2016 财务年度	存款类产品占业务百分比	保险类产品占业务百分比	其他非金融业务占业务百分比
拉丁美洲和加勒比地区	46	20	42
中东和北非	11	7	56
南亚	34	22	53
商业银行	92	30	42
非银行金融机构	41	16	33
非政府组织	39	19	62
信用合作社/合作社	94	16	33
农业银行	100	14	24
其他	35	10	29

资料来源：*Global Outreach & Financial Performance Benchmark Report*（*2016*），作者翻译整理。

二　国际金融扶贫运行代表模式

国际金融扶贫的发展从20世纪70年代的孟加拉国格莱珉银行的小额信贷扶贫模式，推广到不同的国家，各个国家根据不同的国情，发展了各自不同的模式，比较成功的如秘鲁的现金商店模式等。绿色小额信贷模式在解决贫困的同时，促进了清洁能源和技术的开发使用，实现了低碳行业和金融扶贫的双赢模式。互联网众筹的小微金融扶贫模式利用网上平台筹集资金，减少借贷成本，提高了扶贫的效益，扩大了扶贫面。小额保险扶贫模式稳定了家庭经济，提供给扶贫团体适当的风险保护。近年来数字创新在金融机构服务更加广泛地应用，在降低成本的同时，以更加合适的价格为消费者提供服务。

（一）小额信贷扶贫的发展模式

小额贷款起源于20世纪70年代末穆罕默德·尤纳斯教授（Muhammad Yunus）在孟加拉国的小额贷款试验。1983年成立的孟加拉国格莱珉银行（Grameen Bank，即乡村银行），主要从事面向贫困农民的小额贷款服务，为农村等贫困地区人群提供小额无抵押贷款，并创建了以贷款小组为核心的风险控制模式，贷款小组成员间承担连带保证责任，减少了贷款风险。通过20多年的努力，格莱珉银行为数百万贫困借贷者提供了有效的金融服务，为切实解决贫困问题做出了杰出的贡献。孟加拉国“格莱珉银行模式”在世界各地得到了推广，小额贷款机构在美国、玻利维亚、印度尼西亚、印度、马来西亚等国家和地区纷纷建立。

1. 孟加拉乡村银行模式

穆罕默德·尤纳斯教授创建了全球首家专门向贫困人群发放小额贷款的乡村银行——格莱珉银行。该银行主要发放无抵押的小额贷款，格莱珉银行以足量、小额、价格合理的信贷，为传统金融制度下无法得到贷款的社会最贫困阶层人群提供了起步发展的资金，改善了低收入人群的经济状况和生活水平。孟加拉乡村银行在发放无抵押小额贷款时，针对孟加拉国贫穷地区的现实情况，建立了共同利益贷款小组制度，将有相似经济和社会背景的贷款人分成一组，使贷款人相互制约和监督。连带责任制度促使组员互相帮助和监督，将小额信贷机构的贷款项目追踪成本转嫁于各贷款小组，降低金融机构运营成本，大大降低了由于信息不对称和抵押担保不足带来的贷款风险，孟加拉乡村银行也因此保持了95%以上的还款率。格莱珉银行凭借商业化的运作模式和良好的贷款管理办法，已经连续10年保持盈利，为世界各国小额信贷项目还款难、风险高、小额信贷机构难以自负盈亏等问题提供了成功经验和解决方案。进入21世纪，孟加拉国小额信贷机构的金融产品和服务开始多元化发展，逐步进入微型金融领域。

2. 国际社区资助基金会FINCA－UGA村庄银行模式

1985年，John Hatch在乌干达成立了国际社区资助基金会，村庄银行是其开创的一种小额信贷组织形式，主要依靠自助小组的自我经营，实现贫困人群脱贫。1986年，John Hatch在萨尔瓦多尝试展开小额信贷，贷款对象主要是贫困者和妇女，其中妇女占总人数的95%左右，村庄银行向其提供生产生活和商业贸易所需的款项。村委员会自主决定贷款利率，一般比商业银行要高，可以覆盖成本，实现可持续经营。村庄银行贷款无须抵押担保，采取贷款人相互担保的机制，可依据贷款人的信誉和以往存贷的金额授信。由于实验项目的成功，John Hatch 于 1992 年 1 月 1 日正式成立了 FINCA – UGA。经历 20 多年的发展，2008 年，FINCA – UGA 的资产总值达到了 1630 万美元，其总贷款金额也从 2002 年的 244.06 万美元增加到 2009 年 1273.79 万美元。“FINCA – UGA”模式受到许多发展中国家的推广与借鉴，现今已被拉丁美洲、亚洲、非洲 25 个国家 3000 个地区模仿。

3. 印度尼西亚人民银行模式

1970 年，印度尼西亚乡村信贷部成立，起初主要向农民提供政府水稻生产计划的补贴贷款。1984 年，乡村信贷部进行机构调整和制度改革，从主要依靠国家补贴的国有银行转变为自负盈亏的商业性银行，此次改革取得了突破性的成功，不仅依据商业化原则满足了农户的需求、提高了利润，而且降低了经营成本，实现了自身可持续发展。乡村信贷部的信贷对象并非指向贫困农户，而是贫困线上具有一定信用和经济基础的人群。以金额 300 美元为贷款基准线，金额低于基准线的贷款无须抵押，而高于基准线的贷款需要抵押。借贷人可根据自身状况选择借贷周期和还款时间，还款时间为 6 个月到 3 年，还款频率可选择周、月、季和半年。乡村信贷部的贷款资金主要来源于印度尼西亚人民银行的自有资本和储户的存款。乡村信贷部更注重商业性和营利性，其服务宗旨在于满足顾客需求的同时盈利化并简单化。

4. 印度的小额贷款信贷模式

印度的小额贷款信贷有两种模式：一是“互助小组—银行”联结模式（Self Help Group – BankLinkage，简称 SHG）。印度的小额贷款的运作采用的是小组互助式放贷模式，即参加信贷小组的成员之间具有联保连带责任。在印度有很多金融机构办理这种对农户小组的小额贷款，一般的商业银行、政府机构、非政府组织及政策性金融机构都可以向农户小组发放贷款。印度已经建立起比较完整的农业金融信贷体系，在信用风险管理上也结合了农民、农村的实际情况。

二是商业性小额信贷机构的联保贷款模式（Joint Liability Group，简称 JLG）。虽然上述第一种模式还是占主导地位，但是商业小额信贷模式有其自身的优点。印度的商业性小额信贷机构包括多家金融机构，主要有信托基金会（Trust）、各社会团体（如农村妇女与儿童发展组织）、合作社（co - operation）和非银行金融机构（NBFc），这些机构都可以直接向农民发放贷款。印度的商业性小额信贷JLG模式在运作的过程中，JLG这种联保贷款并不和某家银行相连，而是直接从商业性小额信贷机构中获取，在贷款的发放上也不同于“互助小组—银行”模式，贷款不发放给小组，而是直接发放给个人，但是小额信贷机构需要对个人信用记录予以评估、追踪，以最大程度上降低贷款的风险，但是在“互助小组—银行”模式中，银行并不直接追踪某个人的信用记录，只关注整个互助小组。因此，JLG模式与“互助小组—银行”模式相比还是有一定优势的，在JLG模式中，贷款更容易获得，程序上相对来说更简单、更灵活，从这个角度看，对农民而言更具有吸引力。截至2012年，印度小额信贷行业协会做了一个初步的统计，在印度全国范围内，这样的机构大约有252家，覆盖了印度的近500个村镇，服务于1500万贫困农村人口，累计发放贷款7亿卢比。

5. 秘鲁“现金商店”模式

秘鲁的小额信贷行业是当今世界上发展最成熟的行业之一。在过去的二十年里，秘鲁的小额信贷行业一直蓬勃发展，成功地克服了这一时期内的两次国际经济危机。秘鲁的小额信贷行业在20世纪80年代后期也经历了国内艰难困境，包括严重的经济危机、恶性通货膨胀和经济衰退，以及国内恐怖主义和武装冲突。Caja市政小额信贷系统，即“现金商店”，是秘鲁小额信贷公司中最成功和最有影响力的小额信贷系统。在许多成功的独立Caja中，Caja Trujillo小额信贷公司是一个有代表性的成功案例，其特点是在管理过程中有效结合了商业经营模式与行业当局的监管。秘鲁小微金融领域实施审慎监管，监管内容主要有四个方面：一是最低资本和资本金充足率。二是不良贷款。三是贷款损失准备金。四是关联贷款。秘鲁重视建立全面、统一的小微金融监管制度，规范小微金融发展，保护普惠金融中的众多消费者。建立多个规章制度，要求金融机构定期披露产品和服务信息，提高金融产品透明度，使消费者更加理智地选择金融产品和服务，减少信息不对称引起的消费者权益受损。

（二）绿色小额信贷扶贫模式

绿色小额信贷是一种兼具扶贫与环保功能，促进清洁能源和清洁技术的开发与使用的金融服务创新模式。绿色小额信贷具备以下的特征：一是政策性。其在解决贫困和环境问题的同时，促进清洁能源或技术的使用与开发，这几个方面都是一个国家政策倾斜的方向，因而体现很强的政策性。二是便捷性。其吸收了小额信贷放贷程序或流程简单便捷、资金到位迅速的优势。三是服务对象的特定性。其主要为从事环保项目的微型企业、穷人提供资金或技术支持，或者为因气候变化而遭受损失的穷人提供基本的生存贷款。四是公益性。绿色小额信贷主要的目的是通过对环保节能减碳项目融资，帮助其客户在生产生活中遵循绿色理念，通常贷款利息很小，甚至无息。

绿色小额信贷有三种形式：一是为其客户提供资金和技术援助，基于绿色环保和社会公平理念，在倡导和促进生产生活的“绿色化”同时也可创造绿色就业机会，例如，支持微型企业提高能源使用效率或使用清洁技术，为穷人安装太阳能、使用能源效率更高的炉灶提供贷款；二是为因气候变化或生态环境改变而遭受损失的穷人提供保障基本生存的贷款；三是通过提供创新的贷款产品，促进清洁能源和清洁技术的分配、使用与开发。绿色小额信贷作为金融机构在低碳背景下进行金融创新的工具，意味着绿色金融体系日渐丰富，参与绿色金融的主体愈加广泛。绿色小额信贷是低碳产业与金融产业对接的双赢路径，是小额信贷机构在贫困与环境问题双重压力下，开创性地探索兼具扶贫与环保的绿色金融模式。

美国绿色小额信贷行业发展迅猛，注重社会平等和环境可持续发展。美国愈来愈多地通过多次探索和反复论证，把环境因素、可持续发展因素纳入他们的贷款和风险评价程序，制定一系列的措施评价穷人和微（小）型企业贷款项目的环境与社会影响，并吸引其他金融机构参与环境友好型的经济活动，试图寻找需求扶贫和环保的衔接点与平衡点。美国发展绿色小额信贷的具体措施有吸引金融机构参与绿色小额信贷、拓展融资渠道等。美国有三类金融机构（主流商业银行、绿色社区银行和小企业管理局）参与绿色小额信贷。

拉丁美洲和加勒比地区的绿色小额信贷得到了广泛的推广。从2011年到2015年，拉丁美洲和加勒比地区的183家小额信贷机构已经尝试、正在发行或正在尝试开发绿色小额信贷。2015年，51家小额信贷机构宣布设立专门的绿色小额信贷部门，33家小额信贷机构专门为可再生能源（RE）或提高能源效率（EE）等项目提供融资，35家小额信贷机构提供非专用贷款产品的再融资。获得融资金额最高的可再生能源项目是太阳能家庭系统、高效炉灶、生物制剂、高效节能冰箱和空调。

尽管在拉丁美洲和加勒比地区绿色小额信贷的发展有很高的潜力，可再生能源和提高能源效率类的小额信贷产品仍然有限，平均每年每个小额信贷机构只发放几百笔贷款，而且总额有限，2014年贷款组合在350万到1500万美元之间。其他种类的支持可持续实践的绿色小额信贷，如农林业复合经营和循环利用似乎有更好地推广。绿色小额信贷推广面临各种各样的挑战，其中包括缺乏对绿色小额信贷产品的理解，以及对于可再生能源和提高能源效率等项目的良好商业模式缺乏健全的考虑。然而，如果能形成良好的战略、合作伙伴和好的信贷产品，在拉丁美洲和加勒比地区适应和减轻气候变化的潜在小额信贷估计有数十万客户和数亿美元市场。

（三）互联网众筹小微金融扶贫模式

在普惠金融的背景下，众筹是一种从大量个人或法律实体筹集小额资金的市场融资方式，它绕开了传统金融中介，依托互联网平台向大众出资者募集资金，利用手机和网上平台与借贷者建立联系，将资金用于资助企业、具体的项目或满足其他方面的需求。众筹有以下几点优势：筹集资金快；监管规则较少；成本效益高；合作方收益较好。然而其潜在的市场范围受到平台接入壁垒和规则的限制。

Kiva小微金融（通常以其域名Kiva.org闻名）是美国国际非营利贷款组织，Matt Flannery和Jessica Jackley受孟加拉国格莱珉银行的启发，在 2005 年创办了总部设在加利福尼亚州旧金山的 Kiva 互联网金融平台，其使命是将人们联结起来，通过贷款来帮助人们减轻贫困。Kiva 小微金融互联网金融平台允许人们通过互联网向 80 多个国家的低收入企业家和学生提供贷款。截至 2016 年 3 月 15 日，Kiva 小微金融平台已将 1394336 个贷款人筹集的 827356850 美元贷款分发至 1928760 名借款人。Kiva 小微金融平台共提供了 1036558 笔贷款，平均贷款额为 411.26 美元，而 Kiva 平台每个用户平均贷款次数为 10.17 次。Kiva 目前所有合作伙伴的还款率为 97.1%。据 Alexa 网站信息公司称，Kiva 平台的网站在全球所有网站中排名前 15000，Kiva 平台平均每三天众筹到约 100 万美元的资金。全球有超过 100 万的贷方使用 Kiva 平台，在美国排名前 5000。

Kiva 依靠世界各地合作伙伴来管理当地的贷款，这些合作伙伴可以是小额信贷机构、社会企业、学校或非营利组织。Kiva 把每个需要借款的个人故事和借款需求发布到网站上，这样做的目的是把贷款人与借款人人性化地联系到一起。Kiva 在其网站上发布符合贷款要求的企业家简介，贷款人通过网页选择他们希望资助的 Kiva 企业家，并通过 PayPal 将资金转移到 Kiva。在收到用户的资金后，Kiva 汇集了各个贷方的贷款资金，并将其转移给相应的合作伙伴，然后合作伙伴将贷款支付给贷方选择的企业家。尽管 Kiva 本身并不收取其促成的贷款的任何利息，Kiva 贷款人也不会对其贷款收取利息，但合作伙伴收取的利率相对较高。由于监管许多小额贷款的行政费用以及风险增加，发展中国家小额信贷机构的贷款利息通常高于发达国家较大贷款的利息。当企业家有偿还贷款时，合作伙伴将资金汇回 Kiva。随着贷款的偿还，Kiva 贷款人可以撤回其本金或将其再贷款给另一位企业家。Kiva 涉及的领域及其影响有以下七点。

1. 女性拥有的企业

截至 2012 年 4 月 1 日，Kiva 80.46% 的贷款都是针对女企业家的。Kiva 强调支持女性，因为女性可以从小额信贷中获得最大收益。在父权制和严格的分工仍然主导着许多发展中国家的社会，资源往往分配给一个家庭的男性，而不是女性，所以妇女往往最容易遭受贫困。通过小额贷款，女性可以提高消费能力，她们能够教育自己的孩子，翻新她们的住所，或购买现代技术和药品。随着经济实力的增加，一个拥有小额贷款的女性往往会从丈夫那里获得更多的独立和尊重。小额信贷在提高妇女地位和保护她们免受虐待方面做得更多，而这些是任何法律都难以实现的。

2. 绿色贷款

2011 年，Kiva 增加了一种新的贷款类别，以帮助借款人转向更清洁、更安全的能源形式，比如绿色农业、运输和物品的再循环利用。绿色贷款资助太阳能电池板、有机肥料、高效炉灶、滴灌系统和生物燃料。截至 2013 年 12 月，Kiva 贷款人已经为 4600 份绿色贷款提供资金。

3. 支持高等教育

发展中国家的贫困学生很难获得大学和研究生教育机会。除美国和其他一些富裕发达经济体以外，提供学生贷款的机构并不多，所以没有大量储蓄的家庭几乎没有其他选择，只能放弃高等教育的机会。2010 年，Kiva 开始实施学生小额贷款计划，允许贷款人帮助寻求接受高等教育的学生。学生贷款的资金来源利用众筹的融资方式，通常学生有 1 ~ 3 年的时间来偿还贷款。2014 年，Kiva 与 Vittana 开始更深层次的合作关系，Kiva 的教育产品大大扩展。Vittana 在亚洲、非洲和拉丁美洲国家开展工作，为低收入学生开发类似的贷款产品。

4. 救援难民

2017 年 7 月，Kiva 启动了一个配套资金为 25 万美元的世界难民基金，为包括黎巴嫩、约旦和土耳其在内的国家的难民和收容社区提供支持。当难民偿还贷款时，他们便用归还资金在新的地点建立相同的业务。目前，该基金已发展到规模为 900 万美元的周转贷款资金。

5. Kiva Zip

2011 年，Kiva 推出 Kiva Zip。这是零利率 P2P 贷款试点项目的一部分，其目标是“通过技术减少借贷成本”，在美国和肯尼亚设有分支机构。贷款人可以以低至 5 美元的起点金额对客户贷款，客户通常是那些被传统银行机构拒绝贷款的借款人，Kiva Zip 不需要借款人拥有高的信用评分或抵押物，而是使用受托人制度，受托人可以是 Zip 当地的非营利组织、服务机构、企业、信仰组织或社区领袖。Kiva Zip 的平均贷款规模是 5000 美元，和 Kiva 主营业务不同的是，借款人和贷款人可以在平台上进行通信。Kiva Zip 上的每个借款人简介下都包括一个私人区域，用于借款人和贷款人之间的对话和信息交流，有时贷款人会发展成为客户甚至成为品牌大使，鼓励社区的其他成员支持企业发展。Kiva Zip 借款人平均两年偿清贷款。

6. Kiva 实验室项目

谷歌在 2013 年向 Kiva 授予了 300 万美元的全球影响奖，以资助 Kiva 实验室项目，即 Kiva Labs。该项目旨在寻求增加小额信贷灵活性和影响力的方法。Labs 的举措包括降低利率、提供更灵活的还款条款，以适应农业季节性利润等问题，并为教育等投资提供长期贷款。实验室还着重于提供清洁能源技术使用机会，以及利用移动技术以弥合知识鸿沟。在实验室启动时，Kiva 的贷款人就已经通过众筹的方式提供了 132000 项农业贷款、4600 项绿色贷款和 670 项移动技术贷款。

7. Kiva 城市项目

Kiva 城市项目为美国城市中的当地企业主和企业家提供了众包贷款的机会。它是由 Kiva 和美国前总统比尔·克林顿在 2011 年芝加哥“克林顿全球倡议”美国会议上发起的。Kiva 城市项目遍布奥尔良、洛杉矶、华盛顿特区、纽瓦克、里士满、小石城、匹兹堡、费城、密尔沃基、路易斯维尔、旧金山、纽约市和奥克兰等城市。在不到一年的时间里，位于弗吉尼亚州里士满的 Kiva 城市项目为当地企业提供了超过 10 万美元的贷款。

（四） 小额保险扶贫模式

小额保险扶贫模式的典型代表是菲律宾农业和农村发展中心。菲律宾农业和农村发展中心是菲律宾国内最早也是最大规模从事小额信贷业务的非政府组织，现有员工 5982 人，在菲律宾境内拥有 1460 家分社，资产规模达到 86 亿比索，发放贷款额 80 亿比索，会员 145 万人，贷款活跃会员在 2017 年 4 月达到 113 万人，业务辐射至菲律宾 40 个省。菲律宾农业和农村发展银行成立于 1997 年，其最初的宗旨是开展银行储蓄业务，主要为了让贫苦的农村妇女能够将部分小额信贷所获收入存入银行，稳定家庭经济。在银行业务发展过程中，农业和农村发展中心意识到其会员不但需要贷款，还需要其他各类金融服务。贫困阶层在面临意外死亡、疾病、财产损失和自然灾害等各种风险时，往往由于缺少适当的风险保护而遭受较大损失。农业和农村发展中心应大量会员要求，推出了第一项保险产品——"会员共同基金"，该保险提供贷款信用保险和死亡保险，投保者每周支付 2 比索（4 美分）的保险费，可以获得 2500 比索到 5000 比索（42 美元到 104 美元）的赔偿。

农业和农村发展中心在 1999 年制订了互助会计划，并在 2001 年获得国家正式认可，正式具备了小额保险业务经营资质。农业和农村发展中心互助会是一家非营利法人机构，由会员自行管理，资产所有权归贫困阶层的会员。农业和农村发展中心互助会向会员提供多种保险产品和服务，其中最重要的是人寿保险，人寿保险包括永久伤残保险和意外死亡抚恤金。除了保险产品，农业和农村发展中心互助会还提供失学青年计划等社会服务，并且为会员子女提供奖学金和免费的婚礼服务。

（五） 数字金融扶贫模式

近年来，金融机构和非金融机构目前都在快速开发新的合作方式，以便通过数字方式为无法享受金融服务或金融服务不足的群体提供金融服务。数字创新使金融机构能够接触到偏远、难以进入金融服务地区的客户（包括女性客户，在全球无法享受金融服务或金融服务不足的群体），并在降低成本的同时，以更加可持续的方式和更亲民的价格为消费者提供服务。手机银行、获取和利用最新的数据、技术创新正促成一场金融革命并改变金融服务用户的心态。在全球范围内，2018 年数字支付的比例为 52.3%，比 2014 年的 41.5% 增加了 10.8%。

肯尼亚普惠金融发展的一个特点是手机银行的快速发展。肯尼亚移动金融支付体系的迅速发展得益于金融监管部门允许统一开发手机银行，并授权肯尼亚最大通信运营商 Safaricom 于 2007 年推出手机银行系统 M－PESA。M－PESA 平台方便、快捷、安全和交易费用较低，迅速吸引了那些想把钱寄给家乡亲人的城市工人。在肯尼亚，M－PESA 的成本是其替代系统价格的三分之一到二分之一。在肯尼亚农村地区，电子货币支付方案 M－PESA 允许使用者将货币保存在虚拟的“贮值”账户里面，这一账户由电信运营商的服务器维持，由使用者通过移动电话操作。使用者可以通过本地的 M－PESA 代理商进行存款和取款，也可以使用其可用余额，将货币发送给其他移动电话用户、购买话费或者贮存货币等。电信运营商将客户存储在 M－PESA 账户上的资金汇集到统一账户，委托商业银行集中管理。肯尼亚央行对手机银行持乐观态度，鼓励金融机构接受技术创新，鼓励在国家支付系统中使用手机金融服务以减少成本。因此，到 2015 年，将近 80% 的肯尼亚人拥有银行或手机支付账户，大幅扩大了普惠金融覆盖面。

2008 年，M－PESA 由 Vodacom 在坦桑尼亚推出，截至 2013 年 5 月，坦桑尼亚的 M－PESA 拥有 500 万用户。同年，Vodacone 与阿富汗的主要移动运营商 Roshan 合作，提供 M－PESA，即该服务的当地品牌。当这项服务启动时，它最初是用来支付警察的工资，该产品发布后不久，阿富汗国家警察局发现，在以前的现金模式下，10% 的警察工资颁发给了事实上并不存在的警员。在新的制度中改正后，许多警官得到加薪。国家警察局发现，当使用现金付款时，腐败现象如此之多，以至于警察人员不知道他们自己的真实工资。这项服务非常成功，已经扩展到包括商家支付、P2P 转账、贷款支付和其他支付。2010 年 9 月，Vodacom 和 Nedbank 宣布在南非推出 M－PESA 服务。据估计，南非有 1300 多万“经济活跃”的人没有银行账户。但南非在客户注册和收购

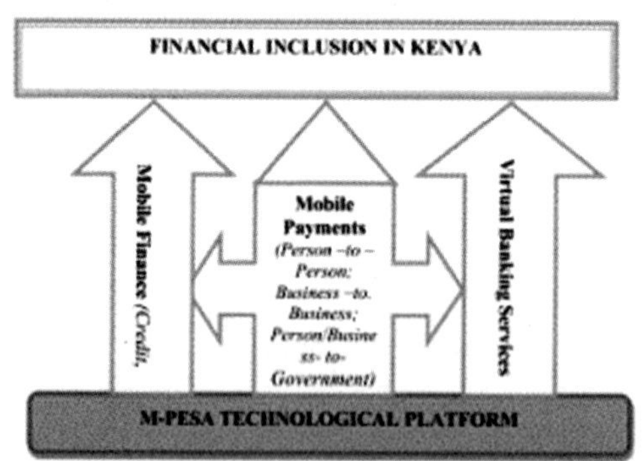

图 8－1　M－PESA 移动支付平台流程图

资料来源：Handbook of Blockchain, Digital Finance, and Inclusion, Volume 1

网点方面严格的监管环境限制了 M - PESA 的发展，截至 2015 年 3 月，M - PESA 的客户群落后于坦桑尼亚和肯尼亚，只有 100 万用户。2011 年 11 月，作为与印度工业信贷投资银行（ICICI Bank）的密切合作伙伴，M - PESA 在印度推出。早在 2008 年初，银行就已经开展了类似业务，该服务继续在印度的有限地理区域内运行，印度 Vodacone 与印度工业信贷投资银行也于 2013 年 4 月 18 日推出了 M - PESA，并把这项服务推广到了印度全境。用户需要注册 M - PESA 服务，注册免费，每笔 M - PESA 交易收取汇款服务费用。在东欧地区，2014 年 3 月，M - PESA 扩展到罗马尼亚。2015 年 5 月，阿尔巴尼亚也推出了 M - PESA，但它于 2017 年 7 月 14 日关闭。

类似于 M - PESA 移动支付平台，如孟加拉国的 bKash 和印度的 UPI 都得到了推广。bKash 是孟加拉国的移动金融服务，由孟加拉国银行授权，作为 BRAC 银行有限公司的子公司。这个移动支付平台始于孟加拉国 BRAC 银行有限公司和美国动态货币有限责任公司之间的合资企业。bKash 用户可以将钱存入自己的移动账户，然后使用一系列服务，特别是在国内转账和收款、支付和购买通话时间充值服务。2013 年 4 月，世界银行集团的成员国际金融公司（IFC）成为该公司的股权合作伙伴。2014 年 3 月，比尔和梅琳达盖茨基金会成为该公司的投资者。《财富》杂志将 bKash 列为 2017 年“改变世界”50 强企业之一。据他们统计，22% 的孟加拉国成年人使用 bKash，每天大约有 450 万笔交易。至今，bKash 在孟加拉国拥有超过 70% 的移动金融服务市场份额，超过 2700 万孟加拉国成年人使用 bKash 账户。

2016 年 9 月，印度推出了统一支付界面（UPI），这是一个近乎实时的支付系统，便于在单个移动应用程序上跨银行、移动钱包、商家和账单进行交易。UPI 平台的交易量呈爆炸式增长。自 2017 年年中以来，UPI 月交易额增长了 22 倍，交易总额增长了 7 倍，促进了现金使用量的减少（见图 8 - 2），UPI 在 2018 年 1 月交易额合计已经达到 155.4 亿卢比。UPI 基础设施由政府投资建造，以便于支持 UPI 在全国范围内支付，其交易费用几乎可以忽略不计，每笔交易费用低于 1 美分。最近几个月，谷歌和 WhatsApp 等大型科技公司也利用 UPI 平台在印度推出了支付解决方案。

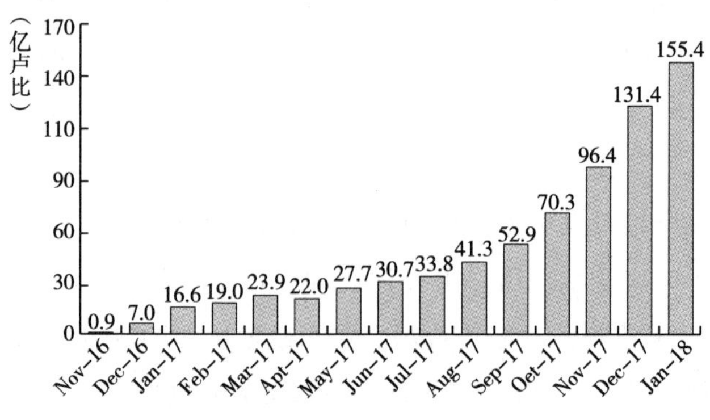

图 8-2　UPI 月交易额合计

资料来源：Reserve Bank of India. "RBI Bulletin." Reserve Bank of India Data Release, Jan, 2018.

（六）普惠金融扶贫的其他模式

1. 巴西代理银行业务模式

巴西注重利用金融创新，扩大金融服务人群覆盖面，其中最著名的创新举措是创建了代理银行业务模式。20 世纪 70 年代，巴西首创代理银行模式。巴西中央银行将其定义为在银行无法设立分支机构的地区为客户提供金融服务的渠道和手段，可以令银行和非银行机构在金融领域达成合作，以扩大金融服务范围。相比较传统普惠金融方式，代理银行制度最大的优势是节省了银行的扩张成本，发展一个代理商所需的成本仅是新建一个银行机构网点成本的 0.5%。代理银行制度可以减轻银行的财政负担，使银行将资源、资金集中于发展核心业务或创新金融产品，是银行以最低成本推广金融服务、拓展客户范围的渠道。巴西联邦储蓄银行代理商超过 15000 万家，遍布巴西 5500 多个行政区，现已做到每个客户与最近的银行网点或代理商不超过 3 公里，是巴西代理银行制度的范例。

2. 墨西哥多元化金融服务模式

2005 年以来，墨西哥政府积极推进政策和法律法规改革。在墨西哥中央银行、墨西哥国家财政和公共信贷部门以及证券委员会的配合下，从国家金融体系发展的层面，进一步推进银行体系改革，要求银行率先为民众提供多元化的金融服务，并设立了在2020年前实现普惠金融的国家目标。2007年，墨西哥中央银行和证券委员会将“建立健全的普惠银行体系”纳入职能范围，制定并实施了一系列相关措施，通过电子支付来发放社会福利、免费开设移动支付存款账户和办理公司业务等。直接推动银行法律法规改革，允许非金融机构在农村地区提供金融服务，允许专业型银行实行差别监管，根据目标服务人群的不同，提供多样化服务。将小型信贷机构纳入正规吸收存款机构管理，保证风险可控。墨西哥最大的小额贷款机构康帕图银行（Compartamos Banco），在推动墨西哥普惠金融发展进程中发挥了重要作用，现已成功完成从小额贷款公司到商业银行的转型并上市融资，康帕图银行是小额贷款公司成功商业化的典范。

3. 俄罗斯普及金融教育模式

俄罗斯制定了全国性金融扫盲5年计划，周期为2011年7月至2016年6月，计划资金为1.13亿美元，目标人群是小学到大学的学生和潜在使用金融服务的中低收入人群，目标是改善俄罗斯金融生态环境，提高民众金融行为的效率，加强金融消费者保护。俄罗斯制定了金融扫盲国家战略以及加强金融扫盲和消费者保护的政策框架，建立了机构间的协调委员会，并指定俄罗斯财政部为负责机构，选择重点地区先行试点。

（七）国外农业经济金融模式

在发展农村经济这一问题上，许多国家相继采用了各种金融手段，政府投入大量的补贴资金，设计出各种干预政策，取得了有益的成果。美国复合信用型农村金融模式、日本农协金融扶贫模式、泰国农业合作银行贷款模式是相对成功的范例。

1. 美国复合信用型农村金融模式

美国是世界上农业最发达的国家，这与其完备的农村金融体制密不可分。以1916年创设联邦土地银行为起点，美国的农村金融体制逐步建立和完善起来。1933年建立生产信贷协会，并在12个农业信贷区设立了 12 个合作社银行。为了发挥国家对农业发展的扶助作用，政府农贷机构也逐步建立起来。1933 年成立商品信贷公司，其任务是对农产品进行价格支持或对农业生产给予经济补贴，借以控制生产，稳定农民收入。而为了发展农村电力事业、发展农村通信、缩小农村和城市的差距，1935 年成立农村电气化管理局。1946 年成立了专门为贫困农民提供贷款资金的农民家计局。为了促进、帮助农村小企业的发展，维护小企业的利益，在 1953 年又专门成立了针对小企业提供信贷的小企业管理局。美国完善的农村金融格局基本形成。

美国农村金融制度属于一种复合信用型模式，具有如下特点：一是在提供农业信贷资金的机构中，既有专业的农村金融机构也有其他类型的金融机构；二是在金融组织体系上，一般是合作性金融机构、政策性金融机构及商业性金融机构并存。多种金融机构形成了一个分工协作、互相配合的农村金融体系，较好地满足了美国农业和农村发展的资本需要，充分体现了金融在经济发展中的导向和支持作用。

2. 日本农协金融扶贫模式

日本建立的农村金融体制主要包括合作金融和政府金融两部分，其中民间合作性质的农村金融机构占主体地位，政府的政策性金融机构为重要补充。日本农村合作金融组织是农协系统所办的信用事业部，是农协的一个子系统，由基层农协的信用组织、都道府县的信用联合会、中央的农林中央金库和全国信联协会三级构成。日本农村合作金融经过多年的发展，形成了独具特色的合作金融体系：一是农村合作金融组织政府背景深厚，带有一定程度的官方色彩。二是体系内的三级组织之间并无行政隶属关系，上级组织主要运用经济手段对下级组织进行指导，整个体系内形成了独立的资金运行系统，保证了合作金融体系的运行效率。三是信用合作体系立足于社区发展，树立为社员服务的理念，金融机构的设立坚持立足基层、方便农户、便于管理的原则。四是为了保证合作金融安全、健康地运行，建立了农村信用保险、临时性资金调剂的相互援助、存款保险以及贷款担保等制度。

3. 泰国农业合作银行贷款模式

泰国政府一开始试图利用已有的商业银行体系解决农村金融问题，

要求每个银行至少将其总贷款的5%流向农业部门。尽管政府一再放宽限额条件，商业银行仍无法达到要求。1966年，泰国政府成立了农业与农村合作组织银行（BAAC），是向农户提供贷款的专业化信贷机构，由财政部领导，直接体现政府对中小农户的扶持补贴政策。BAAC在农村地区的客户以大的农场主和涉农企业为主，而且一直在扩张业务范围，从而既为团体也为个体农民服务，并以个体农民为主。BAAC在有限程度上依赖补贴，这主要是政府控制其贷款利率的结果，而不是由于自身运行效率低下，BAAC不能提高贷款利率以弥补本金。到目前为止，BAAC的服务覆盖了全国90%以上的农户，覆盖率之高使最擅长提供大覆盖率服务的微型金融组织都没有发展空间。BAAC贷款金额占全部农业信贷的一半，其中单笔金额低于1200美元的占了三分之一，小额贷款的单笔平均额为660美元，占人均GDP的24%。

三　巴西完善金融创新扶贫制度环境框架

巴西中央银行（BCB）自20世纪90年代以来一直致力于以三种主要方式增加和改善巴西人民获得金融服务的机会：一是通过扩大和加强金融服务的分销渠道；二是通过开发更好的金融产品，使金融服务适应低收入人群的需要；三是通过相关法规确保金融服务的质量。中央银行参与了2009年的二十国集团（G20）财长和央行行长会议，创立普惠金融专家组（FIEG）。2010年，巴西与澳大利亚共同主持制定了二十国集团创新普惠金融原则，并根据该原则制定了巴西加强普惠金融制度环境的行动规划。二十国集团创新普惠金融原则如下。

（一）二十国集团创新普惠金融原则

①增加领导力：培育一个致力于普惠金融的政府，帮助消除贫困。

②多样化：执行促进竞争和以市场为基础的政策办法，以提供可持续的财政机会和使用各种负担得起的服务（储蓄、信贷、付款和转移、保险）以及多样化服务提供商。

③创新：推动技术和制度创新，作为扩大金融体系准入和使用的手

段，包括通过解决基础设施薄弱环节的问题。

④保护：鼓励对消费者采取全面的保护措施，承认政府、供应商和消费者的作用。

⑤赋权：培育人民金融素养和提高理解家庭财务的能力。

⑥合作：在政府内部创造一种有明确责任和协调的体制环境，并鼓励政府、企业和其他利益相关者之间的伙伴关系的沟通和合作。

⑦知识：利用改进的数据制定以证据为基础的政策衡量进展，并考虑一种监管机构和服务提供商都能接受的渐进式“测试和学习”方法。

⑧相称性：建立一个与此类创新产品和服务所涉及的风险和利益相称的政策和监管框架，并基于对现有监管的差距和障碍的理解。

⑨框架：在监管框架中要反映国际标准、各国国家情况和对市场竞争格局的支持；适当、灵活的反洗钱和打击恐怖主义融资（AML/CFT）制度；对电子储存价值有明确的规管制度；以市场为基础的激励措施；以实现广泛互操作性和互联互通的长期目标。

（二）巴西优化普惠金融扶贫制度环境的行动规划

巴西优化普惠金融制度环境的行动规划包括 8 个部分，具体内容如下。

1. 完善小额信贷和专业小额信贷机构的监管框架，以便向企业家和小微企业提供有效的支持

协调机构：巴西中央银行、财政部、司法部。

目标：为扩大巴西的创收活动的小额信贷做出贡献，并加强小额信贷机构在实现企业家和小微型企业的金融包容性方面的作用。

背景：微型和小型企业（MSEs）在巴西经济格局中的重要性没有得到充分发挥，主要是有以下原因：内部管理结构固有的结构性缺陷和弱点。这些缺陷和弱点严重削弱了它们在中长期可持续发展中的竞争力和持续经营的能力。根据经济和环境发展政策（巴西政府多年计划 2012 ~2015 年）的结论，发展小微企业的最重要的障碍之一是难以获得信贷。小企业主是另一个重要群体，他们的金融需求在很大程度上仍未得到传统银行业的满足。根据巴西地理与统计研究所的数据，在巴西，超过四分之一的在职人员（20703）是个体经营者或雇主，雇员不超过两成（180 万）。

目前，扩大小额信贷的指导方针针对小企业主，其重点越来越集中于为创收活动提供小额贷款。根据这一重点，作为巴西“无贫穷方案”的一部分，政府发起了一个称为 Crescer（增长）的国家小额信贷方案。Crescer 方案鼓励遵守该方案规则的主要公共银行进入小额信贷市场，并促进已经在小额信贷市场的银行，特别是在该国东北部和北部地区开展业务的银行提供小额贷款。过去设立了小额信贷部门的一些私人银行，也通过自己的业务或通过为专门从事这一领域的公共利益民间社会组织（Oscips）提供二级融资来加强这一部门的工作，创建部门或区域分销商来服务于这个细分市场。除此之外，传统机构（银行）通过创建部门或区域分销商服务于小额信贷这个市场部分。还有另一个被监管的市场，即以前不受监管的机构，已经扩大经营范围，成为在监管环境下运营的受监管机构。后者在国家扩大小额信贷方面发挥了重要作用。

为了鼓励专业的小额信贷机构积极提供小额信贷业务，1999 年巴西设立了法律形式“小额企业家信贷协会”（SCM），以促进不受监管的机构向受监管的环境过渡。然而，这并没有产生预期的效果，尽管有许多非政府实体具有所需的小额贷款专门知识水平。因此，巴西政府还将研究为专门的管制机构制定有效的框架模式，以便为具有所需能力的小额金融机构的转型建立更有利且更有吸引力的环境。

2. 促进金融服务的多样化和完善金融服务，使其更好地适应人们的需求

协调机构：巴西中央银行、财政部、国家养老保险基金监管机构、私人保险监管机构。

目标：有助于确保巴西人民，特别是人口中低收入阶层，有更多机会获得符合其需要的金融服务，包括储蓄、保险和养老金产品。

背景：近几十年来，巴西在金融包容性方面取得了重大进展。然而，为了确保这一进程的连续性，需要扩大金融服务的范围，使金融产品多样化以满足不同的需求，提高产品和服务的质量，采取系统化的行动和包括消费者保护机构在内的各管制单位的互动。

越来越多的金融服务延伸到人口中低收入阶层，再加上巴西最近在减少贫困人口方面的进展，导致金融服务需求日益增长和金融产品出现更加多样化的新趋势，突出了根据当前和潜在客户的需要提供多种服务的重要性。不断上升的家庭负债，特别是工薪阶层和领取养老金的群体，以及某些金融产品的高违约率，也已引起人们对增加家庭储蓄的重要性的关注。近期国家和国际有关金融服务的探讨提出了这样的观点，即在促进这个群体获得信贷的同时，必须同时改善获得储蓄、投资、保险和养老金服务的机会，使家庭能够更好地规划和管理中长期家庭财务。

适应巴西人民改善民生需求的金融服务的监管责任不仅在于巴西央行，还在于巴西证券交易委员会（Securities and Exchange Commission）、国家养老基金监管机构和私人保险监管机构。因此，这些机构必须共同努力，以应对为提供有效和多种符合客户要求的金融服务而建立一个更有效的有利环境的挑战，解决一系列问题相关的法规。为此，2012 年 4 月，金融、资本、保险和养老金市场和资本化管制和监督委员会（Coremec）设立了一个关于普惠金融的常设小组委员会，负责促进巴西普惠金融所需的条例拟订建议。该小组委员会的目的是扩大 Coremec 成员监管机构之间的合作和信息共享，以开发适合低收入人口需要的小额信贷工具和增加进入经济社会的机会。小组委员会将由各 Coremec 成员机构的一名代表和一名候补代表组成，由代表轮流担任主席，为期 6 个月。成立于 2006 年的 Coremec 成员包括巴西央行、巴西证券交易委员会、私人保险监管机构和国家养老基金监管机构。小组委员会的初步议程集中于下列领域：通过信用合作社的补充养老金计划；利用国内的往来银行网络分销市场小额保险产品；制定金融服务业的消费者保护的策略。

3. 制定移动支付的法律和监管框架

协调机构：巴西中央银行、通信部。

目标：能够使用移动电话和与移动电话网络连接的其他设备提供支付服务，确保供应商之间的有效竞争、提高消费者信心和高效的支付服务。

背景：移动支付（Mobile payment）是指通过移动设备提供的支付服务。移动支付在许多国家全面运营，被视为促进普惠金融的有效工具。在巴西，移动支付模式的发展有着巨大的潜力，因为即使在较贫穷的人群中，移动电话也被广泛使用。这些人中的很大一部分没有银行账户，现金仍是最常用的家庭付款方式（根据中央银行货币管理局 2010 年进行的一项调查，在收入类别 D 和 E 中，86% 的家庭使用的主要支付方式是现金）。新技术的出现已经导致非金融机构也能够提供支付服务，并且这种趋势很可能会继续发展。这种发展提供了显著的效益——更低的成本和价格，更大的便利性，更好的服务和增加竞争，改善普惠金融的细分市场。

虽然巴西现有的法律框架在这方面没有具体规定，但它允许非金融机构按照一定的标准和条件提供支付服务。然而，缺乏具体的规定可能会产生导致监管不确定性，这可能会阻碍投资者投资和提高投资风险等不利因素。因此，还必须采取适当的模式，以避免损害消费者信心。由于这种创新的发展涉及移动运营商，因此需要在各个实体和监管机构之间协调，以便开发能够在安全、经济可持续和竞争的环境中增加普惠金融因素的模型。支付服务活动存在固有风险，这就需要有效风险防控机制，这涉及解决诸如洗钱、技术风险、电话运营商和银行之间的合作关系以及可操作性等问题。

巴西央行强调，为了促进有益于社会的创新并同时促进普惠金融发展，移动支付业务模式必须具备以下特点：简单、普遍性、可操作性、安全性、灵活性、保护隐私和消费者信心、高竞争力、注重成本效益并融入巴西的支付系统基础设施，如个人对个人（P2P），个人对企业（P2B）和政府对个人（G2P）交易。央行和通信部已成立了一个部际工作组对这些问题进行研究，制定成功开发这个市场所需的措施。

4. 加强分销渠道网点建设

协调机构：巴西中央银行、财政部。

目标：克服障碍，实现更广泛和更均匀的代理点分布，提高巴西金融体系的影响力。

背景：金融机构的网点并不是唯一可用的分销渠道，重点是向民众提供创新的金融服务。在巴西使用金融服务的创新方式之一是国家通信员网络［根据国家货币理事会（CMN）2011 年 2 月 24 日第 3954 号决议的规定订立合同］提供服务点的数量及其覆盖能力。根据巴西中央银行公布的关于普惠金融的第二份报告，在巴西运营的 220000 个接入点中，有 150000 个属于通信员。巴西每 10000 名成年人有 15.2 个接入点，其中 10.5 个属于通信员，这就覆盖了全国所有的乡村。

信用合作社为金融业提供又一重要渠道服务，在 2010 年 5 月 27 日 CMN 第 3859 号决议下进行管理，这些合作社大多在区域经营，收取存款并扩大信贷。此外，合作社是专门为会员服务，为他们提供更好的金融服务。自 20 世纪 90 年代以来，中央银行一直致力于加强这一部门，特别注重采取措施在安全的环境中优先促进合作部门的发展，这些措施已改善了金融服务的覆盖面。

就整个金融体系而言，应采取更多的措施，使金融服务提供结构更好地适应每个地区的具体人口和地理特征，并减少区域差异。在 2010 年，虽然南部地区每 10000 名成年人有 20 多个接入点，但北部和东北部地区分别只有 10 个和 11 个。为了符合有关安全、就业、消费者权利等法律要求，促进和加强国内银行代理网络，还必须不断完善监管框架。最后，在完善监管框架的过程中要规定拓宽分销渠道，以便由金融机构特别是银行服务的前台补充分销渠道的网络。为此，2012 年 4 月 26 日发布的第 4072 号决议统一了有关在巴西建立金融机构网点的规定。

5. 加强金融教育和提升金融素养

协调当局：巴西中央银行、国家养老基金监管局、巴西证券交易委员会、私人保险监管局、司法部消费者保护司、社会发展部、巴西支持中小企业服务部。

目标：根据国家金融扫盲战略（National Strategy for Financial Literacy），确保公众更好地了解金融机构的运作方式和金融产品及服务，以便做出正确决定。

背景：巴西最近的经济发展以及社会融合的可持续发展进程的前景、社会发展预期良好。巴西经历了收入分配的重大变化，财富向低收入人群重新分配。与此同时，金融产品的种类也增加了，这给金融服务用户带来了利好，有了更广泛的选择，可以从中选择最适合自己的产品。另一方面，由于金融机构提供广泛的产品和产品的易得性，使得消费者做出决策更加困难，因为他们现在必须比较不同产品的特征，以便做出明智的选择。即使是明显相似的产品也会在风险、回报、成本和条款方面有显著差异。对于客户和用户来说，充分了解财务问题以了解所涉及的利益和风险也很重要。

为此，巴西制定了国家金融扫盲战略，促进金融和养老金计划有关的科目的教育。其目的是提高公民的知识和认识，提高国家金融体系的效率和健全程度，并使消费者能够做出明智的决定。国家金融扫盲战略以巴西央行、巴西证券交易委员会、国家养老基金监管机构和私人保险监管机构的行动为基础，还涉及其他政府机构、私营部门和社会团体。

本行动计划中确立的金融扫盲活动的目的是为该领域的工作拟订新的建议，由国家金融扫盲委员会（CONEF）根据其任务规定进行评估。重要的是提高巴西人民对使用金融服务做出明智决定的能力，使他们认识到个人财务规划的重要性，以便他们能够明智地管理他们的资金。这些活动补充了在国家金融扫盲战略框架内制定的倡议，该战略涉及更广泛和更长期的目标。作为第一步，中央银行在 2012 年设立了一个内部工作组，以确定传播相关信息的具体活动，减少在其监督下的公众和金融机构之间的信息不对称，以确保用户选择最适合他的金融产品和服务，并有效地使用它们。

6. 加大力度确保金融服务用户了解到自己的权利以及争议解决程序

协调当局：巴西中央银行、国家监管局、巴西证券交易委员会养老基金、私人保险监管局、联邦检察官办公室、司法部消费者保护部门。

目标：确保金融服务消费者认识到他们的权利和程序化解纠纷，提高消费者使用金融服务的安全性。

背景：需要建立消费者保护机制，以保护新金融服务用户的权利。由于信息不对称，这些使用者在与金融机构打交道时容易受到损害。为了构建 1988 年《联邦宪法》所规定的保障体系，《消费者保护法》

(1990 年 9 月 11 日第 8078 号法律）确立了关于消费者关系和基本消费者权利的国家政策，界定了服务提供者的责任，并制定了行为、条款和惩罚标准。根据《消费者保护条例》，国家消费者保护系统（SNDC）由联邦、州、联邦地区和市政机构以及私人消费者保护组织组成，旨在处理消费者关系投诉。

巴西中央银行的管辖范围并没有扩大到消除个人消费者不满的程度。然而，国家货币理事会制定了旨在减轻金融系统因向用户提供金融服务不足而产生的风险的管制和监督措施，对消费者权利的行使产生了明显的积极影响。其中一个例子是要求所有金融机构都必须设立监察员服务（CMN 决议，2010 年 3 月 25 日）。这种更广泛的监管框架优化了制度环境，以确保普惠金融部门提供安全和适合人民需要的金融服务，增强了人民选择的自由度和提升巴西金融体系的透明度和竞争性。最重要的措施包括：禁止对提前还贷收取罚款；要求披露信贷的实际总成本；与银行、兑换和信用卡费用有关的术语的标准化和一致性；以及确保提供适当服务和增加透明度的要求作为风险预防的手段。

这些进展都是在与联邦检察官办公室和司法部持续沟通的基础上而取得的。2010 年 7 月，中央银行与司法部签署合作协议，共同改善金融机构和中央银行授权的其他机构向客户和用户提供的服务。该协定除了加强关于与金融服务有关的问题和在监管和监督方面可能的解决办法的沟通外，还促进了有关信息的分享，包括中央银行和消费者保护实体（Consumer Protection Entity）在全国各地的办事处收到的投诉，这项活动使得两家机构能够进行更有效的基于证据的规划。其他的措施包括金融教育活动，例如制作消费和金融通讯，该通讯张贴在中央银行和司法部的网站上，这些时事通讯的目的是用简单的术语解释消费者感兴趣的事项，如银行监察员服务（第 1 期）、费用（第 2 期）和支票（第 3 期）。

除了增加消费者的选择自由，还规定金融服务促进金融机构之间的竞争，使客户更容易比较产品和做出明智的选择。如上所述，中央银行的职责并不延伸到防止消费者伤害或纠正个别消费者的不满。然而，它有责任确保金融体系的健全和高效，以及应该让公众知道有利于金融服务的使用者规章和制度。

因此，可以得出结论，随着《联邦宪法》、《消费者保护法》和《金融服务条例》中规定的消费者权利得到加强的传播，巴西社会将从密切协调负责监管金融系统的当局——中央银行、巴西证券交易委员会、国家养老基金监管局、私人保险监管局、联邦检察官办公室和司法部的努力中受益匪浅。同样重要的是，要提高公众对解决与消费者权利有关的争端和报告侵犯消费者权利行为的程序的充分了解，使其认识到这些措施的目的是保护金融消费者的权益。

7. 改进衡量普惠金融的度量方法和质量指标

协调当局：巴西中央银行、国家养老基金监管局、私人保险监管局。

目标：加强衡量和监控普惠金融的方法，扩大其范围，以提供更好的证据支持设计普惠金融政策。

背景：在首届巴西央行普惠金融论坛上的讨论强调必须管理和汇编中央银行可获得的普惠金融数据和信息，以便准确衡量和评估进展情况。在巴西推进普惠金融的任务中，中央银行将重点放在衡量和评估上，以此对巴西的金融服务进行研究。这些努力的成果基于中央银行监管的机构定期报告的供应方数据，被记录在 2010 年和 2011 年发布的《普惠金融报告》中。2010 年的《普惠金融报告》（Financial Inclusion Report）首次在巴西发表，所使用的方法主要是基于国际数据收集和建立的在这一领域的管理实践。该报告关注普惠金融的两个基本维度：①获得性。这指的是使用与金融系统中接入点的可用性有关的金融服务的能力。②使用性。这是指金融服务的实际使用，同时考虑目前的代理网点是否充足。

在编写 2011 年出版的《关于普惠金融的第二份报告》时，巴西央行不仅努力更新第一份报告中提供的信息，还通过更好地调整内容以适应目标受众的利益，改进了该报告。负责编写报告的小组成员由大约 10 个中央银行部门的官员组成，他们开会讨论这些改进措施，并征询了国内相关领域内专业人员的意见，以便确定需要改进的领域。由于这些讨论促进了理论应用和研究方法的改进，第二份报告用于中央银行进行的普惠金融研究，有了较大的改善，包括分析不同部门在普惠金融中的作用；对帕拉州进行案例研究；以及将存取和使用数据组合以产生综合报告；确立普惠金融的指标即普惠金融金融指数。该指数的编制，将各个指标汇总成一个普惠金融的总体衡量标准，促进了巴西在分析这一领域的数据的重大进展。最常用的普惠金融指标是每 10000 名成年人和 1000 公里的代理网点数目、信贷额度和存款量。

尽管所有这些指标都提供了有关普惠金融的重要信息，但它们本身只是讲述了部分内容。一个能够描绘总体趋势和促进不同区域之间比较的综合指标在阐明普惠金融的进展情况方面是非常有用的，并且能作为有效的方式识别普惠金融进度和发展障碍。因此，普惠金融指数被设计为一种工具，用于在数值上度量普惠金融的发展。现在有必要改进现有方法，审查用于编制指数的指标的相关性和权重，纳入衡量金融服务质量的指标体系，并由巴西担任主席的 AFI 普惠金融数据工作组（FID-WG）研究和讨论使用指标来衡量质量的问题。

8. 调查巴西人民金融服务的使用行为和观点

协调机构：巴西中央银行、国家养老基金监管局、巴西证券交易委员会、私人保险监管局、巴西地理与统计研究所、总统战略事务秘书处、社会发展部。

目标：根据用户提供的信息，改进金融服务数据收集和使用方法，以便洞察客户需求。

背景：在巴西央行举办的首届普惠金融论坛上，人们观察到“小额信贷客户和市场并未被纳入，人们对它们知之甚少”。因此有必要进行调查和研究，以便从定量和定性的角度以及区域分布上洞察客户需求，以确保该部门的增长和多样化，整合技术资源，开发满足人群需求的服务和产品。人们越来越认识到有必要进行家庭调查，以衡量获得金融服务的机会、服务质量以及对巴西人民生活的影响。有关这一主题的数据不仅对于编制关于巴西普惠金融的一般资料信息很重要，而且对于设计改进管理框架和制定该部门的金融扫盲及消费者保护战略也很重要。

从金融机构报告的数据中，可获得的信息和实际信息有很大的差距。这些差距需要用反映民众观点的更加详细的信息来填补，以便更深入地了解这一主题，并更全面地了解诸如负债过多、使用金融服务的障碍和挑战等问题，这为将来提供的金融服务更适应巴西人民的需要打下基础。在这个领域内巴西已经采取了一些措施，包括巴西地理和统计研究所定期进行的调查和具体的普惠金融调查，如巴西工业联合会与比尔和梅林达·盖茨基金会计划，在数据处理和制表阶段，巴西央行提供了技术支持。

为了获得获取普惠金融数据所需的投入和解决涉及的挑战，必须加强现有的伙伴关系并建立新的伙伴关系。同样重要的是，必须制定专门用来弥补获得信息差距的改进分析指标。这两项活动的主要目标是建立一个更丰富的知识体系，以便能够用来改进法律和管理框架，作为巴西促进普惠金融发展的部分措施。

四 国外金融扶贫模式分析

早期的大量分析都论证了小额贷款对缓减贫困有积极作用。小额贷款使贫困人口获得了有效的资金来源，得以从事商业活动或进行教育、医疗投入等，这被认为是他们改善生活和摆脱贫困的首要环节。小额贷款被形容成为一种“双赢”模式——在保证贷款机构正常运营的基础上，通过贷款有效解决了传统信贷无法覆盖贫困人口的问题。很多国家的现实情况证明了小额贷款在消除贫困、提高贫困人口的健康和受教育水平以及改善妇女的社会地位等方面发挥了积极作用，参与小额贷款项目的人口，其收入与生活水平高于没有参与小额贷款项目的人口（Littlefieldeta1，2003）。普惠金融方面，巴西的代理银行业务模式，节省了银行的扩张成本，减轻了银行的财政负担，使银行将资源、资金集中于发展核心业务或创新金融产品，是银行以最低成本推广金融服务、扩展客户范围的渠道。美国完善的农村金融格局基本形成了美国的农村金融制度，较好地满足了美国农业和农村发展的资本需要，充分体现了金融在经济发展中的导向和支持作用。

（一） 政府扶贫金融机构的监管与服务效果分析

孟加拉国政府对乡村银行的政府支持体现在赋予其合法性、资金支持和税收免税等。欧美社区银行提供法律保障、成立联邦存款保险公司和建立专项监督体系。印度尼西亚不直接干预经营，提供了良好的金融生态环境。拉美拥有完善的监管框架和负责任的金融规范，小额贷款商业环境最好的前 20 个国家中有 11 个为拉美国家。受监管的银行、小贷公司等机构在拉美的小额信贷产业中占有主导地位，覆盖了 79% 的信贷资产以及 67% 的借款人。秘鲁有较为完善的金融监管框架和消费者保护体系。SBS 对秘鲁小微金融领域实施审慎监管。秘鲁重视建立全面、统一的小微金融监管制度，规范小微金融发展，保护普惠金融中的众多消费者，建立多个规章制度，要求金融机构定期披露产品和服务信息，提高金融产品透明度，使消费者更加理智地选择金融产品和服务，减少信息不对称引起的消费者权益受损。

（二） 农村金融扶贫产品服务开发分析

商业化起步较早且运作比较成功是拉美小额信贷的一大特色，整个行业已成为一个有竞争力的市场，由强大、成熟的参与者组成，目前正向供应驱动的方式转变，提供多元化的产品。服务农村和偏远地区的玻利维亚银行代理网络为当地居民提供小额存款、小额保险、小额退休金、流动资金、接收付款。国际绿色小额信贷作为一种新型的扶贫与环保工具，其产生是时代发展的必然选择。尤其是进入 21 世纪，国外各种小额信贷机构为了更好地履行社会责任，都不断地探讨并研究创新各种绿色信贷业务，对经济、社会和生态环境都产生了显著的效应。绿色小额信贷是一种兼具扶贫与环保功能，促进清洁能源和清洁技术的开发与使用的金融服务创新模式。近年来，孟加拉国、印度、埃及和拉丁美洲的一些国家进行了绿色小额信贷试点，取得了不错的效果和经验。农村金融保险及其他产品创新，如互联网金融产品也取得了一定的成效。

（三） 设计建立统计指标体系的效果分析

巴西央行通过与财政部、社会发展部、农业部等部门的合作，在巴西国家地理统计局的帮助下，设计普惠金融指标体系，定期在全国范围内开展评估，持续改进调查方法和计量手段，全面理解消费者的需求，目标是建立一个更丰富的知识体系，以便能够用来改进法律和管理框架。作为在巴西促进普惠金融发展的部分措施，每年发布监测评估报告，并以调查分析结果为基础，完善监管政策，改进机构体系，创新金融产品。

（四） 普及金融教育的效果分析

印度政府要求每个邦级银行业协会的牵头行在试点地区的每个县成立一个金融教育辅导中心，并在适当的时候将类似组织推广至其他县。该类辅导中心通过“面对面”的形式或者电子邮件、传真、移动电话等方式提供金融咨询服务，增强人们在银行、理财、改善个人财务状况等方面的意识。目前，印度各邦已建立 154 个辅导中心，为城乡居民提供免费的金融教育，使其了解各种不同的金融产品和服务，进而与主办银行建立和保持近距离的良好关系。巴西制定了国家金融扫盲战略，提高巴西人民金融素养，使公众在选择金融产品时能够利用其拥有的金融知识做出正确判断，以确保用户选择最合适的金融服务和产品，并有效地利用。

（五） 减少信息不对称问题的效果分析

非对称信息理论自 20 世纪 70 年代产生以来，由于其接近现实的特点，其应用范围越来越广。20 世纪 80 年代开始，非对称信息理论进入金融研究领域，在金融市场行为、金融中介职能等方面表现了其强大的解释能力。由于非对称信息的客观存在性，交易双方就会利用自身所具有的信息优势最大化自己的利益。在信贷市场中，不对称信息阻碍了贷款人有效监督借款人的行为，借款人利用其信息优势最大化自身利益的同时损害了贷款人的利益，阻碍了信贷市场的发展。泰国 BAAC 在农村取得成功的经验之一在于其采取了适当的措施克服了农村信贷市场信息不对称问题。BAAC 在向农户提供生产性贷款时，采用联户担保的方法，这些措施减少了农村信贷市场信息不对称问题，提高了 BAAC 在农村金融服务的效率。

五 国际金融扶贫创新面临的问题与挑战

印度安德拉邦在2010年10月爆发了小额贷款危机，强行收贷引起了30余起自杀事件，由此引起了小额信贷违约风波，小额贷款的运作模式、发展进程均受到质疑与批评。在实践过程中，过高的利率引起了基金会、风险投资家和国际金融机构的趋利资金进入，小额贷款机构逐步放弃了原有的运作机制，追求商业化目标，与服务贫困人口的公益性目标发生冲突。一些国家对小额贷款机构缺乏监管，过多小额贷款机构在同一地区竞争，出现多重借贷和过度负债问题，最终爆发小额贷款危机。分析印度小额贷款危机原因，同时综合国际金融扶贫的现状，金融扶贫运作模式在实践操作中存在以下的问题和挑战：

一是资金来源过度依赖于商业资金引起的目标偏移。印度小额贷款的危机原因之一是小额贷款机构的资金来源过度依赖私人机构和基金、风投等商业投资者，这些商业投资者通过投资发展为小额贷款机构的股东，逐步掌握小额贷款机构的主动权进而把机构的利润最大化作为其经营的主旨。这就偏离了小额贷款特定的社会目标：通过满足贫困人口的金融服务需求来减少贫困、增强妇女地位等。小额贷款商业化的目的是想要覆盖更多的贫困农户，因此获得大量的商业资金来发放贷款，然而，一旦这些小额贷款机构转变为营利机构，就导致与最初的小额信贷使命出现偏移。

以印度最大的小额贷款机构SKSML（SKS Microfinance Ltd）为例，1997年到2003年期间，SKS为非政府机构，2003年成立公司改为商业化模式，2005年SKS发展为SKS Microfinance的非银行金融机构并开始接纳私募资金，税后利润50万元。2007年从美国红杉私募资金获得1670美元投资，2008年获得美国Sandstone 750万美元投资，2009年商业投资者的股权结构占比达72%，同年税后利润达3686万美元。印度小额贷款机构由于趋利资金的介入大幅扩张，信贷授权和审查标准降低，农户同时可以获得高达5家的贷款，导致重复贷款和过度负债及丧失偿付能力，因此爆发了农户小额信贷大幅违约。

二是小额信贷贷款利率过高。小额信贷贷款利率高于商业银行利率的原因归结于成本较高。小额信贷机构贷款额度小，交易次数多，交易成本较高。这些成本包括融资成本、操作成本，同时还和各国不同的公共政策密切相关。有些国家为了降低小额信贷的成本，采取各种补贴，涉及人员工资、租赁场地、资金来源等，从而引起了贷款利率的下降。然而这些公共政策也使没有补贴的私营小额信贷机构进入市场面临很大的障碍。在撒哈拉以南非洲和拉丁美洲，5%的小额信贷机构收取的利率高于70%；在全球范围内，5%的小额信贷机构每年收取50%以上的利息，墨西哥的Compartamos的利率甚至超过100%。

包括小额信贷先驱穆罕默德·尤努斯在内的一些业内人士也认为许多小额信贷机构的利率过高，他们认为那些收取超过其长期运营成本15%以上费用的小额信贷机构应该面临处罚。小额贷款机构追求高利润，也造成贷款利率偏高。根据Kiva的网站，Kiva引用了该领域合作伙伴向企业家收取的自我报告的平均利率，截至2010年1月7日，借款人向Kiva合伙人支付的平均利率和费用（投资组合收益率）为35.21%。例如，2009年危地马拉Kiva partners提供的小额贷款平均收益率为23.16%，相当于430美元的贷款，相当于635美元的商业农村贷款的24.5%（作为参考，危地马拉的通胀率一般在5%到10%，2009年仅为0.62%）。

三是缺乏透明度。在2008年7月的小额信贷峰会运动会议上，MF－Transparency成为该行业透明度的监督人。从那时起，183个小额贷款行业负责人已经认可了该组织。MF－Transparency在其网站上说明了其成立的原因："由于市场条件的复杂性和缺乏监管，贷款产品的真实价格从未被准确地测量或报告。"市场条件的复杂性意味着市场规则失灵。借款人为小额信贷支付的实际利率与贷款的既定利率大不相同。小额信贷组织通常使用"创造性"做法隐藏实际利息成本，例如对贷款的原始额度收取利息而不是减少余额；收取前期费用如保证金（从贷款金额中扣除）；强制性储蓄（通过分期贷款收取）；收取保险费。有了这些隐性费用，当所述利率仅为15%时，有效年利率通常超过100%。

印度加尔各答管理学院金融学教授 Subrata Mitra 描述了一项典型的印度小额信贷机构贷款，其贷款额为 1000 卢比，年利率为 17.5%，每周分期为 47 次。总还款额为 1175 卢比，每周 25 卢比。但也会有预付 10% 贷款的保证金，并在年底退还 5% 的利息，以及预先扣除 2% 的保险费。借款人还需要以 5% 的利率每周节省 10 卢比一年。根据这些条款，有效年利率为 121%，而不是上述利率的 17.5%。鉴于客户计算能力和识字率低，缺乏金融知识，小额信贷客户没有能力将两种贷款产品与这些令人困惑的条款进行比较。开放和自由市场的一个基本条件是能够比较竞争产品，这需要定价透明。因此，要求加大政府监管，增加透明度，要求小额信贷组织明确说明使用标准和规定方法计算的实际利率，并简单描述所有贷款条款。

四是小额信贷机构的监管问题。伴随着国际范围内小额信贷机构的扩张，各国在建立和完善小额信贷机构的监管制度，这些金融监管制度引起了各国政策制定者、投资者、资金捐款人、小额贷款机构和学术界的关注。在国际范围内，如何保护消费者权利、扩大小额信贷机构的覆盖面、降低小额贷款的潜在风险，实现小额信贷的可持续发展，进入与退出机制的制定，如何增加透明度等，一直是各国监管机构亟待解决的问题。在全球范围内，政策制定者、投资者和学术界等均认可了小额信贷有效化解贫困的作用。近年来绿色小额信贷的发展，数字普惠金融的普及，以及科技金融在这个领域的运用等技术创新，带来了新的监管问题。建设小额信贷机构、实现小额信贷机构的可持续发展，正在成为金融系统发展的最大挑战。

六　国外金融扶贫模式及政策的启示与借鉴

中国金融扶贫的理念和实践近年来均发生了显著变化。从农村信用社和政策性银行的改革，到助农取款模式的探索，再到金融科技公司的出现和迅速壮大，众多纷纷涌现的金融服务提供者、金融产品，以及政策与方法，是中国金融扶贫近年来发展变化最突出的方面。不过，要实现金融扶贫长期可持续发展，中国仍面临许多挑战，国际上不同国家的金融扶贫模式及政策提供了可借鉴的经验。

（一）完善政府监管与服务

政府强有力的支持是金融扶贫的重要保证，从国外的成功案例看，其金融扶贫的成功无一例外地得到了政府的大力支持。放宽金融市场准入制度，督促其规范健康地发展，建立市场化的小额信贷机构。同时，为信贷资金供应双方搭建信息共享平台，减少交易成本。从国外经验可知，印度小额信贷发展迅速的原因之一是建立了高效便捷的小额信贷网络，通过信息共享平台解决了信贷信息的不对称，减少了信息在流转中的扭曲。对于中国而言，政府可建立信息共享平台，以提供信贷资金的供求信息、农户的信用等级和预期还款能力信息、贷款项目预期经营状况信息等，为农户与金融机构之间建立沟通桥梁，降低信息不对称引发的信用风险。培养良好的信用环境，建立健全全面征信系统和信息管理系统。另外，可通过此平台宣传金融知识和信贷政策，以培育良好的信贷文化。完善金融法制建设，为金融发展营造良好的法治环境，并逐步打破以不动产为核心的担保抵押制度，为金融扶贫提供制度保障。积极研究技术创新给监管系统带来的新挑战，制定相配套的法律法规。

（二）实现金融机构的可持续发展

从国际金融减贫的实践来看，许多金融机构和组织将客户定位于最贫困的人群，通过满足他们的金融服务需求来进行减贫。我国在实施金融扶贫的过程中，应该借鉴国外经验，强化服务目标，锁定贫困群体。由于贫困群体缺少充足的抵押品，欠缺有效的信用，所需的资金较少，而自身所从事的农业又存在较大的周期波动性，传统的信贷技术和模式很难奏效，因此，面对低端客户群体，要创新信贷技术，完善信贷多样化，拓宽服务渠道，扩大金融覆盖面。对于经济水平较低、信用记录不完善、抵押物欠缺的群体，社会资本起到不可忽视的作用。国外的孟加拉乡村银行、玻利维亚的阳光银行等都运用了社会资本，支持了扶贫金融项目的快速发展。因此，我国可以借鉴这些经验，注重引入社会资本到中国金融机构的减贫工作中，发挥社会资本的优势，创造良好的信贷氛围。

（三）开发多样化农村金融扶贫产品

为了扩大金融扶贫的覆盖面，金融机构应开发设计面向低端市场（包括农户、作坊主、小商贩、小手工业者等）的小额信贷产品和服务，积极探索扩大抵押担保范围，以适应农户多元化需求。例如，孟加拉国的格莱珉银行创新金融产品，得到了农户欢迎。在贷款利率的设定上，为了实现金融扶贫的可持续发展，避免扶贫资金被侵占，可参照国际经验将存贷款利率差设定在10%左右，并结合信贷资金的供求关系合理确定贷款利率，促使农村金融组织以商业化的形式可持续发展。另外，在发放贷款过程中，对贷款农户进行项目技术培训（如种植、养殖、加工等培训）以增加投资项目的成功率，引导农户走上脱贫致富之路。绿色小额信贷在改善农民生活质量、建设美丽乡村、推动微型企业绿色生产、增强其社会责任感、培育小额信贷环保责任意识、促进绿色就业等方面都能发挥巨大作用。我国应借鉴美国和意大利的经验，积极开发绿色小额信贷产品。

（四）完善统计指标体系，对金融扶贫效果定期评估

墨西哥、巴西两国的经验表明，完善的金融统计体系便于及时掌握各地区、各群体的金融供给和需求，指导政策的动态调整。我国应建立健全金融扶贫统计、评估、通报体系：一是要整合完善现有的统计指标，系统体现金融扶贫的可得情况、使用情况和服务质量。二是逐步扩大统计范围，探索建立多部门工作组，定期统计各地区、各群体、各机构金融扶贫的发展状况。三是在全面统计的基础上，形成动态评估机制，从区域和机构两个维度，对金融扶贫发展情况进行定期评估与通报。

（五）加强农村地区金融知识普及

巴西和俄罗斯的普及金融教育计划，通过强化公民金融教育和增强

公民对国家金融体系的了解，改善消费者和金融服务提供者的关系。印度在开展金融知识普及教育过程中，形成了政府主导，央行、政府、学校等相关部门共同努力、有效协作的格局。加强我国农村地区金融知识普及教育，提高农民使用金融产品的能力，增强农民契约精神，培育和普及消费者的自我保护意识和承担金融义务的责任意识。在国家扶贫开发工作重点县继续深入开展农村金融教育试点，增强农民和基层干部的金融意识和运用金融知识致富的能力，促进金融生态和信用环境的改善。比如启动金融教育普及工程、成立金融教育辅导中心、开展普惠金融“百分百”行动，减少需求群体的金融服务成本。

（六） 降低信息不对称程度和增加透明度

非对称信息理论在金融领域的运用中，交易双方根据非对称信息所做出的决策产生了两个不利的影响：事前的非对称信息将导致逆向选择结果，事后的非对称信息将产生道德风险行为。斯蒂格利茨（1993）认为信息不对称问题在经济发展初期会更严重。由于农村信贷市场信息不对称问题，我国政府应该借鉴一些发展中国家的成功经验，介入农村信贷市场，通过制度创新来改善信息不对称状况，发展农村金融市场。一些发展中国家的联户贷款方式和由此产生的相互监督机制为我们提供了一种缓解信息不对称、减少道德风险发生的方法。我们应该将现有理论与发展中国家成功的实践经验相结合，采取措施完善和发展我国的联户贷款制度，让更多贫困农户能从这种制度创新中受益。

（七） 充分利用现代科技完善金融扶贫生态系统

使用数据分析和机器学习来更好地利用现有数据，可以提高普惠金融的覆盖面，实现金融扶贫创新。一系列技术驱动如机器学习可以更好地利用现有的结构化和非结构化数据源（例如金融历史、移动使用数据和电子商务交易数据），辅助和替代贷款机构进行信用承销和欺诈检测。在许多情况下，这允许他们承销那些由于没有信用评分而被排除在传统银行承销模式之外的客户。不同的客户有不同的贷款需求，现代技术可以增加机构透明度，降低成本和提供多样产品的选择，并支持针对不同部门定制产品。服务小企业多样化的金融需求对银行来说成本较高，在线贷款机构能够利用技术和额外的数据来源，构建对小企业来说有效和高效的解决方案，其中包括贷款、营运资金设施、发票融资和在线供应链融资。

第九章　深度贫困地区金融扶贫创新能力提升路径与政策

2017 年 6 月 23 日，习近平总书记在山西太原召开深度贫困地区脱贫攻坚座谈会并发表重要讲话，标志着脱贫攻坚进一步向纵深发展。党的十九大报告提出，要坚持大扶贫格局，重点攻克深度贫困地区脱贫任务。深度贫困地区脱贫是脱贫攻坚硬仗中的硬仗，是打赢脱贫攻坚战的关键点。全国都在深入贯彻落实习近平总书记扶贫开发重要战略思想，将金融助推深度贫困地区脱贫作为新时期金融扶贫工作重点，开展了积极的探索和有益的实践。深度贫困地区生存环境恶劣，致贫原因复杂，基础设施和公共服务滞后，贫困发生率普遍在 20% 左右，3/4 的贫困村无经济合作组织，2/3 的贫困村无集体经济。当前，金融扶贫在深度贫困地区受到一定的制约，突出表现为金融扶贫成本高、产业企业支撑不足、金融服务体系尚不健全、建档立卡贫困户有效信贷需求不足等问题，亟须运用大扶贫思路，开展金融扶贫工作。

一　构建激励相容的工作机制，提高金融扶贫行为主体协同性

习近平总书记要求“大力弘扬中华民族扶贫济困的优良传统，凝聚全党全社会力量，形成扶贫开发工作强大合力”，强调“人心齐、泰山移，脱贫攻坚不仅仅是贫困地区的事，也是全社会的事”。作为一项社会系统工程，脱贫攻坚需要政府、市场、社会协同推进。学习贯彻总书记扶贫开发重要论述，就是要广泛、有效地动员和凝聚各方力量，坚持政府主导，充分发挥政府投入在扶贫开发中的主体和主导作用。通过加强与财政部门的工作协调，以财政扶贫资金、政府产业

发展基金、财政贴息资金作为撬动金融扶贫投入的支点，及时跟进服务，提升扶贫效率。大力支持财政专项扶贫资金在贷款担保和补偿方面的使用，建立有效缓释风险的体制机制，充分调动银行业机构的投放积极性，需要构建多主体激励相容的工作机制，提高金融扶贫行为主体协同性。

（一）树立金融扶贫创新激励相容理念，明确各行为主体的责权利

金融扶贫是我国金融系统按照党中央、国务院重大部署，改善低收入群体生活质量、实现社会和谐发展的政策工具，更是“十三五”规划期间助推我国7000万贫困人群脱贫致富的重要措施。政府是金融扶贫的规划制定者和政策引导员，负责根据信息制定扶贫大纲，统一调配和引导金融扶贫资源的流动；国有商业银行是金融扶贫政策落地后的放大器、预警机与反馈者，负责利用其网点众多、资金充足与贴近百姓的优势将国家金融扶贫的深度和广度逐步扩大，同时依靠其成熟的风险控制与数据收集能力，对扶贫过程中的风险进行检测，并及时反馈数据，助力于政府下一期金融扶贫规划的调整和完善；被帮扶农户是金融扶贫规划的受益者，也是金融扶贫效益的最终展现者。

1. 加强产业扶贫整体谋划

政府要对产业扶贫政策进行统筹安排。对于产业扶贫无法长期稳定发展的问题，政府应该制定相应的政策，通过相关政策使产业扶贫项目在申报之初就将后续的管理内容、产业获益周期内的管理资金纳入产业扶贫内容中。对于农产品市场存在的价格问题，可以制定产业扶贫保险体系，最大程度上对贫困农民利益进行保护。为农村土地经营权抵押以及宅基地权的抵押出台明确的政策，增加普通农户产业融资的渠道以及额度。对于依然处在贫困水平的乡镇，将针对贫困户的产业扶持政策运用到全体产业。

2. 不断完善农业产业扶贫的发展政策

对于贫困户在扶贫发展中的融资难问题，政府通过政策明确财政扶贫资金可作为贫困户融资的贷款担保和风险补偿款，以市场发展为核

心，推动贫困户紧跟市场步伐实现脱贫致富。要引导政府通过强制性手段确保金融机构能够有目标性地对相关独特产业和农业相关合作服务的产业给予金融政策的优惠和支持，只要龙头企业产品有市场，其资金需求就应尽量满足。

3. 创新财政支农体制

针对贫困户与企业或合作组织利益之间存在的间隙问题，政府应该出台有关政策，同意补助到企业的财政资金能够作为股金形式加入企业或合作社经营，同时加强对资金的使用情况的监督力度。通过创新股金分红，可以用于补助当地劳动力缺失的贫困户或者那些参与到企业、合作社经营的贫困户，从而实现国家财政资金直接或间接地帮扶贫困户的目标。完善资本退出机制，对那些单纯为了谋取国家利益、损害农民利益的资本采取责令退出的方式。

4. 构建多部门参与的扶贫联动机制

建立中国人民银行、金融机构、扶贫办、银监会、保监会、发改委等多部门共同参与的工作联动机制，信息共享，完善责任机制；完善金融扶贫专项绩效考核体系，对各地金融机构金融扶贫进展与成效进行考核评估；制定明确的优惠政策，比如对参与扶贫的金融机构实施税收减免或物质奖励等优惠。发展产业是群众实现脱贫致富的根本办法，金融机构应大力支持农业产业发展，政府应充分利用资源优势，积极推进与各大高校专业团队全方位合作，科学重组专家团队，深入实施全面调研，根据各地特色优势因地制宜制定出稳定可持续发展的特色产业项目。农业产业化龙头企业的辐射带动又是重中之重，因此要在财政资金的投入、金融机构的支持、基础设施建设等方面给予龙头企业足够的支持，打造“农业基地＋龙头企业＋合作社＋农户”的产业链，形成集“产、加、销”为一体的产业扶贫体系，促进贫困群众增收脱贫。

（二）加强财政政策与金融市场的协同，强化政府对金融扶贫的引导

实施协同配套政策，强化政府对金融扶贫的指导、引导作用。坚持“政府主导、市场运作、多方联动、协同发力”的精准扶贫工作格局。

政府对扶贫企业及项目实施税收优惠、财政补贴，建立扶贫贷款贴息、风险分担机制。央行对直接服务“三农”的金融机构加大支农再贷款投放力度，引导涉农金融机构扩大扶贫贴息贷款规模，并将定向降准政策向扶贫涉农金融机构倾斜；创新和完善风险担保机制和补偿机制，由省财政统一建立风险补偿基金，对从事扶贫保险的保险公司分级补偿；组建政策性担保机构，帮助金融机构分散扶贫信贷风险。

1. 明确金融扶贫政策范畴

我国具体的金融扶贫政策措施包括货币政策、信贷政策、金融基础设施建设、区域金融改革和金融机构改革五个方面。第一，货币政策需要根据地方金融经济的发展情况确定差别存款准备金率，强化金融服务，开展相关的存款政策，增加金融机构的存款数量，促使金融机构的资金流通性增强，为金融机构的发展创造条件。第二，信贷政策要加大对涉农和中小企业的信贷投放，通过增加资金流通进一步促进中小企业的发展、个体户收入水平的提升。第三，金融基础设施建设要以加强金融知识普及教育，推动对农户或农村、村级单位的信用评定为目标，减少金融机构在开展信贷业务过程中面临的信息不对称。第四，农村区域性金融改革要淡化行政管理职能，强化服务和市场化职能，进一步提高服务满意度。通过金融扶贫政策的开展，能够促使金融机构改革，并在农村构建金融机构，促使金融服务体系逐渐形成。第五，金融扶贫政策的推行，要进一步深化支付业务，提高金融机构的服务质量，建立相关的制度，并积极宣传金融知识，促使农户正确认识金融机构，并能有效利用金融机构获得收益，进而推动农村金融的发展，营造良好的金融发展环境，促进金融扶贫政策的有效进行。

2. 充分发挥财政资金的引导作用

2018 年 1 月 16 日，中国人民银行、银监会、证监会、保监会四部门联合出台《关于金融支持深度贫困地区脱贫攻坚的意见》，其中指出，不断强化深度贫困地区扶贫再贷款管理，加大对深度贫困地区的扶贫再贷款倾斜力度，到 2020 年，力争每年深度贫困地区扶贫再贷款占所在省（自治区、直辖市）的比重高于上年同期水平。要求各银行业金融机构改进完善差别化信贷管理，合理调配信贷资源，优化调整内部授权与绩效考核，适当延长贷款期限，综合确定贷款额度，更好地满足深度贫困地区群众的合理融资需求。

3. 增强贫困地区各项政策的协同性

国家层面可多部门加强政策协调配合，形成深度贫困地区“金融政策篮子”。要做好金融扶贫政策与政府财政政策的无缝对接，建立财政奖补、贷款贴息、担保基金、风险补偿基金等金融配套措施，切实降低涉农企业、农户的贷款成本。制定差别化监管政策，对深度贫困地区金融机构采取差别化存款准备金率和差别化贷款利率，以减轻企业和农户的贷款压力，在不良考核、责任追究等方面给予深度贫困地区差别化的支持政策，对部分贫困地区产业扶贫产品创新方面给予更多政策倾斜和指导，引导深度贫困地区金融机构加大贷款投放力度，满足农村水利、电力、通信、教育、能源等重大基础设施建设项目和中小企业以及低收入家庭的贷款需求。利用第三方评估审核来监督扶贫资金使用绩效，进行科学的动态跟踪评估。建议利用大数据、云计算和区块链技术，建立扶贫大数据库，严密监测资金划拨、项目运行、后期管理，拓展市场，提升产业扶贫绩效。

4. 以差异化的货币政策增强金融扶贫的针对性

针对不同地区、不同金融机构给予货币政策支持和监管支持。金融扶贫过程中，对于商业银行而言，资金是有成本的，更是需要归还的。提高金融机构扶贫积极性，货币政策可以发挥功效。比如，针对贫困地区的商业银行、参与扶贫的存款性金融机构，可以采用定向降准，实施差异化管理，探讨是否可以扩大扶贫贷款对应的存款规模，同时出台免缴法定存款准备金等普惠金融政策，扩大金融机构扶贫信贷资金可使用规模；增加对贫困地区商业银行扶贫再贷款的资金支持力度，降低扶贫再贷款利率。因为利息对银行而言是实现可持续发展的收入来源，对金融消费者而言，是金融信用意识培养的主要影响因素，也是促进生产发展的基础。完全不负担利息，反而会造成农民的生产能力与金融能力的弱化。

（三）尊重金融机构的市场化运行逻辑，把握经济社会效益平衡点

金融机构对贫困的影响存在直接和间接两类途径，而精准识别则为金融市场化扶贫奠定了理论和现实基础。精准扶贫背景下，金融机构能在依靠市场力量减少金融扭曲的同时，发挥扶贫的最大效果。同时，市场化下的金融机构，对扶贫对象也有了利润最大化下的自主选择，不再有以往类似政府扶贫的兜底职能，降低了经营风险。具体来说，一方面，对部分丧失劳动能力需兜底的群体，金融机构有理由拒绝采用直接渠道给予金融支持；另一方面，金融机构可以以有盈利保障的扶贫产业为对象实施支持，实现金融机构对该部分群体扶持的间接参与。总之，精准扶贫下的金融扶贫，应建立在弱化政策干预、推进信息共享和加快金融创新的基础之上。围绕精准扶贫下的市场化金融扶贫，针对政府和金融机构，提出以下建议。

1. 明确界定政府与市场在扶贫中的作用

扶贫问题属于再分配，扶贫主体是政府，扶贫的性质类似转移性支付，政府有责任解决贫困问题，让更多的人享受增长红利。在扶贫过程中，政府应承认金融机构的独立性，有目的地引导金融机构向贫困地区或贫困个体提供金融帮助，重在弥补市场失灵而非替代市场功能。具体来说，在扶贫过程中，一方面应减少行政施压而代之以服务支持（如精准识别信息共享）及合理引导（如贫困贷款担保）等方式，加强与金融机构的沟通与合作；另一方面可多采用产业扶贫等可持续发展的政府扶贫模式，为金融机构的金融服务提供相对低风险的可行性平台。

2. 以市场化推动精准化

针对精准识别问题，有两个问题需要解决。第一，提高精准识别能力。精准识别是精准扶贫的前提也是难点，从现实看，精准识别暴露了各种各样的问题，包括高成本和低精准问题。由此，政府应加大在精准识别方面的调整和完善，尽可能提升精准识别效率。第二，精准识别数据共享问题。从目前看部分地区出现了精准识别信息难共享的问题，往往政府和金融机构各具一套信息。精准识别后信息的不共享提高了金融

机构实施市场化扶贫的成本，降低了金融机构参与精准扶贫的积极性。

3. 创新金融产品，提高金融机构参与度

目前，国内金融机构本身问题重重，产品创新不足、坏账率高等问题突出。以当前金融机构的自身实力，对贫困地区或贫困居民开展金融服务难度更高。因此，对金融机构而言，第一，要继续坚持独立性和市场观念，扶贫的同时要尽量控制风险，对金融扶贫资金的退出机制要多加关注；第二，积极创新金融产品，尤其是跟精准扶贫对接的金融产品，提高金融产品与精准扶贫的契合度，最大限度地发挥自主能动性，提高金融机构在扶贫领域的应有作用。第三，降低农村新型金融机构准入标准，鼓励引导村镇银行、资金互助社等新型金融合作组织成立，突破传统业务，推动企业与专业合作社对接合作，引导正规金融机构进行金融改革。形成以合作金融为基础、政策金融与商业金融分工合作、大型金融与微型金融相辅相成的农村金融组织体系，促进金融体系良性竞争，构造多层次金融体系，满足农村多样化需求。授人以鱼，不如授人以渔，这是千百年来古人总结出来的经验。扶贫的根本是“授人以渔”，金融扶贫则是“授人以渔”的重要担当。

（四）优化贫困地区金融扶贫生态环境，形成金融与扶贫良性循环

构建贫困地区良好的金融生态环境，政府要加强农业保险、失业保险、社会最低生活保障体系的建设，加快农村信用体系、小微企业信用体系建设。监管部门要支持和鼓励商业银行在深度贫困地区设立分支机构，将银行服务的辐射点扩大到深度贫困地区，同时推动互联网创新金融产品在深度贫困地区的发展。商业银行要增加深度贫困地区 ATM、POS 机具数量，扩大储蓄卡、信用卡等银行卡在贫困地区的使用范围，推广网上银行、手机银行等新型电子化支付方式，助力脱贫攻坚。

要始终坚持市场在资源配置中的主导地位，并充分发挥政府的财政调控职能，进而建立一个高效、便捷的金融体系，从本质上解决金融扶贫所遇到的难题。要充分发挥地方政府在信用体系建设中的重要性，保障农户资金供给制度建设，充分利用地方财政，深度挖掘各种信用资

源，进而使农户资金供给和融资相协调。要创新金融扶贫制度，健全金融信贷体系，优化扶贫资源配置，通过市场机制来弥补信用能力不足问题，提高农户的信用意识，减少市场信用违约次数。要改善农村市场信用环境，完善农村金融服务体系。政府要制定相应政策积极引导农村金融体系改革，建立更多的农村商业银行网点和小额信贷机构，不断拓展农村融资渠道，实施多元化的金融产品，实现农村的融智、融资和融商的一体化发展，实现金融精准扶贫工作目标，促进农村经济发展。要完善金融服务，充分利用现代化信息技术，建立大数据的金融信息平台，实现对市场产品的定位，发挥金融行业在社会服务中的优势；要健全农村信贷服务体系，健全信贷信息平台，提高市场信贷信用度，推动金融扶贫工作实施。

（五）健全金融扶贫主体多边合作机制，发挥多方发力的合力效应

加强部门协调配合，建立完善各部门参与的助推脱贫攻坚金融服务工作联动机制。健全部门责任，加强工作联动和信息共享。推动整合财政资金，发挥杠杆作用，支持金融机构扩大信贷投放。协调推动贫困地区设立风险担保基金与风险补偿基金，完善风险缓释机制，为金融机构介入提供有效保障。其中，扶贫担保基金实行公司化运作，执行优惠担保费率。扶贫补偿基金实行资金专户管理，与金融机构按照一定比例进行风险共担。

1. 构建各主体多边合作机制

在实际操作过程中应由地方政府或金融办牵头，中国人民银行、扶贫办、发改委等相关部门共同参与，成立金融助推扶贫攻坚工作领导组，建立协调联动机制，形成金融扶贫工作合力。同时，政府有关部门要积极发挥引导作用，促进扶贫工作同金融系统的对接融合，建立政、银、企三方合作平台，签署扶贫开发合作协议。扶贫部门要建立健全项目库，做好特色优质项目及重点发展产业的推荐工作，由金融机构提供信贷支持。开展定点扶贫示范村建设，充分利用贫困村、贫困户建档立卡工作和农村信用体系建设成果，精准识别、积极对接贫困户的金融需

求，建立主办行制度，实施“一对一”扶持，从基础设施建设、产业发展、特色农业、信用体系建设等方面加大对示范村的支持力度，树立扶贫工作样板。同时，应充分发挥人民银行沟通协调优势和金融机构的客户优势、信息优势，推动政府创新开展政银农对接活动，为金融精准扶贫提供信息、牵线搭桥，搭建“融资 + 融智”的扶贫创业平台，使各类经营者学会利用金融致富，做诚实守信的市场经营主体。注重保险、基金、信贷、财政等多方面的功能发挥，同时也促进它们相互融合，创新金融产品，撬动更多资金等资源要素投向农村、投向贫困地区，扩大扶贫资金的效益。

2. 以合作共赢推动商业银行与保险公司全面参与金融扶贫

加强金融改革与创新，坚持优势互补、合作共赢原则，推动商业银行与保险公司全面合作，创新扶贫贷款保险品种，借助保险分散风险、经济补偿的功能，利用市场机制降低贷款风险，促进金融扶贫的商业可持续发展。由保险公司分别向众多可能违约的投保人及面临违约风险的投保人收取保费，当扶贫贷款违约造成损失时，由保险人将先前集中起来的资金进行经济补偿，以减少商业银行的实际损失。

二　推进金融扶贫供给侧改革，提升金融服务供给能力

金融供给侧改革为有效服务实体经济发展的金融业指明了方向，农村金融是金融扶贫的主要领域，为农村经济发展提供了重要金融支持。农村金融的供给侧改革，应在金融生态发展的理念下，加强农村金融结构性改革，提高农村金融供给质量和效率，使农村金融供给品种和服务符合农村金融需要，真正形成有效供给。推进金融业供给侧结构性改革，减少无效、低效金融供给，增加有效、高效金融供给，改善金融结构，提升金融资源配置效率，提高金融供给满足实体经济金融需求的能力，防控系统性金融风险，促进经济、金融持续健康发展，是推进金融扶贫供给侧改革、提升金融服务供给能力的宗旨。

（一）立足脱贫攻坚融资需求，形成金融供给主体多元格局

2016年3月，中国人民银行联合国家发改委、财政部等七部委专门下发了《关于金融助推脱贫攻坚的实施意见》，对金融扶贫工作做出重要部署。政府向国有商业银行提供财政支持、政策优惠与信用担保，商业银行进而为扶贫事业提供金融资源、风险控制与信息反馈；国有商业银行将资金投入扶贫项目，帮扶贫困农户的再生产活动，促进农户增收，进而获得投资收益；农户增收，当地经济得到发展与增长，进而支撑政府为商业银行与被帮扶农户提供更好的支持，形成良性循环。各金融机构坚持以优先培育优势主导产业和支持农户发展增收致富产业为导向，合理确定信贷贷款品种、期限、利率，开展易地扶贫搬迁贷款、农村承包土地经营权抵押贷款、林权抵押贷款业务，进一步拓展金融扶贫领域，推动信贷资金流向贫困县镇村的当地特色产业和贫困户脱贫最需要的地方。

1. 建立分工合作的运行机制

中国开展普惠金融的主体包括大中型金融机构、农村信用社、村镇银行、小额贷款公司以及非政府组织等，服务主体多元，服务覆盖面广。应研究探索相关政策，建立起优势互补、合作共赢、各司其职、公平竞争的普惠金融服务体系。一是鼓励开发性、政策性金融机构以资金转贷形式与其他银行业金融机构合作，降低小微企业贷款成本。二是鼓励大型商业银行加快建设小微企业专营机构，加大融资支持力度，同时鼓励全国性股份制商业银行、城市商业银行和民营银行找准定位、扎根基层，提供更有针对性的金融服务。三是积极探索支持新型农村合作组织、互联网金融组织等各类新型机构发展的有效途径，适度降低基层金融服务的准入门槛，并规范各类机构的发展。

2. 重视提供融智服务

各国普惠金融机构在提供融资支持的同时，非常重视提供融智服务，特别是很多小微金融机构为客户提供了大量生产经营技能和金融知识的培训，这有利于保证资金发挥最大效应、提高客户还款能力并降低

微型金融机构的运营风险。因此，应不断加大融智服务力度，进一步为小微金融机构提供微贷技术等方面的指导，为小微企业、各类创业者提供市场信息服务和技术支持等服务，同时加强全社会金融知识普及教育，培育公众信用意识和金融风险意识。

（二）依托贫困地区产业支撑，优化金融扶贫产品供给结构

习近平总书记指出："发展产业是实现脱贫的根本之策。要因地制宜，把培育产业作为推动脱贫攻坚的根本出路。"从长远来看，产业发展是贫困地区脱贫致富的根本途径，但产业扶贫离不开金融的有效支撑，越是贫困的地区，产业扶贫成本越高、难度越大，越需要金融的支持。近些年来，金融部门围绕精准脱贫不断发力，取得了显著成效，贫困地区、贫困人口融资难问题得到了很大缓解，在实践中创造了多种金融扶贫的经验和模式，但也面临如何确保金融扶贫实现精准对接和可持续发展的问题。如期打赢脱贫攻坚战，要求我们把金融扶贫作为普惠金融体系的重要组成部分，努力构建金融精准扶贫长效机制。

萨伊定律认为，供给会创造自己的需求。贫困地区的金融部门有必要从体制机制改革和经营理念转变入手，加快推进自身的供给侧改革，以适应新常态的要求。而金融产品和服务创新是供给侧改革最好的突破口。银行业机构要在坚持商业可持续和风险可控原则下，适当放宽贫困地区基层机构产品服务创新和信贷审批权限，根据贫困地区需求各有侧重、发挥优势，创新符合地域特色的信贷产品和服务，将信贷资源向贫困地区倾斜。要继续深化银保互动，积极探索"保险增信、信贷支持"的新型融资模式，通过发挥保险机制的风险分散和信用增级功能，提高金融机构放贷积极性，引导信贷资金更多流向贫困地区。大力探索针对地方龙头企业、专业合作社等地方支柱性产业企业的个性需求，开发定制保险产品，如开发贫困地区特色果蔬、特色养殖等险种。积极推进价格指数保险、产量保险等各类创新产品试点，从产品源头解决传统农险产品容易引起的逆向选择、道德风险难以控制、运营成本居高不下的问题。针对农村贫困户特点，量身打造包含养老、医疗、意外、家庭财

产、融资增信等保障和服务的一揽子保险解决方案，以此有效破解农村贫困群体因病致贫、因灾返贫的现实难题。

（三）明确各类金融机构定位，健全扶贫开发金融服务机制

国内外的实践都充分证明，中小金融机构是普惠金融的主力军。但当前最核心、最根本的问题是要进一步明确中小金融机构的定位，既包括国家的政策定位，也包括自身的市场定位。

1. 各类金融机构之间要加强合作

各类金融机构之间要加强联合，金融机构也要加强对政府各部门的横向对接，发挥协同扶贫的优势和效率。商业银行作为金融精准扶贫的主体，应该加强与保险、担保、期货、证券、资产管理、小额贷款公司等不同金融机构以及互联网金融科技公司、第三方支付公司等类金融机构的业务联合，发挥保险、担保的风险分担优势，有效保障抵质押物的在险价值，提高信贷资金使用效率。金融机构也要对接政府机关多个部门，做到横向信息共享，政策融通，避免数据沟壑和政策打架不衔接等问题。

2. 重视新型金融机构的作用

新型金融机构的出现有效地解决了当前企业以及个人多元化金融需求的问题，使得中国金融产业得到了更好的发展，促进中国经济的繁荣。一是鼓励信托公司向资产以及财富管理方面拓展，实现传统信托公司的转型，逐渐转化成为投资银行业务。随着经济的快速发展，家族财富信托需求也逐渐提升，不仅对中国经济的发展以及个人生活水平的改善具有积极的作用，同时也提升了从业人员的素质。通过对国外公司的发展经验总结，资产证券化的发展空间比较大，这也使得信托公司的业务得到不断的扩展。二是支持财务公司向司库管理功能拓展。从发达国家的金融发展来看，各个商业机构都设有司库部门，这些部门主要负责借助金融市场来构建成熟的司库管理体系，对企业的资金进行优化配置，降低管理成本。

3. 建立开放性金融扶贫体系

很多省份金融扶贫实践中暴露出的农村金融市场竞争乏力、传统正规金融机构扶贫意愿相对薄弱、农村地区的金融资源供给相对不足、金融排斥现象犹存等问题，严重阻碍着金融扶贫规模效率的提高。因此，必须积极建立开放性的金融扶贫体系，激发农村金融市场竞争活力，积极引导金融资本及社会闲散资金投向农村生产经营中，努力提高金融扶贫的规模效率。

（四）构建多元信用组合模式，提升金融扶贫的精准化水平

政府和金融扶贫部门应不断完善风险补偿和风险分担机制。风险补偿金要及时到位，设立专门账户，封闭运行，仅用于风险补偿。合理明确风险补偿金放大倍数以及风险分担比例，不得将风险补偿金等同于担保金利用。加大农险保单质押贷款合作力度。银行业机构认真落实“三农”政策，积极响应农村土地制度改革，加大对农业的支持力度。探索适合当地农业发展特点的服务模式，着重加强对家庭农场、专业合作社、产业龙头企业的信贷扶持力度，提升金融扶贫的精准化水平。

1. 建立健全农村信用体系

农村诚信体系建设有利于提高涉农企业、扶贫企业、农民的诚信意识和农村地区的信用水平，为农村金融营造良好的信用环境，增强贫困地区吸引扶贫资金的竞争软实力，有利于金融机构有效识别诚信企业和农户，精准对接值得帮扶的贫困户。加强农村信用体系建设，一是加强信用信息基础数据库建设。建立贫困户基础信用信息和金融扶贫信用信息数据库，纳入普惠金融信用信息管理系统，实现对扶贫对象信用信息的动态管理。二是加强信用信息共享。发挥政府统筹协调作用，加强工商、税务、商务、质监、司法、民政等部门和金融部门的信息交流共享。三是提高诚信意识。加强金融知识普及和信用教育，建立健全信用评价机制，深入开展信用乡镇、信用村、信用户创建活动，打击恶意贷款、恶意拖欠贷款等违法、不诚信行为，增强贫困地区农民信用意识，营造有利于普惠金融扶贫可持续发展的金融生态环境。

2. 对接贫困地区发展规划

近年来，全国脱贫攻坚取得阶段性成效，贫困群众生活水平明显提高，贫困地区面貌明显改善，贫困人口大幅减少，一批贫困县脱贫摘帽。一方面，金融扶贫各参与主体要加强与各地发改委、扶贫办等部门的协调合作和信息共享，及时掌握贫困地区特色产业发展、基础设施和基本公共服务等规划信息。金融机构认真梳理精准扶贫项目金融服务需求清单，准确掌握项目安排、投资规模、资金来源、时间进度等信息，为精准支持脱贫攻坚奠定基础。另一方面，各金融机构要积极对接贫困地区发展规划，配合当地的国家战略，有针对性地开展工作，提高效率。

3. 持续优化信用环境

优化信用环境，一是要深入开展“信用村”“信用户”、贫困地区示范户等创建活动，加强金融与工商、税务、公安、环保等部门的合作，整合相关信息，建立贫困地区经营主体信用档案，完善信用体系建设，降低扶贫对象的信用风险，强化农户的信用意识。二是要严厉打击各种恶意逃废债行为，建立守信激励和失信惩戒机制。同时，要建立政府、保险、银行风险共担机制，有效防控信贷风险。

（五）发挥财政资金杠杆作用，提振金融机构参与扶贫信心

中央把金融扶贫作为精准扶贫的基本方略，围绕精准扶贫、精准脱贫制定了一系列的措施，要丰富金融扶贫形式和产品，关键是要建立完善机制，把金融机构参与扶贫开发的积极性调动起来，把信贷保险的资源引到贫困地区去，进一步推动财政与金融在扶贫领域上的互动，发挥财政资金黏合剂和“四两拨千斤”的作用，解决小额贷款难的问题。同时，在扶贫小额信贷推开之后，保险要参与进来，为产业提供保险，保证贫困农户能够稳定脱贫、持续增收致富。

1. 扩大财政贴息支持范围

整合设立传统产业改造升级资金 5 亿元，采取财政贴息、奖补等方式，支持传统产业设备更新、智能化改造、产品升级等重大技术改造项目。对符合条件的技改项目，按固定资产银行贷款利息的 50% 给

予贴息，对企业利用自筹资金购置生产性设备的给予适当补助。统筹中央适度规模经营资金、财政涉农资金等相关资金2亿元，对各金融机构直接开展的农业信贷业务，按照基准贷款利率的50%对新型农业经营主体的贷款实行贴息。对农业、林业、农发、粮食流通等现有面向农业企业、新型农业经营主体的贷款贴息政策，实行统一管理办法、统一分配方式，实现信息共享，避免重复申报，扩大贷款贴息政策受益面。支持市州县统筹中央适度规模经营资金、产粮油大县奖励资金以及涉农项目资金，筹措贷款贴息资金，根据当地实际支持开展农业信贷服务。

2. 发挥政府投资基金引导作用

管好用好国家各类产业基金、省级股权投资引导基金和省创投引导基金等省级政府投资基金，按照“政府引导、专业管理、市场化运作”原则，引导社会资本支持重大产业发展和重大项目建设。规范基金设立和运作，合理控制政府投资基金数量和规模，在重点行业和领域设立基金，不搞全覆盖。注重引导社会资本投入，切实发挥政府出资引导社会资本的吸附作用，确保社会资本按规定的比例放大。突出基金投资重点，在投资产业上突出实体经济，重点支持高新技术企业和战略性新兴产业。切实履行政府出资人职责，督促基金管理机构加强与行业主管部门、地方重点产业项目对接，加快投资项目落地。建立基金绩效评价制度，合理设置评价指标，定期组织绩效考核，强化考核结果应用，建立绩效与管理费相结合的激励约束机制，确保实现基金政策目标。鼓励有条件的区域按照政府引导、市场化运作的原则，探索采用基金管理等模式，推进竞争性领域专项资金改革，逐步与金融资本相结合，发挥撬动社会资本的杠杆作用。

三　建立健全需求侧增信机制，提升贫困人口融资能力

需求侧政策是通过刺激创新产业和服务的市场需求激励来创新，主要政策工具包括政府采购、市场引领、终端消费者刺激等，目的在于引

导市场方向和降低企业创新产品的市场风险。重视需求侧政策，引导未来消费方向，降低新兴产业市场不稳定性，需要建立健全需求侧增信机制，提升贫困人口融资能力。

（一） 加速构建社会信用体系， 夯实贫困人口融资基础

《国务院关于建立完善守信联合激励和失信联合惩戒制度加快推进社会诚信建设的指导意见》（国发〔2016〕33号）对信用修复提出了明确要求，要求要引导失信主体纠正失信行为和开展信用修复。各地区、各部门、各单位应结合实际建立有利于失信主体自我纠错、主动自新的社会鼓励与关爱机制，支持有失信行为的个人通过志愿服务、社会公益服务等方式修复个人信用，信用修复与纠正失信行为、信用承诺、信用修复培训相结合。建立诚信教育培训长效机制，对“黑名单”企业法定代表人进行信用修复培训。

1. 我国社会信用体系建设取得突破性进展

一是建立了全国信用信息共享平台，作为信用信息共享的“总枢纽”。2015年10月，国家平台先导工程已上线运行，接入了各省区市和37个部门，归集信用信息2亿多条。中国人民银行的金融信用信息基础数据库、工商部门的企业信用信息系统、证监会的资本市场诚信数据库等，作为社会信用体系基础设施的组成部分，发挥了积极作用。二是出台并实施了首部国家级信用建设专项规划。2014年，国务院印发《社会信用体系建设规划纲要（2014—2020年）》，提出政务诚信、商务诚信、社会诚信、司法公信四大领域诚信建设，明确了34项具体任务。三是工作体系不断健全，扩充了部际联席会议范围，增加了成员单位，目前成员单位达到40个，基本涵盖经济社会发展的主要领域。四是经济社会效果明显，在服务经济发展上有新作为，税务部门与金融机构建立“银税合作”机制，通过实施统一社会信用代码，“多头赋码”改为“源头赋码”，实现“三证合一”“一照一码”，大大减轻了社会负担，提高了行政效率。

2. 社会信用体系建设着力方向

要进一步完善部际联席会议制度，纵横联动、上下协同，全面推进、重点发力，在信用信息归集共享上再上新台阶，在信用法规标准建设上有新突破，在信用联合激励和联合惩戒上扩展新领域，在优化服务方便群众上取得新进展，在诚信宣传教育上筹划新篇章，在信用建设试点示范上取得新经验，以高度的责任感和使命感，推进社会信用体系建设取得新的更大成绩。一是提升法规建设。加强顶层设计，开展《信用法》相关调研起草工作，加快公共信用信息管理、统一社会信用代码等条例立法进程。推动出台政务诚信建设、个人信用体系建设、电子商务诚信建设等相关意见。二是提升基础制度。全面实施自然人、法人和其他组织统一社会信用代码制度，加快推进增量代码公开、存量代码转换和基础信息共享工作，建立统一社会信用代码与其他部门管理码的映射关系，推动落实重点领域实名制，在创新社会治理上有新作为。三是提升信用应用。推进信用产品、信用服务应用，探索创新信用融资方式和品种，推动创新创业，缓解小微企业融资难题，在服务经济发展上有新作为。健全事前信用承诺、事中信用分类监管、事后守信联合激励失信联合惩戒制度，拓展联合惩戒和联合激励的覆盖范围，推动行政许可、处罚信息及时公开和全流程信用信息共享，构建以信用为核心的新型市场监管机制。四是提升基础设施。抓好全国信用信息共享平台上线、共享、更新、归集、开放、应用、延伸和推送各个环节。

（二）建立健全政府增信机制，形成贫困人口融资保障

政府部门要利用所掌握的中小企业的经营信息，把握产业政策导向，制定严格的审查推荐制度，将审查合格的中小企业推荐给金融机构。政府部门设立风险补偿基金。政府部门要拿出一定比率的财政资金用于设立风险补偿基金，专门用于支持农户、中小企业等的发展，扩大信贷规模，同时运用政府增信，降低银行贷款风险，降低中小企业贷款利率。政府部门要规范基金管理。目前，信用担保体系建设虽有进展，但还不完善，要建立多层次的信用担保体系，例如政府性担保、基金担

保、商业性担保、新型质押、企业互相担保等，同时要建立中小企业的资信评级制度，为其融资提供评级支持。政府增信与银行授信的合作是利国利民的好事，为了把好事办好，要坚持信息公开，接受社会监督。建立健全政府增信机制，有助于构建贫困人口融资保障。

（三）加快农村产权制度改革，探索“三权抵押”融资

2015年，中共中央办公厅和国务院办公厅联合发布的《深化农村改革综合性实施方案》中指出，完善“三权分置”制度是深化农村土地制度改革的基本方向。党的十九大报告把“完善承包地‘三权’分置制度”“深化农村土地制度改革”与“巩固和完善农村基本经营制度”并列，从三者逻辑关系来看，承包地“三权分置”制度的完善是农地制度深化改革和农村基本经营制度完善的实现途径。农地“三权分置”的政策推进和法权诉求，势必会影响到我国农业发展方式的转型和农民未来的走向。2018年中央一号文件《关于实施乡村振兴战略的意见》中，“三权分置”的思想和政策内涵不断细化，承包土地经营权抵押融资试点正在推进。

1. 尽快构建完善承包土地经营权登记制度

土地承包经营权的登记生效要件《农村土地承包法》和《物权法》基于农村熟人社会中农民对各自承包地块非常了解和登记会增加农民的经济负担的认知，土地承包经营权的设立生效不以登记为要件。土地承包经营权的稳定和长期流转，须以农地产权边界的清晰准确界定为前提。农地“三权分置”的实施，呼唤土地登记制度的建立与完善。《不动产登记暂行条例》已规定了土地承包经营权的登记事项。在民法典“物权编”，土地承包经营权的变动应采取登记生效主义。土地承包经营权的设立、变更和消灭由意思主义改为登记生效主义，能够连续记载土地承包经营权及其负担（抵押）的流转状态，通过登记公示产生公信力，进而保障承包土地经营权流转的交易安全。目前，土地承包经营权登记还没有被纳入统一的不动产登记，主要由农业主管部门实施土地承包经营权的登记工作。土地经营权的性质不应被具体流转方式左右，

流转形式应以市场导向为目标，农地经营权抵押融资权应被解禁。

2. 完善承包土地经营权抵押融资的配套制度

承包土地经营权抵押融资是一个系统工程，在农地“三权分置”背景下展开，涉及农民集体、农户、新型农业经营主体（家庭农场、农民合作社、种植大户、农业产业化企业等）、金融机构、政府等多个相关主体以及他们相互之间的法律关系和利益。承包土地经营权抵押融资涉及的主要环节应建立和完善对应的配套制度机制。

3. 探索承包土地经营权抵押融资

农地“三权分置”的核心是土地经营权，通过土地经营权的有序流转来解决“谁来种地”的问题，发展多种形式的适度规模经营和建立新型的农业经营体系，提高农地农用的效益。在“两权分离”的基础上，从土地承包经营权中再次分置出土地经营权，从而生成了集体所有权、土地承包权、土地经营权新的土地权利结构。推进“三权分置”的主要目的是在坚持集体土地所有制和保护农民土地权益的前提下，促进承包地的流转与农业的规模化经营。一方面，承包土地经营权抵押融资是农地“三权分置”制度的内在组成部分。农地“三权分置”为承包土地经营权抵押融资注入了活力、提供了富有解释力的理论框架和有效的制度供给。另一方面，新型农业经营主体为发展规模化经营，需要改良土地、购买生产经营设备、引进新品种，较大的农业投入仅靠自身的资本是不够的，以土地经营权向金融机构抵押融通资金是发展现代农业的有效手段。

4. 扩大农村担保物范围

各金融机构要根据各地农村经济发展的具体情况，探索土地承包经营权、农业生产设备、林权、宅基地使用权作为抵押品；创新股本、仓单、应收账款和其他权利质押贷款，通过多方联保等方式来增强农户的融资能力，努力改善金融生态环境。深入开展农村金融知识宣传教育。建立金融惠民工程培训体系，通过媒体、宣传语、扶贫金融下乡、开家庭会议等多种方式对农基层干部、农民、小微企业主进行金融宣传教育，提高农户的金融素养。加强贫困农户的金融风险防范意识和消费者权益保护意识。加强对农户及小微企业的诚信教育，尤其是对孩子的诚信文化教育，从源头上改善和优化农村地区的信用环境；将诚信列为村规民约的核心内容，努力营造“守信者荣，失信者耻，无信者忧”的诚信氛围；通过构建明确完善的奖惩机制，鼓励贫困农户提高信用意识，降低贷款违约率，在农村地区营造良好的信用环境：为信用条件好、按时履约还贷的农户提供绿色通道，给予相应的贷款优惠和倾斜；对不按时还贷，甚至出现逃、赖贷款的农户进行公开曝光，给予相应的处罚措施，并将其失信行为纳入诚信记录中。

（四）立足贫困地区产业实际，探索生物资产抵押融资

生物资产分为公益性、生产性、消耗性生物资产，作为一种经济资源，指可以给经营者带来经济利益的动植物、微生物。生物资产具有与其他资产不同的多样性、生长周期性、地域差异性、未来经济利益的不确定性等特性，导致其融资困难，变现能力差。规范生物资产融资特性，推进农村金融的创新，解决“三农”问题，消除城乡二元化经济结构，有利于盘活农业经营组织的资产，加速农业资金循环，解决农村居民、企业贷款困难，解决农村资金供需矛盾。

1. 生物资产抵押的基本模式

我国生物资产融资尚处于试点阶段，目前选择的主要模式分别依据不同的地方金融政策与相关法规。比较有影响力的政策包括山东省、江西省和新疆等制定的相关办法等。2010 年山东省淄博市制定的《淄博市生物资产抵押贷款管理办法（试行）》，针对农业生产相关的具有自然增值属性的有生命的动物（猪、牛、有一定养殖规模的种畜禽）规定贷款额度不超过生物资产估值的 50%，最高不得超过 70%。其价值可参照一定年限或月份内的平均市场价格等相关要素，共同协商确定，或者由有相关评估资格的评估机构进行评估确定；2010 年山东省枣庄市出台的《枣庄市活体畜禽抵押管理办法》，规定畜牧部门负责畜禽健康状况和价值情况的评估，工商部门负责抵押登记工作，并引入第三方部门加以监督，降低银行贷款的风险。目前，生物抵押大致有以下几种模式：“借款人 + 银行 + 保险公司”模式、“借款人 + 银行 + 担保”模

式、“银行+企业+农户”模式、浮动抵押融资模式。此外，对抵押物的限制较多，不利于生物资产融资的多元化发展。

2. 生物资产融资面临的问题

根据《2015中国家庭金融调查报告》的数据显示，我国农村家庭贷款主要是生产经营贷款和房屋贷款，分别占比44.0%、34.8%。农村有民间借款的家庭比例为43.8%，其中很大部分借款为不良借款，偿还能力低。我国目前农村家庭的金融知识水平远低于欧美国家，更偏好无风险投资，无风险资产的比重达到84.4%，进行生物资产融资的推广比较困难。另外，农村家庭信贷可得性远低于全国水平，受到严重的金融抑制，正规信贷可得性仅有27.75%，信贷约束比例高达72.43%，生物资产融资面临金融机构的较强的排斥。

3. 生物资产融资的政策建议

我国的生物资产融资还处于起步阶段，没有形成完整的模式，还面临着多种形式的风险。只有政府、金融机构、农户相互扶持，降低系统性以及非系统性风险，促进生物资产抵押融资的顺利进行，才可以达到共赢的目的。一要完善法律法规，针对生物资产融资过程中出现的问题，完善相关法律法规，使生物资产融资有法可依，可以对相关人员和机构起到进一步的约束作用。二要鼓励金融机构创新，政府应鼓励金融机构推出多样化的有特色的金融产品，提高金融服务的个性化程度，以此来拓展自己的客户群体，实现可持续发展。三要健全风险保障机制，对于政策性保险和担保机构，政府应加大补贴力度，鼓励担保机构承担更多责任，并通过相关政策引导商业保险加大对于农业保险方面的涉猎。四要加强社会服务体系建设，生物资产融资不同于其他的融资，要求在融资前必须要有权威的机构对其价值进行评估与认证。由于评估机构标准不统一导致的资产实际价值被高估或低估的现象时有发生，并且评估机构收取过高的费用，增加融资成本。最后要提高农业生产者的综合素质，政府通过各级金融机构全面推广、定期给农民普及生物资产融资知识，解决农户由于受教育的局限性对生物资产融资产生的认知不够的问题，同时也提高金融机构的知名度，有利于业务的开展。

（五）综合集成多种扶贫体制机制，优化农户信用风险结构

1. 构建多层次金融扶贫保障机制

一是构建政府、社会、市场协同推进的扶贫大格局。成立以政府为主导，金融机构、各级组织为主要成员的扶贫小组，充分发挥政府主导作用，加强部门分工协作，使多部门合力，引导好各方资金参与到农村扶贫工作中来。完善顶层设计，制订扶贫工作计划，确保扶贫政策能够畅行落地。二是按照政策性、商业性等各类金融机构的不同职能定位，推动建立各有侧重、相互协作的扶贫开发金融服务机制。构建多层次的金融扶贫服务体系。充分发挥各类金融机构主体作用，完善精准扶贫保障机制，充分调动金融机构参与扶贫的积极性。三是完善定向降准政策的正向激励机制，增强宏观调控的精准性和有效性。健全扶贫再贷款政策的正向激励机制，引导金融机构将更多资金用于支持贫困地区发展特色产业和贫困人口就业创业。四是金融扶贫创新发展与风险防范有机结合。加强与各类担保公司、保险、互助基金等协同合作，健全贷款风险防范机制，建立融资担保平台，健全“企业 - 农民”“企业 - 企业”“农民 - 农民”互保机制，建立全方位、多层次的风险防范机制。

2. 完善金融扶贫政策

一是金融政策与扶贫政策充分结合起来，完善扶贫贴息贷款政策、增加财政贴息资金，通过税收优惠、财政奖补、风险补偿等优惠政策，鼓励支持金融机构参与农村扶贫。二是制定农村“两权”抵押贷款信贷管理制度和配套支持政策，创新“两权”抵押贷款模式，扩大相关贷款投放，推进农村承包土地的经营权、农民住房财产权等“两权”抵押贷款创新，满足贫困户金融服务需求。三是实施优惠定价政策，通过农户联保，农企担保，向农户提供方便快速的信贷服务。

3. 搭建多元化支持平台

一是搭建技术指导平台，开展专业技术培训。邀请农、林、牧、渔业专家对农民进行专业培训，提供技术指导，并对农民进行产业前景指导，规划好未来发展重心。二是通过送知识下乡，提高农民文化水平，

提高专业技术水平和管理能力，培育农民市场意识和营销意识，帮助农民寻找致富路，走稳致富路。三是利用信息平台，发挥金融机构信息优势，为农产品打开市场，帮助农村产业做大做强。

四 强化金融扶贫产业支撑，提升金融精准扶贫绩效

2018 年中央一号文件明确指出，打好精准脱贫攻坚战，增强贫困群众获得感，此目标的实现需要社会多方的共同努力。加大产业支撑力度，利用产业导入、产业转移等形式，为深度贫困地区注入经济活力，地方政府应当采用开放治理的心态，促进生产要素自由流动，营造扶贫工作的良好外部环境。

（一）培育主导产业，提升深度贫困地区金融资源承载能力

1. 依托“互联网 +”助力产品“走出去”

加大贫困村“互联网 + 扶贫产业”的发展力度。当前处在信息化时代，在脱贫攻坚项目落实过程中，要注重贫困人口的技术培训，促进扶贫产业中的技术含量，增强其在真正意义上的人均收入增长和经济增长，这就需要大量的外部资本投入和通过经济发展增加贫困地区人均收入，改善贫困地区人口的生活水平。从实践看，聚焦深度贫困地区主导产业、关键项目和贫困农户，加大扶贫综合化服务力度，整合母子公司、对公对私、线上线下等产品，广泛聚合资源，为深度贫困地区脱贫提供“电商扶贫先行、融资扶贫创新、普惠金融延伸”的综合化服务解决方案，是实现金融精准扶贫的有效办法。电商扶贫先行，助力产品“走出去”。基于“互联网 +”的农村电商已成为推动贫困地区经济结构调整与产业升级、培育农业新产业新业态、促进精准扶贫与脱贫的重要机制探索。通过实施“互联网 +”背景下的网络扶贫计划，建立网络扶贫信息服务体系，增强深度贫困地区利用互联网发展的内生动力，可以让农产品通过互联网走出乡村。

2. 实行产业集群化，发展高效产业区

立足优势产业基础，推进产业区域化布局，形成各具特色的产业板块。着力打造特色产业板块，每个乡镇要突出自身特色和优势资源等推动龙头企业建立。从贫困恶性循环理论角度看，重点在于供需关系两方面的彼此影响，因此，在实际运作过程中，不仅要有一定的资金储备，还要有强烈的投资吸引力。因此，要延补地区企业生产链，完善壮大产业化集群机体。通过科学论证，进一步细化明晰产业化集群相关配套生产的环节，孵化开放式链条企业，补齐短板，延长链条，使其生产的产品在满足本集群龙头企业需要的基础上，为外在市场需求提供有效支撑；通过科技创新，提升集群全产业链企业生产经营能力，从而发展壮大产业化集群。

（二）突出龙头带动，着力培育引进优势特色产业龙头企业

发挥好龙头企业、农民合作社和家庭农场等新型农业经营主体的作用，对于实施乡村振兴战略和推进农业供给侧结构性改革来说至关重要，对于促进小农户和现代农业发展更不可或缺。

1. 鼓励龙头企业发挥农业创新驱动的生力军作用

相对于普通农户，农业产业化龙头企业往往经营理念先进、经营规模较大、融资能力和创新能力较强，更具有熟悉市场、了解需求和对市场需求变化做出灵活反应的能力，更具有打造品牌、培育市场和参与农业产业链、供应链、价值链治理的潜能。在推进农业绿色发展和创新发展、农业供应链创新和农村一、二、三产业融合发展等方面，龙头企业往往更具有紧迫性和自觉性，更具有引领和参与能力。要鼓励龙头企业发挥自身优势，成为推进农业结构战略性调整、增强农业创新驱动能力的率先探索者和实践者，在提高农业供给体系质量和推进农业产业化经营方面更好地发挥骨干作用。

2. 增强龙头企业的引领带动作用

在推进农业结构战略性调整、增强农业创新驱动能力以及提高农业供给体系质量方面，龙头企业自身表现再好，也只是“盆景”。只有发

挥其对普通农户的引领带动作用，才能将“盆景”变“风景”，更好地带动农民增收，并增强普通农户参与现代农业发展和农业产业化经营的能力。龙头企业在推进农业产业化的过程中可以通过激发家庭农场和农民合作社的合作意识，更好地完善利益共享、风险共担、合作协同、互惠共赢的利益联结机制。在推进现代农业产业体系、生产体系和经营体系建设中，要把鼓励龙头企业发挥领军作用作为重要导向。

3. 创新产业扶贫，培育发展特色现代产业

产业是贫困地区发展的根基，是实现脱贫的依托。很多贫困地区都具有发展特色产业的潜力，经济学上将这类地区称为“富饶的贫困”。因此，培育发展特色现代化产业成为精准扶贫深化时期的有效途径之一。产业扶贫应着力培育特色龙头企业，实施“一村一品”的产业行动计划。基于各地特色产业，每个贫困县可重点扶持1～3个适合本地发展、有比较优势和市场潜力的特色项目，打造具有特色品牌的现代产业。同时，政府要重点培育这些龙头企业、特色企业以及贫困人口参与度高的企业，帮助这些企业扩大市场规模，提升企业质量，吸纳更多贫困人口就业；并对这些企业提供产品优化和产业革新的技术支持，延伸产品的产业链。做大做强龙头企业，持续增强产业化发展的内生动力。

（三）加强机制创新，构建产融结合的运行模式

产融结合是指工商企业与金融机构通过股权融合、业务合作等多种形式，以经济利益为纽带，实现产业与金融的有机结合和互动。目前贫困地区之所以贫困，从根本上讲，是由自然禀赋不均和人口素质差异造成的，当然还有其他的历史和现实的原因。要想从根本上改变贫困和落后的面貌，关键是在贫困地区建立起有发展前景的产业，带动贫困人口有事业可做，自己能够养活自己，有持续的发展远景。贫困地区县级财力薄弱，基础设施瓶颈制约明显，基本公共服务供给能力不足；产业发展活力不强，结构单一，环境约束趋紧，粗放式资源开发模式难以为继；贫困人口就业渠道狭窄，转移就业和增收难度大。要让产业资本和金融资本结合，让产业和金融都下乡，让各种因地制宜的产业在贫困地区建立起来，让相应的金融和资本在这里生根开花结果。

1. 产融结合模式已取得一定成果

在产融结合扶贫方面，国家和各部门陆续推出了一系列举措，迈出了重要的步伐。例如，央行最近推出了对实施普惠金融政策的银行实施定向降准的政策，这体现了央行对普惠经济和扶贫金融的细致入微的关怀，这对宏观经济支持贫困和偏远地区发展，将起到十分重要的引领作用。一些政策性银行和商业银行开展绿色金融，将普惠金融事业部业务进一步延伸到贫困地区、农户和弱势群体。证券监管机构在坚持“三公”（公开、公平、公正）原则和上市公司质量的前提下，对贫困地区的企业申请上市开通绿色通道，即报即审，即批即发。不仅一批拟上市企业把注册地迁往贫困地区，增加该地区税收和财政收入，更有一批已上市公司在贫困地区建立起适合当地发展的产业。国家旅游局近日也确定旅游扶贫行动方案，计划每年对深度贫困地区，从人才、金融、创业等方面进行专项支持，旅游扶贫项目不得少于 1000 个，资金不少于 3000 亿元。

2. 现代产融结合主要模式运作机制的比较

产业资本和金融资本是市场主导型产融结合的解读，其主要的实施模式是通过资本市场的结合。就运行机制上来说，一是以市场运营作为基础，银企之间的产权制约性相对来说比较弱，其股权结构也较为扩散和社会化。二是非主导位置，这也是商业银行产融结合的一个特征，并且在产融结合中非银行金融机构扮演的角色也逐渐重要起来。三是在公司管制过程中，个人和机构也间接参与到其中，并且间接控制产业资本也就是通过资本市场的证券交易、兼并、接管机制。而银行主导的运营模式，一是以“社团”或“社会”市场经济为运行基础，但是银行和企业之间的制约性比较强，企业融资的渠道只是间接融资，在产融结合中银行处于主导地位，产生了以银行制为中心的相互持股的局面，从而减少了资本市场的效果。二是银行以贷款契约、人事结合、股权占有及代理小股东的表决权等方式在经营过程中产生影响。

3. 产融结合发展对策

十九大报告指出，必须把发展经济的着力点放在实体经济上。企业办金融业必须坚持金融服务于产业的发展方向。在新时代经济下，必须回归产融结合的初衷，将着力点放在推动主业的发展上。首先，要明确新时代产融结合的发展方向。金融单位要充分利用企业的“业态”，在企业资金和金融业务中集中体现价值，在为产业单位服务中带动金融业务，在为员工服务中拓展新业务。其次，建立产融协同发展的互动机制。企业金融平台与企业总部相关职能部门均在产融结合中承担着重要职责，如两者分工定位不清，容易造成重复管理或管理缺失。在企业战略、规划、预算目标的统领下，总部财务部门应负责资金管理和融资的政策制定，金融平台应负责政策的执行，做好具体实施方案的策划；总部投资部门应负责投资政策、投资制度的制定和投资项目的初步审核，金融平台应负责投资顾问，做好尽责调查、可行性分析等工作；总部经济运行部门应负责提出金融服务于产业的指导意见，金融平台应负责提供金融服务，做好相应产品设计和实施。在明确定位分工的前提下，还应保持金融平台和总部职能部门的沟通，协同推进产融结合。再次，优化产融结合的风险防范机制。相对于实体经济，金融业务虽有较高的收益，但具有更多的不确定因素和风险。企业开展金融业务应合理控制金融资产占总资产的比重，或金融投资占总投资的比重。这样可以在总体上控制金融风险对企业经济的影响，实现以产融结合促进主业，以主业抵御金融风险。

（四） 立足项目支撑，围绕优质特色项目精准投放金融资源

习近平总书记提出，要把发展生产扶贫作为主攻方向，努力做到户户有增收项目、人人有脱贫门路。产业扶贫是一个非常重大的课题，发展特色项目是提高贫困地区自我发展能力的根本举措，也是拔掉“穷根”、实现稳定脱贫的必由之路。

1. 统筹规划发展特色项目

各级政府要根据自己的地理优势、资源禀赋，统筹规划发展适宜的特色产业项目，不能只考虑眼前利益，觉得什么项目挣钱就开展什么项目。在项目实施前一定要进行充分的调研，进行本量利分析，结合本地优势和市场需求发展扶贫产业。在产业发展过程中，尽量实现规模化，

利用产业规模化实现规模收益。

2. 精准开展特色扶贫项目

目前，一些贫困县已经脱贫摘帽，扶贫产业也有了一定的发展。但是，有的扶贫产业项目并不是当地特色优势产业，虽然这些产业在贫困户脱贫过程中发挥了重要作用，但随着技术的发展，优势越来越不明显，这就要求各贫困县发展扶贫产业一定要精准，一定要选择适合当地的、有竞争力的特色产业项目。

3. 创新产品项目

在科学技术日新月异的今天，利用科学技术助推扶贫产业的发展，一些肩扛手搬的工作都交由机器人去做，可以节省大量的劳动力，创造出更多的收益。利用科学技术培育农业新产品，有了更高产、抗虫性更高的产品，减少了农药的用量，生产出更多的绿色产品，在减少环境污染的同时，也带来了更高的效益。

（五）强化市场导向，探索发展深度贫困地区“产业链金融”

深度贫困地区地理条件弱、基础设施差、贫困面积大，是脱贫攻坚的主要难点。需要看到的是，一些深度贫困地区经济发展主要依靠农业，工业是最大的短板之一，项目支撑带动作用薄弱，仅仅依靠农业带动农民脱贫的作用还十分有限。因此，要把深度贫困地区作为区域脱贫攻坚工作的重点，坚持精准扶贫精准脱贫基本方略，以产业扶贫为重要着力点，深入挖掘产业扶贫潜力，找准脱贫攻坚的产业路径，寻求符合当地实际的特色产业，切实推进深度贫困地区产业精准扶贫。

与其他贫困地区不同，深度贫困地区基础设施建设薄弱，产业园区发展相对滞后，缺乏大产业支撑带动，几乎没有完整的产业链。在这样的条件下，依靠产业扶贫就必须转变传统产业路径，积极向外寻求优势资源。产业精准扶贫的关键在于对接外部市场，充分借助农民工返乡创业的已有产业基础，通过以工促农、反哺农业，寻求符合当地实际的特色产业，依托贫困地区特色产业带动一定数量的贫困人口脱贫致富。当然，抢抓外部资源必须符合地区发展实际，不能盲目追求高大上的龙头项目，而要深耕细作抓好产业链培育，注重引进三产融合发展的产业项目，最大限度提升产业的关联效应。一是打造区域合作和产业承接发展平台，通过典型引领，引导发达地区劳动密集型等产业优先向贫困地区转移，促进产业向精品化、高端化发展，加快推动传统产业转型升级。二是在对接外部市场过程中，加大资源整合力度，围绕“一县一业”“一村一品”的目标，积极培育地理标识产品，将其作为提高产业附加值和培育特色优势产业的重要抓手。

五　加强金融扶贫创新风险防控，提升金融扶贫可持续能力

长期以来，农村金融排斥问题的存在，导致金融资源无法惠及“三农”，贫困地区、贫困群体更是被排斥在金融门槛外，自然风险、市场风险、经营风险、道德风险等多重风险并存是银行类金融机构望而却步的关键原因。通过构建风险防控体系，加强涉农贷款贷前、贷中、贷后的风险保护，调动银行贷款的积极性，有效提高农户获贷的能力，需要加强金融扶贫创新风险防控。全方位的风险防控体系，为农村金融编织了一张坚固的风险保障网，农村金融被安全激活，金融资源积极向贫困群体渗透，金融“活水”帮助贫困户脱贫奔小康。

（一）鼓励协同合作，建立“多方联动”的风险评估机制

金融扶贫，保险先行，贷款跟进，建立政府、保险、银行风险共担机制。完善以农业保险、大病保险为代表的保险扶贫保障体系。通过给予相关优惠政策，鼓励和引导具有相当实力的保险公司进入农业保险市场，开发与产业发展相匹配的、具有针对性的农业保险产品，如特色农产品价格保险、收入保险等，提高保险供给水平，扩大农业保险范围和保险深度，增强贫困地区抵御风险的能力，降低因灾致贫的可能性。

第一，要加强对农村贫困地区有关农业保险的宣传推广工作，提高农户的风险防范意识，刺激农户的保险需求。完善农业产业风险对冲机制，充分尊重市场供求规律，利用现有的农产品期货市场，引导农户根据市场信息进行农业生产，谨慎扩大规模，防范价格剧烈波动风险。第二，围绕贷款“有需求、贷得出、收得回”的原则，政府建立风险补偿基金，推动成立地方政策性农业担保公司。保险机构开办贷款保证保险，完善扶贫小额贷款的风险防控网络，充分发挥保险机制的内生风险防范与补偿功能，降低金融部门的扶贫信贷风险，解除各类金融机构参与扶贫开发的后顾之忧。第三，政府部门充分发挥基层扶贫部门尤其是乡、村两级对贫困农户和地方产业的信息了解优势，与保险公司和银行共同开展保险和贷款业务，有效解决贫困农户与保险公司、银行之间的信息不对称问题。第四，充分利用承包理赔等环节“边采集、边办理”的处理流程，逐步建立农户电子信用档案，共同推进建立共享的农村诚信体系建设，优化金融生态环境，降低违约风险，提高金融机构参与扶贫的积极性和可持续性。

（二）强化过程控制，构建风险预警机制

强化过程控制，构建风险预警机制。要完善准入政策，实施差异化监管制度，优先支持在贫困地区设立村镇银行等新型农村金融机构，立足县域金融承载能力，支持在贫困地区规模化、集约化发起设立村镇银行，攻坚期内严格控制贫困地区现有机构网点撤并。支持贫困地区培育发展农民资金互助组织，优先在贫困地区开展农民合作社内部信用合作试点，鼓励贫困地区设立政府出资的融资担保机构，优先支持在贫困地区设立小额贷款公司。进一步强化差异化监管政策，出台有针对性的扶贫开发金融服务监管措施。对贫困地区银行业法人机构的分支机构设立，以及现场检查等方面做出特殊安排。引导银行业金融机构合理确定扶贫项目贷款、扶贫小额信贷的不良贷款容忍度。对扶贫开发贷款做出尽职免责安排。严禁贷款利率浮动幅度过高。

同时还要强化业务管理，防控金融风险。贷款发放与支付前，银行业金融机构要确保该扶贫项目已正式列入省级政府脱贫攻坚实施方案和

实施计划；确保扶贫小额信贷的承贷贫困户经扶贫部门核定，保证精准支持扶贫对象。银行业金融机构按照商业化原则自主审贷，全面、深入评估有关扶贫项目风险，将确实的还款来源作为还款主要保障，在准确评定贫困户信用等级和还款能力基础上进行授信。全面了解贫困户和扶贫攻坚项目信息，强化项目全周期风险管理。合理运用财政扶贫专项资金的补贴、贴息、担保和补偿功能，完善风险缓释机制。严格按照贷款合同约定发放和使用贷款，坚持专款专用，防止贷款挪用。确定专门项目账户，加强项目监测和管理。

（三）坚持财政保障，构建“政府参与”的风险补偿机制

建立风险补偿机制，同时推出担保或保险费补贴以及财政贴息政策，建立“政融联动、风险共担、多方参与、合作共赢”的金融助推扶贫机制。县级风险补偿金按约定比例分担实际发生的代偿损失，并对本级担保（保险）机构参与此项扶贫贷款业务所产生的代偿损失给予补助。风投在美国成为助推经济发展和提升科技创新能力的重要因素，一方面是因为市场经济体系相对完善，另一方面是因为构建了比较有效的补偿机制，降低了投资风险，刺激了风投供求。

可以通过“财政＋保险”信贷风险补偿机制模式构建“政府参与”的风险补偿机制，一是保险机构为民企提供信贷保证保险；二是银行信贷风险全部由保险机构承担；三是政府财政兜底建立信贷保证保险风险补偿资金池，用于分担补偿保险机构经营风险。若出现经营亏损，则亏损部分由资金池补偿；若出现盈利，则盈利部分按事先约定的比例注入资金池。通过以上制度安排，民企融资难题有望得到有效破解。因为在该框架下，银行系统的信贷风险全部由保险机构承担，后顾之忧得以解除，民企贷款不仅“有能力”，更“有动力”，“融资难”自然不复存在。同时，信贷风险一旦释放，风险溢价相对收窄，再加上普惠金融、民企贷款税收优惠政策等具有降低成本的作用，贷款利率有望收敛到接近大型企业的水平，“融资贵”迎刃而解。

（四）突出分散风险，构建“四位一体”的风险分担机制

农业风险不仅影响现代农业的健康发展，而且影响农民收入的增长，更重要的是影响到农村社会的和谐稳定。如何保障农业生产的顺利开展，保障农业保险的持续经营能力，让农业保险更好地发挥作用，是当前越来越突出的重要问题。结合中国当前经济社会发展实际，政府应当建立以政府为主导、商业化运作为基础、完善的法律法规体系为保障的农业风险分散体系，即通过自有资本、外来资金、再保险和农业扶贫基金等建立“四位一体”的金融扶贫风险分散管理体系。

对守信者增信、对失信者惩戒的风险防控体系是金融扶贫的核心。在以前，银行的扶贫贷款主要投向基础设施和产业项目，有企业抵押担保，风险整体可控。但现在要免抵押、免担保直接投向贫困户，若不能有效防控逃贷、赖贷、废贷风险，“不敢贷”的现实将难以改变。通过建立风险补偿机制、风险分担机制、项目资金监管机制和激励约束熔断机制，全面加强贷前信用提示、贷中用途管理和贷后违约追责，织密“安全网”，设好“防火墙”，促使银行实现从“不敢贷”向“放贷快”的转变。除风险分担机制外，项目资金的监管机制也十分引人注目。按照“宽授信、宽启用、严管理、严惩戒”的原则，应全面加强对带贫龙头企业和新型经营主体使用扶贫信贷资金的用项和效果监管。

（五）树立底线思维，构建“及时止损”的贷款熔断机制

熔断机制（Circuit Breaker）是指对某一合约在达到涨跌停板之前，设置一个熔断价格，使合约买卖报价在一段时间内只能在这一价格范围内交易。设置熔断机制的目的是让投资者在价格发生突然变化的时候有一个冷静期，防止做出过度反应。古语云，“君子以思患而预防之”，有备才能无患。所谓“底线”原指“足球、篮球、羽毛球等运动场地两端的界线”，引申后指人们的社会经济活动范围不能超越的纵横两端界线，现指人们在社会经济实践活动中对于某种事态心理可以承受或能

够认可阈值的下限，或某项活动进行前设定的期望目标的最低要求或最起码保证，底线思维则是以底线为导向的一种思维方法和心态。

习近平总书记强调，“稳妥审慎、三思而行”，重大政策措施一定是先经过试验，然后推广。构建“及时止损”的贷款熔断机制，首先要严防信用违约风险，监管机构要加强企业集群风险管理，分门别类采取措施进行防范；对产能过剩行业风险，要坚持有保有压，确保风险可控。其次要严控表外业务关联风险，严格监管理财产品设计、销售和资金投向，严禁未经授权销售产品，严禁销售私募股权基金产品，严禁误导消费者购买，实行固定收益和浮动收益理财产品分账经营、分类管理。再次要严管外部风险传染，应继续严厉打击各种形式的非法集资和不规范的融资担保，同时还应特别关注银行案件与非法集资、民间融资等外部风险相互勾连的问题。

六　构建普惠金融培育机制，提升“后脱贫时代”返贫阻断能力

发展普惠金融是助力脱贫攻坚的有效途径，在“后脱贫时代”，应通过不断完善普惠金融组织体系，健全普惠金融市场体系，创新普惠金融服务提供方式以及强化普惠金融消费理念宣传等，加快实现脱贫目标。

（一）以机构多元化为导向完善普惠金融组织体系，增加贫困地区金融供给

普惠金融是相对于传统商业金融特点而提出的一种包容性金融概念。普惠金融立足于机会平等要求和商业可持续原则，致力于以可负担的成本为有金融服务需求的社会各阶层和群体提供适当、有效的金融服务，尤其是服务于那些被传统金融忽视的小微企业、农民、低收入人群等。正因为如此，完善普惠金融组织体系，发展面向贫困人口和贫困地区、贴近弱小经济主体的普惠金融机构，对于扶贫攻坚具有重要意义。

完善普惠金融组织体系，一是完善农村金融服务组织体系，重点发

展为三农服务的专业金融机构。强化农村信用社、农村合作银行、农村商业银行等农村金融机构的主体地位，依托其网点多、覆盖广的优势，发挥好农村金融服务的主力作用。深化农村信用社改革，稳定县域法人地位，完善治理结构，不断提高其服务“三农”的能力。二是推动大中型商业银行设立普惠金融事业部，建设小微企业专营机构。继续完善农业银行“三农”金融事业部管理体制和运行机制，进一步提升“三农”金融服务水平。引导邮政储蓄银行稳步发展小额涉农贷款业务，逐步扩大涉农业务范围。三是规范发展各类新型农村金融组织。支持符合条件的民间资本在贫困地区参与发起设立村镇银行，规范发展小额贷款公司。积极稳妥开展农民合作社内部资金互助试点，探索新型农村合作金融发展的有效途径。规范发展互联网金融，为精准扶贫提供更多金融服务。

（二）以产品丰富化为导向健全普惠金融市场体系，满足贫困地区金融需求

农户、个体工商户、小微企业资金需求具有单笔贷款规模小、周期短、季节性强以及稳定性较差等特点，加之个体信息不完备、不易获得，资金供需双方信息不对称，导致金融供给的交易成本相对较高。特别是贫困地区和贫困人口，由于经济基础较差，缺乏固定资产等有效抵押物，而且多数扶贫项目是农业类项目，投资收益率较低，自然风险和市场风险都较大。这就需要从实际出发，根据贫困地区和贫困对象需求特点，不断创新金融产品和服务方式。构建以产品丰富化为导向的普惠金融市场体系，创新金融扶贫产品，定制扶贫方案。随着扶贫进程的推进，农村经济的不断发展，产业化和城镇化的趋势不断加强，农村地区的金融需求也日益多样化，不仅仅局限于生产性、教育、医疗需求等。金融机构要借助贫困户信息网络系统，及时获取建档立卡贫困户的基本资料和动态状况。并结合不同的致贫原因，创新“需求导向型”的金融产品和服务模式，因户决策，量体裁衣制定出有针对性的金融服务方式，满足贫困地区金融需要。

从实践看，一是通过金融、财税政策支持，鼓励金融机构向有生产

经营能力和融资需求的贫困户提供免抵押、免担保的小额信用贷款。根据贫困户发展种养业等生产经营活动的特点，采取灵活多样的贷款模式，合理确定贷款额度，灵活确定贷款期限，进一步提高小额信贷扶贫的服务质量和效率。二是采取新型农业经营主体担保、担保公司担保、农户联保等多种增信措施，缓解贫困人口信贷融资缺乏有效抵押担保资产的问题。推进农村资源资产化和产权制度改革，为拓宽农村抵押担保物范围创造条件，积极稳妥开展林权、农村承包土地经营权抵押贷款业务。依托“公司＋农户”“合作社＋农户”等一体化经营、合作经营组织，发放产业链贷款和农户联保贷款。

（三）以服务便捷化为导向创新普惠金融服务提供方式，改善贫困地区支付环境

金融支付环境是指经济活动中，特别是金融活动中的各类支付手段所依赖的法规制度、基础设施、相关的人力资源等因素按照一定规律构成的有机结合体。近年来，我国农村金融支付环境得到了明显改善，对于提升农村金融服务水平、促进“三农”发展发挥了积极作用。但我国农村金融支付环境的发展与农村经济的发展水平并不同步，城乡支付环境差距很大，广大农民不能像城镇居民一样享受方便快捷的支付结算服务。农村支付服务是农村金融服务的重要组成部分，改善农村金融的支付环境，畅通农村支付结算渠道，推广普及非现金支付工具，提高支付结算效率，这些对于促进农村金融服务的升级和创新，刺激农村消费，支持统筹城乡发展，夯实农村发展基础等都具有极其重要的作用。

一是扩大支付服务设施覆盖范围。政府相关部门应鼓励各类金融机构进入农村市场，大力号召各类金融机构更好地利用农村的金融资源，充分发挥农村信用社、邮政储蓄银行、农业银行和其他金融组织的作用，引导和扶持农村金融机构扩大覆盖面。二是创新金融服务方式。用户的支付体验与金融业的服务态度和方式有极大的关联，应创新银行卡的服务功能，拓展银行卡的业务服务范围，开发特色功能，提高银行卡的安全性能，扩大银行卡的支付范围。将异地存取款和本地汇款等功能

统一和扩大，可以考虑将国家的各项农业补贴与各种支农、惠农政策相结合，做好各方面的资金管理工作。

（四）以知识普及化为导向强化金融消费理念宣传，提高贫困人口金融意识

目前我国的金融知识的宣传普及力度依旧十分薄弱，广大群众对金融知识的了解十分匮乏，不知道如何合理优化配置自身的收入，以及对风险进行分析和把控，国民的金融素质远远落后于金融业的发展速度。因此，为了更好地保护金融消费者权益，更好地稳定整个金融市场，要从政府、中央银行以及金融机构三个方面来共同努力解决。

1. 政府要发挥宣传的主导作用

政府作为金融知识普及宣传的关键，是整个金融市场发展的主导，要充分发挥政府的基础决定性作用，为金融知识的宣传普及提供法律依据。为保护一般金融消费者，应加快完善相应的法律法规，特别是关于金融消费的权益保护方面，应该具体落到实处，避免因为缺乏专业的金融知识和风险把控能力而遭受不必要的损失。一些特殊地区可以根据具体问题具体分析，制定适合本地区的金融消费者保护权益的规章制度，使金融消费者在权益受到侵害时有法可依。

2. 央行要发挥金融普及宣传的统筹作用

央行处于金融知识宣传普及过程中的统筹设计地位，是政府部门决策的直接执行者。在总体上根据国家规定，负责对金融消费者进行知识宣传和普及，在金融知识宣传普及过程中发挥对金融机构的监督管理作用和金融市场的稳定作用。为持续推动金融知识普及和金融消费者教育工作，提高消费者金融素养，增强风险防范意识，人民银行应该带头开展各具特色的教育活动，有针对性地开展金融知识宣传教育活动，切实做到多途径传播金融知识，构建和谐的金融服务氛围和金融生态环境。对广大人民群众进行金融法律法规宣传等，为金融知识的宣传普及保驾护航。

3. 金融机构要做好金融知识宣传普及的“急先锋”

金融机构处于对公众进行金融知识宣传普及最直接的地位。在政府

和央行的政策指导的前提下，具体问题具体分析，有效地开展金融知识宣传普及活动，与政府和央行相辅相成。金融机构在宣传普及过程中应要做到：第一，以金融消费者的需要为导向，确保满足金融消费者的需求，宣传金融费者最需要掌握的金融知识。金融知识宣传资料应通俗易懂、生动形象、信息量适度，使大多数消费者能够容易、准确地掌握，确保活动内容能够真正为消费者带来实效。第二，以创新务实为导向，采取多元化的宣传活动形式，确保活动的吸引力。做到因材施教吸引消费者主动关注金融知识，了解风险责任。第三，以公益为导向，确保活动的性质。活动方式严格遵守公益原则，各金融机构将金融知识普及与营销活动严格区分，划分目标人群，有计划有目的地开展金融知识宣传普及活动。

（五）以金融数字化为导向推行金融新业态新模式，促进金融服务由特惠向普惠转变

普惠金融的本质是让金融服务覆盖更广大的“长尾人群”，打破“二八定律”的普惠金融在蓬勃发展的背后是新技术作为底层基础设施和应用的支撑。在新技术的不断发展中，金融业也因此不断变革。从2007年开始，随着互联网的普及，原来复杂的金融产品能够通过电子渠道到达更广泛的客户群体，从而推进了渠道的互联网化。而如今，金融服务的数字化和智能化，使我们迈入了普惠金融时代。

以数据在普惠金融的风控中的应用来说明。一方面，技术人员需要挖掘所拥有的数据的完整度和价值含量。就像煤矿一样，大数据中的价值含量、挖掘成本比数量更为重要。另一方面，以处理好的数据为基础，构建贷前审核和贷后管理等风控方面的知识图谱。可以说，在新兴金融科技的支持下，传统的“二八”定律正在被颠覆。未来的金融，必将是“得草根者得天下”，普惠金融平台的载体是跨越各种终端设备的，比如电脑、手机甚至未来智能穿戴设备。后台支撑的是全方位打通的系统，以及开放式接入的各类数据及数据挖掘应用。用户无论在任何时间、任何地点、以任何方式接入平台，均能实现客户信息同步整合，实现多点触发，集成管理。平台内沉淀积累的数据信息是银行未来的重

要资产，以企业级视角，分析挖掘数据价值，支持客户精准营销、产品创新优化、精细风险管控、客户维护与价值创造、流程效率改进等多维功能，打造数字化管理条件下的竞争优势。

七 开展金融扶贫创新政策评估，构建金融扶贫长效机制

精准扶贫作为一项长期性工作，仅仅追求短期目标是难以做好的，要从长远角度解决根本问题。要求扶贫战略重点应由解决绝对贫困问题逐步向解决相对贫困问题转变，坚持以问题为导向，构建具有区域特征的、能够促进贫困地区及人口可持续发展的脱贫攻坚长效机制。建立精准扶贫长效机制，一方面要坚持小康目标，对已脱贫的贫困村继续围绕主导产业、基础设施、公共服务和集体经济发展等重点工作推进全面建设，确保脱贫成效巩固提高。另一方面要强化后期的帮扶跟进机制，通过落实帮扶责任人并进行后续跟踪，帮助脱贫人口解决生产生活中遇到的新困难，使脱贫人口获得可持续发展，进而达到稳定脱贫状态。

（一）完善金融扶贫监测统计制度，增强金融扶贫政策的连续性

2016 年 6 月，中国人民银行在全国金融系统建立了《金融精准扶贫贷款专项统计制度》，要求相关金融机构每季度末向“金融统计监测管理信息系统”报送精准扶贫贷款数据。建立金融扶贫服务专项统计监测制度，加强贫困地区货币政策工具运用效果、信贷投放、基础金融服务等方面的监测统计，及时动态跟踪监测各地、各金融机构金融服务情况。研究建立贫困地区扶贫金融专项评估机制，在部分基础条件较好的地区开展评估试点，加强评估结果的运用，增强精准扶贫金融政策的导向力。要建立贫困人口信息共享机制。像地方政府融资平台贷款、保障性安居工程贷款等专项统计制度一样，各相关部门之间应加强沟通，做到信息共享。从提高贫困人口信息数据源的准确性入手，最终保证金融

精准扶贫统计数据的准确、真实与完整。

（二） 建立扶贫金融专项评估机制，增强金融扶贫政策的稳定性

1. 健全精准扶贫考评机制

精准扶贫考核的难题不仅在于制度设计方面，也存在于具体实施方面，主要表现为考评存在失真现象。构建科学化、制度化的考核体制是健全精准扶贫考核机制的前提，也是规范扶贫人员行为的刚性约束。可以从两点来加以考虑：一要提高扶贫工作实效在地区经济社会发展政绩考核中的比重，赋予其足以影响地区领导干部政绩考核的权重。二要创新地区间发展实绩评比的评价方法，通过因地制宜制定区别性政绩考核指标，对贫困地区和非贫困地区以不同的考核指标来比较各地区间的发展实绩。

2. 创新精准扶贫评估机制

一是创新精准扶贫结项评估机制。尝试从“国家—省级—地方”三个层面来设立专门独立的扶贫项目检测评估机构，形成统一而又特殊的扶贫项目评估制度和方法。二是创新精准扶贫资金专项评估机制。设立制度性、专业性的扶贫资金督查机构，加强对扶贫项目资金使用动向的监测评估，将专项扶贫资金的使用情况纳入正规管控，防止资金被挪用、滥用等现象的发生。

3. 完善扶贫绩效反馈机制

扶贫各主体或部门间存在的信息不对称问题造成扶贫项目在传递、接收环节中容易出现寻租和效率低等问题。因此，扶贫项目信息的及时反馈是十分必要的。首先，加强扶贫评估组织与评估对象及相关组织之间的沟通，将扶贫绩效评估建立在对评估对象充分了解的基础之上。其次，建立扶贫部门间的信息共享机制，并以此为依托，建立涵盖贫困识别信息、扶贫决策信息、扶贫资金预算分配信息、扶贫项目管理监督信息、扶贫成效监测信息等综合性的扶贫信息系统，并形成定期报告反馈给考评主体。强化扶贫考核结果奖励与问责。有功必奖，有失必责。考核能否起到预期的激励作用，主要外化于扶贫干部的扶贫行为是否规

范。只有将考核结果运用为扶贫干部晋升和奖惩的重要依据，贫困县考核机制才能真正发挥其预设效果，这也是实现贫困地区的地方政府治理体系和治理能力现代化的重要方法。

（三）开展金融精准扶贫评估试点，增强金融扶贫政策的精准性

党中央高度重视扶贫开发工作，做好金融扶贫是金融系统的重要责任，也是金融服务补短板的重要方面。中央扶贫开发工作会议以来，人民银行认真落实中央关于扶贫开发的重要精神，在组织发动、政策设计、推动落实等方面做了大量工作。各金融机构积极响应，不断加大支持力度，创新金融产品和服务模式，金融扶贫工作进展顺利，金融扶贫贷款明显增长，成效显著。

按照习近平总书记的要求，增强金融扶贫政策的精准性必须围绕以下六个方面着力。第一，扶贫对象精准。为确保扶贫对象的真实性，精准扶贫工作要求挨家挨户调查贫困情况并为贫困户建档立卡，以提高贫困识别的精准性。第二，项目安排精准。精准扶贫要求把好的扶贫项目优先向特困地区倾斜，同时还要求增大对扶贫项目的监管力度以确保项目安排的精准性。第三，资金使用精准。要保持扶贫项目得到贯彻实施就要有相应的资金扶持。要保障精准扶贫的有效性就要提高扶贫资金的使用效率。第四，措施到户精准。根据每一贫困户的具体贫困实际，逐户制定具体的帮扶方案，实施“一对一”结对帮扶措施，促进扶贫措施能够到户到人。第五，因村派人精准。首先，精准“选好”驻村书记和干部。要扩大“第一书记”和驻村干部的选派范围，从国家的党政、企事业单位等部门来选派。其次，精准“配强”驻村书记和干部。在对帮扶村的贫困原因和贫困程度有细致了解的基础上，精准匹配最优驻村书记和干部。第六，脱贫成效精准。实现脱贫成效的精准，要求在前五个“精准”的基础上保证扶贫成果的真实可靠，并通过建立科学的评估体系来考察扶贫效果。

（四）建立金融扶贫政策调整机制，增强金融扶贫政策的灵活性

流动性是农村政策性金融扶贫资金最重要最基本的原则，从风险而言，没有资金的流动性就没有投入的绩效。我国农村政策性金融扶贫资金的流动性，反映在资金的导入、管理使用和退出三个环节上。从循环的角度看，退出环节尤为重要，但往往被忽视，导致许多项目资金有去无回，扶贫绩效低下。建立农村政策金融扶贫资金的退出机制，关键在于加强对扶贫资金的管理和使用。农村政策性金融扶贫资金的退出是指有偿使用的扶贫资金在使用期完成以后，能够安全有效地返还到原导入机构，由导入机构根据情况再行配置和导入，循环往复，直至资金全部退出。

一是要加强立法，建立农村政策性金融扶贫资金的预算制度。从农村政策性金融扶贫资金的导入、管理使用及退出的情况看，各个环节都存在一些问题，特别是各种规章制度难以落实，人为因素较重，责任不清。这就使农村政策性金融资金的使用长期处于高成本、高风险的运行状况中，因此，建议由政府、金融机构以法规的形式，固定资金导入、运行、退出的基本程序，确定参与人员的权责关系，以法规制度代替行政管理，以经济债权代替人情、人为关系。二是要建立“委托—代理”责任制，统一管理，统一使用。建立统一的资金运营组织，把来源于不同渠道的扶贫资金，统一集中起来，实行基金会管理体制，使农村政策性金融的功能和作用更好地发挥。鉴于在扶贫资金的管理过程中存在信息不对称和非契约管理问题，建议在县一级建立扶贫基金会，取消中间管理层次，中央、省财政直接到县进行管理，使初始委托人和最终代理人直接见面，严格按照“委托—代理”模式建立规范的契约关系。

（五）强化金融扶贫评估结果应用，增强金融扶贫政策的导向性

1. 建立金融扶贫上下联动协调机制

各地要成立扶贫攻坚领导小组，统一加强对所在区域金融扶贫开发

工作的指导、协调、督促、检查和考核评价工作，同时，建立金融扶贫联席会议制度，定期协调指导和统筹推进全面精准扶贫工作。通过逐级建立扶贫开发目标责任制，组织制定脱贫规划和产业发展规划，为金融支持扶贫开发工作的考核管理提供制度保障。

2. 建立金融扶贫监测通报督导和奖励机制

督促引导金融机构积极参与精准脱贫攻坚计划，引导金融资源向贫困地区聚集。以金融扶贫结果为导向的考核激励机制，主要考核金融扶贫贷款的发放规模和扶贫开发成效，并强化考核结果运用，奖优惩劣。一方面，按照金融机构每年投入金融扶贫事业的信贷总量和增量情况，拿出专项资金进行奖励，并直接将考核结果与财政扶贫资金的存放和账户开设挂钩，鼓励金融机构加大扶贫信贷投放力度；另一方面，将考核结果作为人民银行实施支农再贷款政策倾斜和差别准备金动态调整的重要依据。对于金融扶贫工作行动迟缓、工作不力、措施不当的金融机构进行通报批评，并追究相关人员责任。同时，加强金融扶贫考核在干部管理中的运用。

3. 构建金融扶贫政策配套机制

扶贫开发工作涉及面广、综合性强，仅单独依靠金融政策，很难发挥实际效应。因此，要切实加强政府部门、金融机构与贫困村的联系和沟通，理顺各部门在扶贫开发中的角色和职责，形成扶贫合力。要动员全社会力量，发挥各部门优势，运用好财政政策、税收政策、金融政策、土地政策、生态补偿政策、科技扶持等政策，加大财政、税收、投资、产业、人才、生态补偿等配套政策支持，完善保障体系，发挥政策合力，提高扶贫开发整体效能。

4. 构建金融扶贫激励补偿机制

在市场经济条件下，推进金融扶贫政策高效落地，不仅需要优质的金融生态环境、完善的金融配套设施，更需要推进税收减免、贷款增量奖励、金融创新奖励、定向费用补贴、设立风险补偿基金等政策，调动金融扶贫的主动性和能动性，撬动和引导金融资源流向贫困地区。因此，要进一步健全考核机制，将扶贫成效与业绩考核结合起来。一是建议将扶贫内容作为贫困地区地方党政一把手考核的重要内容。二是注重扶贫项目的效益评估。立项前多调研，了解贫困户的真实需要；集中使用扶贫资金，防止资金过于分散“撒胡椒面”；注重扶贫“造血”功能，尽量避免直接给贫困户扶贫羊或扶贫牛这种“给钱给物”模式；跟踪项目实施情况，做好动态记录，评估实施绩效。三是补贴资金应对公益性、扶贫性项目倾斜，发挥财政补贴资金的公共属性，将公共资金用于民生，服务群众，用到社会最需要的地方。

5. 构建金融扶贫评估考核机制

建立分县市金融扶贫基础数据库，开展扶贫信贷政策导向评估，并由政府建立金融支持扶贫开发考核机制，将专项信贷政策导向评估结果，作为实施优惠再贷款政策、差异化监管政策、财政奖励补贴政策的重要依据，引导和约束金融机构有效落实各项扶贫政策。人民银行要加强对支农再贷款流向、优惠利率政策落实情况和贷款用途的监管；金融监管部门要加大对涉农贷款考核和金融风险监管，确保支农贷款增速高于上年贷款增速，确保不发生区域性风险。

八　促进金融扶贫与重大战略深度融合，拓展金融扶贫政策框架

实践证明，在所有的精准扶贫举措和办法中，金融扶贫最综合、最有效，也最持久。从更广阔的背景和时代发展需要考量，金融介入扶贫攻坚具有全局和战略的多重意义，能够产生多方面的溢出效应。要充分认识打好精准脱贫攻坚战的艰巨性，切实抓好各项政策措施的落实落地，将金融扶贫与地区重大战略深度融合，提升金融扶贫与重大战略之间的联动协同性。

（一）促进金融扶贫融入“三位一体”扶贫大格局，发挥金融的支撑作用

习近平总书记指出：“坚持专项扶贫、行业扶贫、社会扶贫等多方力量、多种举措有机结合和互为支撑的‘三位一体’大扶贫格局。”首先，精准扶贫要求调整工作思路，丰富扶贫内涵。这意味着单靠专项扶贫已经无法适应现在的扶贫情况，行业扶贫和社会扶贫在新阶段起到的

作用愈发明显，在弥补专项扶贫不足方面的作用越来越突出。其次，精准扶贫要求提供政策支持，完善制度保障。传统的扶贫工作重点强调的是专项扶贫，行业扶贫和社会扶贫处于发展较慢的状态，而且缺乏配套的政策支持和制度保障。所以，充分发挥行业扶贫、社会扶贫作用的前提是制定出鼓励性和保障性的扶持政策，建立鼓励和支持行业扶贫、社会扶贫发展的机制。再次，精准扶贫要求发挥专项扶贫、行业扶贫和社会扶贫的比较优势。专项扶贫优势是保障性强，它以国家财政为坚强后盾，在资金筹措、项目推进落实上有切实的保障基础。专项扶贫主要运用于易地搬迁、整村推进、扶贫试点、革命老区建设等扶贫工作。行业扶贫的优势在于针对性和专业性，它从本行业的特点和优势出发，为贫困地区和家庭提供针对性强且专业性高的帮助。行业扶贫主要运用于发展产业、完善基础设施、能源和生态环境建设等。社会扶贫优势是内容丰富并且方式多样，能以物力人力财力援助贫困地区，直接参与扶贫项目，还能参与扶贫成效考核与评估等环节。社会扶贫主要运用于定点扶贫、推进东西部扶贫协作、加强社会组织扶贫参与等扶贫工作。

党的十八届三中全会提出："治理体系现代化的基本要求就是治理主体的多元化，让政府、市场、社会以及公民个人，充分发挥各自的主体功能、共同参与社会治理。"国家治理的变革要求改变单一的扶贫格局，迫切需要建构起现代化国家扶贫体系。因此，要形成政府、市场、社会多元主体协同推动的扶贫局面。政府是扶贫的主导力量，各级党政干部是连接国家政策与贫困地区、贫困户之间的桥梁，各项扶贫政策、扶贫资源都要通过扶贫干部来落实。在以政府为主导的同时，市场和社会力量也成为精准扶贫的重要推进力量。发挥好市场作用，要求在扶贫领域引入市场力量方面多做一些尝试，积极探索"义"与"利"、慈善与商业目标的兼顾统一；发挥好市场作用，要求让扶贫项目的参与者和贫困群众都从中受益。

（二）做好金融扶贫与乡村振兴战略的有效对接，提升贫困地区发展活力

实施乡村振兴战略是习近平总书记代表党和国家在十九大报告中做出的重要决策部署，顺应了亿万农民对美好生活的向往，也为我国实现

全面建成小康社会的奋斗目标指明了航向。金融精准扶贫作为我国扶贫开发战略布局的重要组成部分，不仅是赢得脱贫攻坚战的有力支撑，更是乡村振兴战略实施的坚实基础和必要前提。乡村振兴，摆脱贫困是前提。必须坚持精准扶贫、精准脱贫，把提高脱贫质量放在首位，既不降低扶贫标准，也不吊高胃口，采取更加有力的举措、更加集中的支持、更加精细的工作，坚决打好精准脱贫这场对全面建成小康社会具有决定性意义的攻坚战。

1. 瞄准贫困人口精准帮扶

对有劳动能力的贫困人口，强化产业和就业扶持，着力做好产销衔接、劳务对接，实现稳定脱贫。有序推进易地扶贫搬迁，让搬迁群众搬得出、稳得住、能致富。对完全或部分丧失劳动能力的特殊贫困人口，综合实施保障性扶贫政策，确保病有所医、残有所助、生活有兜底。做好农村最低生活保障工作的动态化、精细化管理，把符合条件的贫困人口全部纳入保障范围。

2. 聚焦深度贫困地区集中发力

全面改善贫困地区生产生活条件，确保实现贫困地区基本公共服务主要指标接近全国平均水平。以解决突出制约问题为重点，以重大扶贫工程和到村到户帮扶为抓手，加大政策倾斜和扶贫资金整合力度，着力改善深度贫困地区发展条件，增强贫困农户发展能力，重点攻克深度贫困地区脱贫任务。新增脱贫攻坚资金项目主要投向深度贫困地区，增加金融投入对深度贫困地区的支持，新增建设用地指标优先保障深度贫困地区发展用地需要。

3. 强化脱贫攻坚责任和监督

坚持中央统筹、省负总责、市县抓落实的工作机制，强化党政一把手负总责的责任制。强化县级党委作为全县脱贫攻坚总指挥部的关键作用，脱贫攻坚期内贫困县县级党政正职要保持稳定。开展扶贫领域腐败和作风问题专项治理，切实加强扶贫资金管理，对挪用和贪污扶贫款项的行为严惩不贷。科学确定脱贫摘帽时间，对弄虚作假、搞数字脱贫的进行严肃查处。完善扶贫督查巡查、考核评估办法，除党中央、国务院统一部署外，各部门一律不准再组织其他检查考评。严格控制各地开展增加一线扶贫干部负担的各类检查考评，切实给基层减轻工作负担。关心爱护战斗在扶贫第一线的基层干部，制定激励政策，为他们工作生活排忧解难，保护和调动他们的工作积极性。做好实施乡村振兴战略与打好精准脱贫攻坚战的有机衔接。制定《坚决打好精准脱贫攻坚战三年行动指导意见》。

（三）金融扶贫与“扶智、扶志、扶技”相结合，提升贫困人口内生动力

随着扶贫工作深入推进，各地扶贫成果逐步显现，不少贫困户口袋鼓了起来，生活条件明显改善。然而，一些贫困群众人虽富了，但却缺斗志、没想法、少技能，精神依旧贫瘠，成为制约全面建成小康社会的短板。“拔穷根、改穷相、换穷貌”，扶贫是一场来不得半点含糊的硬仗。然而，“穷根”不单在口袋更在脑袋，拔不掉思想上的穷根，就树不起致富奔小康的自信，还随时可能返贫。在脱贫已取得一定成绩的今天，扶志、扶智、扶能，让贫困群众的脑袋富起来尤为重要。精准扶贫关键在于“授人以渔”，“授人以渔”重在扶智和扶志。

1. 精准扶贫要扶智

习近平总书记根据自身多年的扶贫经验和扶贫考察认识到，与其不断为贫困对象“输血”，不如增强其“造血”功能，提高贫困户自我脱贫的能力。正是基于这种认识，他多次强调扶贫工作要抓住“扶智”这个关键，努力提高扶贫对象的科学文化素质，重点培养贫困对象的谋生技能和生存能力。贫困，从表面上看固然是物质资源的匮乏，但背后是知识和技能的欠缺。因此治贫必须治愚，要抓好贫困地区下一代的教育工作，让贫困家庭的孩子接受良好教育是阻断贫困代际传递的根本途径。

2. 精准扶贫要扶志

有些贫困农民领到扶贫金后没有用于正规的发展用途，而是用于吃喝玩乐；还有一些地区存在争戴贫困帽的怪象，个别县甚至在网站上发布出被确定为国家级贫困县的“特大喜讯”。这些现象都是精神贫困外化的突出表现，若不改变此类精神上的贫困，不改变“帮扶就是帮钱、

帮物”的思想，就无法从根源上脱贫。扶志有两方面的内涵：一方面，要充满脱贫致富的信心，有志气脱贫，就没有战胜不了的困难。另一方面，扶志不只是要有与贫困斗争的志气，还要解放思想，扶头脑中的志，从思想上淡化贫困意识。

3. 精准扶贫要扶技

加强贫困人口的职业技能培训，使其掌握某一专门技能就是“授之以渔”。一是实施教育脱贫，兴办农民夜校。二是参加各类技术培训班。三是通过互联网平台，帮助贫困户添加苹果种植通、农业科技延安频道、农村创业致富网、大棚管家等微信公众号，增加贫困户致富途径。

（四）金融扶贫与绿色发展战略相结合，破解贫困地区“绿色贫困”悖论

随着中国特色社会主义进入新时代，在新发展理念的引领下，我国政策目标体系中环境保护的重要性显著提升，环境大保护比经济大开发更具政策次序上的优先性：既要金山银山，又要绿水青山；宁要绿水青山，不要金山银山。在实践中，不仅有众多具体案例可以表明环境保护、精准扶贫和经济增长之间的相容性，而且从统计数据也可以看到，一些人均收入水平较低的地区近年来已成为经济增长较快的地区，而且这些地区深刻吸取其他地区的经验教训，非常注重高标准环保，更好体现了“绿水青山就是金山银山”的地区优势。总之，中国丰富的实践表明：只要政策得当、措施到位，环境保护、精准扶贫和经济增长就能形成相互有效助推和激励相容的关系。其中的关键是必须由创新来引领，靠创新驱动使三者形成良性互动关系。要真正实现环境保护、精准扶贫和经济增长互促共进，需要进行创造性的制度设计和政策安排，形成具有激励效应的体制机制，通俗地说就是“要把激励搞对”。只有在制度设计和政策安排上搞对激励方向，才能形成创新驱动局面，环境保护、精准扶贫和经济增长才能实现目标相容和行为相容。这样，鼓励环保、支持脱贫同促进经济增长的努力就能相互协调和方向一致，汇合成为跨越“中等收入陷阱”的强大力量。

第一，国家层面要解决好“法制建设、配套政策、有效监管”三

个根本问题。完善的法制体系、成熟的配套政策和有效的监管是促进绿色金融健康发展的根本保证。在法制建设方面，应借鉴“赤道原则”，健全和完善包括绿色金融基本法律制度、绿色金融业务实施制度、绿色金融监管制度在内的绿色金融法律体系。完善绿色金融基本法律制度应始终遵循公平原则、生态秩序原则和效率原则，提高针对性和可操作性。第二，地方政府要充分落实现有绿色金融政策，促进绿色金融市场体系建立和完善。第三，金融机构要强化绿色金融发展理念，建立健全信息沟通机制，积极开展绿色金融产品和服务创新。各类金融机构在未来较长一段时期内应成为我国绿色金融发展的主力军，因此，必须促进金融机构提升绿色金融能力。第四，建立健全与环保部门的信息沟通机制，以便及时交流企业环保信息，将环保审批、环保认证、清洁生产审计、环境违法以及环境行为评价结果等信息纳入金融部门征信系统，避免在发展绿色金融过程中由于信息不对称而导致的各类问题的出现。

（五）把握“后脱贫时代”对金融扶贫的新要求，提前谋划布局做好政策储备

脱贫攻坚首战有望告捷，那么是不是就可以松口气、歇歇脚了呢？答案显然是否定的。推进新一轮扶贫开发任务依然艰巨、责任更加重大、意义更为深远，不仅要努力做到“一个都不能少、一户都不能落”，而且还要关注脱贫后产业发展、项目整合、医疗教育等可持续发展问题。

精准脱贫是一个阶段性目标，是相对静态的，即使我们如期实现“脱贫不落一人”的目标，也不代表扶贫开发就此结束。即使到扶贫攻坚后期，也还会有部分脱贫人口重新返贫，还会有一些因为代际传递和其他原因新增的贫困人口，因此，必须以发展的、动态的眼光看待贫困问题，既要立足当前，矢志不移，从阶段性年度目标任务抓起，拿出精准扶贫的硬措施，确保建档立卡贫困人口全部脱贫销号，又要着眼长远，驰而不息，在治本上下功夫，着力解决脱贫的脆弱性问题，斩断贫困之根，确保扶贫效果的长期性和可持续性。

（一）加大扶持引导力度

管好用好扶贫再贷款，支持金融机构使用扶贫再贷款资金，加大扶贫贷款发放力度，优先支持带动贫困户发展的企业和建档立卡贫困户，进一步提高扶贫再贷款使用效率。实施好差别化的存款准备金率政策，对于贫困地区符合条件的农业银行“三农金融事业部”和县域法人金融机构执行优惠存款准备金率。加强对易地扶贫搬迁贷款的专项检查，督促国开行、农发行加强贷款申报审批，及时拨付贷款资金，务实高效做好易地扶贫搬迁信贷投放及配套金融服务。支持贫困地区法人金融机构通过合格审慎评估，成为全国市场利率定价自律机制基础成员，提高市场融资能力和利率定价水平。开展金融精准扶贫政策效果评估工作，加大评估结果运用力度，建立评估结果与宏观审慎、金融监管、风险补偿等政策措施挂钩机制，切实发挥评估工作对于进一步改进精准扶贫金融服务的积极作用。

（二）推动金融精准扶贫

积极开展金融扶贫示范区创建活动，探索金融精准扶贫新模式，切实发挥示范引领作用。根据当地产业实际和扶贫对象特点，按照“精准扶贫、精准脱贫”要求，积极支持有意愿的贫困户获得小额贷款。引导贫困户正确认识扶贫贷款的作用，将信贷资金用于发展生产。将带动贫困户就业情况作为金融支持扶贫产业和项目的重要标准，对于带动效果明显的企业，给予更大的金融支持和优惠。发挥金融精准扶贫信息系统和金融精准扶贫贷款专项统计制度的作用，确保金融精准扶贫数据准确完整，为评估金融扶贫工作成效、改进金融扶贫服务提供数据支撑。金融机构要平衡好商业利益和社会责任的关系，积极发展普惠金融，加大金融产品和模式创新力度，根据不同地区、不同贫困户的实际情况，提供差异化、精准化的金融服务，更好地发挥金融在扶贫攻坚中的重要作用。

（三）完善协调合作机制

发挥财政资金杠杆作用，通过建立风险补偿基金、担保基金等多种方式，鼓励金融机构加大信贷投放，提高金融机构的积极性。建立基金的持续补充机制，将新增基金列入财政预算，以基金的持续增加带动信贷资金的持续投入。进一步加强扶贫信息共享力度，及时将每年安排的扶贫项目以及动态更新的建档立卡户提供给金融机构，便于金融机构及早对接，提供支持。针对贫困户脱贫可能出现反复的情况，一方面要保持政策的连续性，给予金融机构和贫困户稳定的政策预期，提升互信水平，促进双方建立长期稳定的合作关系；另一方面要注意扶贫政策与支农政策的有效衔接，扶上马、送一程，使得贫困户脱贫之后也能够持续得到有效金融服务。这不仅有助于增强贫困户脱贫的稳定性，也有助于防范贫困户的道德风险。

（四）加强基础金融服务

继续优化贫困地区支付环境，加强支付基础设施建设，大力推广电子银行业务，提升贫困地区支付服务水平。协调建立补贴机制，提高助农取款服务点积极性，探索推进贫困地区的助农取款服务点和电商服务点的融合发展。加强贫困地区金融消费者教育和知识普及，瞄准建档立卡贫困户，普及金融知识，提升金融素养，保护合法权益。深入推进农村信用体系建设，积极培育农户信用意识，加强建档立卡贫困户信用信息征集，完善差异化信用评级和授信管理，帮助贫困户获得更多金融支持。加强金融扶贫宣传，及时总结金融扶贫取得成效，梳理金融扶贫有效模式并加大推广力度，增强做好金融扶贫的信心，推动金融扶贫取得更大成效。

参考文献

1. 赫希曼、曹征海：《经济发展战略》，经济科学出版社，1992。

2. 周双、刘鹏：《我国贫困地区金融精准扶贫创新研究》，《上海金融》2017 年第 1 期。

3. 银锐：《关于我国开发式扶贫问题的思考》，《成都大学学报》（社会科学版）2007 年第 3 期。

4. 王小强、白南风：《富饶的贫困》，四川人民出版社，1986。

5. 洪朝辉：《论中国城市社会权利的贫困》，《江苏社会科学》2003 年第 2 期。

6. 骆伽利、蔡洋萍：《我国农村金融机构扶贫现状及影响因素分析》，《科学与管理》2017 年第 37 期。

7. 龚霖丹、刘相龙、骆劲颖：《银行精准扶贫效率评价及影响因素研究——以福建南平为例》，《金融监管研究》2017 年第 1 期。

8. 祝树民：《政策性金融扶贫的引领作用》，《中国金融》2016 年第 4 期。

9. 王继晖、韩涌泉：《信用贷款担保基金扶贫模式》，《中国金融》2015 年第 3 期。

10. 王一飞：《拓展金融扶贫空间问题初探》，《武汉金融》2016 年第 1 期。

11. 唐任伍：《习近平精准扶贫思想阐释》，《人民论坛》2015 年第 30 期。

12. 荀国龙、铁雪玲：《贫困地区农民急盼金融服务》，《时代金融》2008 年第 11 期。

13. 姚承斌：《孟加拉国与印尼缓解贫困模式比较——以小额信贷

为例》，《武汉金融》2009 年第 6 期。

14. 梁山：《对农户小额信贷需求、安全性、营利性和信用状况的实证研究》，《金融研究》2003 年第 6 期。

15. 石俊志：《小额信贷发展模式的国际比较及其对我国的启示》，《国际金融研究》2007 年第 10 期。

16. 陶诚、耿光颖、周浩：《安徽省金融扶贫效果实证研究——基于空间动态面板模型》，《金融纵横》2017 年第 4 期。

17. 张岱：《党的十八大以来中国健全现代金融体系的理论与实践探索》，河北师范大学博士学位论文，2018。

18. 中国银行西藏自治区分行课题组：《普惠金融现状分析及商业银行发展策略思考》，《国际金融》2018 年第 2 期。

19. 杨序琴：《对贵州发展普惠金融的思考》，《贵州农村金融》2012 年第 4 期。

20. 陆炳静：《普惠金融发展对农户信贷获得和偏好的影响分析——基于家庭微观数据的实证检验》，《现代金融》2018 年第 7 期。

21. 马宝成：《我国脱贫攻坚战取得了哪些历史性成就》，《人民论坛》2018 年第 4 期。

22. 徐一丁：《奋力谱写新时代政策性金融扶贫新篇章》，《农业发展与金融》2017 年第 2 期。

23. 李影：《绿色发展正当其时　金融业大有可为》，《中国林业产业》，2017 年第 11 期。

24. 姜建清：《全球金融业的发展正处于战略“迷茫期”》，《商业观察》，2017 年第 8 期。

25. 李怡佳：《德国绿色金融实践及对中国的启示——以德国复兴信贷银行为例》，《西部金融》2017 年第 7 期。

26. 郭民乐：《经济伦理视域下我国“互联网 +”普惠金融发展研究》，福建师范大学硕士学位论文，2017。

27. 纪盛：《国际视角下银行发展绿色金融的对策》，《银行家》2016 年第 11 期。

28. 朱玉华、陈祯如：《基于动因分析的我国金融创新机制研究》，

《东方企业文化》2011 年第 8 期。

29. 史梦琪：《浅谈我国商业银行金融业务创新》，《中国市场》2010 年第 52 期。

30. 黄国勤：《中国扶贫开发的历程、成就、问题及对策》，《中国井冈山干部学院学报》2018 年第 3 期。

31. 雷明：《论习近平扶贫攻坚战略思想》，《南京农业大学学报》（社会科学版）2018 年第 1 期。

32. 蔡晓良、谢强、陈宝国：《习近平新时代精准扶贫思想研究》，《广西社会科学》2017 年第 12 期。

33. 习近平：《在深度贫困地区脱贫攻坚座谈会上的讲话》，《人民日报》，2017 年 9 月 1 日第 2 版。

34. 国务院：《“十三五”脱贫攻坚规划》，《人民日报》2016 年 12 月 3 日第 1 版。

35. 谢晶晶：《金融扶贫重在精准》，《金融时报》2015 年 11 月 19 日第 9 版。

36. 姚杰：《实现金融扶贫效益最大化的思考》，《湖南日报》2014 年 9 月 18 日第 10 版。

37. 尤圣光：《普惠金融与精准扶贫的研究》，《当代经济》2016 年第 5 期。

38. 朱文、刘尔思：《农村政策性扶贫金融资金风险成因分析》，《云南财贸学院学报》（经济管理版）2001 年第 6 期，第 4 ~6 页。

39. 陈学彬：《金融学》，高等教育出版社，2012 年。

40. 李含琳：《加强对农村金融扶贫的风险防范工作迫在眉睫》，《甘肃金融》2017 年第 7 期。

41. 徐诺金：金融扶贫“卢氏模式”实践及借鉴，《金融时报》2018 年 3 月 9 日第 10 版。

42. 全臻等：《特惠金融扶贫信贷的风险控制》，《湖湘论坛》2016 年第 2 期。

43. 王晓明：《金融扶贫应坚持“造血式”脱贫》，《中国经营报》2016 年 12 月 26 日 B02 版。

44. 王宇：《金融扶贫：国际经验与中国实践》，《金融理论与实践》2018 年第 2 期。

45. 尹志超、甘犁：《信息不对称、企业异质性与信贷风险》，《经济研究》2011 年第 9 期。

46. 王勇：《金融扶贫“卢氏模式”值得推广》，《上海金融报》2017 年 11 月 21 日 A07 版。

47. 李莹星：《小额信贷能改善穷人福利吗？——微观影响评估研究综述》，《农业经济问题》（月刊）2015 年第 10 期。

48. 徐诺金：《金融扶贫“卢氏模式”实践及借鉴》，《金融时报》2018 年 3 月 19 日第 10 版。

49. 徐虹、王彩彩：《乡村振兴战略下对精准扶贫的再思考》，《农村经济》2018 年第 3 期。

50. 河南金融扶贫专题调研组：《金融扶贫“卢氏模式”的调查与思考》，《河南日报》2017 年 11 月 16 日第 5 版。

51. 黎智俊：《金融扶贫效率评估指标体系构建与应用———以青海果洛藏族自治州为例》，《西部金融》，2017 年第 2 期。

52. 习近平：《在深度贫困地区脱贫攻坚座谈会上的讲话》，《人民日报》2017 年 9 月 1 日第 2 版。

53. 赵铁军：《金融扶贫“卢氏模式”的调查与思考》，《河南日报》2017 年 11 月 16 日第 5 版。

54. 金娟、包忠荣：《民族地区金融精准扶贫的困境与法律保障制度完善》，《时代金融》2018 年第 5 期。

55. 刘旭、胡艳芳：《基于金融扶贫视角的河北省农村信用体系建设研究：现状、困境及路径》，《河北金融》2017 年第 2 期。

56. 温涛、王汉杰、王小华、韩佳丽：《“一带一路”沿线国家的金融扶贫：模式比较、经验共享与中国选择》，《农业经济问题》2018 年第 5 期。

57. 王鸾凤、朱小梅、吴秋实：《农村金融扶贫的困境与对策——以湖北省为例》，《国家行政学院学报》2012 年第 6 期。

58. 甘团粒、欧文忠：《甘肃庄浪县金融支持精准扶贫精准脱贫的现状与思考》，《山西财经大学学报》2016 年 11 月第 38 卷第 S2 期。

59. 杜晓山等编著：《小额信贷发展概况国际研究》，中国财政经济出版社，2012 年。

60. 郑屹：《国内外金融精准扶贫模式比较研究》，《长春金融高等专科学校学报》2017 年第 1 期。

61. 胡蓉：《国际绿色小额信贷的发展经验以及对我国的启示》，《中国证券期货》2013 年第 3 期。

62. 巫秀凤：《国内外金融精准扶贫模式研究及建议》，《西部金融》2017 年第 11 期。

63. 张胜荣：《金融支持陕西省深度贫困地区发展的实践与思考》，《甘肃金融》2017 年第 12 期。

64. 周双、刘鹏：《我国贫困地区金融精准扶贫创新研究》，《上海金融》2017 年第 1 期。

65. 黄英君、胡国生：《金融扶贫、行为心理与区域性贫困陷阱——精准识别视角下的扶贫机制设置》，《西南民族大学学报》（人文社科版）2017 年第 2 期。

66. 李雪萍、陈艾：《社会治理视域下的贫困治理》，《贵州社会科学》2016 年第 4 期。

67. 中国人民银行海口中心支行课题组：《海南省金融助推深度贫困地区脱贫路径探析》，《海南金融》2018 年第 10 期。

68. 梁丽丽：《银保合作推进金融扶贫协同机制创新的探索》，《北方经贸》2016 年第 12 期。

69. 习近平：《习近平谈治国理政》（第二卷），外文出版社，2017 年。

70. 习近平：《决胜全面建成小康社会　夺取新时代中国特色社会主义伟大胜利——在中国共产党第十九次全国代表大会上的报告》，人民出版社，2017 年。

71. 张璞：《金融扶贫的发展理念、政策措施及展望》，《财经界》（学术版）2018 年第 17 期。

72. 武舜臣等著：《市场化金融扶贫：精准扶贫下的机遇与挑战》，

《山西农业大学学报》（社会科学版）2018 年第 17 期。

73. 殷凯：《农村金融生态发展的供给侧改革初探——以河南省为例》，《金融经济》2016 年第 20 期。

74. Meier G M, Stiglitz J E. *Frontiers of development economics: the future in perspective.* [J] . World Bank Publications, 2000, 34 (100): 965 – 968.

75. Nurkse R. *Problems of capital formation in underdeveloped countries* [M] . Basil Blackwell, 1953.

76. Schultz T W. *Restablecimiento del equilibrio económico: los recursos humanos en una economía en proceso de modernización* [J] . Gedisa, 1992.

77. Jalilian H, Kirkpatrick C. *Financial development and poverty reduction in developing countries* [J] . International Journal of Finance & Economics, 2002, 7 (2): 97 – 108.

78. Honohan P. *Financial Sector Policy and the Poor: Selected Findings and Issues* [J] . World Bank Publications, 2004 (43): 1 – 77 (77) .

79. Canavire Bacarreza G J, Rioja F K. *Financial Development and the Distribution of Income in Latin America and the Caribbean* [J] . Social Science Electronic Publishing, 2008, 30 (5): 489 – 505.

80. Greenwood J, Jovanovic B. *Financial Development, Growth, and the Distribution of Income* [J] . Journal of Political Economy, 1990, 98 (5): 1076 – 1107.

81. Aghion P, Bolton P. *A Theory of Trickle – Down Growth and Development* [J] . Review of Economic Studies, 1997, 64 (2): 151 – 172.

82. Boatright J R. *Ethics in Finance* [J] . Finance Ethics Critical Issues in Theory & Practice, 1999 (1): 71 – 96.

83. Ben Naceur S, Zhang R X. *Financial Development, Inequality and Poverty: Some International Evidence* [J] . Imf Working Papers, 2016, 16 (32): 1.

12. Hossein Jalilian, Colin Kirkpatrick. *Does Financial Development Contribute to Poverty Reduction?* [J] . Journal of Development Studies, 2005, 41

(4): 636 - 656.

84. Feder G, Lau L J, Lin J Y, et al. *The Relationship between Credit and Productivity in Chinese Agriculture: A Microeconomic Model of Disequilibrium* [J] . American Journal of Agricultural Economics, 1990, 72 (5): 1151 - 1157.

85. *Mohita Khamar*, *Global Outreach & Financial Performance Benchmark Report*, MIX Market, 2016.

86. Banco Central Do Brasil. National Partnership for Financial Inclusion, Action Plan to Strengthen the Institutional Environment, May 2012.

87. Sustainable Development Goals: What are the Stakes for Microfinance? Microfinance Barometer, 2016.

88. *Is Microfinance still working*? Microfinance Barometer, 2017.

89. International Finance Corporation, World Bank Group. Financial Inclusion in the Digital Age, March, 2018.

附件1　中国人民银行　银监会　证监会　保监会《关于金融支持深度贫困地区脱贫攻坚的意见》

银发〔2017〕286号

为深入贯彻落实党的十九大、深度贫困地区脱贫攻坚座谈会和《中共中央办公厅 国务院办公厅印发〈关于支持深度贫困地区脱贫攻坚的实施意见〉的通知》（厅字〔2017〕41号）精神，集中力量、集中资源，创新金融扶贫体制机制，着力做好深度贫困地区金融服务，现提出如下意见。

一、强化责任、提升站位，金融扶贫资源要更加聚焦深度贫困地区。攻克深度贫困堡垒，是打赢脱贫攻坚战必须完成的任务。做好金融助推深度贫困地区脱贫攻坚工作，是金融系统义不容辞的责任。金融部门要坚持新增金融资金优先满足深度贫困地区、新增金融服务优先布设深度贫困地区，加大对建档立卡贫困户和扶贫产业项目、贫困村提升工程、基础设施建设、基本公共服务等重点领域的支持力度，着力增强深度贫困地区自我发展能力，为深度贫困地区打赢脱贫攻坚战提供重要支撑。

二、综合运用货币政策工具，引导金融机构扩大深度贫困地区信贷投放。加强深度贫困地区扶贫再贷款管理，加大对深度贫困地区的扶贫再贷款倾斜力度，到2020年，力争每年深度贫困地区扶贫再贷款占所在省（区、市）的比重高于上年同期水平。引导金融机构加强系统内信贷资源调剂，加大对深度贫困地区的支持力度。2020年以前，深度贫困地区贷款增速力争每年高于所在省（区、市）贷款平均增速。

三、改进完善差别化信贷管理，更好满足深度贫困地区群众合理融资需求。各银行业金融机构要合理调配信贷资源，优化调整内部授权与绩效考核，适当延长贷款期限，综合确定贷款额度。脱贫攻坚期内，对于精准扶贫贷款，在风险可控的前提下，稳妥办理无还本续贷业务，区别对待逾期和不良贷款。对深度贫困地区发放的精准扶贫贷款，实行差异化的贷款利率。规范发展扶贫小额信贷，着力支持深度贫困地区符合条件的建档立卡贫困户发展生产。在深度贫困地区，适度提高创业担保贷款贴息额度、取消反担保要求。加大国家助学贷款实施力度，支持更多家庭困难学生入学。延长民贸民品优惠利率贷款期限，因地制宜支持民贸民品企业发展，保障少数民族群众生产生活的特殊需求。建立带动建档立卡贫困人口脱贫的挂钩机制，加大对产业扶贫的金融支持力度。对存在不良信用记录的扶贫对象，要通过深入分析金融精准扶贫信息系统和金融机构记录，查找不良信用记录形成原因，开展信用救助，有针对性地帮助其重建良好信用。

四、加强资金筹集使用管理，全力做好深度贫困地区易地扶贫搬迁金融服务。国家开发银行、农业发展银行要根据深度贫困地区搬迁工作进度和资金需求，合理安排易地扶贫搬迁专项金融债券发行时机，筹集信贷资金，确保支持对象精准、贷款资金专款专用，坚决避免资金闲置挪用和因贷款原因影响搬迁进度，人民银行相关分支机构要加强动态监测和监督检查。各银行业金融机构要做好贫困人口安置综合金融服务，支持安置区贫困人口就近就地生产生活。

五、发挥资本市场作用，拓宽深度贫困地区直接融资渠道。对深度贫困地区符合条件的企业首次公开发行股票，加快审核进度，适用“即报即审、审过即发”政策。支持深度贫困地区符合条件的企业在全国中小企业股份转让系统挂牌，实行“专人对接、专项审核”，适用“即报即审，审过即挂”政策，减免挂牌初费。对深度贫困地区符合条件的企业发行公司债、资产支持证券的，实行“专人对接、专项审核”，适用

"即报即审"政策。鼓励上市公司支持深度贫困地区的产业发展，支持上市公司对深度贫困地区的企业开展并购重组。对涉及深度贫困地区的上市公司并购重组项目，优先安排加快审核。支持证券经营机构开展专业帮扶，通过组建金融工作站等方式结对帮扶贫困县，提高深度贫困地区利用资本市场促进经济发展的能力。支持深度贫困地区符合条件的企业通过发行短期融资券、中期票据、扶贫票据、社会效应债券等债务融资工具筹集资金，实行会费减半的优惠。

六、创新发展保险产品，提高深度贫困地区保险密度和深度。大力发展商业医疗补充保险、疾病保险、扶贫小额保险、农房保险等保险产品，重点服务深度贫困地区因病、因残致贫的突出困难群体。加大对深度贫困地区建档立卡贫困户投保保费补贴力度，积极发展农业保险，适度降低深度贫困地区保险费率。创新发展农产品价格保险和收入保险，提高深度贫困地区农业风险保障水平。到2020年底，实现深度贫困地区贫困人群医疗补充保险广覆盖，政策性农业保险乡镇全覆盖。

七、优先下沉深度贫困地区金融网点，更加贴近贫困农户需求。金融机构要结合深度贫困地区实际需求，合理优化网点布局，保持现有网点基本稳定并力争有所增加，提升网点覆盖面，积极推动已有金融机构网点服务升级，适度下放管理权限。地方法人金融机构要继续向深度贫困地区乡村下沉营业网点，扩大业务范围。推动加大财政奖补力度，审慎稳妥扩充助农取款点服务功能，进一步推进支付服务进村设点，鼓励深度贫困地区推广网络支付，力争2020年底前实现助农取款服务在深度贫困地区行政村全覆盖，实现"基础金融服务不出村、综合金融服务不出镇"。

八、推进深度贫困地区信用体系建设，加大信用贷款投放力度。全面开展信用乡镇、信用村、信用户创建，到2020年实现深度贫困地区建档立卡贫困户信用体系建设全覆盖。结合深度贫困地区实际，探索开展信用培育有效途径，完善信用评价机制。在风险可控、商业可持续的前提下，大力发展信用贷款业务，提高信用贷款金额，促进深度贫困地区信用贷款保持较快增长。

九、继续发挥经理国库职能，提升深度贫困地区国库服务水平。发挥国库的监测分析作用，配合地方财政部门盘活财政资金存量，提高财政扶贫资金使用效率。拓宽国库直接支付惠农资金种类和范围，完善贫困农户直接补贴机制，保障各类补贴资金安全及时足额发放到位。适时开展国债下乡，为深度贫困地区农户提供安全可靠的投资渠道，提高财产性收入水平。

十、加强深度贫困地区金融生态环境建设，有效防范金融风险。在深度贫困地区优先实施农村金融教育“金惠工程”，2020年以前实现深度贫困地区贫困村金融宣传教育全覆盖。加强对深度贫困地区基层干部的金融知识培训，提升金融风险防范意识和识别能力以及运用金融工具的能力。强化深度贫困地区金融消费者权益保护，严厉打击金融欺诈、非法集资、制售使用假币等非法金融活动，规范金融机构业务行为，净化深度贫困地区金融消费环境。严格扶贫项目贷款审批管理，避免假借扶贫名义违法违规举债融资上其他项目，切实防范金融风险，促进深度贫困地区经济可持续，为贫困群众“真脱贫、脱真贫”提供长远支撑。

十一、优化银行业金融机构监管考核，提升银行业金融机构贷款投放的积极性。适当提高不良贷款容忍度，对深度贫困地区银行业金融机构个人精准扶贫贷款不良率高于自身各项贷款不良率年度目标2个百分点以内的，可以在监管部门监管评价和银行内部考核中给予一定的容忍度。加快完善落实尽职免责制度，明确精准扶贫贷款发放过程中的尽职要求，强化正面引导。

十二、加强财税金融结合，撬动金融资源更多投向深度贫困地区。加强与地方政府部门沟通协调，推动落实好扶贫贷款贴息政策。健全融资风险分担和补偿机制，支持深度贫困地区设立贷款担保基金和风险补偿基金。支持深度贫困地区设立政府性融资担保机构，通过资本注入、风险分担、风险补偿等方式，撬动金融资本和社会资金投入扶贫开发。推动地方落实好支持企业融资税收优惠政策，引导金融机构更好支持深度贫困地区农户、小微企业、个体工商户贷款融资。

十三、完善监测考核评价机制，强化金融精准扶贫政策宣传推广。

充分利用金融精准扶贫信息系统，加强信息对接共享和专项贷款统计，加强对金融精准扶贫服务情况和精准扶贫贷款异常波动情况的监测分析。改进金融精准扶贫效果评估，丰富评估结果运用方式，推动纳入政府综合扶贫工作效果考核体系，并与扶贫再贷款使用、宏观审慎评估、银行间债券管理、金融产品创新等挂钩。充分利用主流媒体和网络媒体广泛宣传金融扶贫政策、金融知识、金融产品和服务及金融扶贫效果，及时总结推广典型金融扶贫模式和经验，形成金融助推深度贫困地区脱贫攻坚的浓厚氛围。

中国人民银行　银监会　证监会　保监会

2017 年 12 月 15 日

附件2 中国人民银行 发展改革委 财政部 银监会 证监会 保监会 扶贫办《关于金融助推脱贫攻坚的实施意见》

银发〔2016〕84号

为贯彻落实《中共中央 国务院关于打赢脱贫攻坚战的决定》(中发〔2015〕34号)和中央扶贫开发工作会议精神，紧紧围绕“精准扶贫、精准脱贫”基本方略，全面改进和提升扶贫金融服务，增强扶贫金融服务的精准性和有效性，现提出如下实施意见。

一 准确把握金融助推脱贫攻坚工作的总体要求

(一) 深入学习领会党中央、国务院精准扶贫、精准脱贫基本方略的深刻内涵，瞄准脱贫攻坚的重点人群和重点任务，精准对接金融需求，精准完善支持措施，精准强化工作质量和效率，扎实创新完善金融服务体制机制和政策措施，坚持精准支持与整体带动结合，坚持金融政策与扶贫政策协调，坚持创新发展与风险防范统筹，以发展普惠金融为根基，全力推动贫困地区金融服务到村到户到人，努力让每一个符合条件的贫困人口都能按需求便捷获得贷款，让每一个需要金融服务的贫困人口都能便捷享受到现代化金融服务，为实现到2020年打赢脱贫攻坚战、全面建成小康社会目标提供有力有效的金融支撑。

二　精准对接脱贫攻坚多元化融资需求

（二）精准对接贫困地区发展规划，找准金融支持的切入点。人民银行分支机构要加强与各地发展改革、扶贫、财政等部门的协调合作和信息共享，及时掌握贫困地区特色产业发展、基础设施和基本公共服务等规划信息。指导金融机构认真梳理精准扶贫项目金融服务需求清单，准确掌握项目安排、投资规模、资金来源、时间进度等信息，为精准支持脱贫攻坚奠定基础。各金融机构要积极对接扶贫部门确定的建档立卡贫困户，深入了解贫困户的基本生产、生活信息和金融服务需求信息，建立包括贫困户家庭基本情况、劳动技能、资产构成、生产生活、就业就学状况、金融需求等内容的精准扶贫金融服务档案，实行"一户一档"。

（三）精准对接特色产业金融服务需求，带动贫困人口脱贫致富。各金融机构要立足贫困地区资源禀赋、产业特色，积极支持能吸收贫困人口就业、带动贫困人口增收的绿色生态种养业、经济林产业、林下经济、森林草原旅游、休闲农业、传统手工业、乡村旅游、农村电商等特色产业发展。有效对接特色农业基地、现代农业示范区、农业产业园区的金融需求，积极开展金融产品和服务方式创新。健全和完善扶贫金融服务主办行制度，支持带动贫困人口致富成效明显的新型农业经营主体。大力发展订单、仓单质押等产业链、供应链金融，稳妥推进试点地区农村承包土地的经营权、农民住房财产权等农村产权融资业务，拓宽抵质押物范围，加大特色产业信贷投入。

（四）精准对接贫困人口就业就学金融服务需求，增强贫困户自我发展能力。鼓励金融机构发放扶贫小额信用贷款，加大对建档立卡贫困户的精准支持。积极采取新型农业经营主体担保、担保公司担保、农户联保等多种增信措施，缓解贫困人口信贷融资缺乏有效抵押担保资产问题。针对贫困户种养殖业的资金需求特点，灵活确定贷款期限，合理确定贷款额度，有针对性改进金融服务质量和效率。管好用好创业担保贷款，支持贫困地区符合条件的就业重点群体和困难人员创业就业。扎实开展助学贷款业务，解决经济困难家庭学生就学资金困难。

（五）精准对接易地扶贫搬迁金融服务需求，支持贫困人口搬得出、稳得住、能致富。支持国家开发银行、农业发展银行通过发行金融债筹措信贷资金，按照保本或微利的原则发放低成本、长期的易地扶贫搬迁贷款，中央财政给予90%的贷款贴息。国家开发银行、农业发展银行要加强信贷管理，简化贷款审批程序，合理确定贷款利率，做好与易地扶贫搬迁项目对接。同时，严格贷款用途，确保贷款支持对象精准、贷款资金专款专用，并定期向人民银行各分支机构报送易地扶贫搬迁贷款发放等情况。开发性、政策性金融与商业性、合作性金融要加强协调配合，加大对安置区贫困人口直接或间接参与后续产业发展的支持。人民银行各分支机构要加强辖内易地扶贫搬迁贷款监测统计和考核评估，指导督促金融机构依法合规发放贷款。

（六）精准对接重点项目和重点地区等领域金融服务需求，夯实贫困地区经济社会发展基础。充分利用信贷、债券、基金、股权投资、融资租赁等多种融资工具，支持贫困地区交通、水利、电力、能源、生态环境建设等基础设施和文化、医疗、卫生等基本公共服务项目建设。创新贷款抵质押方式，支持农村危房改造、人居环境整治、新农村建设等民生工程建设。健全和完善区域信贷政策，在信贷资源配置、金融产品和服务方式创新、信贷管理权限设置等方面，对连片特困地区、革命老区、民族地区、边疆地区给予倾斜。对有稳定还款来源的扶贫项目，在有效防控风险的前提下，国家开发银行、农业发展银行可依法依规发放过桥贷款，有效撬动商业性信贷资金投入。

三　大力推进贫困地区普惠金融发展

（七）深化农村支付服务环境建设，推动支付服务进村入户。加强贫困地区支付基础设施建设，持续推动结算账户、支付工具、支付清算网络的应用，提升贫困地区基本金融服务水平。加强政策扶持，巩固助农取款服务在贫困地区乡村的覆盖面，提高使用率，便利农民足不出村办理取款、转账汇款、代理缴费等基础金融服务，支持贫困地区助农取款服务点与农村电商服务点相互依托建设，促进服务点资源高效利用。鼓励探索利用移动支付、互联网支付等新兴电子支付方式开发贫困地区支付服务市场，填补其基础金融服务空白。在农民工输出省份，支持拓宽农民工银行卡特色服务受理金融机构范围。

（八）加强农村信用体系建设，促进信用与信贷联动。探索农户基础信用信息与建档立卡贫困户信息的共享和对接，完善金融信用信息基础数据库。健全农村基层党组织、“驻村第一书记”、致富带头人、金融机构等多方参与的贫困农户、新型农业经营主体信用等级评定制度，探索建立针对贫困户的信用评价指标体系，完善电子信用档案。深入推进“信用户”“信用村”“信用乡镇”评定与创建，鼓励发放无抵押免担保的扶贫贴息贷款和小额信用贷款。

（九）重视金融知识普及，强化贫困地区金融消费者权益保护。加强金融消费者教育和权益保护，配合有关部门严厉打击金融欺诈、非法集资、制售使用假币等非法金融活动，保障贫困地区金融消费者合法权益。畅通消费者投诉的处理渠道，完善多元化纠纷调解机制，优化贫困地区金融消费者公平、公开共享现代金融服务的环境。根据贫困地区金融消费者需求特点，有针对性地设计开展金融消费者教育活动，在贫困地区深入实施农村金融教育“金惠工程”，提高金融消费者的金融知识素养和风险责任意识，优化金融生态环境。

四 充分发挥各类金融机构助推脱贫攻坚主体作用

（十）完善内部机构设置，发挥好开发性、政策性金融在精准扶贫中的作用。国家开发银行和农业发展银行加快设立“扶贫金融事业部”，完善内部经营管理机制，加强对信贷资金的管理使用，提高服务质量和效率，切实防范信贷风险。“扶贫金融事业部”业务符合条件的，可享受有关税收优惠政策，降低经营成本，加大对扶贫重点领域的支持力度。

（十一）下沉金融服务重心，完善商业性金融综合服务。大中型商业银行要稳定和优化县域基层网点设置，保持贫困地区现有网点基本稳定并力争有所增加。鼓励股份制银行、城市商业银行通过委托贷款、批发贷款等方式向贫困县（市、区）增加有效信贷投放。中国农业银行要继续深化“三农”金融事业部改革，强化县级事业部经营能力。鼓励和支持中国邮政储蓄银行设立“三农”金融事业部，要进一步延伸服务网络，强化县以下机构网点功能建设，逐步扩大涉农业务范围。各金融机构要加大系统内信贷资源调剂力度，从资金调度、授信审批等方面加大对贫困地区有效支持。鼓励实行总、分行直贷、单列信贷计划等多种方式，针对贫困地区实际需求，改进贷款营销模式，简化审批流程，提升服务质量和效率。

（十二）强化农村中小金融机构支农市场定位，完善多层次农村金融服务组织体系。农村信用社、农村商业银行、农村合作银行等要依托网点多，覆盖广的优势，继续发挥好农村金融服务主力的作用。在稳定县域法人地位、坚持服务“三农”的前提下，稳步推进农村信用社改革，提高资本实力，完善法人治理结构，强化农村信用社省联社服务职能。支持符合条件的民间资本在贫困地区参与发起设立村镇银行，规范发展小额贷款公司等，建立正向激励机制，鼓励开展面向“三农”的差异化、特色化服务。支持在贫困地区稳妥规范发展农民资金互助组织，开展农民合作社信用合作试点。

（十三）加强融资辅导和培育，拓宽贫困地区企业融资渠道。支持、鼓励和引导证券、期货、保险、信托、租赁等金融机构在贫困地区设立分支机构，扩大业务覆盖面。加强对贫困地区企业的上市辅导培育和孵化力度，根据地方资源优势和产业特色，完善上市企业后备库，帮助更多企业通过主板、创业板、全国中小企业股份转让系统、区域股权交易市场等进行融资。支持贫困地区符合条件的上市公司和非上市公众公司通过增发、配股，发行公司债、可转债等多种方式拓宽融资来源。支持期货交易所研究上市具有中西部贫困地区特色的期货产品，引导中西部贫困地区利用期货市场套期保值和风险管理。加大宣传和推介力度，鼓励和支持贫困地区符合条件的企业发行企业债券、公司债券、短期融资券、中期票据、项目收益票据、区域集优债券等债务融资工具。

（十四）创新发展精准扶贫保险产品和服务，扩大贫困地区农业保险覆盖范围。鼓励保险机构建立健全乡、村两级保险服务体系。扩大农业保险密度和深度，通过财政以奖代补等方式支持贫困地区发展特色农产品保险。支持贫困地区开展特色农产品价格保险，有条件的地方可给予一定保费补贴。改进和推广小额贷款保证保险，为贫困户融资提供增信支持。鼓励保险机构建立健全针对贫困农户的保险保障体系，全面推进贫困地区人身和财产安全保险业务，缓解贫困群众因病致贫、因灾返贫问题。

（十五）引入新兴金融业态支持精准扶贫，多渠道提供金融服务。在有效防范风险的前提下，支持贫困地区金融机构建设创新型互联网平台，开展网络银行、网络保险、网络基金销售和网络消费金融等业务；支持互联网企业依法合规设立互联网支付机构；规范发展民间融资，引入创业投资基金、私募股权投资基金，引导社会资本支持精准扶贫。

五　完善精准扶贫金融支持保障措施

（十六）设立扶贫再贷款，发挥多种货币政策工具引导作用。设立扶贫再贷款，利率在正常支农再贷款利率基础上下调 1 个百分点，引导地方法人金融机构切实降低贫困地区涉农贷款利率水平。合理确定扶贫再贷款使用期限，为地方法人金融机构支持脱贫攻坚提供较长期资金来源。使用扶贫再贷款的金融机构要建立台账，加强精准管理，确保信贷投放在数量、用途、利率等方面符合扶贫再贷款管理要求。加大再贴现支持力度，引导贫困地区金融机构扩大涉农、小微企业信贷投放。改进宏观审慎政策框架，加强县域法人金融机构新增存款一定比例用于当地贷款的考核，对符合条件的金融机构实施较低的存款准备金率，促进县域信贷资金投入。

（十七）加强金融与财税政策协调配合，引导金融资源倾斜配置。有效整合各类财政涉农资金，充分发挥财政政策对金融资源的支持和引导作用。继续落实农户小额贷款税收优惠、涉农贷款增量奖励、农村金融机构定向费用补贴、农业保险保费补贴等政策，健全和完善贫困地区农村金融服务的正向激励机制，引导更多金融资源投向贫困地区。完善创业担保贷款、扶贫贴息贷款、民贸民品贴息贷款等管理机制，增强政策精准度，提高财政资金使用效益。建立健全贫困地区融资风险分担和补偿机制，支持有条件的地方设立扶贫贷款风险补偿基金和担保基金，专项用于建档立卡贫困户贷款以及带动贫困人口就业的各类扶贫经济组织贷款风险补偿。支持各级政府建立扶贫产业基金，吸引社会资本参与扶贫。支持贫困地区设立政府出资的融资担保机构，鼓励和引导有实力的融资担保机构通过联合担保以及担保与保险相结合等多种方式，积极提供精准扶贫融资担保。金融机构要加大对贫困地区发行地方政府债券置换存量债务的支持力度，鼓励采取定向承销等方式参与债务置换，稳步化解贫困地区政府债务风险。各地中国人民银行省级分支机构、银监局要加强对金融机构指导，推动地方债承销发行工作顺利开展。

（十八）实施差异化监管政策，优化银行机构考核指标。推行和落实信贷尽职免责制度，根据贫困地区金融机构贷款的风险、成本和核销等具体情况，对不良贷款比率实行差异化考核，适当提高贫困地区不良贷款容忍度。在有效保护股东利益的前提下，提高金融机构呆坏账核销效率。在计算资本充足率时，对贫困地区符合政策规定的涉农和小微企业贷款适用相对较低的风险权重。

六　持续完善脱贫攻坚金融服务工作机制

（十九）加强组织领导，健全责任机制。建立和完善人民银行、银监、证监、保监、发展改革、扶贫、财政、金融机构等参与的脱贫攻坚金融服务工作联动机制，加强政策互动、工作联动和信息共享。切实发挥人民银行各级行在脱贫攻坚金融服务工作的组织引导作用，加强统筹协调，推动相关配套政策落实。开展金融扶贫示范区创建活动，发挥示范引领作用。进一步发挥集中连片特困地区扶贫开发金融服务联动协调机制的作用，提升片区脱贫攻坚金融服务水平。

（二十）完善精准统计，强化监测机制。人民银行总行及时出台脱贫攻坚金融服务专项统计监测制度，从片区、县（市、区）、村、建档立卡贫困户等各层次，完善涵盖货币政策工具运用效果、信贷投放、信贷产品、利率和基础金融服务信息的监测体系，及时动态跟踪监测各地、各金融机构脱贫攻坚金融服务工作情况，为政策实施效果监测评估提供数据支撑。人民银行各分支机构和各金融机构要按政策要求，及时、准确报送脱贫攻坚金融服务的相关数据和资料。

（二十一）开展专项评估，强化政策导向。建立脱贫攻坚金融服务专项评估制度，定期对各地、各金融机构脱贫攻坚金融服务工作进展及成效进行评估考核。丰富评估结果运用方式，对评估结果进行通报，将对金融机构评估结果纳入人民银行分支机构综合评价框架内，作为货币政策工具使用、银行间市场管理、新设金融机构市场准入、实施差异化金融监管等的重要依据，增强脱贫攻坚金融政策的实施效果。

（二十二）加强总结宣传，营造良好氛围。积极通过报纸、广播、电视、网络等多种媒体，金融机构营业网点以及村组、社区等公共宣传栏，大力开展金融扶贫服务政策宣传，增进贫困地区和贫困人口对精准扶贫金融服务政策的了解，增强其运用金融工具的意识和能力。及时梳理、总结精准扶贫金融服务工作中的典型经验、成功案例、工作成效，加强宣传推介和经验交流，营造有利于脱贫攻坚金融服务工作的良好氛围。

中国人民银行　发展改革委　财政部　银监会　证监会　保监会

国务院扶贫开发领导小组办公室

2016 年 3 月 16 日

后　记

如何消除贫困是世界级的难题，也是一直困扰我国发展的瓶颈。作为贫中之贫、困中之困、难中之难、坚中之坚的深度贫困地区，如何通过金融扶贫创新保障脱贫攻坚蹄疾步稳深入开展，切实提升脱贫攻坚质量，成为当前打赢打好脱贫攻坚战、决胜全面小康的重要问题。

本书以破解深度贫困地区金融扶贫创新过程中的难点、痛点问题为核心，以跟踪评估金融扶贫的绩效和提升扶贫对象的能力为重点，从主体视角、载体视角、区域视角等方面，对深度贫困地区金融扶贫的重要作用和意义进行深入阐释，对金融扶贫中的难点和痛点进行深层剖析，在借鉴国外经验的基础上，提出了促进深度贫困地区金融扶贫创新的可行路径和制度安排。

本书由河南省高校智库联盟理事长、中国（河南）创新发展研究院院长喻新安，黄河科技学院副校长杨保成担任主编，中国（河南）创新发展研究院副教授刘晓慧、豆晓利担任副主编。喻新安、杨保成提出了本书的基本框架和基本思路，主持讨论确定全书的写作提纲，组织协调撰写工作，修改审定了全部书稿，刘晓慧、豆晓利协助主编组织撰写和通稿审稿工作。参与本书撰稿的同志有（以章节为序）：第一章，陈明星；第二章，刘晓慧、常建霞；第三章，高昕；第四、第五章，豆晓利；第六章，王文方；第七章、第九章，李斌、喻晓莹；第八章，张冰。田文富、周晓东、武文超、冉净斐等参与了探讨工作，提出了许多建设性意见。周建光、董艳蕊、杜文娟、刘亚迪、蒋睿等协助做了大量具体工作。

我们在调研和写作过程中，得到了中共河南省委宣传部、河南省扶贫办、河南省金融办、河南省发改委、三门峡市政府、卢氏县委县政府等单位的大力支持与帮助，我们还参考借鉴了国内同类研究的一些成果和资料。对所有支持和帮助我们的领导、专家和朋友，在此一并致谢！

作　者

2019 年 5 月 20 日

图书在版编目(CIP)数据

深度贫困地区金融扶贫创新研究 / 喻新安，杨保成主编 . —北京:社会科学文献出版社，2019. 10
ISBN 978 - 7 - 5201 - 5588 - 5

Ⅰ. ①深… Ⅱ. ①喻… ②杨… Ⅲ. ①不发达地区 - 金融 - 扶贫 - 研究 - 中国 Ⅳ. ①F832. 3

中国版本图书馆 CIP 数据核字（2019）第 210634 号

深度贫困地区金融扶贫创新研究

主　　编 / 喻新安　杨保成
副 主 编 / 刘晓慧　豆晓利

出 版 人 / 谢寿光
责任编辑 / 丁　凡
文稿编辑 / 赵智艳

出　　版 / 社会科学文献出版社 · 城市和绿色发展分社（010）59367143
地址：北京市北三环中路甲 29 号院华龙大厦　邮编：100029
网址：www. ssap. com. cn
发　　行 / 市场营销中心（010）59367081　59367083
印　　装 / 三河市东方印刷有限公司

规　　格 / 开　本：787mm × 1092mm　1/16
印　张：22. 25　字　数：330 千字
版　　次 / 2019 年 10 月第 1 版　2019 年 10 月第 1 次印刷
书　　号 / ISBN 978 - 7 - 5201 - 5588 - 5
定　　价 / 98. 00 元

本书如有印装质量问题，请与读者服务中心（010 - 59367028）联系